# Un Comentario

SOBRE

# Hechos de los Apóstoles

POR

# H. LEO BOLES

*Autor de*

*"Profecías que no se han cumplido", "¿Es bíblico el instrumento musical en la adoración cristiana?", "Biografías de Predicadores del Evangelio", "Comentario sobre el Evangelio Según Mateo", "Comentario sobre el Evangelio Según Lucas", etc.*

Traducido por
Rolando Romero

Gospel Advocate Co.
Nashville, Tenn. 1964

*Hechos de los Apóstoles*
*Comentarios del Nuevo Testamento*

Derechos de Autor por (copyright by) Gospel Advocate Company
Nashville, Tennessee, 1964, 1992

Derechos de Autor – Version en Español por Gospel Advocate Company,
Nashville, Tennessee, 1999

Spanish Translation, © 2001, Gospel Advocate Company

Published by Gospel Advocate Co.
P.O. Box 150, Nashville, TN 37202
www.gospeladvocate.com

ISBN: 0-89225-398-3 (paper)

ISBN: 0-89225-509-9 (stamped cloth)

ISBN: 0-89225-497-1 (laminated case)

## AGRADECIMIENTOS

A continuación mencionamos algunas de las personas, iglesias y organizaciones que han tenido parte en lograr la traducción y publicación de algunos de estos comentarios hasta este momento.

Primeramente agradecemos a **Neil Anderson** del **Gospel Advocate** quien reconoció la proyección de la obra y autorizó la publicación de la traducción de los comentarios.

**Forrest Park Church of Christ en Valdosta, Georgia** hizo el contacto inicial con los hermanos en **Northside Church of Christ de Harrison, Arkansas** quienes aportaron un fondo para la traducción. Este fondo sirvió de estímulo para los traductores, a pesar de que, con el fin de tener más cantidad de volúmenes traducidos con la cantidad especificada, no era gran cosa lo que ofrecíamos a estos colaboradores.

**Randolph Church of Christ** en Universal City, Texas sostuvo a **Lionel Cortez** como evangelista cuya labor incluía también la traducción de los comentarios. El hermano Cortez no sólo traducía sino que también supervisaba la obra de los demás traductores. Estamos muy agradecidos a los hermanos de Randolph Church of Christ, por su gran apoyo en la traducción de los comentarios por catorce años.

Otros traductores que lograron terminar por lo menos con un volumen son: **Pedro Gonzales** de Dimmitt, Texas (Volumen de I Corintios); **Miriam Messer** de New Braunfels, Texas (Volumen que contiene 1 & 2 de Tesalonicenses, 1 & 2 de Timoteo, Tito y Filemón); **Rolando Romero** de San Antonio, Texas (Volúmenes de Hechos, Lucas y Juan). Estos hermanos trabajaron en base a mucho sacrificio y fuerza de voluntad.

**Bob Shirley**, también de San Antonio, Texas, contribuyó enormemente a nuestro programa al insistir en el uso de computadoras en la congregación de Randolph para toda la obra en general, pero en especial para los comentarios. El contribuyó no solo con su conocimiento de computación sino que también financieramente. El pudo ver que un viejo evangelista no podría lograr todo lo necesario con una máquina de escribir IBM y comprobó que un viejo predicador es capaz de aprender nuevos trucos.

Una gran ayuda también fue **Marion Earwood**, la secretaria de Randolph, con estos comentarios. Su conocimiento de computadoras y su espíritu dulce y disposición para ayudar fueron muy útiles cuando encontramos dificultades en el camino. Aunque Lionel ya no está en la congregación de Randolph, él sabe que puede aún contar con **Marion Earwood** y **Bob Shirley**; ¡Ellos mismos se lo han dicho!

**James y John Holland** creyeron en el valor y beneficio al cristianismo de este gran proyecto y contribuyeron con fondos para el mismo.

Los que hasta ahora hemos nombrado han tenido parte con los primeros ocho volúmenes de los comentarios que se han completado. **Southeast Church of Christ en San Antonio, Texas** tomará parte en esta obra en el futuro, uniéndose así al equipo de **Northside en Harrison, Arkansas** y a **Forrest Park en Valdosta, Georgia**, quien ahora es la congregación que imprimirá estos comentarios.

Gracias a Dios por todos estos hermanos de gran fe y visión y por todos aquellos que, aunque no se mencionan en esta lista, también ayudaron desinteresadamente a la culminación de este proyecto. ¡Todos y cada uno de sus esfuerzos unidos han hecho posible el logro de esta hazaña al permitir que El obre en nosotros! ¡Que todo sea hecho para su gloria y su honra!

Verano de 1997

# PREFACIO

El libro de Hechos ocupa un lugar único e importante en el divino plan para la redención del hombre. Los primeros cuatro libros del Nuevo Testamento, Mateo, Marcos, Lucas y Juan, contienen la concepción milagrosa de Cristo, su nacimiento, vida, enseñanzas, milagros, traición, juicio, crucifixión, sepultura, resurrección y ascensión. En esos libros también se encuentra la comisión final y mundial de "id por todo el mundo y predicad el evangelio a toda criatura". En Hechos tenemos la historia del cumplimiento de esa comisión, así como el origen y crecimiento de la iglesia; y las condiciones para entrar a la iglesia están descritos en los muchos casos de conversión. En este libro encontramos la pregunta "¿qué debo hacer para ser salvo?", y su contestación clara y frecuente. Hechos registra la respuesta de hombres inspirados. Esto le da mucha importancia al libro de los Hechos.

J. W. McGarvey escribió un comentario sobre los Hechos, que fue publicado en 1863. Veintinueve años después, en 1892, el comentario fue revisado y ampliado. En 1896, David Lipscomb escribió los comentarios en las Lecciones Uniformes Dominicales para 1897, que fueron tomados del libro de los Hechos y las epístolas. Posteriormente modificó y amplió sus comentarios en un volumen que llamó "Comentario Sobre los Hechos de los Apóstoles". Su plan original no era darles la forma permanente de un "comentario". Sin embargo, desde entonces el libro ha sido muy provechoso. Ahora se ha pensado que es tiempo oportuno para publicar otro comentario de los Hechos.

En el estudio de Hechos surgen muchas preguntas de gran importancia teológica; y en sus respuestas han diferido y diferirán los más hábiles y concienzudos comentaristas. La mira del autor de este comentario ha sido de tratar estas preguntas a la luz de la verdad divina sin ser dogmático, dejando al lector y estudiante en libertad para usar su criterio en los puntos y pasajes controversiales. El autor no ha tratado de interferir con la libertad de conciencia, sino que con toda oración y seriedad ha procurado exponer la mente del Espíritu Santo en todos estos pasajes de la Escritura. En la preparación de este volumen se han dedicado más de dos años de estudio y meditación especiales. En muchos casos hemos citado la palabra griega, pero siempre deletreada en nuestro alfabeto, para que los que poseen un léxico griego, puedan profundizar más sus estudios, si así lo desean. Pero generalmente el lector de habla española puede entender los pensamientos que se expresan. El autor ha tenido en mente al miembro común de la iglesia y ha escrito en una forma clara y sencilla, considerando constantemente a los estudiantes que tienen sólo un nivel común de educación formal. Este comentario ha sido hecho con la intención de ayudar a todos a llegar a un conocimiento pleno de la verdad de Dios.

El autor tiene una gran deuda con muchos escritores y comentaristas. No se han usado comillas, pero en las últimas páginas de este volumen se ha expresado el debido agradecimiento en la bibliografía. La introducción será muy útil para comprender algunas cosas esenciales para un conocimiento del contenido del libro. El estudiante también se beneficiará del bosquejo, la reseña cronológica y el índice.

1° de abril de 1940                                    H. LEO BOLES

# BOSQUEJO DE HECHOS

# CONTENIDO

## SECCION TRES
*Predicación del evangelio en Judea y Samaria (6: 8 al 8: 25)*



## SECCION CUATRO
*Las conversiones del eunuco, de Saulo y de Cornelio*
*(8: 26 al 12: 25)*

## SEGUNDA PARTE
### *Historia de la iglesia: Pablo como el personaje Principal*

### SECCION UNO
### *Primer viaje misionero de Pablo (13: 1 al 14: 28)*

## SECCION DOS
*Solución al problema de la circuncisión (15: 1-35)*

## SECCION TRES
*Segundo viaje misionero de Pablo (15: 36 al 18: 22)*

## SECCION CUATRO
*Tercer viaje misionero de Pablo (18: 23 al 21: 16)*

## SECCION CINCO
### *Pablo en Jerusalén (21: 17 al 23: 35)*



## SECCION SEIS
### *Pablo en Cesarea (24: 1 al 26:32)*



## SECCION SIETE
### *Viaje de Pablo a Roma (27: 1 al 28: 10)*

### SECCION OCHO
*Pablo en Roma (28: 11-31)*

# INTRODUCCION

La historia bíblica consiste de dos grandes partes: El Antiguo Testamento y el Nuevo. Este último tiene dos divisiones: La vida de Cristo desde su nacimiento hasta su ascensión; y la historia apostólica desde la ascensión hasta la conclusión del Nuevo Testamento. La historia apostólica puede dividirse en dos partes: una narración bien conectada desde la ascensión de Cristo hasta el segundo año del cautiverio de Pablo en Roma; y un grupo de afirmaciones incidentales y fragmentadas a través de los demás libros del Nuevo Testamento. La primera parte de esta subdivisión consiste de los Hechos de los Apóstoles.

## I. EL AUTOR

Generalmente se acepta que Lucas es el autor de este libro, el segundo volumen de su gran obra. El Evangelio según Lucas fue el primer volumen, y Hechos continúa la narración de los sucesos conectados con el Cristo y su obra redentora del hombre. Lucas se identifica a sí mismo en las primeras palabras del libro, dirigiéndose a la misma persona y refiriéndose a su "primer tratado" (Hechos 1: 1), asegurando así que es su autor. Otro factor que lo confirma como el autor es la conexión y unidad de Hechos con el Evangelio según Lucas. El autor era un compañero de Pablo; las secciones donde se habla de "nosotros" son otra prueba de que Lucas fue un compañero de Pablo y el autor de Hechos de los Apóstoles (Hechos 16: 10-17; 20: 6-16; 21; 27; 28). Estas secciones, llenas de vívidas descripciones y detalles, son evidencia definitiva de que el autor fue un testigo ocular de lo que escribió. Tanto en el Evangelio de Lucas como en Hechos, encontramos el mismo estilo literario y el mismo interés en asuntos médicos mediante el uso de vocablos acostumbrados por los médicos de ese tiempo.

Por último, el testimonio de los padres primitivos a favor de Lucas como el autor de Hechos es unánime y terminante. Ireneo, que vivió como en el año 178 D. de C., y que fue amigo íntimo de algunos de los compañeros de los apóstoles, conoció el libro de los Hechos como una obra de Lucas. Clemente de Alejandría, que vivió como en el año 190 D. de C., decía que Lucas era el autor de Hechos; Tertuliano, que vivió aproximadamente en el año 200 D. de C., añadió evidencia a la misma conclusión. Eusebio, que vivió en el año 325 D. de C., dice que "Lucas, oriundo de Antioquía, médico de profesión, fue un compañero más que todo de Pablo, aunque también se asociaba con los demás apóstoles. El nos dejó ejemplos del arte de sanar almas, que adquirió de los apóstoles. Esto lo hizo en dos libros inspirados divinamente: primero, el Evangelio, que testifica haber escrito de acuerdo a lo que recibió desde el principio, de parte de los testigos oculares y ministros de la palabra. Y segundo, Hechos de los Apóstoles, que escribió, no de información recibida, como en el caso anterior, sino de acuerdo a sus observaciones personales".

## II. EL TITULO

Es muy probable que Lucas no puso un título a este volumen con el que contribuyó a la formación del Nuevo Testamento. Carecemos de su manuscrito original, y los que poseemos presentan el título en varias formas. En algunos de los manuscritos del Nuevo Testamento el título no es "Los Hechos de los Apóstoles", sino "Hechos de Apóstoles"; y en uno de los manuscritos muy importantes, como el Sinaítico, al libro se le llama simplemente "Hechos". En el principio de dicho manuscrito, que fue escrito en el cuarto siglo, el título lee "Hechos", o más literalmente, "Acciones", o "Acontecimientos"; pero al final el libro lee "Hechos de Apóstoles". El manuscrito Vaticano, que también data del siglo IV, al principio de la obra dice, "Hechos de Apóstoles", pero en sus márgenes lo llama simplemente "Hechos", o "Acciones". Por su parte, el manuscrito Alejandrino, del cuarto o quinto siglo, y otros más pequeños y de fecha posterior, ofrecen el título "Hechos de los Santos Apóstoles". Las modernas versiones griegas del Nuevo Testamento, publicadas por Lachmann, Alford, y Wescott y Hort, dan el título "Hechos de los Apóstoles"; pero Tischendorf sigue el manuscrito Sinaítico y simplemente lee "Hechos". Sin embargo, el Nuevo Testamento griego revisado lo titula "Hechos de los Santos Apóstoles".

Casi todas las versiones en inglés, desde Tyndale hasta la Versión Revisada de 1881, dan el título de "Hechos de los Apóstoles". Este título es demasiado amplio para el contenido del libro, que se ocupa principalmente de las "actividades, enseñanzas y obra de Pedro y Pablo, y no de los "hechos" de todos los apóstoles. El libro relata **algunos** de los hechos de **algunos** de los apóstoles, pero no es la narración de "Los Hechos de [todos] los apóstoles". No contiene relatos detallados de la obra de los apóstoles, excepto de Pedro y Pablo. Juan es mencionado tres veces, pero aparece como un compañero de Pedro y no como protagonista de un evento especial por sí solo. La única mención que se hace de Jacobo, hijo de Zebedeo, se refiere a su ejecución por Herodes; mientras que se dedica más espacio a Esteban y Felipe, aunque éstos no eran apóstoles. También se dedica más espacio a Timoteo y Silas que a algunos de los apóstoles.

Es muy probable que el libro era llamado simplemente "Hechos", y por algún tiempo esa designación fue suficiente para distinguirlo de los demás libros. Posteriormente, pero antes de que este libro empezara a circular, otros libros fueron escritos por autores no inspirados con títulos como "Los Hechos de Pedro y Pablo", "Los Hechos de Timoteo", "Los Hechos de Bernabé", y otros parecidos. A medida que aumentó el número y circulación de esos libros, fue necesario ampliar el título de este volumen original de "Hechos"; y a consecuencia de esa necesidad encontramos diferentes títulos en los diversos manuscritos, tales como, "Hechos de los Apóstoles", "Las Acciones de los Apóstoles", "Hechos de Todos los Apóstoles", "Hechos de los Santos Apóstoles"; mientras que en manuscritos posteriores se encuentran títulos más largos.

### III. FECHA EN QUE SE ESCRIBIO

La fecha en que se escribió el libro de Hechos es incierta. Pero la opinión más común es que el libro fue escrito entre los años 64 y 70 D. de C. Algunos han extendido el tiempo hasta el año 80 D. de C.; pero la mayoría de los críticos modernos fijan la fecha entre la década del 70 y 80 D. de C. Esta fecha se basa, más que todo, en la idea de que el Evangelio según Lucas fue escrito después de la destrucción de Jerusalén, que ocurrió en el año 70 D. de C. Se alega que Lucas 21: 10 muestra que esa tragedia ya había ocurrido, en comparación con Marcos 13: 14 y Mateo 24: 15. También se enfatiza la falta de advertencias en el Evangelio según Lucas. Sin embargo, algunos han fijado la fecha antes del año 70 D. de C., incluyendo algunos críticos modernos que afirman tener argumentos "muy pesados" a favor de una fecha temprana. Parece razonable que el autor haya continuado la narración de su historia hasta el momento en que dejó de escribir, de modo que se asume que los últimos sucesos relatados nos dan una idea aproximada del tiempo en que el libro fue escrito. En base a esta suposición, la fecha sería dos años después del primer encarcelamiento de Pablo en Roma (Hechos 28: 30); que también puede ser tomada como la fecha en que Pablo fue liberado de la cárcel. Siguiendo este argumento, la fecha sería el año 63 D. de C.

Parece evidente que Lucas escribió Hechos antes del año 70 D. de C., porque menciona a Félix, a Festo y a Agripa, en completo acuerdo con lo que nos enseñan otras fuentes sobre sus historias y caracteres. La mención del discurso de Tértulo ante Félix, tanto por lo que dice como por lo que omite, es evidencia de que estamos tratando con los escritos de alguien que vivió los sucesos que nos narra en su historia. Además, las frecuentes referencias a Jerusalén nos dan pruebas de la fecha en que se escribió el libro. Jerusalén fue destruida por los romanos en el año 70 D. de C., y sin embargo, en todo el libro de los Hechos no hay ni una sola palabra que indique que su autor sabía algo de ese evento o de las causas que precipitaron su destrucción. Jerusalén siempre se menciona en su grandeza; observando los servicios y sacrificios en el templo. En las grandes fiestas se congregaban multitudes de foráneos que se reunían en obediencia a la ley. En la población de Jerusalén se encuentran los fariseos, escribas y saduceos, actuando igual que en la historia que leemos en el Evangelio según Lucas. Por lo tanto, concluimos que Hechos fue escrito y terminado poco después del año 63 D. de C., pero no después del año 66.

Pablo fue llevado prisionero a Roma en el año 61 o 62 D. de C., y permaneció detenido por lo menos dos años. En el año 64 D. de C., ocurrió el incendio en Roma, provocado por Nerón. Para evitar toda sospecha, el emperador le echó la culpa a los cristianos, lo que a su vez inició su persecución. Si Pablo fue puesto en libertad después de dos años de prisión, esto debe haber ocurrido a finales del 63 D. de C., o a principios del 64. Si fue dejado en prisión, seguramente fue uno de los primeros en ser ejecutados. En todo caso, Pablo fue libertado o ejecutado en el año 64 D. de C., y la forma en que Lucas habla de ese encarcelamiento implica que la condición del apóstol había cambiado para el tiempo en que escribió Hechos. De nuevo, llegamos a la conclusión de que el libro fue escrito para fines de la cautividad de Pablo en Roma, como en el año 63 o 64 D. de C.

## IV. SU VALOR HISTORICO

Cada libro del Nuevo Testamento tiene un gran valor, o de lo contrario no habría sido escrito. Hechos tiene un lugar muy importante en el Nuevo Testamento. Jesús había dado la comisión a sus apóstoles de "id por todo el mundo y predicad el evangelio a toda criatura" (Marcos 16: 15). Lucas había dicho que en su nombre "se predicase el arrepentimiento y la remisión de pecados a todas las naciones, comenzando desde Jerusalén" (Lucas 24: 47). El relato histórico de la redención del hombre estaría incompleto sin la historia de los apóstoles trabajando en obediencia a esa comisión. Este libro nos da una narración de lo que algunos de los apóstoles hicieron en obediencia a la Gran Comisión. En este libro es donde encontramos la respuesta de hombres inspirados a la importantísima pregunta, **"¿qué debo hacer para ser salvo?"** Aquí es donde encontramos las condiciones para la salvación, por lo que tiene mucha importancia. No hay otro libro en el Nuevo Testamento en el que se encuentre la pregunta "¿qué debo hacer para ser salvo?", y su correspondiente contestación.

Hechos nos da una historia de los primeros treinta años de la iglesia; es decir, la historia de la primera generación de cristianos. Comienza con el Pentecostés en el año 33 D. de C. y termina con la conclusión del encarcelamiento de Pablo en Roma en el año 63 o 64 D. de C. Durante este período, Roma fue gobernada por los sucesores de Octavio; y tras su muerte, su trono vino a ser el premio del soldado de más éxito. Palestina sufrió muchos cambios. Poco a poco Herodes Agripa I iba ganando el dominio de Palestina. Los primeros doce capítulos de Hechos narran los primeros doce años en la historia de la iglesia. Tiberio, Calígula y Claudio se turnaron como emperadores de Roma. Es necesario tener en mente estos eventos cuando leemos la primera parte de Hechos.

Todos los creyentes en la Biblia reconocen Hechos como una obra genuinamente histórica, con exactitud en sus detalles; una historia digna de confianza. Al ser juzgada desde todo punto de vista de la crítica histórica, Hechos sigue siendo una obra sólida, respetable y extraordinaria en muchos aspectos. El Espíritu Santo nos dio este libro para que ocupase un lugar único en el plan de salvación. Por lo tanto, debemos darle la importancia que merece.

## V. CRONOLOGIA DE SUCESOS

Siempre existe un elemento de incertidumbre en la cronología de los eventos bíblicos. Esto es cierto especialmente cuando la Biblia no nos provee las fechas de los eventos. Nadie debe ser dogmático al fijar la fecha o la cronología de los eventos bíblicos. Las fechas de algunos eventos mencionados en Hechos pueden ser fijadas por los historiadores contemporáneos. Por ejemplo, la muerte de Agripa II, en Cesarea, que se menciona en Hechos 12: 23, ocurrió, según Josefo, en el año 44 D. de C. Otro ejemplo es la retirada de Félix, el gobernador romano, que según Josefo, aconteció en el año 60 o 61 D. de C. En base a estas dos fechas como puntos fijos, se puede formular, de modo aproximado, la cronología de Hechos; pero no hay certeza sobre la fecha de muchos de los suceso narrados por Lucas. El siguiente cuadro sinóptico será útil para el estudiante de Hechos:

## CRONOLOGIA DE SUCESOS

| D. de C. | Sucesos | Emperadores romanos |
|---|---|---|
| 33 | Día de Pentecostés (Hch. 2) | Tiberio, 14-37 D. de C. |
| 36 | Martirio de Esteban (Hch. 7) | |
| 37 | Conversión de Saulo (Hch. 9) Conversión de Cornelio (Hch. 10, 11) | Calígula, 37-41 D. de C |
| 44 | Martirio de Jacobo (Hch. 12: 2) | |
| 44-49 | Primer viaje misionero de Pablo hasta Listra y D erbe, regresando a Antioquía (Hch. 13; 14) | Claudio, 41-54 D. de C. |
| 50-51 | Reunión apostólica en Jerusalén (Hch. 15) | |
| 51-53 | Segundo viaje misionero de Pablo por Asia Menor y Grecia (Hch. 15: 40-18: 22) | |
| 54-57 | Tercer viaje misionero de Pablo, incluyendo 3 años en Efeso (Hch. 18: 23-21: 17) | Nerón, 54-68 D. de C. |
| 57 | Ultima visita de Pablo a Jerusalén | |
| 53-60 | Cautiverio de Pablo en Cesarea | |
| 61 | Viaje de Pablo a Roma | |
| 61-63 | Cautividad de Pablo en Roma | |

# COMENTARIO SOBRE LOS HECHOS

## PRIMERA PARTE
## HISTORIA DE LA IGLESIA: PEDRO COMO
## EL PERSONAJE PRINCIPAL

### SECCION UNO
### INSTRUCCION A LOS APOSTOLES; ASCENSION
### DE CRISTO; DESCENSO DEL ESPIRITU SANTO
### 1: 1-2:13

### 1. LOS CUARENTA DIAS
### 1:1-5

1 **En el primer tratado, oh Teófilo,** — El "primer tratado" es el primer tomo que escribió Lucas, es decir, el Evangelio según Lucas. Esta es la continuación del tema con el que Lucas concluyó el primer volumen. Este es el tomo dos de sus escritos. En el Evangelio de Lucas a "Teófilo" se le llama "excelentísimo Teófilo." No se sabe quién era, aunque algunos piensan que se trataba de un hombre de honor y que Lucas le dedicó sus dos libros a él. La explicación que otros dan es que "Teófilo" significa "amigo de Dios, o "uno que ama a Dios" y que, por lo tanto, Lucas escribe a todos los que aman a Dios, y que con este nombre se refiere a todos los creyentes en Cristo. Pero esto es improbable. "Teófilo" es un nombre griego probablemente aplicado a un ciudadano romano.

**todas las cosas que Jesús comenzó a hacer y enseñar,** — Esto nos presenta el contenido del "primer tratado" de Lucas. El había "investigado todo con esmero desde su origen" (Lucas 1: 3) para escribir detalladamente lo que Jesús "comenzó a hacer y enseñar." Dios y Cristo comienzan, pero no hay fin a la obra de ellos. Jesús comenzó a hacer y enseñar, de acuerdo al Evangelio según Lucas, y todavía sigue trabajando a través del Espíritu Santo en su iglesia. Las obras y las enseñanzas de Jesús van juntas, él predicaba y practicaba su doctrina. Todo el ministerio terrenal de Jesús es resumido por Lucas con las palabras "todo lo que Jesús empezó a hacer y enseñar." Es importante que aquí Lucas pone lo que Jesús hizo antes de lo que enseñó, porque Jesús practicaba lo que predicaba. Primero lo mostraba en su vida y luego lo enseñaba a sus discípulos. Ese es el orden que Jesús le dio a la doctrina y las obras. "Por tanto, cualquiera que suprima uno de estos mandamientos aun de los más insignificantes, y enseñe así a los hombres, será llamado el menor en el reino de los cielos; mas cualquiera que los cumpla y los enseñe, éste será llamado grande en el reino de los cielos." (Mateo 5: 19).

2 **hasta el día en que fue recibido arriba,** — La ascensión de Jesús puso fin a su ministerio terrenal; pronto comenzaría su ministerio celestial, por eso es que este acontecimiento es descrito tanto en el evangelio como en los Hechos. Los primeros dos capítulos de Lucas narran el nacimiento y niñez de Jesús, y luego desde el capítulo tres y hasta el final de su tratado, Lucas nos cuenta lo que Jesús hizo y lo que enseñó desde el principio de su obra pública hasta su ascensión. La ascensión de Jesús aconteció "después de haber dado mandamientos por medio del Espíritu Santo a los apóstoles que había escogido." En la Biblia se dice que Jesús obraba con la ayuda especial del Espíritu Santo, por lo cual se dice que (Hechos 10: 38) había sido ungido con el Espíritu Santo, y (Lucas 4: 1) que fue lleno del Espíritu Santo. Dios no le dio a Jesús el Espíritu "por medida" (Juan 3: 34). La historia de cuando Jesús seleccionó a sus doce apóstoles se encuentra en Mt. 10: 2-4; Mr. 3: 13-19; y Lc. 6: 13-16.

3 **a quienes también se presentó vivo** — Despúes de resucitar Jesús permaneció en la tierra "durante cuarenta días" antes de ascender al cielo. Durante este tiempo se apareció muchas veces a los apóstoles, algunas de las cuales se pueden leer en Mateo, Marcos, Lucas y Juan. Jesús se les presentó en diferentes circunstancias de tal forma que ellos no pudieran dudar que él había resucitado de los muertos. Jesús dio "muchas pruebas indubitables" de su resurrección. La resurrección fue la evidencia de que la muerte de Jesús no fue un mero martirio, sino una redención triunfal. La resurrección iba a ser el tema de la predicación de los apóstoles, por lo tanto, no les podía quedar ninguna duda al respecto. En la versión King James en inglés se usa la palabra "infalible" para describir las pruebas que Jesús dio, mientras que en la versión Reina Valera, se usa la palabra "indubitables." En algunas versiones dice "después de su pasión", con el significado de "después de haber padecido o sufrido y muerto. "Pasión" viene de la palabra griega "pazein" y se usa únicamente para describir el sufrimiento de Cristo (Hechos 17: 3; 26: 23). Durante los cuarenta días se mencionan más de diez apariciones. Jesús no estuvo con ellos en forma continua, como ocurrió antes de su muerte.

La ascensión aconteció diez días antes del Pentecostés, día en que vino el Espíritu Santo. Moisés estuvo en el monte cuarenta días cuando la ley fue dada (Ex. 24: 18), y Jesús ayunó cuarenta días (Mt. 4: 2) inmediatamente después de su bautismo. Aquí se nos dice el tema que Jesús habló con sus apóstoles; él les habló las cosas "acerca del reino de Dios." Esta frase "el reino de Dios" aparece 33 veces en el evangelio según Lucas, 15 en Marcos, 4 en Mateo--que también habla del "reino de los cielos,"--, 1 vez en Juan, y 6 veces en los Hechos. No se hace distinción entre el "reino de Dios" y el "reino de los cielos."

**4 Y estando reunido con ellos, les mandó** — Entre las cosas que Jesús enseñó a sus discípulos durante este período de cuarenta días está que "se predicase en su nombre el arrepentimiento y el perdón de pecados a todas las naciones, comenzando desde Jerusalén . . . pero vosotros quedaos en la ciudad, hasta que seáis revestidos de poder desde lo alto." (Lc. 24: 47, 49). La ley iba a salir de Sión, y de Jerusalén la Palabra de Dios (Is. 2: 3). Todos los apóstoles eran galileos que estaban lejos de casa y en peligro (Jn. 20: 19), pero así como Jesús se vio privado de las comodidades de Nazaret (Lc. 4: 16), también sus discípulos debían permanecer en Jerusalén hasta que viniera el Espíritu Santo. Se le llama "la promesa de mi Padre" (Lc. 24: 49; Jn. 16: 16-27; 15: 26).

**5 Porque Juan ciertamente bautizó con agua,** — Juan bautizó "con agua," pero Jesús prometió que sus discípulos serían bautizados "con el Espíritu Santo dentro de no muchos días." Este bautismo con el Espíritu Santo es *la* promesa del Padre. Es la promesa que se hizo en el Antiguo Testamento y a la cual Pedro se refirió en el día de Pentecostés. Algunos de los apóstoles, si no todos, habían sido discípulos de Juan y habían escuchado la promesa de sus propios labios (Mt. 3: 11; Mr. 1: 8; Lc. 3: 16; Jn. 1: 26). Algunos habían oído acerca del nuevo nacimiento (Jn. 3: 3-5). Ahora ellos iban a conocer plenamente lo que ya sabían en parte (Jn. 20: 22). Se le llama "bautismo" para indicar el derramamiento abundante y abrumador del Espíritu que dominó el espíritu de los apóstoles con el Espíritu Santo. El elemento que Juan usó fue el "agua", pero "el Espíritu Santo" sería el elemento en el cual los apóstoles serían bautizados.


## 2. LA COMISION A LOS APOSTOLES
### 1: 6-8

**6 Entonces los que se habían reunido** — En una de las apariciones de Jesús durante los cuarenta días, probablemente la última antes de su ascensión, mientras todos estaban juntos, los apóstoles le preguntaron: "Señor, ¿restaurarás el reino a Israel en este tiempo? Esto demuestra que aún después de la resurrección de Jesús, los apóstoles no entendían la naturaleza de su reino. En sus mentes estaba claro que él había venido a establecer un reino, pero aún abrigaban el falso concepto de que su reino sería terrenal. La palabra "restaurar", que se usa aquí viene del griego "apokazistaneis," que como doble compuesto significa "restaurar a su estado anterior." Los apóstoles le preguntaron si restauraría el reino político a los judíos como lo fue en los días de David y los otros reyes. Esto es prueba de que los apóstoles necesitaban "la promesa de mi Padre" antes de empezar a pregonar el mensaje del Cristo resucitado; porque no podían predicar el evangelio del reino hasta que comprendieran la naturaleza del mismo. Los apóstoles seguían esperando un reino político y necesitaban la instrucción y el poder del Espíritu Santo para proclamar el evangelio.

**7 Y les dijo: No os toca a vosotros conocer** — Por ahora Jesús no habla de la naturaleza del reino y se enfoca en forma más definitiva en el punto, "en este tiempo", que ellos habían enfatizado. Ellos habían preguntado a Jesús si "restauraría el reino a Israel en este tiempo." Y Jesús les contesta que en este tiempo a ellos "no les toca conocer los tiempos o las sazones." En muchas ocasiones antes der ser crucificado Jesús les había enseñado sobre la naturaleza de su reino, pero no habían comprendido lo que él les quería decir. Ahora, durante los cuarenta días que permaneció después de su resurrección y antes de su ascensión, le preguntan sobre el tiempo en que restauraría el reino. A ellos no les correspondía saber "los tiempos y las sazones"; necesitaban esperarse hasta que viniera el Espíritu Santo y los guiara a un conocimiento pleno de la verdad y la naturaleza de su reino. "Que el Padre puso en su sola potestad" se refiere al tiempo en que el reino sería establecido. Cristo no dijo ni el día ni la hora; él quería que sus apóstoles vigilaran, oraran y esperaran, en la escuela de los piadosos, pero no por muchos días. Dios puso bajo su sola potestad el tiempo para que el reino comenzara a funcionar. En este tiempo Jesús no les enseña sobre el tiempo y el carácter de los grandes sucesos futuros que el Padre había puesto bajo su propio control. Esto también es cierto acerca de la segunda venida de Cristo (Mr. 13: 32), en la que Jesús reconoce que el Padre se reserva exclusivamente el asunto del tiempo.

**8 pero recibiréis poder, cuando haya venido sobre vosotros el Espíritu Santo,** — Ellos iban a recibir poder (fuerza) de lo alto (Lc. 24: 49), la promesa del Padre, o el bautismo con el Espíritu Santo; ellos lo necesitaban para realizar su obra. No iban a tener un conocimiento sin provecho, como habían pedido, pero se les daría poder para testificar en el nombre de Jesús y convencer a la gente sobre la verdad de su evangelio. Ellos necesitaban la fuerza que vendría de una gran promesa. Ellos necesitaban el poder y la sabiduría que sus adversarios no pudieran resistir o burlar; y de esta forma iban a poder convertirse en testigos de Cristo. La pregunta de ellos era suficiente prueba de que necesitaban este "poder". La palabra "poder", tal como se usa aquí se traduce del griego "dúnamin", que se aplica frecuentemente con referencia al Espíritu Santo. El Espíritu Santo proveería todo el poder que los equiparía para hacer la obra. Por lo tanto, era mediante el Espíritu Santo que los apóstoles iban a predicar el evangelio a todo el mundo.

**y me seréis testigos** — Aquí Jesús les da un programa de su obra misionera. Ellos iban a comenzar en Jerusalén, luego avanzar a Judea y la región alrededor de Jerusalén, para después seguir hasta Samaria o el país más allá de Judea. Después iban a continuar en un círculo cada vez más grande, hasta llegar "a lo último de la tierra". La comisión que se les dio aquí de testificar por Cristo debía ir más allá de las fronteras de Palestina y debían predicar el evangelio hasta los fines de la tierra. Los apóstoles debían ir por todo el mundo entonces conocido, dondequiera que encontraran o hicieran una oportunidad para testificar acerca de Jesús. La providencia de Dios estaría con ellos y el Espíritu Santo los dirigiría para que pudieran dar a conocer el evangelio por todo el mundo. "Me seréis testigos" nos recuerda que la misión especial de la iglesia es preservar en el mundo la memoria del Cristo resucitado. Otras secciones del libro de los Hechos narran cómo se logró esto.

### 3. LA ASCENSION DE JESUS
1: 9-11

**9 Y habiendo dicho estas cosas** — Mientras sus palabras aún estaban en sus oídos (Lc. 24: 51), y mientras sus ojos todavía estaban puestos en él, ocurrió la ascensión. De esto ellos debían ser testigos, porque lo vieron claramente y podían describirlo con lujo de detalles. Primero Jesús fue levantado de la tierra en forma visible, y a medida que ascendía más y más, los ojos de los apóstoles lo seguían en su ascenso. Una nube lo rodeó, ocultándolo de la vista de ellos. Jesús les había enseñado como su Profeta y Maestro; les había ordenado como su Rey y ahora como su gran Sumo Sacerdote los iba a bendecir cuando ellos dieran testimonio de él en todo el mundo. Mateo y Juan no mencionan la ascensión (excepto indirectamente en Juan 6: 62). Marcos y Lucas narran brevemente este acontecimiento. No se hace alarde de adjetivos o de exclamaciones al narrar este grandioso suceso. Los hechos se narran en forma sencilla, directa y natural, enfatizando su autenticidad. Jesús fue al monte del Olivar justo antes de su ascensión, aunque bien pudo haber ascendido desde un prado o un valle.

**10 Y estando ellos con los ojos puestos en el cielo,** — Los asombrados discípulos seguían viendo hacia arriba donde Jesús había desaparecido, como si tuvieran la esperanza de volverlo a ver. De pronto, "dos varones vestidos de blanco se pararon junto a ellos". Aquí se usa el perfecto pasado indicativo de "paristemi", una forma intransitiva que literalmente significa: "Se habían parado junto a ellos". Los apóstoles no vieron a estos dos ángeles hasta que llegaron junto a ellos. Tenían forma humana y vestiduras blancas. Los ángeles en la tumba son descritos de igual manera (Mr. 16: 5; Lc. 24: 4; Jn. 20: 12).

**11 los cuales también les dijeron: Varones galileos** — Los ángeles se dirigen a los apóstoles como "varones galileos," porque ahora todos eran de Galilea. Todos los apóstoles, excepto Judas Iscariote, eran de Galilea, y cinco de ellos procedían de la villa de Betsaida. Los ángeles les preguntan: "¿Por qué estáis mirando al cielo?" Había trabajo que hacer por Jesús; necesitaban regresar a Jerusalén y esperar el descenso del Espíritu Santo. Los ángeles agregan que "este mismo Jesús, que ha sido tomado de vosotros al cielo, vendrá así, tal como le habéis visto ir al cielo." Los ángeles hacen una conexión entre la ascensión y la segunda venida de Cristo; de modo que la ascensión de Jesús se convierte en una promesa de su segunda venida. En su regreso Jesús no va a enviar a ningún representante, sino que será "el mismo Jesús" a quien vieron desaparecer. Y vendrá "de la misma forma en que fue tomado". Jesús mismo predijo que regresará "en las nubes" (Mt. 26: 64).


## 4. ESPERANDO LA PROMESA
### 1: 12-14

**12 Entonces volvieron a Jerusalén** — El nombre bíblico común para este monte es "monte del Olivar" y se usa once veces en el Nuevo Testamento (Mt. 21: 1; Mr. 13: 3; Lc. 22: 39; Juan 8: 1). "Olivar" en griego significa "huerta de olivos" o "de las olivas". Este monte estaba cerca de Jerusalén, al este de la ciudad y por él debían pasar los que viajaban de Betania a Jerusalén. Por eso Lucas dice que "los sacó hasta Betania" (Lc. 24: 50). Nadie sabe con certeza el sitio preciso desde el cual Jesús ascendió pero estaba a una distancia "de sábado o un día de reposo." Las distintas partes del monte del Olivar tenían diferentes distancias con Jerusalén. "Camino de un día de reposo" se refería a una distancia de dos mil yardas, o tres cuartos de una milla, o mil 80 metros desde el muro de la ciudad. Aquí Lucas dice que el monte del Olivar estaba a una distancia de "camino de un día de reposo", pero no que esa era la distancia precisa desde el sitio de donde ascendió Jesús. Betania estaba a un lado del monte del Olivar, al pie del monte, en el lado oriente, "como a quince estadios" (Jn. 11: 18), es decir, aproximadamente dos millas (3.22 kilómetros) desde Jerusalén y la ascensión ocurrió en Betania (Lc. 24: 50).

13 **Y, luego que entraron,** — Cuando los apóstoles entraron a Jerusalén, tras regresar de la ascensión de Jesús, se fueron al "aposento alto". Algunos dicen que este "aposento alto" era el mismo que ocupó Jesús para comer la pascua, que es descrito por Marcos y Lucas como "un gran aposento alto" (Mr. 14: 15; Lc. 22: 12). Esta habitación estaba en una casa privada, como lo indica Lucas 22: 11, y no en el templo, como se indica en Lucas 24: 53. "El aposento alto" es una frase que sugiere que era un lugar bien conocido. Es todo lo que podemos precisar. En este aposento estaban hospedados temporalmente los apóstoles, mientras esperaban la promesa del Padre. Aquí tenemos una lista de los apóstoles, la cuarta lista de estos nombres en el Nuevo Testamento.

Las cuatro listas de los apóstoles en el Nuevo Testamento son las siguientes:

| Mateo 10: 2-4 | Marcos 3: 16-19 | Lucas 6: 14-16 | Hechos 1: 13 |
| --- | --- | --- | --- |
| 1. Pedro | Pedro | Pedro | Pedro |
| 2. Andrés | Jacobo | Andrés | Juan |
| 3. Jacobo | Juan | Jacobo | Jacobo |
| 4. Juan | Andrés | Juan | Andrés |
| 5. Felipe | Felipe | Felipe | Felipe |
| 6. Bartolomé | Bartolomé | Bartolomé | Tomás |
| 7. Tomás | Mateo | Mateo | Bartolomé |
| 8. Mateo | Tomás | Tomás | Mateo |
| 9. Jacobo de Alfeo | Jacobo de Alfeo | Jacobo de Alfeo | Jacobo de Alfeo |
| 10. Tadeo | Tadeo | Simón el Zelote | Simón el Zelote |

| Mateo 10: 2-4 | Marcos 3: 16-19 | Lucas 6: 14-16 | Hechos 1: 13 |
|---|---|---|---|
| 11. Simón el Zelote | Simón el Zelote | Judas de Jacobo | Judas de Jacobo |
| 12. Judas Iscariote | Judas Iscariote | Judas Iscariote | (Matías) |

Los nombres son clasificados en tres grupos de cuatro apóstoles cada uno: Pedro es mencionado primero en todas las listas; Felipe encabeza el segundo grupo en las cuatro listas; y Jacobo hijo de Alfeo encabeza el último grupo en todas las listas. Lucas varía su papel en el evangelio y en Hechos; Andrés sigue después de Pedro en el evangelio, pero en la lista de Hechos es el cuarto. Juan es el cuarto en el evangelio y el segundo en Hechos. Lucas cambia el orden en el segundo grupo, pero el arreglo es el mismo en el tercer grupo. Pedro, Jacobo y Juan son los únicos apóstoles cuyos nombres son mencionados de nuevo en Hechos; se les menciona aquí en el comienzo de la historia de la iglesia. En la lista de Lucas en Hechos, el nombre de Judas Iscariote es omitido.

14 **Todos éstos perseveraban unánimes en oración,** — El grupo de los discípulos consiste de cuatro clases de personas mencionadas por separado: (1) los once apóstoles; (2) algunas mujeres devotas, entre ellas María la madre de Jesús; (3) los hermanos de Jesús: José, Simón y Judas (Mt. 13: 55; Mr. 6: 3); (4) y los otros discípulos de Jesús. La palabra griega "jomozumadon", que se traduce "unánimes", significa algo más que estar juntos en un grupo o sociedad; quiere decir concordancia o unidad de mente y espíritu. Estaban unánimes en un lugar, porque tenían un solo propósito y su unidad era tal, como si tuvieran una sola alma. "Perseveraban firmes en la oración", es decir, no permitían que nada interfiriera con sus oraciones. Se les había dicho que esperaran el cumplimiento de la promesa, lo cual ocurriría dentro de pocos días, de modo que, dedicaron el tiempo a la oración. Esta es la mejor forma en que podían prepararse para el gran acontecimiento de la llegada del Espíritu Santo. Esta es la última vez que se menciona a María la madre de Jesús. La última escena de María en el Nuevo Testamento es cuando la vemos de rodillas, esperando junto a los discípulos, la llegada del Espíritu Santo.

## 5. LA SELECCION DE MATIAS
### 1: 15-26

15 **En aquellos días Pedro se levantó** — Pedro había negado al Señor después que le había encomendado las llaves del reino de los

cielos, pero ahora lo encontramos ocupando su lugar de liderazgo, hablando con impetuosidad en nombre de los apóstoles. Ya había sido perdonado y el Señor resucitado le había enviado un mensaje especial (Mr. 16: 7) y dado una misión especial (Juan 21: 15-18). Aquí lo vemos fortaleciendo a sus hermanos, sin dar excusas por el pecado de Judas, sino sólo recordándoles que "era contado con nosotros, y tenía parte en este ministerio". Algunos creen que Pedro era el más viejo de los apóstoles, y que por eso tomó el liderazgo. El número de los reunidos era de como ciento veinte. La palabra "reunidos" no se encuentra en el texto griego aquí, pero sí en Mateo 22: 34, y parece dar la misma idea que en Lucas 17: 35. No significa que el total de los discípulos era ciento veinte, sino que ese era el número de los que se reunieron en Jerusalén; es evidente que había otros discípulos dispersos en las áreas rurales (1 Co. 15: 6). El número ciento veinte no tiene importancia especial.

**16 Varones hermanos, era necesario que se cumpliese la Escritura, —** "Hermanos", literalmente significa "hombres hermanos". Las mujeres se incluyen en este discurso, aunque la palabra "andres" se refiere solamente a los varones. Pedro les recuerda que debe cumplirse la profecía dada por el Espíritu Santo a través de David. Claramente se refiere al Salmo 41: 9, que en primer plano se refería a Ahitofel y que en Juan 13: 18 fue aplicado a Judas. Así que, indirectamente Pedro está diciendo que David escribió el Salmo 41. Judas traicionó a Jesús y fue guía de la pandilla de judíos y romanos que prendieron a Jesús. Pedro encuentra tres cosas profetizadas que debían cumplirse: (1) que el traidor tenía que ser uno de ellos; (2) cuál sería su destino, y (3) que otro tomara su oficio del cual fue desechado.

**17 y era contado con nosotros, —** Pedro no se avergüenza en decir que uno de los doce traicionó al Maestro. La inspiración divina no escondió este triste suceso de la narración. Uno podría pensar que sería perjudicial para la causa de Cristo que la narración divina incluyera la traición de uno de sus propios discípulos; no obstante, Judas cumplió las condiciones de la profecía (Salmo 41: 1; 109: 2-5). Ciertamente Judas tenía boca de engañador, lengua mentirosa y una enemistad sin fundamento, pero aun así fue contado entre los doce apóstoles.

**18 Este, pues, con el salario de su iniquidad —** Judas obtuvo o adquirió este campo indirectamente con el dinero que recibió cuando traicionó a Jesús (Mt. 26: 14-26; 27: 3-8). Los versículos 18 y 19 no son parte del discurso de Pedro, sino que parecen haber sido incluidos por Lucas a manera de paréntesis. El campo fue comprado con el dinero que Judas recibió como recompensa por traicionar a Jesús, y que había tratado de devolver tirándolo a los pies de los sacerdotes. Estos no quisieron poner el dinero en el tesoro, sino que lo usaron para comprar esa propiedad (Mt. 27: 5-8). Este campo fue comprado por el sumo sacerdote para ser usado como cementerio para los indigentes y forasteros. Mateo dice que a este terreno se le llamó "campo de sangre" (Mt. 27: 3-8). Aquí Lucas dice que Judas cayó de cabeza, reventándose por la mitad, y todas sus entraña se derramaron". Mateo dice que Judas fue "y se ahorcó" (Mt. 27: 5). No existe contradicción entre las dos narraciones, puesto que lo más probable es que Judas se haya colgado y después de ahorcado su cadáver haya caído de cabeza y reventado por la mitad, como dice Lucas.

19 **Y fue notorio a todos los habitantes de Jerusalén,** — El nombre del lugar fue cambiado de "campo del alfarero" a "campo de sangre", tal como lo traduce Pedro del original "Acéldama" en arameo. Todos reconocieron que era apropiado cambiarle el nombre. El arameo era una forma adulterada del hebreo que se hablaba en la Palestina de aquellos tiempos.

20 **Porque está escrito en el libro de los Salmos:** — Aquí Pedro está citando el Salmo 69: 25 y el 109: 8. El cambia el plural de la primera cita por singular, ya que David hablaba de muchos amigos suyos, pero Judas fue el instrumento singular por medio del cual los muchos enemigos de Jesús realizaron sus planes. Por eso el castigo de Judas como el principal culpable. Pedro señala este suceso como cumplimiento de la profecía. Los discípulos estarían perturbados por la traición de Judas, pero Pedro hace hincapié en las profecías de los Salmos para asegurarles que nada de lo ocurrido fue por accidente. Todo lo conocía Dios mucho antes de que aconteciera. "Tome otro su oficio" significa que otro debe ser seleccionado para que ocupe el lugar que Judas había dejado vacante.

21, 22 **de estos hombres que han estado juntos con nosotros** — Los apóstoles iban a ser testigos de Jesús y aquí Pedro enumera las condiciones que se requerían de la persona que tomaría el lugar de Judas. Menciona dos cosas: que hubiera sido discípulo de Jesús "desde el bautismo de Juan" y que los hubiera acompañado después de la resurrección. Esta es otra manera de decir que el reemplazo de Judas debía haber conocido a Jesús desde el inicio de su ministerio personal, a través de sus pruebas, juicios, muerte, sepultura, resurrección y ascensión. Los apóstoles tuvieron mucho cuidado en la selección del sucesor de Judas, pues el varón escogido debía ser un testigo competente. Nadie que no hubiera sido testigo ocular podía ser seleccionado pues su testimonio no sería fidedigno sin un conocimiento de primera mano y una evidencia confiable. Pedro había citado de los Salmos que el lugar había quedado vacante y que debía ser ocupado por otro, por lo que, acto seguido, procedió a cumplir con la tarea, guiado por Dios.

**23 Y señalaron a dos: a José, llamado Barsabás** — Con esta información, los discípulos buscaron a los varones que reunían todas las condiciones y encontraron a dos. Es de suponer que estos dos fueron seleccionados del grupo que se había reunido. No está claro quiénes fueron los que señalaron o nombraron a los dos candidatos. Algunos creen que fue toda la asamblea la que participó en la selección, pero otros piensan que esta fue tarea solamente de los apóstoles. Los que defienden el punto de vista de que la asamblea seleccionó a los dos varones que reunían las cualidades expuestas por Pedro, también creen que en la actualidad la iglesia puede seleccionar a sus dirigentes. Debemos recordar que la iglesia todavía no había sido establecida, y que aquí no tenemos precedente para seleccionar funcionarios de la iglesia. "José, llamado Barsabás", también tenía el apodo de "Justo"; era un discípulo bien conocido en este tiempo y había acompañado a Jesús por tres años o un poco más, pero es todo lo que se conoce de él. Hay varias interpretaciones sobre el significado de su nombre. No podemos decir que es el mismo José a quien los apóstoles apodaron Bernabé, que se menciona en Hechos 4: 36. "Matías" es la forma abreviada de "Matatías" y es el equivalente griego de "Teodoro", que significa "regalo de Dios".

**24 Y orando, dijeron: Tú, Señor,** — Aquí Lucas nos da sólo un resumen de todo lo que se dijo en la oración, que probablemente fue dirigida por Pedro, acompañado por todos. Algunos dicen que esta oración fue dirigida a Jesús, mientras que otros dicen que fue dirigida a Dios. "Señor" puede referirse a Dios y a Cristo. Es la misma palabra griega que Pedro usó cuatro veces cuando contestó a Jesús (Juan 21:15-17, 21), y que usaron los once apóstoles al referirse a Jesús después de la resurrección (Hch. 1:6). Para este tiempo Jesús todavía no se había convertido en Mediador y Sumo Sacerdote, pues su iglesia aún no había sido establecida. "Que conoces los corazones de todos", literalmente significa: quien "conoce el corazón de todos los hombres". Una expresión parecida es aplicada a Dios: "Jehová escudriña todos los corazones" (1 Cr. 28 :9); y "Yo Jehová, que escudriño la mente, y pruebo el corazón" (Jer. 17: 10). Puesto que Dios conoce los corazones de todos los hombres, le piden que "muestre a cuál de estos dos ha escogido". Está claro que el Señor había hecho la selección y que lo que faltaba era que diera a conocer su voluntad sobre el reemplazo de Judas. El Señor conocía el corazón, mientras que los discípulos sólo conocían a los varones que reunían los requisitos. Por eso pidieron al Señor que les mostrara o señalara por medios visibles a cuál de los dos había escogido.

Ellos querían solamente a la persona que había sido designada por el Señor.

**25 para que tome la parte de este ministerio** — Ellos deseaban que uno tomara el lugar de Judas como apóstol junto con ellos; querían que ejerciera el ministerio del apostolado, del que "cayó Judas por transgresión, para irse a su propio lugar". Jesús había escogido a Judas para ese oficio, pero fue descalificado por su maldad, terminando en el lugar que le correspondía. Ahora otro debía ser escogido con la autorización de Dios para tomar su lugar.

**26 Y les echaron suertes,** — Los judíos estaban familiarizados con el proceso de echar suertes, pues era práctica del Antiguo Testamento. Por este sistema fue que la tierra de Canaán fue dividida y asignada a las diferentes tribus (Nm. 26: 55). El pecado de Acán parece que fue determinado por suertes (Jos. 7: 14); Saúl, el primer rey de Israel fe seleccionado de igual manera (1 S. 10: 20, 21); y el mismo método era utilizado para determinar el chivo expiatorio (Lv. 16: 8). Proverbios 16: 33 explica cómo se debían echar las suertes. Hay varias formas cómo se echaban las suertes, pero no necesitamos discutirlas aquí. Lo único práctico aquí es que los apóstoles dejaron al Señor la responsabilidad de selección. Fue así como Matías fue escogido por el Señor y "fue contado con los once apóstoles". La palabra griega traducida "contado" no es la misma que en el versículo 17, y se una en una forma que significa la persona que fue seleccionada. Algunos han puesto en tela de juicio si los apóstoles fueron guiados por el Espíritu Santo en la selección de Matías y por eso dicen que Matías no debe ser considerado como apóstol.


## 6. DESCENSO DEL ESPIRITU SANTO
### 2: 1-13

**1 Cuando llegó el día de Pentecostés,** — Los apóstoles ya tenían una semana de esperar "la promesa del Padre". Los judíos tenían tres fiestas anuales: la Pascua, Pentecostés y la Fiesta de los Tabernáculos. La Pascua conmemoraba la salvación de los primogénitos en Egipto; Pentecostés celebraba el comienzo de la cosecha; y la Fiesta de los tabernáculos conmemoraba sus peregrinaciones en el desierto. A esta fiesta le daban cuatro nombres: (1) Fiesta de la Cosecha (Ex. 23: 16); (2) "Fiesta de las Primicias" (Lv. 23: 17; Nm. 28: 26); (3) "Fiesta de las Semanas" (Ex. 34: 22; Dt. 16: 10); y (4) "Pentecostés". Este último nombre se encuentra solamente en el Nuevo Testamento, y ocurría cincuenta días después de la Pascua y caía en el primer día de la semana.

Por muchas razones era considerada la fiesta principal del año, por lo que reunía en Jerusalén a más multitudes que cualquier otra celebración. Algunos dicen que era para celebrar la entrega de la ley en el Monte Sinaí, porque, según esta escuela de pensamiento, la ley fue dada cincuenta días después que los judíos salieron de Egipto. Pero en las escrituras no hay referencia a este evento en conexión con esta fiesta. Para este tiempo los judíos estaban esparcidos por todas las naciones civilizadas de la tierra; muchos habían venido a la Pascua y se habían quedado para también conmemorar la fiesta de Pentecostés. A la muchedumbre se unieron muchos que no habían estado presentes para la Pascua. En este día de Pentecostés probablemente había más judíos en Jerusalén que en cualquier otro día del año. Este era un día memorable para los judíos y fue el día en que nació la iglesia. Era el tiempo oportuno para que el Espíritu Santo viniera en cumplimiento de la promesa hecha por Jesús. Ahora todo está listo: Jesús había ascendido al Padre como una semana antes, tras ordenar a los apóstoles que aguardaran el Espíritu Santo en Jerusalén; habían pasado mucho tiempo en oración y estaban listos para recibir la llegada del Espíritu Santo. "Estaban todos unánimes juntos". No sabemos en qué lugar estaban, aunque probablemente era el mismo aposento donde habían estado esperando toda la semana.

2 **Y de repente vino del cielo** — Mientras el grupo esperaba la promesa del Espíritu Santo, de repente vino un estruendo "como de un viento fuerte". No quiere decir que hubo un fuerte viento, sino que el sonido o el estruendo era como el de una tormenta o un huracán. El sonido llenó toda la casa donde estaban sentados. Aquí describen la postura en que se encontraban en el momento en que llegó este sonido. Este estruendo que vino del cielo fue el primer milagro o manifestación del grandioso suceso.

3 **Y se les aparecieron lenguas como de fuego** — Este fue el segundo milagro de la manifestación visible de la llegada del Espíritu Santo. Había "lenguas repartidas" entre ellos. Tal parece que se trataba de un gran manto de luz repartido en diferentes partes llamadas "lenguas", cuyos extremos tocaban a cada uno de ellos. No era "fuego", sino "como de fuego". No se dice que había viento y fuego, sino que hubo un estruendo y lenguas como de fuego. Pero no se sentía ni corriente de aire ni calor. El sonido era como una ráfaga de viento violento y las lenguas como de fuego se repartieron y posaron momentáneamente en la cabeza de cada uno. Algunos dicen que la lengua sobre cada uno de ellos estaba repartida, pero ese no es el significado del griego.

4 **Y todos fueron llenos del Espíritu Santo** — Aquí encontramos el tercer suceso: fueron llenos del Espíritu Santo. Primero fue el sonido, que

fue detectado por los oídos; después fueron las lenguas, que afectaron sus ojos; y ahora el Espíritu Santo desciende sobre ellos. Estos tres sucesos, el sonido del cielo, la aparición de lenguas como de fuego, y el hecho de que fueran "llenos del Espíritu Santo" fueron acontecimientos que ocurrieron juntos, aunque no se puede determinar con exactitud si fue en sucesión rápida o simultáneamente. Como resultado de que el Espíritu Santo viniera sobre ellos, "los apóstoles empezaron a hablar en otras lenguas", según el Espíritu les daba que se expresasen. Parece claro que aquí el Espíritu Santo vino solamente sobre los apóstoles, porque el versículo 7 dice que los que estaban hablando en lenguas eran todos galileos. No se puede decir que todo el grupo de los ciento veinte, mencionado en el capítulo 1, fue lleno del Espíritu Santo, porque no todos eran galileos como los que hablaban en lenguas. Hablaban, "según el Espíritu les daba que hablasen", es decir, no estaban pronunciando sonidos sin significado o meras jerigonzas. Sus expresiones eran claras y sus palabras tenían significado, tanto que "cada uno les oía hablar en su propia lengua". Por lo tanto, usaron lenguas o idiomas que se podían entender. Había entre doce y quince idiomas diferentes que hablaba la multitud reunida este día, pues se menciona que provenían de quince países o provincias, aunque no sabemos si había un dialecto para cada nación.

**5 Había en Jerusalén judíos que allí residían,** — En este tiempo sólo una pequeña porción de judíos vivía en Jerusalén o Palestina, y la gran mayoría había nacido en otras tierras; algunos habitando en grandes colonias judías y otros en pequeñas comunidades. "Residían en Jerusalén" literalmente significa "que estaban hospedados en Jerusalén", ya fuera temporal o permanentemente, pero se refiere a judíos religiosos y devotos que respetaban mucho la ley de Moisés y la adoración de cuerdo a esa ley. "Varones piadosos" también significa "temerosos", "cautos". En este tiempo los judíos estaban esparcidos por todo el imperio romano, y solamente los que era devotos o piadosos hacían el largo viaje a Jerusalén para observar esta fiesta.

**6 Y al ocurrir este estruendo** — Mucho se ha discutido sobre el significado de esto. Algunos creen que el "sonido como de un fuerte viento" fue escuchado por muchos y ayudó a que se juntara la muchedumbre. Pero otros sostienen que el hablar "en otras lenguas" fue lo que se escuchó por todas partes y que juntó a la gente. Ambas cosas pudieron haber acontecido: la manifestación milagrosa de la aparición física del estruendo como de un fuerte viento y el sonido del hablar en otras lenguas, al ser escuchados por todas partes, atrajeron a la multitud de curiosos. Está claro que la multitud no se juntó sino hasta después que el

Espíritu Santo había venido sobre los apóstoles. La muchedumbre quedó asombrada o desconcertada, como quien dice, "boqui-abiertos". El asombro creció más y más y se propagó la noticia por toda Jerusalén, a tal grado que se juntó toda la ciudad. Esto propició la mejor oportunidad para la proclamación del evangelio.

7, 8 **Y estaban atónitos y maravillados,** — "Atónicos" y "maravillados" provienen de dos palabras griegas diferentes y describen el grado de confusión y asombro que prevalecía en la multitud. En su condición de asombro no podían explicarse la situación, por lo que se preguntaban: "¿No son galileos todos estos que hablan?" Esta es la exclamación principal de la multitud que sabía que estos varones que hablaban en otros idiomas eran originarios de una sola provincia. Lo inexplicable para ellos era que aunque venían de una sola provincia pudieran hablar los diferentes dialectos e idiomas de toda la gente que estaba representada en la muchedumbre. Algunos piensan que todos los ciento veinte estaban hablando en lenguas, pero el contexto no permite esta interpretación, pues la muchedumbre reconoce que todos los que hablaban eran de la provincia de Galilea. El griego se hablaba casi en toda la región oriental del Imperio Romano, pero la mayor parte de los distritos tenían sus propios dialectos: el arameo se hablaba en Palestina y la gente de Licaonia tenía su propio idioma. Lo que Lucas quiso decir es que lo que decían los discípulos, inspirados por el Espíritu Santo, fue expresado en una variedad de dialectos y lenguajes.

9-11 **Partos, medos, elamitas y los que habitamos en Mesopotamia** — Los países mencionados aquí están en orden geográfico: los partos, medos y elamitas vivían al oriente del río Tigris y el Mar Caspio; hasta allá habían sido esparcidos los judíos por varios siglos. "Los que habitamos en Mesopotamia" son mencionados después, ya que vivían entre los ríos Tigris y Eufrates. "Mesopotamia" quiere decir "entre dos ríos". Hasta allá los judíos también habían sido llevados cautivos, y muchos nunca regresaron de la cautividad babilónica. Después se menciona a los residentes de Judea, porque en el sur de Palestina hablaban un dialecto distinto al de Galilea. Luego se mencionan cinco provincias de Asia Menor: Capadocia, Ponto, Asia, Frigia y Panfilia. Capadocia estaba en la porción sureste de Asia Menor; el Ponto estaba en la región nororiental, junto al Mar Negro. Asia no se refiere al continente no a Asia Menor, sino a un territorio menor, la provincia romana de ese nombre y que incluía a las pequeñas naciones de Misia, Lidia y Caria, colindantes con el Mar Egeo, frente a Grecia. Frigia y Panfilia estaban localizadas justo al sur del centro de Asia Menor. Después se menciona a Egipto, en el norte de Africa y al sur del

Mediterráneo; luego Libia, al oeste de Egipto, también en la costa mediterránea. Muchos de los judíos vivían en estos países, en Egipto y en Asia Menor. Pero la colonia judía era tan grande en Egipto, que en el tercer siglo antes de la Era Cristiana se hizo una traducción del Antiguo Testamento en griego. Esa traducción, realizada en Alejandría, se conoce como la Septuaginta. "Romanos aquí residentes" se cree que eran prosélitos romanos o simplemente romanos que vivían en Jerusalén por motivo de negocios. "Judíos" se refiere a los que tenían padres judíos. "Prosélitos" aquí se refiere a los que habían nacido de padres gentiles, de un matrimonio mixto--padre griego y madre judía, por ejemplo--pero que se habían convertido a la religión judía. No se puede determinar si ambas clases de prosélitos procedían de todos los países o sólo de Roma. Con seguridad se incluye a los residentes de Roma. Los cretenses venían de la isla de Creta en el Mar Mediterráneo; los árabes eran los judíos que se habían establecido en Arabia. Su número era bastante considerable.

12, 13 **Y estaban atónitos y perplejos,** — El efecto de estas obras maravillosas sobre la multitud es descrito brevemente con las palabras "atónitos" y "perplejos". La gente estaba confusa, perpleja, asombrada de lo que había visto y oído. En su asombro se volvían y preguntaban unos a otros: "¿Qué significa esto?" Literalmente quiere decir: "¿Qué será esto?" o "¿Qué pasará con esto?" Ellos creían que se trataba de una señal que significaba algo extraordinario, pero no sabían qué pensar. Esta interrogación también describe otra etapa de sus sentimientos, pues además de atónitos y perplejos estaban asombrados en extremo. Algunos trataron de restarle importancia diciendo que los discípulos estaban "llenos de mosto". "Mosto", del griego "gleukos", quiere decir "vino dulce" (de allí viene la palabra glucosa), pero era considerado muy intoxicante. El vino dulce, después de un año de añejo, era muy intoxicante. Hay diversidad de pensamiento sobre el significado de "ellos", cuando dice que unos se preguntaban unos a otros "¿Qué quiere decir esto? Mas otros, burlándose, decían: Están llenos de mosto". Algunos creen que los que hicieron esta acusación son otros diferentes a los que habían sido mencionados. Sin embargo, parece que en la confusión y asombro algunos hacían la pregunta y otros lanzaban la acusación. No estaban de acuerdo sobre la causa de la manifestación que habían visto y oído.

**SECCION DOS**
**LA IGLESIA EN JERUSALEN**
**2: 14 - 6: 7**

## 1. EL DISCURSO DE PEDRO
2: 14-36

**14 Entonces Pedro, poniéndose en pie con los once, —** Cada paso en el progreso de la historia es importante; Pedro había sido seleccionado para ser el portavoz, pues a él le habían sido dadas "las llaves del reino" (Mt. 16:19); él había esperado en Jerusalén hasta que llegó el Espíritu Santo; tanto Pedro como los demás ahora estaban listos para testificar de Jesús. A través de las manifestaciones milagrosas se había reunido la multitud y estaba ansiosa de conocer la causa de estas grandes señales. A Pedro le dieron una oportunidad o invitación para que hablase, y por eso se puso de pie junto con los once. Ahora Pedro y los once forman los doce apóstoles. Pedro viene a ser el portavoz de los doce. La gran muchedumbre y la confusión por las lenguas exigían que se hablara en voz alta, por lo que "alzó la voz". De esta manera pedía la atención a fin de poder declararles lo que el Espíritu Santo le diera que hablase. Primero se dirige a los "varones judíos", o literalmente, hombres de Judea, y los que habitan en Jerusalén. Les habló respetuosamente y ellos lo escucharon con respeto.

**15, 16 Porque éstos no están ebrios, —** Para empezar, Pedro aclara la situación, respondiendo a la acusación que algunos habían hecho. Esto era necesario antes de proceder a las cosas más importantes que el Espíritu Santo estaba por revelar mediante Pedro. Los apóstoles habían pasado el tiempo de vigilia, de oración y espera, así como acostumbraban hacer todos los judíos piadosos antes de la adoración del día de Pentecostés. Por consiguiente, la acusación de que estaban ebrios era muy seria, y mucho más en este tiempo que en cualquier otra temporada, porque a juicio de los judíos, era mayor pecado emborracharse en este tiempo. El impetuoso Pedro ahora está calmado, pero valiente, negando rotundamente que él y sus compañeros estuvieran ebrios. Tal acusación había sido hecha sin pruebas, y las circunstancias estaban en contra de la suposición de los acusadores. Se trataba de la hora matutina de oración, la tercera hora del día, y por lo tanto, ningún judío devoto se atrevía a comer y beber antes de esta hora. Los que se embriagaban lo hacían durante la noche, pero la hora de ésta reunión era solamente las 9 de la mañana.

Dicha acusación era tan absurda, que Pedro solamente se ocupa de negarla enfáticamente y haciendo notar una observación que todos podían hacer. Ahora les indica cuál era la verdadera causa de todo lo que habían oído y visto. Pide que los judíos piadosos presten atención a uno de sus propios profetas, Joel.

17-21 **Y en los postreros días, dice Dios,** — Esta cita de Joel era una de las escrituras en las que se apoyaban los judíos para probar la venida del Mesías. Era correcta su interpretación de que se refería al reino del Mesías, pero estaban equivocados por no haber discernido que Jesús era ese Mesías. El reclamó serlo, pero los judíos lo rechazaron; él probó ser el Mesías, pero ellos se negaron a aceptar las pruebas; no creían la evidencia. Ya había llegado el tiempo de "los postreros días" y Dios había "derramado de su Espíritu". Lo que estaba ocurriendo a sus propios ojos era un cumplimiento literal de la profecía. Los "prodigios arriba en lo cielo, y señales abajo en la tierra" se estaban cumpliendo en ese tiempo. "El sol se convertirá en tinieblas"; ya había acontecido durante la crucifixión de Jesús (Lucas 23:45). "Antes de que venga el día del Señor, grande y manifiesto" es una expresión que ha tenido varias interpretaciones. El oscurecimiento del sol y todos los fenómenos físicos que lo acompañaron, bien pudo haber tenido su principal cumplimiento en la destrucción de Jerusalén, ya que esta expresión usualmente se refiere a un tiempo de castigos y dolor. Sea lo que fuere a lo que se refirió Joel con su profecía, Pedro dice que lo que estaba aconteciendo era en cumplimiento de lo que Joel predijo para "los postreros días", y por lo tanto, ellos ya estaban viviendo en "los postreros días". En este tiempo "todo aquel que invocare el nombre del Señor, será salvo". En medio de estos acontecimientos alarmantes y fenómenos maravillosos y prodigios, que predecían juicios terribles, se daría oportunidad para que fueran salvos "todos los que invocaran el nombre del Señor". La promesa de liberación, la "puerta de la esperanza" había llegado a ellos, y esas bendiciones eran con la condición de que invocaran el nombre del Señor.

22 **Varones israelitas, oíd estas palabras:** — El sermón de Pedro puede dividirse en tres partes principales: (1) Una explicación del derramamiento del Espíritu Santo en cumplimiento de la promesa hecha por Joel; (2) una descripción del Señor a quien debían invocar; y (3) un pedido urgente para que reconocieran a Jesús como el Mesías que había sido crucificado, sepultado, resucitado de los muertos y ascendido de nuevo al Padre. La primera parte del discurso de Pedro comienza con el versículo 14 y concluye con el versículo 21; la segunda parte empieza en el verso 22 y termina con el 28; la tercera parte comienza con el versículo 29 y termina con el 36.

**Jesús nazareno, varón aprobado por Dios** — En la audiencia había gente que conocía a Jesús como "el nazareno", de modo que Pedro usa ese título para que no haya lugar a dudas o malos entendidos. Cuando en el huerto de Getsemaní Jesús preguntó a los judíos y romanos a quién buscaban, ellos respondieron: "a Jesús de Nazaret" (Juan 18: 5, 7). Jesús no sólo era un "varón aprobado por Dios", sino que también había probado que había venido de Dios. "Aprobado", tal como se usa aquí, significa "mostrarse verdadero" o "probar" que es cierto. Todos los milagros de Jesús se incluyen aquí en las "maravillas, prodigios y señales"; son tres palabras que cubren todo lo que Dios hizo a través de Jesús. No podían negar los milagros que Jesús hizo a través de Jesús.

**23 a éste, entregado por el determinado consejo** — Esto muestra que Jesús fue entregado por los judíos a las autoridades romanas de conformidad a un plan definitivo que había sido expresado por los profetas. Jesús, cuando llegó su hora, voluntariamente se entregó en manos de los enemigos, dejando que hicieran con él lo que quisieran. Dios había dispuesto la muerte de su Hijo (Juan 3: 16) y de Judas (Hechos 1: 16), pero ese hecho no le quitó a Judas su responsabilidad y culpa (Lucas 22: 22). Judas actuó de su propia voluntad, por lo que Pedro les pudo decir que a él "prendisteis y matasteis por manos de inicuos". Con esto se inculpa a los que participaron de la crucifixión de Jesús. Los judíos fueron quienes gritaban "¡Crucifícale! ¡crucifícale! (Lucas 23: 21), y Pilato trató de contenerlos pero finalmente dictó la sentencia contra Jesús. Aquí Pedro hizo una valiente acusación contra los que lo escuchaban. La muchedumbre había acusado a Pedro y los demás de estar ebrios, pero ellos salieron acusados de la crucifixión del Mesías.

**24 al cual Dios levantó, sueltos los dolores de la muerte,** — Por medio de manos de hombres inicuos, los judíos crucificaron al Hijo de Dios, pero Dios lo había levantado de entre los muertos. Lo que ellos hicieron a Jesús es contrastado con lo que Dios hizo con él. Con frecuencia las obras de los hombres son contrastadas con las obras de Dios. Esta fuerte antítesis se enfatiza con frecuencia en la predicación de los apóstoles. Cuando llegó el tiempo, o cuando llegó su hora, Dios entregó a Jesús en manos de los perversos judíos; y después que ellos lo crucificaron, Dios lo levantó de entre los muertos, porque no fue posible que los poderes de la muerte lo mantuvieran en el sepulcro. Fue por el "determinado consejo y anticipado conocimiento de Dios" que Jesús fue levantado de entre los muertos, como también había sido entregado en manos de inicuos para ser crucificado. En Jerusalén habían circulado rumores sobre la resurrección de Jesús, pero ahora Pedro se pone en pie y declara sin lugar a dudas que Jesús había resucitado.

25-28 **Porque David dice de él:** — Aquí Pedro cita el Salmo 16:8-11 y atribuye esa profecía a David. Cabe señalar que las citas del Antiguo Testamento en el Nuevo, no son "palabra por palabra" o al pie de la letra. Con frecuencia el Espíritu Santo da el significado y no las palabras exactas. Muchas veces David habló de sí mismo, pero el Espíritu Santo, que habló a través de David, también habló de Cristo. Por lo tanto, una profecía podía tener dos cumplimientos. El sepulcro de David estaba en Jerusalén (I Reyes 2: 10; Nehemías 3: 16). El sitio exacto de la tumba de David era conocido por todos los judíos. David, como profeta, se dio a la tarea de hablar acerca del Mesías, siendo guiado por el Espíritu Santo. Por consiguiente, no estaba hablando solamente de sí mismo cuando dijo que Dios no permitiría que su Santo "viera corrupción". "Hades" se refiere al "mundo que no se puede ver". David murió y fue sepultado, y su tumba era conocida por los judíos; su cuerpo pasó por el proceso de descomposición. Por lo tanto, la profecía no pudo haberse referido a sí mismo, sino al Mesías. Ese es precisamete el argumento de Pedro: que la profecía de David acerca de no ver corrupción no se refiere a él mismo, sino al Mesías.

29-31 **Varones hermanos, se os puede decir libremente** — Aquí comienza la tercera parte del discurso de Pedro. Les demuestra que David murió, fue sepultado en la ciudad de Jerusalén, y que su tumba estaba entre ellos, con el cadáver descompuesto de David. Por lo tanto, David, como profeta, no aplicó esas palabras a él mismo, pero siendo profeta sabía que Dios le había jurado que de su descendencia levantaría a uno que se sentaría en su trono. Aquí Pedro se refiere al Salmo 132: 11. Pedro también arguye que Dios ha cumplido el juramento y promesa que hizo a David mediante la resurrección de Cristo y haciéndolo sentar en el trono de David. Aquí Pedro dice que David sabía que en el Salmo 16: 10 él estaba describiendo la resurrección del Mesías. Como rey, David ocupó el trono de la nación de Israel, el pueblo escogido por Dios. De igual manera, el Mesías, que descendería de David, iba a ser Rey del pueblo de Dios, de su pueblo espiritual. Por consiguiente, el Mesías se iba a sentar en el trono de David para gobernar al pueblo de Dios. El gobierno real en el pueblo de Dios era una teocracia, es decir, un gobierno del cual Dios era considerado Soberano Supremo, siendo el rey terrenal el representante de Dios. Cristo o el Mesías se iba a sentar en el trono de David, es decir, que sería su sucesor, al convertirse en Rey del pueblo espiritual de Dios.

32 **A este Jesús resucitó Dios,** — De nuevo, los judíos crucificaron a Jesús, pero Dios lo resucitó e hizo a los apóstoles testigos de dicha resurrección. Pedro ha probado que la profecía no se cumplió en David,

ni podía haberse referido a él, a un rey terrenal, o a otra persona después de él, sino que se refería al Mesías. Luego afirmó que Dios levantó a Jesús de entre los muertos y procedió a probarles que este Jesús es el Cristo. El pronombre "nosotros" que "somos testigos" se refiere a los doce apóstoles, y puede incluir a otros discípulos que vieron a Jesús después de la resurrección (I Cor. 15: 6).

33 **Así que, exaltado por la diestra de Dios,** — Dios había levantado a Jesús de entre los muertos para sentarlo en el trono de David, que aquí es llamado "la diestra de Dios". Jesús no sólo fue levantado de los muertos, como Lázaro o la hija de Jairo, quienes volvieron a morir, sino que Cristo fue resucitado para ser exaltado a la mano derecha de Dios. De nuevo vemos el contraste de lo que los judíos hicieron a Jesús y lo que Dios hizo con él. Hay una frase parecida en el Salmo 98: 1: "Su diestra lo ha salvado, y su santo brazo". El había prometido que cuando regresara al Padre enviaría el Espíritu Santo; y puesto que ya había regresado al Padre ahora ha enviado el Espíritu Santo. Las manifestaciones físicas que confundieron y asombraron a la multitud eran evidencias de que el Espíritu Santo había venido. Y ellos vieron y oyeron todas estas cosas.

34, 35 **Porque David no subió a los cielos;** — Pedro sigue arguyendo y probando que la profecía no se aplicaba a David. Cita el Salmo 110: 1. David no ascendió al cielo, pero Jesús sí. Es claro que David entendió que esto se refería a alguien más que a sí mismo. David, con la ayuda del Espíritu Santo, vio al Mesías venido a tierra y a través del proceso de la muerte, sepultura, resurrección, y ascenso al cielo donde se sentó a la diestra del Padre. Se había cumplido la profecía de David sobre su Señor. En la muchedumbre había algunos que podían recordar que tan sólo unas semanas antes los fariseos quedaron confusos con una pregunta sobre el significado de este mismo pasaje, de modo que no pudieron contestar a Jesús. Si le hubieran contestado la verdad, habrían tenido que aceptar lo que Jesús reclamaba ser (Mateo 22: 42-45).

36 **Sepa, pues, ciertísimamente toda la casa de Israel,** — "Toda la casa de Israel" equivale a decir "todas las casas de Israel". Esta apelación se podía hacer sólo a Israel, pues solamente ellos habían conocido las profecías y recibido las promesas. "Sepa ciertísimamente" equivale a creer la evidencia que Pedro había dado para probar el hecho de que Jesús de Nazaret era el Mesías, y por lo tanto, el Hijo de Dios. Esta era otra forma de decirles que creyeran en el Señor Jesucristo. Lo que ellos tenían que creer era el hecho de que "a este Jesús a quien vosotros crucificasteis, Dios le ha hecho Señor y Cristo". Dios había mostrado que Jesús era el Mesías con haberlo exaltado hasta el cielo y haberlo sentado a su diestra, después de su muerte, sepultura y resurrección. Jesús fue

hecho "Señor" o gobernador; él tiene toda autoridad en el cielo y en la tierra. También ha sido hecho "Cristo", que significa "El Ungido". Esto concluye el discurso de Pedro, con una apelación a que creyeran la evidencia que había sido presentada.

## 2. LOS PRIMEROS CONVERSOS
### 2: 37-41

**37 Al oír esto,** — Ahora se narra brevemente el efecto del discurso de Pedro; fue un maravilloso discurso y los resultados fueron igualmente maravillosos. La simple declaración de los hechos y las profecías que apoyaban el reclamo de Jesús como el Salvador del mundo, tuvieron un efecto conmovedor en el corazón de la gente. "Se compungieron de corazón" significa que se llenaron de remordimiento por la maldad extrema del crimen de la crucifixión de Jesús. Deben haberse asombrado de la ceguera insensata con la que actuaron. El pueblo y sus dirigentes habían cerrado sus ojos a la enseñanza de las profecías que hablaban de su Mesías. "Compungidos" se traduce del verbo "katanusso", que significa "herir, golpear, aguijonear". El sermón de Pedro trajo convicción a los oyentes, impulsándolos a preguntar a Pedro y "a los otros apóstoles: Varones hermanos, ¿qué haremos?" Eso demuestra que ellos consideraban a los otros apóstoles como testigos de la resurrección de Cristo. Ya que los habían convencido del pecado, seguramente Pedro y los otros apóstoles sabrían qué hacer. Ellos habían estado con Jesús, lo habían visto y habían conversado con él desde que resucitó; lo vieron cuando ascendió al cielo; era de esperarse que el Mesías dejara instrucciones con ellos sobre lo que era necesario hacer para recibir remisión de sus pecados. La gente reconoce que hay algo que ellos necesitan hacer.

**38 Pedro les dijo: Arrepentíos, y bautícese** — Probablemente este pasaje del Nuevo Testamento sea uno de los más discutidos, dando base a muchas controversias teológicas. Debemos recordar que después que la gente se convenció que Jesús era el Mesías, y sabiendo que lo habían crucificado, preguntaron lo que debían hacer. Este versículo contiene la respuesta a esa pregunta. Aunque ha habido mucha controversia sobre el significado de la respuesta, no hay razón, porque es sencilla y clara. A estos creyentes se les dijo que se arrepintieran. Juan el Bautista y Jesús habían enseñado el arrepentimiento. En la gran comisión Jesús incluyó el arrepentimiento (Lucas 24: 47). "Arrepiéntanse" había sido el clamor de Juan en el desierto (Mateo 3: 2); era el llamado del evangelio de Jesús (Marcos 1:1 5); y fue lo mismo que demandaban los apóstoles en la comisión limitada (Marcos 6: 12). No sólo debían arrepentirse, sino también "bautizarse". Al dar la gran comisión Jesús dijo: "El que creyere y fuere bautizado, será salvo". Juan y Jesús habían predicado el bautismo; Jesús puso el bautismo como parte de la gran comisión; por lo tanto, Pedro, guiado por el Espíritu Santo, contestó bien a la pregunta y les dijo lo que debían hacer. "Arrepiéntanse" está en singular y "bautícese cada uno de vosotros" es plural. Aquí también hay un cambio de la segunda persona a la tercera. Este cambio muestra además un cambio en el pensamiento: lo primero que hay que hacer es un cambio radical y completo, lo cual se logra mediante el arrepentimiento; y luego bautícese cada uno de ustedes "en el nombre de Jesucristo". Esto es lo mismo que el mandamiento en Mateo 28: 19. No hay diferencia entre "eis to onoma" y "en toi onomati" con "baptizo", puesto que "eis" y "en" tienen el mismo origen. En Hechos 10: 48 dice "en toi onomati Iesou Christou", pero "eis to onoma" se encuentra en Hechos 8: 16; y 19: 5. El uso de "onoma" significa en el nombre o con la autoridad de uno, como "eis onoma profetou" (Mateo 10: 41) como profeta, o en el nombre de un profeta.

**para perdón de los pecados;** — En griego dice "eis afesis ton jamartion jumon". Esta es la frase sobre la cual ha habido tanta controversia, aunque está muy clara. Después de que Pedro convenció a la muchedumbre de que habían crucificado al Mesías y que Dios lo había exaltado hasta su diestra en el cielo. Fue entonces que preguntaron "¿qué haremos?" Es muy claro que estaban preguntando qué es lo que necesitaban hacer para obtener la remisión de pecados. Al contestarles, Pedro les dice que tienen que hacer dos cosas: arrepentirse y bautizarse. Esto lo tenían que hacer todos "en el nombre de Jesucristo, "eis afesin ton jamartion jumon", es decir, "para remisión o perdón de los pecados". Mucho depende del significado de "eis". Algunos pretenden que significa "a causa de", para enseñar que el bautismo es "por la remisión de los pecados"; en otras palabras, dicen que uno recibe el perdón de los pecados antes del bautismo. Otros dicen que "eis" significa "para" o "a fin de" la remisión de los pecados. Tanto el arrepentimiento como el bautismo tienen el mismo propósito "eis efesin ton jamartion jumon". Esta es una lista de la traducción de "eis" dada por los mejores eruditos, y la frase clave:

EL SIGNIFICADO DE "EIS" EN HECHOS 2:38

| Traducción | Nombre | Denominación | Obra |
|---|---|---|---|
| "para quitarse" | Abbot | anglicano | Com. de Hechos |
| "para, hacia" | Alexander | presbiteriano | Com. de Hechos |

| *Traducción* | *Nombre* | *Denominación* | *Obra* |
| --- | --- | --- | --- |
| "para, a fin de" | Axtell | bautista | Manual del Pastor |
| "para" | Benson | metodista | Com. de la Biblia |
| "para" | Bickersteth | episcopal | Com. de Hechos |
| "con el fin de" | Butcher | presbiteriano | Manual del Pastor |
| "con referencia a" | Adam Clark | metodista | Com. de la Biblia |
| "para" | Dill | bautista | Manual del Pastor |
| "siempre con el fin de" | Ditzler | metodista | Debate Wilkes/Ditzker |
| "mira, propósito" | Godet | presbiteriano | Manual del Pastor |
| "propósito" | Goodwin | congregacionalista | Manuel del Pastor |
| "a fin de" | Harkness | bautista | Manual del Pastor |
| "objeto a obtenerse" | Harmon | metodista | Manual del Pastor |
| "a fin de recibir" | Harper | bautista | Manual del Pastor |
| "para" | Hovey | bautista | Com. de Juan |
| "para este fin" | Jacobus | presbiteriano | Com. de Hechos |
| "denota objeto" | Meyer | luterano | Com. de Hechos |
| "con vista a" | McKintock | metodista | Enciclopedia McLintock & Strong |
| "para" | Rice | | Com. de Hechos |
| "poder recibir" | Schaff | presbiteriano | Manual del Pastor |
| "a fin de" | Strong | metodista | Manual del Pastor |
| "para, a fin de" | Summers | metodista | Com. de Hechos |
| "para, hacia" | Thayer | congregacionalista | Léxico griego-inglés |
| "a fin de" | Willmarth | bautista | Baptist Quarterly, 1878 |

**y recibiréis el don del Espíritu Santo.** — Guiado por el Espíritu Santo, Pedro prometió dos cosas, con la condición de que se arrepintieran y fueran bautizados en el nombre de Jesucristo: "el perdón de los pecados" y "el don del Espíritu Santo". Hay mucha controversia sobre si esto significa el Espíritu Santo como un don y en la medida que tenían los apóstoles, o si "el don del Espíritu Santo" significa la medida común del Espíritu Santo dada a todos los cristianos. Parece que algunos cristianos primitivos recibieron medidas milagrosas del Espíritu Santo y que a eso es que Pedro se refiere. Pedro dijo que en este tiempo se cumplió la cita de Joel; por lo tanto, ahora estaba comenzando la dispensación del Espíritu y los que obedecieran el evangelio recibirían todas las bendiciones prometidas por esta dispensación.

**39 porque para vosotros es la promesa, y para vuestros hijos, —** "La promesa" es la promesa mencionada arriba; es lo mismo que Cristo había llamado "la promesa del Padre" (Hch. 1: 4) y descrita como el bautismo "en el Espíritu Santo dentro de pocos días". Esta promesa conllevaba las bendiciones de la salvación en Cristo y todo lo que viene con una vida fiel en su servicio. "A vuestros hijos" incluye a los judíos y "los que están lejos" se refiere a los gentiles; por lo tanto, todos recibirían las bendiciones del Espíritu Santo. Los límites fueron establecidos por la cláusula "para cuantos el Señor nuestro Dios llamare". El Señor llama a la gente mediante su evangelio: "A lo cual os llamó mediante nuestro evangelio, para alcanzar la gloria de nuestro Señor Jesucristo" (II Tes. 2: 14). "Porque todo aquel que invocare el nombre del Señor, será salvo. ¿Cómo, pues, invocarán a aquel en el cual no han creído? ¿Y cómo creerán en aquel de quien no han oído? ¿Y cómo oirán sin haber quien les predique?" (Ro. 10: 13, 14). "Y serán todos enseñados por Dios. Así que, todo aquel que oyó al Padre, y aprendió de él, viene a mí" (Juan 6: 45). Esto nos muestra cómo deben aprender de Jesús y cómo deben invocarlo. El evangelio debe ser proclamado para dar a conocer a Cristo en todo el mundo; luego la gente escucha y lo cree; obedecen sus mandamientos y reciben sus bendiciones. Este es el proceso mediante el cual vienen a Dios mediante Cristo.

**40 Y con otras muchas palabras testificaba, —** Lucas no escribió todo lo que dijo Pedro en esta ocasión, sino que hizo un breve bosquejo del discurso de Pedro. El sermón bien puede dividirse de la siguiente manera:

### El sermón de Pedro

Introducción:
1. Defensa de los apóstoles
2. Explicación de los sucesos
I. El Tema:  Jesús es el Cristo
II. Las Pruebas:
1. Las obras de Jesús
2. Su resurrección

a. Cita de David
b. Explicación de la cita
c. El testimonio de los discípulos
3. La promesa del don del Espíritu Santo

Pedro exhortó a la gente a "salvarse de esta perversa generación". Con "muchas otras palabras" Pedro exhortó al pueblo a aceptar a Jesús como el Mesías. "Perversa" se traduce del griego "skolías", que es una palabra opuesta a "othós", que significa "derecho". La gente era "perversa" o "torcida" mental, moral y espiritualmente, puesto que eran judíos incrédulos que habían crucificado a su propio Mesías.

**41 Así que, los que recibieron su palabra fueron bautizados;** — Algunos manuscritos antiguos omiten la palabra "alegremente" y la versión Reina Valera se apega a los manuscritos más antiguos. Recibieron la palabra al creer y obedecer el evangelio. En la actualidad la gente sigue recibiendo a Cristo al aceptar sus enseñanzas. Jesús dijo: "El que a vosotros oye, a mí me oye; y el que a vosotros desecha, a mí me desecha; y el que me desecha a mí, desecha al que me envió" (Lucas 10: 16). Escuchar a los apóstoles equivalía a escuchar a Cristo, y escuchar a Cristo era como escuchar a Dios que lo envió. Por consiguiente, cuando recibieron las palabras que los apóstoles expresaron por la dirección del Espíritu Santo, estaban escuchando las palabras de Cristo, es decir, la palabra de Dios. Se bautizaron todos los que recibieron la palabra, siguiendo el mandamiento que el Espíritu Santo había dado mediante el Espíritu Santo. Los que se bautizaron "fueron añadidos"; es decir, que los que fueron bautizados también fueron agregados a la iglesia. El número era de como tres mil almas. Algunos piensan que estos tres mil fueron añadidos a los ciento veinte. Pero ya que la frase "a ellos" está en cursiva, el significado es que simplemente los bautizados fueron agregados o sumados.


### 3. LA UNIDAD DE LA IGLESIA
2: 42-47

**42 Y perseveraban en la doctrina de los apóstoles,** — Estos nuevos discípulos no eran volubles o inconstantes, sino que perseveraban o continuaban en las cosas que les habían enseñado. Aquí se mencionan cuatro cosas en las que perseveraban: (1) "la doctrina de los apóstoles, (2) "la comunión", (3) "el partimiento del pan" y (4) "las oraciones". La doctrina mencionada se refiere a la comisión que Jesús dio a los apóstoles cuando les ordenó que enseñaran a todos los bautizados todo lo que él les había ordenado (Mt. 28: 20). "La comunión" significa el interés común y participación mutua en las cosas que tienen que ver con el bienestar de cada uno. "El partimiento del pan" se traduce de "klasei", que es usada solamente por Lucas, y exclusivamente en la frase "partimiento del pan". El verbo parecido a "partimiento" ocurre frecuentemente, pero como sustantivo sólo se refiere al partimiento de pan. Por eso es que se designa para referirse a la Cena del Señor. "Las oraciones" significa que todos los servicios eran acompañados de oraciones. Bajo la ley se daban horas específicas para la oración, pero ahora las oraciones se ofrecen continuamente, a cualquier tiempo y en todo tiempo (Vea Lucas 5: 33).

**43 Y sobrevino temor a toda persona;** — Asombro y temor sobrevino a todo el grupo; el público puso su atención en los discípulos. Aquí "temor" se usa con el significado de gran reverencia y respeto. "Muchas maravillas y señales eran hechas por los apóstoles". Los burladores fueron callados y les sobrevino temor, desanimándolos en su oposición, aunque no se habían arrepentido. Los apóstoles pudieron realizar muchos milagros, aunque no se describe alguno en particular en este punto excepto el del próximo capítulo, y dicho milagro es mencionado solamente porque tiene conexión con el arresto de los apóstoles.

**44, 45 Todos los que habían creído estaban juntos,** — Algunos piensan que esto significa que todos vivían juntos en una casa, pero esto es imposible, ya que este mismo día se convirtieron tres mil. Simplemente significa que ellos "estaban juntos" en mente, propósito, fe y corazón. Se refiere más bien a la unidad del espíritu y la mente que a la unidad de organización. "Tenían todas las cosas en común" es una cláusula que parece dar a entender la idea de tener en común los bienes, tierras y posesiones. No quiere decir que todos vendían todas sus posesiones, sino que todos consideraban que sus posesiones les habían sido entregadas para el beneficio de todos. El cristianismo nos enseña que somos responsables por el bienestar de todos y que debemos dar servicio, dinero y todo para el beneficio de los demás. "Pero el que tiene bienes de este mundo y ve a su hermano tener necesidad, y cierra contra él su corazón, ¿cómo mora el amor de Dios en él?" (1 Juan 3: 17). Muchos de estos judíos habían venido de muy lejos y habían traído bienes limitados; el viaje había durado más de lo planeado; y por lo tanto, ya no tenían suficientes recursos. En esta situación, los que tenían alegremente compartían con los que no tenían.

**46, 47 Y perseveraban unánimes cada día** — Esto no era "comunismo", sino que los discípulos ponían sus propiedades a la disposición común de acuerdo a la necesidad. Los discípulos todavía adoraban en el templo, y todavía no se había hecho una separación amplia entre los cristianos y los judíos. Partían el pan en las casas y se gozaban en todas las bendiciones temporales que Dios les había dado. Los que con sus bienes ayudaban a los que no tenían se regocijaban de tener la oportunidad de ayudar a otros; mientras que los que recibían la ayuda se gozaban de que hubiera hermanos que los amaran y que los pudieran ayudar. En este caso todos se gozaban juntos. La descripción de estos discípulos primitivos termina con sus alabanzas a Dios y al decir que "tenían favor con todo el pueblo. Y el Señor añadía cada día a la iglesia los que habían de ser salvos". La palabra "iglesia" no se encuentra en la Versión Normal (en inglés), usándose en su lugar "a ellos". Por lo tanto, el significado es que los que oían la palabra, la creían, se arrepentían de sus pecados, y eran bautizados, por medio de este proceso eran añadidos todos juntos, llegando a formar la iglesia. Cada paso fue dado por dirección divina y todos se regocijaban en la unidad de la fe y en el amor y compañerismo los unos con los otros. Al terminar este capítulo de instrucciones nos queda la impresión del poder del evangelio predicado por Pedro. También nos impresiona el proceso simple mediante el cual los apóstoles formaron la iglesia. Ahora la iglesia ya está funcionando bajo la dirección de los apóstoles, dirigidos por el Espíritu Santo. Vemos cómo la gente llegó a ser cristiana y la vemos viviendo la vida cristiana. El historiador Lucas ahora está listo para narrarnos la expansión de la iglesia.

## 4. SANIDAD DEL COJO
### 3: 1-10

**1 Pedro y Juan subían juntos al templo** — Este milagro fue seleccionado de entre los muchos que hicieron los apóstoles porque puso a los apóstoles en conflicto con las autoridades; en este tiempo comenzó la oposición y la persecución; este milagro llevó al arresto de los apóstoles, lo cual fue el principio de una persecución religiosa tan sangrienta, despiadada y violenta de las conocidas en la historia de la iglesia. Ahora se han asociado "Pedro y Juan" y suben "al templo a la hora de la oración". Pedro y Juan fueron enviados juntos a preparar la cena pascual (Lucas 22: 8); también fueron juntos al sepulcro (Juan 20: 3); anduvieron pescando juntos después de la crucifixión (Juan 21: 7); y Juan ayudó a Pedro para que entrara al palacio del sumo sacerdote (Juan 18: 16). Otra vez están juntos y suben al templo a la novena hora "la hora de la oración". La "novena hora" era como las tres de la tarde, de acuerdo a nuestro sistema actual. Estos apóstoles seguían observando la hora de la oración de acuerdo a la ley judaica de adoración; pues también les daba la oportunidad de predicar a la gente que venía a adorar en esa ocasión.

**2, 3 Era traído un hombre cojo de nacimiento** — Se acostumbraba que los cojos y paralíticos fueran puestos cerca del lugar de adoración; especialmente cuando dependían de la caridad pública para sobrevivir. La gente era más liberal cuando iba a adorar o en la adoración, y estos desafortunados, junto con sus amigos, aprovechaban la situación. Este cojo nació con algún problema de deformación en sus pies o sus tobillos; no podía caminar y sus amigos lo llevaban y "ponían cada día a la puerta del templo"; por lo que ya era un personaje bien conocido. Era puesto a la "puerta" o entrada llamada "la Hermosa". Había nueve puertas por las que se entraba al atrio; cuatro en el norte y cuatro en el sur, una en el lado oriental y no había puerta en el lado occidental. Parte del atrio era llamado "atrio de las mujeres" para distinguirlo del "atrio de los hombres". Se cree que esta puerta llamada la "Hermosa" era una entrada que conducía del "atrio de los gentiles" al "atrio de las mujeres". Esta es la única vez que la Biblia menciona esta puerta llamada la "Hermosa". Cuando el cojo vio a "Pedro y Juan" que se disponían a entrar al templo, "les rogaba que le diesen limosna". "Limosna" tiene número singular. El mendigo simplemente pedía "una dádiva", un "regalo" o "regalos". En este momento él no sabía nada más de Pedro y Juan, excepto que eran judíos que habían venido al templo a adorar.

**4, 5 Pedro, fijando en él los ojos,** — Pedro y Juan fijaron la vista en el mendigo. La forma en que fijaron la vista en él llamó la atención, luego Pedro le dijo: "Míranos". Esto enfatizó su atención en los apóstoles. El esperaba "recibir algo de ellos". La expectación era mayor porque ellos se le habían quedado viendo y porque le pidieron que él los mirara a ellos. Era natural que esperara recibir algo. Deseaba recibir algo y su deseo aumentó su expectativa. La conducta sería y firme de los apóstoles confirmó su expectación.

**6 Mas Pedro dijo: No tengo plata ni oro,** — Los apóstoles no tenían riquezas materiales, pero sí habían recibido poder para realizar curaciones milagrosas. Ellos podían usar este poder "en el nombre de Jesucristo", y por lo tanto le ordenaron al cojo que se levantara y anduviera. Pedro y Juan no tenían dinero, pues las propiedades que eran vendidas no pertenecían a los apóstoles, sino que eran usadas para el beneficio común y no para el uso personal de los apóstoles. "Anda" se traduce de "peripapei", que significa empezar a caminar y después continuar caminando. Al cojo le ordenan que haga algo que nunca había hecho en su vida. Pedro estaba dispuesto y listo para darle lo que podía. No sabemos cuánto tiempo había pasado desde el día de Pentecostés y es probable que éste no haya sido el primer milagro de Pedro (Hechos 2:43). Pedro habla como alguien que tiene experiencia; sus palabras son firmes e infunden seguridad. "En el nombre de Jesucristo de Nazaret" es una frase común que conecta al Cristo con el Jesús de Nazaret. De acuerdo a la narración de Juan en el título puesto en la cruz de Jesús estaba el nombre "Nazaret" (Juan 19: 18). Sabemos que el lugar no tenía fama entre los judíos (Juan 1: 46). El origen obscuro y la ignominiosa muerte de Jesús en la cruz eran un tropezadero para los judíos. Había muchos con el nombre de "Jesús", pero solamente un "Jesús de Nazaret".

7 **Y tomándole por la mano derecha** — Fue animado cuando Pedro le extendió la mano y lo tomó de  la mano derecha; Pedro le levantó sobre sus pies. Parece que Pedro tuvo que levantarlo sobre sus pies antes de que el cojo tuviera valor de caminar. Lucas era cirujano y usa palabras que utilizaría un médico, siendo conocedor de cómo un médico trataría a su paciente y aquí nos da una de esas coincidencias diminutas que prueban que el autor de Hechos es Lucas, el médico amado. El cojo empezó a caminar inmediatamente, ya que "se le afirmaron los pies y tobillos". Otra vez vemos la descripción de un médico. Algunos creen que debe leerse "se fortalecieron las plantas de sus pies".

8 **y saltando, se puso en pie y anduvo;** — De nuevo Lucas da una descripción detallada de los ejercicios que hizo: saltó, se puso en pie por un momento hasta equilibrarse, y entonces empezó a caminar. Este proceso muestra los pasos progresivos que tomó. Al asegurarse de que podía caminar entró al templo. El hombre había sido cojo de nacimiento y no sabía cómo caminar. Parece que comenzó con un salto, luego caminó y entró al templo repitiendo esos pasos: "Andando, y saltando, y alabando a Dios". Estaba tan feliz de poder caminar que entró saltando y andando. No entró al lugar santo del templo, al que tenían acceso sólo los sacerdotes. Estaba agradecido por la bendición y ahora estaba listo para adorar a Dios.

9, 10 **Y todo el pueblo le vio andar y alabar a Dios.** — Esta era la hora de la oración por la tarde y mucha gente se había reunido o venía a adorar en el templo. Esta gente observó al hombre y reconoció que era la misma persona que se sentaba a pedir limosnas a la puerta. Este milagro muestra que los apóstoles tenían el poder para sanar; el hombre que fue curado no alababa a los apóstoles, sino a Dios; él alababa a Dios porque ahora podía caminar. Había abundancia de testigos que el hombre había sido cojo y que ahora estaba sano; vieron y no podían negar lo que había sucedido. Esta iba a infundir respeto y confianza en los apóstoles como testigos de Cristo. Todos creían que este hombre que andaba saltando y caminando  por  los  atrios del templo era  la  misma persona que habían conocido como un cojo. No había posibilidad de una acusación de engaño en esta sanidad, ya que había demasiados testigos que conocían los hechos relacionados con el cojo y nadie se podía atrever a dudar de esta maravillosa curación. Con esto la gente se llenó de asombro y espanto. Era una señal del cielo, como los gobernadores judíos habían exigido a Jesús en una ocasión (Juan 6: 30). La conducta del hombre indicaba claramente que su sanidad había sido perfecta.

## 5. EL SERMON DE PEDRO A LA MULTITUD
### 3: 11-26

11 **Y teniendo asidos a Pedro y a Juan . . . todo el pueblo concurrió** — Con agradecimiento tomó de la mano a Pedro y a Juan y no los quería soltar. Estos apóstoles habían sido usados para darle la bendición y el ex cojo quería que todos supieran con quién estaba endeudado por esta bendición. Ya que estaba cerca de Pedro y Juan, la gente que miraba al hombre que había sido sanado también tuvo que haberse fijado en Pedro y Juan. Con el asombro y emoción del momento, la gente se aglomeró junto a ellos en el pórtico que se llama de "Salomón". Este pórtico estaba en el lado oriental del templo; era una columnata cubierta, nombrada en honor del rey Salomón y estaba frente al Valle de Cedrón. Algunos creen que fue construido por Salomón, y que por eso llevaba su nombre. Aquí se reunió la gente para ver qué más iba a suceder y para conocer a los hombres que habían hecho un milagro.

12 **Viendo esto Pedro, respondió al pueblo:** — Cuando todo el pueblo se reunió, Pedro tuvo la audiencia y empezó a predicarles. Contaba con la atención de ellos porque estaba presente el hombre que había sido sanado. Presentó tres puntos importantes: (1) El milagro fue la obra de Dios para glorificar a Jesús; (2) los judíos negaron por ignorancia, pero él cumplió la profecía; (3) por lo tanto, debían arrepentirse y ser salvos por el evangelio. Se dirige a ellos como "varones israelitas" en señal de respeto. Luego los interrogó sobre la razón por la cual estaban asombrados. No reclamó crédito por lo que había sucedido y no querían que la gente llegara a pensar que habían sanado al cojo por su propio poder y piedad. Con esta negación Pedro prepara el camino para darle a Dios todo el honor y la gloria.

13 **El Dios de Abraham, de Isaac y de Jacob,** — Dios se había revelado a Moisés como el "Dios de Abraham, de Isaac y de Jacob" (Exodo 3: 6). Pedro estimuló reverencia en el corazón de ellos al mencionar a los patriarcas. Esta fue una magnífica forma de iniciar un

sermón. Fue el mismo Dios de los patriarcas que había enviado a Jesús de Nazaret y lo había glorificado. Aquí a Jesús se le llama "su Siervo Jesús". Esta frase se encuentra en Isaías 42: 1; 52: 13 con referencia al Mesías, excepto el nombre "Jesús", que añade Pedro. Muchos creen que esto debería traducirse "hijo". Quizá en la audiencia había algunos de los que habían gritado contra Jesús: "¡Crucifícale! ¡Crucifícale!". Por eso la acusación de que "entregasteis y negasteis delante de Pilato". Aquí aprendemos que Pilato había "resuelto ponerle en libertad". Es muy claro que en Lucas 23: 16-20 Pilato había decidido dejar libre a Jesús, pero los gobernantes judíos convencieron a la multitud para que pidieran la libertad de Barrabás y que Jesús fuera crucificado (Mateo 27: 20; Marcos 15: 11-14). En esto se basa la acusación de Pedro.

**14, 15 Mas vosotros negasteis al Santo y al Justo,** — Los judíos entendían que esto tenía referencia al Mesías (Salmo 16: 10). Los endemoniados lo llamaban por su nombre (Marcos 1: 24). En la profecía también se le llama "el Justo", o "Justo" (Isaías 45: 21; Zacarías 9: 9). Se destaca una gran diferencia entre lo que los judíos hicieron a Jesús y lo que Dios hizo con él: Ellos dieron muerte al "Autor de la vida", pero Dios lo "resucitó de los muertos". Con frecuencia los apóstoles hacen este contraste: Los judíos negaron a Jesús, pero Dios lo recibió; ellos lo crucificaron, pero Dios lo levantó de los muertos. Si la resurrección pudiera haber sido negada, los judíos lo habrían hecho en esta ocasión. Pero no pudieron negar ni la crucifixión de Jesús, ni su resurrección. Los apóstoles eran testigos.

**16 Y por la fe en su nombre** — Por fe en el nombre del Príncipe o "Autor de la vida" fue que al cojo se le dio "completa sanidad". El cojo no fue sanado por la fe de los apóstoles o del mismo hombre. Claro que los apóstoles tenían fe en Jesús; tenían fe en su poder y confiaban que él les daría el poder para sanar al cojo. Posteriormente el cojo tuvo fe en los apóstoles y en Jesús, pues alababa a Dios por la bendición de su sanidad. "Nombre" en este caso equivale a "poder". Este cojo tenía más de cuarenta años (Hechos 4: 22), y debe haber oído algo acerca de los milagros que Jesús hizo y los que estaban haciendo los apóstoles (Hechos 2: 43). Aquí Pedro insiste en tres cosas que prueban la intervención divina en este milagro: (1) el conocimiento que ellos tenían de la condición previa del cojo; (2) la sanidad fue completa; (3) la forma pública y abierta en que ocurrió la sanidad, pues se hizo "en presencia de todos vosotros".

**17 Mas ahora, hermanos, sé que por ignorancia** — Se reconoce su ignorancia, pero ello no les quita la culpa. Los judíos podían haber sabido que Jesús era el Mesías y deberían haberlo sabido; sin embargo, ignoraban su divinidad. Cuando estaba en la cruz, Jesús oró: "Padre, perdónalos, porque no saben lo que hacen" (Lucas 23: 34). Pablo perseguía a la iglesia por ignorancia, pues dice que "fue recibido a misericordia porque lo hice por ignorancia" (I Timoteo 1: 13). La ignorancia de los judíos no justificó su crimen, ni les sirvió de excusa; pero era una base para llamarlos al arrepentimiento.

**18 lo que había antes anunciado** — Todos los profetas habían predicho la venida. de Cristo. Los tipos de la ley eran una sombra de Cristo, y los profetas señalaban a la venida del Mesías. Aun la crucifixión fue profetizada, y Cristo con frecuencia recordaba a sus discípulos que él moriría por los pecados del mundo. Su crimen, aunque real, fue en cumplimiento del propósito de Dios (Juan 3: 16: Hechos 2: 23: 17: 3; 26: 23). El crimen de ellos al crucificar a Jesús no impidió el cumplimiento de lo que Dios conocía y predijo de antemano; a decir verdad, ese crimen fue profetizado. Aun en su ignorancia y maldad los judíos estaban contribuyendo al cumplimiento de la profecía. Pedro enfatizó el cumplimiento de las profecías delante de la audiencia judía.

**19 arrepentíos y convertíos** — En sustancia Pedro repite en este discurso lo que dijo en Hechos 2: 38. A decir verdad, el versículo 38 del capítulo 2 es paralelo con éste. En el pasaje de 2: 38 Pedro había presentado evidencia de que Cristo era el Hijo de Dios; ellos se convencieron o creyeron la evidencia; preguntaron lo que debían hacer; Pedro les dijo que debían arrepentirse y bautizarse en el nombre o por la autoridad de Cristo, para la remisión de pecados, y entonces recibirían el don del Espíritu Santo. Aquí les dice que se "arrepientan" y "se conviertan" para que sus pecados "sean perdonados; para que vengan de la presencia del Señor tiempos de refrigerio". En ambos sermones, después de creer se les ordenó que se "arrepintieran"; en el primer caso se les dijo que se "bautizaran" pero en el segundo se les dice que deben "convertirse". En el primer sermón se les dice que su arrepentimiento y bautismo era "para perdón de sus pecados"; pero aquí después del arrepentimiento y conversión se les promete que sus pecados serán "borrados". Evidentemente borrar los pecados equivale a la remisión de pecados, y el bautismo es sinónimo de la conversión. "Borrar" literalmente significa "limpiar, borrar, quitar". "Tiempos de refrigerio", del griego "anapsuxis", quiere decir "refrescar", "revivir con aire fresco". Esos "tiempos de refrigerio" dependen de su arrepentimiento y su conversión, para que sus pecados sean borrados o perdonados.

**20 y él envíe a Jesucristo,** — Este versículo ha provocado mucha controversia. Parece que aquí se refiere a la segunda venida de Cristo. ¿En qué forma se relacionaba su arrepentimiento y conversión con la segunda venida de Cristo? Evidentemente, la segunda venida de Cristo, así como la llegada de los "tiempos de refrigerio", dependen de su arrepentimiento y conversión. A medida que la gente se convertía se harían más favorables para la venida de Cristo. La primera vez Cristo vino para redimir al mundo; con su segunda venida esa redención será completa.

**21 a quien de cierto es necesario que el cielo reciba hasta los tiempos** — Este Jesús cuyo retorno es prometido aquí debe permanecer en el cielo hasta "los tiempos de la restauración". Pedro les había dicho que a este Jesús a quien ellos habían crucificado había ascendido de nuevo al cielo, y que ahora el cielo debe recibirlo y retenerlo hasta el tiempo de su retorno. El Mesías debe reinar sobre el pueblo de Dios hasta que regrese. "Tiempos de la restauración de todas las cosas" se traduce del griego "apokatastaseos", una palabra compuesta de "apo", "kata" y "histemi" y este es el único lugar en el Nuevo Testamento donde se usa. Parece ser un vocablo médico técnico, pues significa "completa restauración de la salud". La primera venida de Cristo marcó el inicio del período de restauración, y la segunda venida lo concluirá. Todos los que se convierten y viven la vida cristiana, reproducen la vida de Cristo en su iglesia hasta que todas las  cosas estén listas para la restauración final. Las profecías abarcaron la primera y la segunda venida de Cristo, y por lo tanto, incluían el período conocido como la "restauración" de todas las cosas. Las profecías son las que fueron mencionadas por Zacarías en Lucas 1: 70; y entonces el escritor se refiere a menciones mesiánicas como las del Salmo 111: 9; Jeremías 25: 5, 6; 30: 10; y Daniel 19: 24-26.

**22 Moisés dijo a los padres: El Señor vuestro Dios os levantará profeta** — Esta profecía se encuentra en Deuteronomio 18: 15-19 y Pedro la cita con pocas variantes de la Septuaginta, la versión griega del Antiguo Testamento. Moisés fue legislador, caudillo, gobernador, libertador y profeta y su profecía no se había cumplido antes. Los judíos reconocían que esta profecía se refería al Mesías, porque algunos de ellos habían preguntado a Juan el Bautista: "¿Eres tú el profeta? Y respondió: No. Le dijeron: ¿Por qué, pues, bautizas, si tú no eres el Cristo, ni Elías, ni el profeta?" (Juan 1: 21-25). Aquí Pedro identifica al "profeta" como el Cristo; esto es exactamente lo que habían hecho los judíos. El Mesías iba a surgir de entre los judíos; iba a traer bendiciones a cada nación sobre la tierra. Ellos debían obedecer a este profeta en "todas las cosas" que les ordenara. Como los hijos de Israel debían obedecer a Moisés, su libertador, legislador, gobernador y caudillo, así también la gente de la actualidad debe obedecer a Cristo, pues él es quien los libera del pecado, es su Legislador, su Caudillo, su Rey y su Profeta.

23 **y toda alma que no oiga a aquel profeta,** — Jesús dijo que Moisés había escrito acerca de él: "Porque si creyeseis a Moisés, me creerías a mí, porque de mí escribió él" (Juan 5: 46). Los judíos no podían obedecer a Moisés si dejaban de obedecer a Cristo, ya que Moisés les ordenó que obedecieran al profeta que Dios levantaría de entre ellos. El alma que se negara a obedecer a este profeta de Dios, el Cristo, "será desarraigada del pueblo". Esta es una declaración de que Dios mismo traería castigo a los que rehusaran aceptar a Cristo. La ley expresamente decía que todo israelita apóstata debía ser cortado de su pueblo (Exodo 12: 15, 19; 22: 20; Números 19: 13). En el lenguaje del Nuevo Testamento deben ser echados "en las tinieblas de afuera" (Mateo 8: 12); "los cuales sufrirán pena de eterna perdición, excluidos de la presencia del Señor y de la gloria de su poder" (2 Tesalonicenses 1: 9).

24 **Y todos los profetas desde Samuel en adelante,** — Samuel no fue el primer profeta en Israel, sino Enoc (Judas 14-15). Pero Samuel estableció la escuela de profetas, y por lo tanto, Pedro dice que "todos los profetas desde Samuel" y todos los que vinieron después de él, "anunciaron estos días". Samuel y todas las escuelas de profetas enseñaban sobre el Mesías y de los días de los que habla Pedro. Estos profetas predijeron las bendiciones y juicios que vendrían, en especial las glorias del reino mesiánico, el derramamiento del Espíritu Santo y "estos días". No podían rechazar las palabras de Pedro sin rechazar al Cristo; y al rechazar al Cristo, rechazarían a todos sus profetas.

25 **Vosotros sois los hijos de los profetas, y del pacto** — Los judíos eran los "hijos de los profetas", miembros "del pacto", no en el sentido de ser descendientes en línea directa de los profetas, sino en el sentido de ser herederos de todas las promesas, predicciones y bendiciones de dicho convenio. Esta promesa fue hecha primero a Abraham (Génesis 12: 3; 18: 18; 22: 18); y después a Isaac y Jacob (Génesis 26: 4; 28: 14). El profeta del que habló Moisés ya se había levantado, y todas las promesas hechas en el pacto con Abraham pertenecían a los que estaban escuchando el sermón de Pedro: Ellos eran los herederos de las bendiciones temporales de este pacto y tenían acceso a las bendiciones espirituales a través de la fe en Cristo. La promesa a Abraham incluía a "todas las familias de la tierra", lo cual incluye a los gentiles y a los judíos, pero ya que los que escuchaban a Pedro eran judíos, él hace una aplicación especial a ellos.

26 **A vosotros primeramente, Dios, habiendo levantado a su Siervo,** — Algunas traducciones dicen "su Hijo" en vez de "su Siervo". En griego la frase es "tou paida autou", y al igual que en el versículo 13, el Mesías era siervo de Dios. Esto está de acuerdo con Isaías 42: 1; Mateo 12: 18. La conclusión de todo el discurso es que la salvación

vendrá a ellos mediante su fe en Jesús y su arrepentimiento de los pecados. En este discurso Pedro dio evidencia de que el cojo había sido sanado por el poder de Jesús, a quien ellos habían crucificado, pero a quien Dios le había resucitado de los muertos. Además, había ascendido al Padre, donde permanecerá hasta la restauración de todas las cosas. Pedro presentó un testimonio triple acerca de Cristo: (1) él es el poder por medio del cual se realizan todos los milagros (versículos 12-17); (2) es el redentor de todas las almas (versículos 18-21); y (3) el cumplimiento de todas las profecías (versículos 22-26).

6. LA PRIMERA PERSECUCION — PEDRO Y JUAN<br>ENCARCELADOS<br>4: 1-22

**1, 2 Hablando ellos al pueblo** — Pedro y Juan habían subido al templo a la hora novena, la hora de la oración, y habían sanado al cojo. Esto causó conmoción y una gran muchedumbre se juntó en el pórtico de Salomón. Pedro explicó a la multitud todo lo relacionado con la sanidad del cojo y prosiguió a predicarles de Jesús como el Cristo. Las autoridades judías sintieron la acusación de haber crucificado al Mesías y debían confesar su culpa o reprimir el testimonio contra ellos. Algunos de ellos trataron de impedir que Pedro y Juan siguieran dando testimonio de que Jesús de Nazaret era el Mesías prometido. Los "saduceos" se unieron a los sacerdotes en tratar de callar el testimonio. Los sacudeos no creían en la resurrección de los muertos, de modo que, cuando se predicó la resurrección de Jesús, sintieron antagonismo y estaban listos para ayudar a reprimir la doctrina de la resurrección. A medida que el reino de Dios avanza bajo el ministerio de los apóstoles, el reino de las tinieblas se levanta con oposición activa. Los sacerdotes estaban divididos en veinticuatro clases, cada uno de los cuales servía por una semana en el templo; los sacerdotes mencionados aquí probablemente eran los que estaban de turno esa semana. El "jefe de la guardia del templo" era el príncipe o gobernador de la casa de Dios (1 Crónicas 9: 11; 2 Crónicas 31: 13; Nehemías 11: 11). Este sacerdote tenía a su cargo la dirección de la guardia de los levitas apostados en el templo; ponía los centinelas por la noche y velaba por la paz y el orden público durante el día. Su presencia implicaba que las autoridades temían que se armara un disturbio entre la multitud que rodeaba a los apóstoles. La distinción entre los fariseos y sacudeos había surgido de diferencias nacionales que se remontaban al tiempo de la cautividad; eran un grupo pequeño pero poderoso formado por los sacerdotes nobles que se sostenían de los tributos del templo; para ellos la religión era una profesión lucrativa y no un servicio a Dios. Ellos aborrecían todo movimiento popular que pudiera entorpecer la acumulación de ganancias en el templo; por lo que para ellos la predicación de Jesús era una amenaza para su negocio.

3 **Y les echaron mano,** — Esto significa que los arrestaron y los pusieron en prisión o en la cárcel. Probablemente la prisión era una de las cámaras del templo. Pedro y Juan habían subido al templo a la hora de la oración y ahora se encuentran presos al anochecer. Los dejaron en la cárcel durante la noche, ya que no se podían hacer juicios antes del próximo día. Frecuentemente citaban Jeremías 21: 12, pero violaron esta ley en el caso de Jesús. El día se terminaba a la hora duodécima o a la puesta del sol.

4 **Pero muchos de los que habían oído la palabra,** — A diferencia de la oposición, "muchos de los que oyeron la palabra, creyeron; y el número de los varones era como de cinco mil". Esta cifra no incluye a las mujeres. Aquí han surgido dos preguntas: (1) Esos cinco mil ¿creyeron por primera vez ese día? (2) ¿O es que este día el número total de cristianos llegó a cinco mil? ¿Se convirtieron cinco mil aquí, o fueron sólo dos mil los que se convirtieron y que al añadirlos a los tres mil del día de Pentecostés llegaron a sumar cinco mil? Los mejores eruditos favorecen la idea de que fueron dos mil los que se convirtieron en esta ocasión, y que con ellos el número llegó a ser "como de cinco mil". Es muy probable que hubo otras conversiones además de los que se mencionan en Pentecostés y en esta ocasión, puesto que ya había transcurrido algún tiempo entre Pentecostés y este día. La iglesia crecía rápidamente.

5, 6 **Aconteció al día siguiente,** — Los apóstoles fueron juzgados ante el sanedrín, el tribunal máximo en la nación judía. Siendo de día, ya podían proceder legalmente con su juicio. Aquí se mencionan las diferentes clases que formaban el sanedrín. El sanedrín, también llamado sanedrín o sanedrio, el consejo supremo de los judíos se suponía que debía estar formado por veinticuatro sacerdotes principales, o los príncipes de las veinticuatro clases en que los habían dividido; además, veinticuatro ancianos y veinticuatro escribas. Con esto el número de los miembros del sanedrín sumaría setenta y dos. En virtud de su cargo, el sumo sacerdote también era miembro del sanedrín. Este tribunal raras veces tenía todos sus miembros completos. En Lucas 3: 2 se menciona a Anás y Caifás como sumos sacerdotes. Anás era suegro de Caifás (Juan 18: 13) y tenía más rango que su yerno. Esto se explica de la siguiente manera:  Por la ley judía el cargo de sumo sacerdote debía ser vitalicio, pero era otorgado a capricho de las autoridades romanas. Por eso es que uno podría ser sumo sacerdote de acuerdo a la ley judaica, pero el oficio podría haber pasado por varias manos según los caprichos de los romanos, quienes ponían y quitaban a su antojo. Aquí Anás es designado como el sumo sacerdote (el único a los ojos de la ley judía), pero Caifás desempeñaba el cargo por autorización del imperio romano. Juan y Alejandro eran familiares de Anás y Caifás y deben haber sido bien conocidos. También estaban presentes "todos los que eran de la familia de los sumos sacerdotes". Algunos creen que se trata de los miembros de la familia de sumos sacerdotes cuyos antepasados habían desempeñado el cargo en el pasado. Algunas autoridades sostienen que vivió para ver que cinco de sus hijos y un yerno ocuparan el mismo puesto de sumo sacerdote; de modo que por casi cincuenta años tuvo en sus manos el poder real del sumo sacerdocio. Caifás era saduceo, y habiendo sido nombrado sumo sacerdote por las autoridades romanas, estaba dispuesto a hacer casi cualquier cosa que le ordenaran o pidieran sus superiores romanos.

7 **y poniéndoles en medio,** — Cuando el sanedrín y todos los familiares de los sumos sacerdotes se reunieron esa mañana, pusieron en medio a Juan y Alejandro. El sanedrín acostumbraba sentarse en un semicírculo en el recinto, poniendo en el centro a los acusados y a los testigos. Fue entonces que les preguntaron: ¿Con qué potestad, o en qué nombre, habéis hecho vosotros esto?" La frase "¿Con qué potestad?" significa lo mismo que "¿en qué nombre?" Algunos creen que fueron a preguntarles: "¿Qué clase de poder, o en qué clase de nombre" han hecho esto ustedes?" Era imposible negar la curación: el cojo había sido sanado por completo y estaba en medio de ellos, por lo que los saduceos preguntaron con qué poder, con qué autoridad o cuál era la fuente del poder que utilizaron para hacer lo que habían hecho. Esa era precisamente la pregunta que los apóstoles querían que les hicieran, porque les daría la oportunidad para predicarles acerca de Cristo.

8, 9 **Entonces Pedro, lleno del Espíritu Santo,** — Parece que fueron llenos del Espíritu Santo para esta ocasión, en cumplimiento de la promesa que se les había hecho para cuando tuvieran que presentarse ante los gobernadores por causa de Cristo (Marcos 13: 11; Lucas 12: 12; 21: 14, 15). "Gobernadores del pueblo y ancianos de Israel" es una forma muy respetuosa de dirigirse al sanedrín. El cristianismo nos exige que seamos respetuosos aun de nuestros enemigos, tal como el ejemplo que nos dejaron los apóstoles al hablar con los gobernantes.

El alto tribunal o sanedrín consistía de setenta y dos personas de rango, por lo que los apóstoles reconocen el honor y rango de los miembros de esta corte. Ahora Pedro presenta los méritos del caso y obliga al sanedrín a que juzguen si era correcto o no que hicieran bien a un hombre desafortunado. Seguramente estos hombres honorables no se opondrán a que los apóstoles hagan una "buena obra" a un hombre necesitado. No pueden oponerse a una buena obra sin oponerse a hacer lo que es bueno. Luego querrán saber con qué autoridad se hizo esta buena obra. Tienen derecho a investigar el asunto, y los apóstoles están ansiosos de contarles que es por la autoridad de Jesús de Nazaret, el que había sido crucificado, pero también resucitado de entre los muertos.

10 **Sabedlo todos vosotros,** — Pedro no tiene miedo ni vergüenza de dar la mayor publicidad a lo que había hecho y enseñado. El ansiaba que todos los miembros del sanedrín y los demás que estaban presentes escucharan el mensaje. Para empezar les dice que el hombre había sido sanado "en el nombre de Jesús de Nazaret". Con valor también los acusa de haber crucificado a Jesús, a quien Dios había levantado de los muertos. Ellos le habían preguntado "con qué poder o en el nombre de quién", y ahora Pedro les responde que fue "en el nombre de Jesús de Nazaret". "Jesús" significa "Salvador; "Cristo" quiere decir ungido, el Mesías que había sido profetizado en el Antiguo Testamento. "De Nazaret" designa a cuál Jesús se refiere cuando dice que había sido crucificado y resucitado por Dios. Pedro acusa al sanedrín del horrendo crimen de crucificar al Mesías. En vez de que el sanedrín juzgue a los apóstoles, éstos ponen al sanedrín en el banquillo de los acusados, obligándolos a defenderse del crimen o a reconocer su culpabilidad.

11 **Este Jesús es la piedra desechada por vosotros** — Aquí se hace referencia al Salmo 118: 22. Jesús es la piedra que fue desechada. Jesús ya se había aplicado este pasaje a sí mismo (Mateo 21: 42). Tanto Pedro como Pablo posteriormente citan esta misma profecía y la aplican a Cristo. (Efesios 2: 20; 1 Pedro 2: 4-6). Como gobernadores del pueblo el sanedrín había rechazado a Cristo y se había negado a edificar sobre él, pero ahora ya se había convertido en la "piedra angular". Con su rechazo de Cristo ellos probaron que Jesús era la piedra verdadera de la cual habló el profeta.

12 **Y en ningún otro nombre hay salvación**; — Debemos admirar el valor de Pedro y Juan al enfrentarse al sanedrín y denunciar que aun los miembros de dicho grupo se podían salvar, pero solamente si aceptaban a este Jesús de Nazaret a quien habían condenado y crucificado. Este Jesús es el autor de toda la salvación, y la sanidad milagrosa del cojo y de todos los demás es sólo el nivel más bajo de su salvación. El puede salvar, no sólo el cuerpo, sino el alma. Aunque el sanedrín ya había rechazado a Jesús una vez, Pedro les dice que Dios les da otra

oportunidad para que se arrepientan. También les informa que "no hay otro nombre bajo el cielo, dado a los hombres, en que podamos ser salvos". No hay ni habrá un segundo Salvador; Jesucristo es el único Salvador. Los judíos tenían la esperanza de salvación por ser descendientes de Abraham (Juan 8 :33-39), o porque decían confiar en Moisés (Juan 5 :45, 46). Pero Abraham y Moisés señalaban al Cristo que ellos habían rechazado. Es importante predicar el evangelio, ya que "no hay otro nombre en que el que podamos ser salvos". En griego el pronombre "nosotros" es la última palabra de la oración y significa: "Nosotros, sacerdotes, ancianos, escribas, pescadores--todos los que estamos aquí--" debemos ser salvos por la fe y obediencia en Cristo.

13 **Entonces, viendo el denuedo de Pedro y Juan,** — Fue una escena inspiradora ver a los miembros del sanedrín reunidos en semicírculo, sentados con aire de dignidad, investidos de la máxima autoridad otorgada a la raza judía. Al mismo tiempo observamos a dos prisioneros, Pedro y Juan, de pie, acusados por el sanedrín, pero al mismo tiempo los prisioneros se atreven a denunciar cargos tan serios contra el mismo tribunal. Esto requirió mucho valor. Los miembros del sanedrín notaron ese gran coraje y que se trataba de hombres sin letras y del vulgo. "Sin letras" es la traducción literal de una persona carente de la preparación académica de las escuelas profesionales de Hilel o de Shamai. De Jesús mismo se decía que sabía mucho, pero sin haber estudiado (Juan 7: 15). En algunas versiones dice que eran hombres no letrados e "ignorantes", pero esta última palabra, tal como se usa aquí, se refiere a alguien de la vida privada, a diferencia de una persona que ocupaba un cargo público; es decir, alguien del vulgo, sin conocimiento profesional, un "laico", y por lo tanto, a veces también mal informado o ignorante. Esos apóstoles no habían sido educados en la cultura y entrenamiento de las escuelas de ese tiempo, pero poseían un conocimiento superior a toda la cultura y educación de los miembros del sanedrín. No pudieron más que asombrarse de su gran valor. "Y les reconocían que habían estado con Jesús". Esa era la única explicación: que habían andado con Jesús, viéndolo y aprendiendo de él.

14 **Y viendo al hombre que había sido sanado, que estaba en pie con ellos,** — El hombre cojo ahora estaba de pie ante sus propios ojos como una prueba irrefutable de lo que Pedro acababa de decir. Ni siquiera trataron de negar el milagro, como tampoco estaban preparados para reconocer la fuente real de aquella sanidad. No tenían nada que decir, sino quedarse con la boca cerrada. No había argumento que presentar ni acusación que pudieran hacer contra los apóstoles. ¿Qué podían hacer en tales circunstancias?

15, 16 **Entonces les ordenaron que saliesen del sanedrín** — En su confusión ordenaron que los apóstoles saliesen del recinto para poder discutir lo que era mejor hacer. Reconocieron que se había realizado una obra extraordinaria y que no podían negarla. Además, sabían que esta señal había recibido tanta publicidad que ahora la conocían todos los que moraban en Jerusalén. En vez de preguntar qué es lo que debían hacer para ser salvos, procuraban callar a los apóstoles para que no siguieran predicando en el nombre de Jesús. Al decir que no podían negar la señal dan a entender que sí lo habrían hecho si hubieran podido.

17 **Pero a fin de que no se divulgue más entre el pueblo,** — Esto lo reconocieron en privado, entre ellos, pero no en presencia de los apóstoles, de modo que se pusieron de acuerdo en "amenazarlos" para que no hablasen más "en ese nombre". Esta era una medida para impedir que "se divulgase más entre el pueblo". "Divulgar" se usa aquí con el sentido de "distribuir". Es la misma idea expresada en 2 Timoteo 2: 17: "Y su palabra se extenderá como gangrena", o literalmente, "se esparcirá o distribuirá" como gangrena. No se interesaron en averiguar si la salvación que ofrecían era verdadera; lo que más les preocupaba era encontrar la forma de callar a los apóstoles. Ellos se dejaron guiar por la conjetura de que la enseñanza de los apóstoles era errónea y que debían impedir que siguieran predicando. Decidieron amenazarlos para que dejaran de enseñar.

18 **Y llamándolos, les intimaron** — Después de tomar la decisión sin que estuvieran presentes los apóstoles, los hicieron regresar al recinto para informarles del veredicto: que "en ninguna manera pronunciasen palabra ni enseñasen en el nombre de Jesús". Los dos verbos "hablar" y "enseñar" son usados para hacer más estricta y específica la orden. En el texto original la idea que se expresa es que los apóstoles tenían terminantemente prohibido dejar que el nombre de Jesús saliera de sus labios otra vez. La amenaza y la prohibición fueron muy claras.

19, 20 **Mas Pedro y Juan respondieron** — Esta respuesta de los apóstoles muestra la postura firme que tomaron: Dios había hablado mediante el milagro que ellos habían hecho, y el sanedrín, aunque era la máxima autoridad terrenal, no tenía el derecho de contradecir a Dios. El sanedrín debía haber indagado para ver si Pedro y Juan hablaban con autorización de Dios, y nada más. Mucho menos tenían derecho a prohibir lo que Dios había autorizado que se enseñase. De nuevo Pedro y Juan hacen una interrogación al sanedrín cuya respuesta no podían dar. Les preguntaron: "¿Juzgan ustedes correcto obedecer a vosotros antes que a Dios?" Esto les presentó un dilema. Si el sanedrín decía que era correcto escuchar a Dios cuando autoriza que se haga algo, entonces se verían obligados a permitir que los apóstoles siguieran hablando en el nombre de Jesús. Pero si el sanedrín decía que lo correcto era obedecer la decisión de ellos, entonces enseñarían que es apropiado contradecir la autoridad de Dios. Pedro les dio a entender que ellos seguirán obedeciendo la autoridad de Dios sin importarles las amenazas y decisión del sanedrín. Esto era un abierto desafío a la autoridad del sanedrín, porque contradecía la autoridad de Dios. Pero esto también significa que la autoridad del sanedrín estaba en abierto desafío de la voluntad de Dios. El sanedrín debía aprender que había cosas que no podía hacer, y una de ellas era que no podían callar a los apóstoles.

**21 Ellos entonces les amenazaron** — El sanedrín se quedó callado, sin más argumentos, amenazas o advertencias. Lo que hicieron fue repetir más enfáticamente la amenaza que habían anunciado anteriormente. Los dejaron libres, no porque estuvieran de acuerdo con ellos o porque reconocieran que los apóstoles estaban en lo correcto, sino porque "no hallaron motivo para castigarlos". Y la razón por la que el sanedrín no se atrevió a castigarlos fue "por causa del pueblo", pues temían que la gente se rebelara contra los gobernantes. El milagro había sido tan claro y real, que toda la gente lo supo y "todos glorificaban a Dios por lo que había acontecido". La gente podía ponerse del lado de los apóstoles y defenderlos de sus perseguidores. En ocasiones también los enemigos de Jesús temían al pueblo (Marcos 12: 12). Era peligroso que los gobernadores maltrataran a los apóstoles cuando éstos disfrutaban el apoyo y el entusiasmo popular.

**22 Ya que el hombre . . . tenía más de cuarenta años.** — Hay una razón por la que se menciona la edad del hombre. Y es que había sido paralítico toda su vida; no se trataba de un niño, sino de un hombre crecido, maduro y que había estado en esa condición por tanto tiempo que mucha gente la conocía. Este caso era más notorio y un punto más a favor de los apóstoles y la causa del cristianismo. Los gobernantes no podían hacer otra cosa que amenazar. Esta vez la verdad y los apóstoles habían triunfado. Todas las curas humanas habían sido probadas y habían fracasado; solamente el poder de Jesús pudo realizar este milagro por medio de los apóstoles.

**23 Y puestos en libertad, vinieron a los suyos** — Aquí tenemos un cambio en la historia. Las apóstoles no se tardaron nada en reunirse con los demás discípulos una vez que los dejaron libres. Al reunirse con los otros cristianos les contaron "todo lo que los principales sacerdotes y los ancianos les habían dicho". Les contaron las amenazas y prohibiciones del sanedrín y es muy posible que también les hayan relatado lo que los apóstoles contestaron a los gobernantes. Pedro y Juan habían salido victoriosos de un juicio ante un tribunal judío. Ahora le cuentan a los demás cristianos todo lo que había acontecido. Para ahora el grupo de los cristianos era de varios miles. Notemos que aquí el sanedrín es descrito como "los principales sacerdotes y ancianos".

**24 Y ellos, al oírlo** — Cuando los discípulos escucharon el informe de Pedro y Juan, "alzaron unánimes la voz a Dios". Todos oraron a Dios y se unieron en sus peticiones. ¿Acaso uno dirigió la oración y los demás repitieron en voz alta la petición? ¿Ya se conocía una forma general de orar que fuera conocida a todos? ¿O es que uno expresó la oración y los demás lo siguieron mentalmente y expresaron su acuerdo con un amén?" No sabemos exactamente cómo lo hicieron. De lo que estamos seguros es de que "unánimes" se dirigieron en oración a Dios, que hizo "el cielo, la tierra y el mar". En esta oración a Jehová se le reconoce como el Creador y Soberano del universo. Ese mismo Dios que hizo el mundo fue quien profetizó la venida del Cristo y lo protegió de todos los enemigos.

**25, 26 Que por el Espíritu Santo** — Nuevamente se hace referencia al Salmo 2: 1, 2 y se la atribuye a David. La referencia a este salmo indica que era profético y se aplicaba a Cristo, en quien se cumplió tan notablemente. "¿A qué fin se amotinan las gentes?" se refería a los pueblos que no pertenecían a Israel; y "los pueblos" incluía a los judíos. Tanto judíos como gentiles se amotinaron contra Cristo. La palabra griega "efruaxan", que se traduce "amotinan", literalmente significa "relinchar como caballo, patear el suelo y darse aires de grandeza". Esta es la única ocasión en que esta palabra es usada en el Nuevo Testamento. "Piensan" se traduce del griego "emeletesan", y significa "practicar con cuidado, como los oradores y los expertos en retórica". "Los reyes de la tierra" se refiere a los gobernantes, incluyendo al sanedrín judío con todo su poderío. Todas estas fuerzas se unieron, se juntaron "contra el Señor y contra su Ungido". Al citar el Salmo se aplica a Jesús como el Cristo y los gentiles o soldados romanos, el pueblo de Israel, los reyes de la tierra como Herodes y Poncio Pilato, así como los príncipes o sanedrín, todos se oponían al Cristo.

**27, 28 Porque verdaderamente en esta ciudad se aliaron** — Los apóstoles continuaron su oración con la asamblea de discípulos, mencionando a la oposición contra "tu santo Siervo Jesús", frase que algunos traducen "santo Niño Jesús". Dios lo había ungido con el Espíritu Santo en su bautismo, y por lo tanto, era "el Cristo", ya que Cristo quiere decir "Ungido" (Isaías 42: 1; 52: 13; Zacarías 3: 8). "Herodes y Poncio Pilato, con los gentiles y el pueblo de Israel" se juntaron y dieron muerte a Jesús. En el juicio ilegal Jesús fue llevado ante Herodes y Pilato; también fue juzgado por el sanedrín; y los judíos conspiraron con los soldados romanos para dar muerte a Jesús. Los autores de esta terrible tragedia no se proponían cumplir la profecía, pues actuaron de su propia voluntad, siendo culpables del peor crimen conocido al género humano. Pero con sus acciones estaban dando cumplimiento a las profecías hechas sobre ellos. La muerte de Jesús fue el cumplimiento de la profecía y fue necesaria para que también se cumpliese la profecía de la resurrección.

**29, 30 Y en lo de ahora, Señor, fíjate en sus amenazas** — Los apóstoles pidieron valor para seguir predicando el evangelio, para que Dios les continuara dando el poder de hacer milagros y confirmar la palabra, y también rogaron la presencia de Dios para seguir anunciando con denuedo el nombre de Jesús. Estaban bajo las serias amenazas del sanedrín y pedían la protección de la oposición de modo que pudieran continuar testificando de Cristo. Esto se lograría si Dios extendía su mano para sanar. Mediante su poder para sanar a los enfermos y paralíticos Dios estaría confirmando lo que los apóstoles predicaban. Todo esto se haría "mediante el nombre de su santo Siervo Jesús". Los apóstoles no pidieron seguridad o liberación de las amenazas, o que sus perseguidores fueran aplastados. Considerándose "siervos" los apóstoles pidieron denuedo, valor para predicar la palabra y continuar la obra que habían comenzado. También pidieron que "las señales y prodigios" probaran al pueblo el poder de Jesús.

**31 Cuando acabaron de orar,** — Dios contestó sus oraciones con esta manifestación física: el lugar donde estaban congregados "tembló y todos fueron llenos del Espíritu Santo", como una renovación del Espíritu Santo que habían recibido el día de Pentecostés. Los apóstoles fueron fortalecidos de nuevo con la influencia del Espíritu, permitiéndoles superar los temores a las amenazas de los gobernantes, de modo que con denuedo seguían dando testimonio en el nombre de Jesús. Nótese que estos hombres piadosos acudieron al Señor en oración en estas circunstancias tan difíciles. Los cristianos siempre se reaniman con la comunión y compañerismo de los demás discípulos en la obra del Señor y eso es lo que hicieron los apóstoles. También debemos observar que los enemigos de Dios no pueden obstaculizar los propósitos divinos. A raíz de esto siguieron hablando "con denuedo la palabra de Dios" siempre que se presentaba la oportunidad.

## 8. LA UNIDAD DE LA IGLESIA; POSESIONES EN COMUN
### 4: 32-37

**32 Y la multitud de los que habían creído** — Para este tiempo los discípulos de Cristo llegan a varios miles y todos estaban en Jerusalén o sus alrededores, pues todavía no habían sido esparcidos. Todo el grupo estaba unido y era "de un corazón y un alma". Eran muchos en número, pero uno en espíritu. Una de las cosas más admirables que podemos decir de la iglesia primitiva es su perfecta unidad de corazón y alma. No es tan fácil hacer la distinción entre "corazón" y "alma"; "cardía" (de donde viene cardiología) en este caso significa, no sólo el centro de las emociones, sino de todo el ser completo, incluso su aspecto moral, físico e intelectual. "Psuquéi" se usa frecuentemente en el Nuevo Testamento en el sentido de "vida" (Mt. 2: 20; 20: 28; Hch. 20: 10; Ro. 11: 3). Los que tenían posesiones no decían que eran suyas propias, sino que con libertad las usaban para el bienestar común de los demás, "tenían todas las cosas en común". Las posesiones eran usadas para el bien común, pero no se abolió el derecho a tener propiedades, ni tampoco se decretó que estaban en un error los que tenían bienes materiales. Este fue un caso de emergencia y espontáneamente todos los discípulos estuvieron dispuestos a poner sus posesiones materiales a la disposición de los apóstoles para suplir las necesidades de todos.

**33 Y con gran poder los apóstoles daban testimonio** — Los apóstoles testificaban de la resurrección con gran poder, pero la resurrección era la doctrina que ofendía a los saduceos, aunque era el corazón del evangelio. Los apóstoles daban testimonio de lo que habían visto y oído y lo hacían con gran poder como respuesta de su oración. "Gran poder" significa la fuerza del argumento acompañado de poder espiritual. "Y abundante gracia había sobre todos ellos". Todos los miembros de la iglesia tenían favor unos con otros y con los de afuera. La forma de vida que llevaban le caía bien a la gente. La palabra original para "gracia" es la misma que en Hechos 2: 47 se traduce "favor". La idea es que los cristianos tenían favor con la gente en general, o los apreciaban.

**34, 35 Así que no había entre ellos ningún necesitado** — Los discípulos no permitían que ninguno de sus hermanos padeciera necesidad. Los que tenían posesiones las vendían y usaban el dinero para ayudar a los necesitados. Debemos recordar que gran número de los judíos se había reunido en Jerusalén para la Pascua y luego se quedó para la celebración de la fiesta de Pentecostés. El dinero que habían traído era suficiente sólo para el tiempo que habían planeado. Pero muchos de ellos se convirtieron y se quedaron a vivir en Jerusalén y para este tiempo ya se les habían agotado los recursos. Ahora eran nuevas criaturas en Cristo y habiendo comenzado una nueva vida, tenían nuevas esperanzas y propósitos. Todavía no habían aprendido todo el significado del cristianismo. Algunos de ellos tenían necesidad, no porque fueran perezosos, o porque hubieran malgastado sus posesiones, sino por las circunstancias. Los recursos se les habían terminado y ahora padecían necesidad. En esta emergencia los que tenían posesiones estuvieron listos a compartir de acuerdo a la necesidad de cada uno. Esto no era "comunismo", pues no se negaba el derecho a la propiedad. Tampoco era una forma de alentar la pereza. Se trataba de una verdadera emergencia y tenían suficiente espíritu de Cristo como para suplir las necesidades de los que atravesaban por esta situación difícil.

**36, 37 Entonces José, a quien los apóstoles le pusieron por sobrenombre de Bernabé** — "Bernabé" se deriva de dos palabras hebreas que significan "hijo de enseñanza o predicación". Las dos palabras griegas que aquí se traducen "Hijo de consolación", también pueden significar "Hijo de predicación o exhortación". Su nombre era "José" y aquí se le menciona como un ejemplo de los que se habla en el verso 34, de los que vendían sus posesiones y traían el dinero para que los apóstoles lo repartieran según la necesidad. Los apóstoles le pusieron el apodo de "Bernabé", nombre con el que se le conoce más. De este hecho parece que no todos vendieron sus posesiones, pero sí estaban listos a hacerlo si hubiera sido necesario. Pero Bernabé fue uno de los que vendió su campo y entregó el dinero a los apóstoles. Es muy probable que como predicador su don o habilidad era el de persuasión y exhortación. En Hechos 11: 23 la misma palabra "parekalei" se usa con referencia a Bernabé en el sentido de "exhortaba". Pablo describe a ese tipo de predicador en 1 Co. 14: 3. En el sentido general de la palabra a Bernabé también se le llama apóstol (Hechos 14: 14). Era de la tribu de Leví, nacido en Chipre, una importante isla en el Mar Mediterráneo. Era levita, natural de Chipre, es decir, un judío nacido en Chipre, de padres judíos. En griego literalmente dice "un levita, chipriota de nacimiento", por eso era judío y chipriota.

## 9. ANANIAS Y SAFIRA
### 5: 1-11

**1 Pero cierto hombre llamado Ananías,** — Ahora Lucas incluye una página oscura en la historia de la iglesia primitiva: seleccionó dos ilustraciones de los que vendían tierras y posesiones. Acaba de describir lo que hizo Bernabé y ahora habla de otro caso a manera de contraste. "Cierto hombre llamado Ananías" era un nombre muy común entre los judíos y significa "la gracia del Señor". "Safira" quiere decir "bella" y su nombre se menciona dos veces en conexión con el pecado. "Con Safira su esposa" es como Lucas la presenta. Las dos ilustraciones se incluyen con la intención de hacer un contraste, ya que esta oración (el capítulo) se inició con la conjunción "pero". Con la división de la narración en dos capítulos se pierde el impacto del contraste. Obviamente Lucas no fue quien dividió los capítulos.

**2 y se quedó con parte del precio** — Ananías tomó la iniciativa en este pecado, pero su esposa conocía sus intenciones y se hizo cómplice de su maldad. Quisieron aparentar que entregaban hasta el último centavo de lo que habían vendido. Su esposa sabía muy bien su propósito y lo apoyó en este intento de engaño. Los elogios que Bernabé había recibido por sus acciones eran una gran tentación para Ananías; él quería recibir los mismos aplausos pero no estaba dispuesto a hacer el mismo sacrificio que Bernabé. Quería elogios por haberlo dado todo cuando en realidad sólo había donado una parte. El fue el fundador del "Club de Ananías" y con sus acciones cambió el significado de su nombre, que quería decir "Jehová ha tenido gracia".

**3 Y dijo Pedro: Ananías, ¿por qué llenó Satanás tu corazón?** — Este es el primer pecado registrado contra un miembro de la iglesia; quizá no haya sido el primero que se cometió, pero sí el primero que se incluyó en la narración. No sabemos cuánto tiempo había transcurrido desde el establecimiento de la iglesia, puesto que no sabemos cuánto tiempo pasó desde el día de Pentecostés. No se nos dice cómo fue que Satanás "llenó el corazón" de Ananías para que "mintiera al Espíritu Santo". Tampoco sabemos cómo es que Ananías permitió que Satanás llenara su corazón. Lo que sí está claro es que Ananías era responsable por lo que sucedió y por el mal que hizo. Parece que hay inspiración del diablo así como existe la inspiración del Espíritu Santo. De esto podemos deducir que

Satanás es un ser real que siempre está activo influyendo para que los hombres hagan el mal. También deducimos que Ananías tenía el poder y facultades para resistir la influencia de Satanás, o de lo contrario no habría sido castigado. Pedro lo acusó de mentir por quedarse con parte del dinero de lo vendido y también lo acusó de intento de engañar; y ya que los apóstoles estaban llenos del Espíritu Santo, Ananías trató de engañar al Espíritu Santo.

4 **Reteniéndola, ¿no se te quedaba a ti?** — La heredad pertenecía a Ananías y Safira y ellos voluntariamente decidieron venderla. Una vez que la vendieron, el precio estaba en sus manos y podían hacer con ello lo que quisieran. Esto nos muestra que los discípulos que tenían propiedades no eran obligados a vender sus heredades o deshacerse de ellas. Los que decidieron hacerlo fue por su liberalidad y su caridad. Pedro hace hincapié en que no habían "mentido a los hombres, sino a Dios". El compartir los bienes con todos no era obligatorio, aunque se permitía y se animaba a que los discípulos lo hicieran por causa de la emergencia que había surgido. Pedro no dice que Ananías no había mentido a los hombres en nada, sino que su pecado era aun más serio porque pensó que podía engañar a Dios.

5, 6 **Al oír estas palabras, cayó y expiró.** — Ananías murió en un acto especial de Dios como castigo por su hipocresía y su intento de engañar a los varones en quienes moraba el Espíritu Santo, y por extensión, su intención de engañar al Espíritu Santo mismo y a Dios. "Y vino un gran temor sobre todos los que lo oyeron". Esta declaración de Lucas se aplica no sólo al lapso entre la muerte de Ananías y la de Safira, sino que el historiador muestra el efecto que la muerte de Ananías tuvo sobre todos los discípulos. Algunos "jóvenes" se levantaron y se llevaron el cadáver de Ananías y lo sepultaron. Las circunstancias requerían un entierro rápido, pues ni el lugar ni la situación permitirían formalidad en la preparación del cadáver o en el funeral. Los judíos acostumbraban sepultar el mismo día que moría la persona; no se usaban ataúdes en ese tiempo y únicamente "lo envolvieron", posiblemente con su mismo manto. Todo esto se hizo sin pérdida de tiempo y sin avisarle a su esposa. Es muy probable que todo se hizo por instrucciones del apóstol Pedro. La edad y la habilidad física de los jóvenes los hacía personas idóneas para sepultar el cuerpo. Algunos creen que Lucas describió el acto de envolver el cadáver como hace un médico que pone vendajes en una fractura; pero otros creen que por la premura del funeral los jóvenes usaron sus propios mantos para preparar el cadáver.

7 **Pasando un lapso como de tres horas** — Parecería extraño que la muerte del esposo y el entierro de su cuerpo sucedieran sin que su esposa

Safira se diera cuenta. Pero la costumbre, el clima caluroso y el gran sentido de profanación por el contacto con un cuerpo muerto, todo contribuyó a la rapidez del entierro, además del gran asombro que causó la forma en que murió Ananías. Las tres horas eran suficiente tiempo para que los jóvenes sepultaran el cadáver y regresaran, justo instantes antes de que llegara Safira. No sabemos dónde aconteció todo esto, pero lo más seguro es que fue en algún lugar de reunión muy conocido en Jerusalén.

**8 Entones Pedro le preguntó:** — Antes de que Safira se enterara de la muerte de su esposo, Pedro le preguntó si la heredad había sido vendida por cierta cantidad; lo más probable es que haya especificado el mismo precio que dijo Ananías. Safira coincidió en el precio. Al momento en que hizo la pregunta Pedro quizá haya apuntado con el dedo hacia el dinero que Ananías había traído. La interrogación de Pedro debía haber despertado la conciencia de Safira para obligarla a decir la verdad, pero en vez de confesar su pecado, lo que hizo fue confirmar la mentira de Ananías.

**9 Y Pedro le dijo: ¿Por qué os pusiste de acuerdo?** — A Safira se le dio la oportunidad de confesar su error y corregirlo, pero ella persistió en el pecado. Entonces Pedro le preguntó por qué se había puesto de acuerdo con Ananías para "tentar al Espíritu del Señor", porque el Señor había enviado al Espíritu Santo. Luego le señaló hacia la puerta por donde entraban los jóvenes que acababan de regresar después de haber enterrado a su esposo, agregando que "te sacarán a ti". Este caso, intencionalmente o no, parece que estaba tentando al Espíritu del Señor, o fue una prueba para ver si el Espíritu Santo podía detectar cualquier hipocresía o engaño. La naturaleza de su conducta implicaba que tenía una duda de si el pecado saldría a luz, o que ignoraban la omnisciencia y santidad de Dios. Su pecado fue tan serio y no tuvieron en cuenta la presencia de Dios, tanto que cometieron este crimen contra el Espíritu Santo. Pedro le anunció que también ella moriría inmediatamente.

**10 Al instante ella cayó a los pies de él,** — Safira murió muy cerca del lugar donde cayó su esposo y junto al montón de dinero. Su muerte, al igual que la de su esposo Ananías, fue considerada sobrenatural. Los jóvenes que habían sepultado a su esposo entraron y la "hallaron muerta; entonces la sacaron, y la sepultaron junto a su marido". Literalmente la enterraron "cara a cara con su esposo". El rápido juicio de Dios cayó sobre ella como un mensaje para toda la iglesia sobre lo terrible que es el pecado.

**11 Y vino gran temor sobre toda la iglesia** — La iglesia fue purificada de este horrible pecado. "Si alguno destruye el santuario de Dios, Dios le destruirá a él; porque el santuario de Dios, el cual sois vosotros, es sagrado" (1 Co. 3: 17). Gran temor vino sobre "toda la iglesia". Es aquí en Hechos donde por primera vez encontramos la palabra "ekklesía", de donde viene la palabra iglesia. Esa palabra se encuentra en Mateo 16: 18, donde se usa para designar a todos los creyentes en Cristo; y Mateo 18: 17, donde se refiere al grupo local. En Hechos 7: 38 se usa para describir a toda la congregación de Israel, mientras que en Hechos 8: 3 se aplica a la iglesia que Saulo perseguía en las casas, no estando congregada.

## 10. SEÑALES Y MARAVILLAS
### 5: 12-16

12 **Y por manos de los apóstoles se hacían muchas señales** — Con frecuencia las señales y prodigios se atribuyen a las "manos de los apóstoles". El terrible juicio sobre Ananías y Safira fue seguido de "muchas señales y maravillas" que se realizaban "en el pueblo". La expulsión de Acán fue un presagio de grandes victorias para el pueblo de Israel en Hai (Jos. 7 y 8), y así también estas señales y prodigios acontecieron después de la limpieza de la iglesia mediante la muerte de Ananías y Safira. "Señales y prodigios"--en Hechos 2: 43 se mencionan en sentido invertido, "prodigios y señales". Los milagros del Nuevo Testamento son descritos con cuatro nombres: "señales, maravillas, prodigios y portentos". Son "señales" de la presencia y poder de Dios, así como de la verdad de la revelación divina. "Prodigios" incluye todas las cosas sobrenaturales de Dios; "maravillas" son las asombrosas manifesta- ciones de Dios que llaman la atención de los hombres hacia él. Y son "portentos" porque revelan la omnipotente fuerza de Dios para ayudar y salvar. Otra vez encontramos a los discípulos "unánimes en el pórtico de Salomón". Allí se habían congregado unos días antes, atraídos por la sanidad del cojo (Hechos 3: 11).

13 **De los demás, ninguno se atrevía a juntarse con ellos** — Los milagros de los apóstoles tuvieron tanto efecto sobre la multitud, que nadie se atrevía a juntarse con ellos. ¿Quiénes son "los demás"? Parece estar en contraste con "todos" del verso 12. De ser así, la frase "los demás" podría referirse a los fariseos, los gobernadores y la gente en general. Sin embargo, otros piensan que se refiere a los apóstoles, y que los otros discípulos estaban tan asombrados y quizá hasta asustados, que no se atrevían a acercarse a ellos. El terror vino sobre cristianos y no cristianos tras la muerte de Ananías y Safira. El asombro vino de ver el poder de los apóstoles para conocer los pensamientos secretos de la

gente, tal como lo demostró Pedro al discernir la falsedad de Ananías y Safira, quienes tentaron al Espíritu Santo. Es entendible que se llenaran de temor y que se mantuvieran distantes de los apóstoles. Aunque la gente tenía temor de unirse al grupo, el pueblo los alababa grandemente por su conocimiento sobrenatural y el poder que manifestaban.

14 **Y cada vez se adherían al Señor más creyentes** — "Prosetizento" es el vocablo griego del cual se traduce "adherían"; y "más" viene de "mallon". Literalmente significa que los creyentes "seguían siendo añadidos". "Así de hombres como de mujeres" describe a los "creyentes". Sólo los creyentes eran añadidos al Señor, no los recién nacidos o personas sin uso de razón. La diferencia entre "andres" y "gunaikes", u "hombres y mujeres" puede ser considerada en conexión con "andres" de Hechos 4: 4. Ser "añadido al Señor" equivale a ser "añadido a la iglesia". Y "ser añadido a la iglesia" es equivalente a "convertirse". Por lo tanto, sólo la gente convertida era añadida a la iglesia.

15 **sacaban los enfermos a las calles** — Este versículo parece ser un vistazo retrospectivo a los versos 12 y 13, que nos señala que el número de los miembros crecía, junto con la influencia de la iglesia, al tiempo que se hacían "muchas señales y prodigios". Se obraron milagros, los discípulos se reunieron como un cuerpo en el pórtico de Salomón, el número de miembros aumentó mucho, y la gente traía a los enfermos para que en forma milagrosa fueran sanados por los apóstoles. Los lugares de reunión pública no tenían capacidad para acomodar a las multitudes que venían en busca de sanidad. Traían a los enfermos "a las calles y los ponían en lechos y en camillas para que al pasar Pedro, a lo menos su sobra cubriese a alguno de ellos", y fueran sanados. Con este ir y venir diario tenían la esperanza de alcanzar sanidad, aunque fuera al ser cubiertos por la sombra de Pedro; es decir, que el poder del Espíritu Santo los sanaría mediante la sombra del apóstol. Esto demuestra el gran temor y reverencia que la gente tenía hacia los apóstoles que podían realizar esos milagros; y también prueba la fe de ellos en Dios por la predicación de Pedro y Juan.

16 **Y aun de las ciudades circunvecinas** — Los enfermos eran traídos a los apóstoles no sólo de Jerusalén, sino que aun de las ciudades de alrededor "venían multitudes trayendo enfermos y atormentados de espíritus inmundos, y todos eran sanados". Aquí se dan más detalles de lo que se había dicho en el verso 12. Fue una manifestación de "señales y prodigios" mayores a cualquiera mencionada en la historia de la iglesia hasta este punto. Jesús había dicho: "De cierto, de cierto os digo: El que cree en mí, las obras que yo hago, también él las hará; y aun hará mayores que éstas, porque yo voy al Padre" (Juan 14: 12). Este fue un

cumplimiento de la promesa de Jesús. "Espíritus inmundos" se refiere a los que estaban poseídos por demonios. Algunos creen que se trataba de ángeles caídos, que al verse privados buscaban a otros para compartir su miseria (Zac. 13: 2; Lc. 4: 33). Aquí se hace la distinción entre los enfermos y los endemoniados, así como en Lucas 6: 18. Generalmente a los endemoniados se les catalogaba como enfermos por los síntomas físicos que sufrían, y su alivio se efectuaba una vez que el espíritu inmundo era expulsado. Nótese que no había favoritismo: todos eran sanados.

## 11. PEDRO Y JUAN SON ARRESTADOS
### 5: 17-25

**17 Entonces, levantándose el sumo sacerdote,** — Aquí vemos que los enemigos de la iglesia primitiva dieron otro paso. A Pedro y Juan los habían dejado en la cárcel durante la noche para ser juzgados al día siguiente (Hechos 4: 3). El sumo sacerdote probablemente era Anás (Hechos 4: 6); o bien pudo haber sido Caifás, que por aprobación de los gobernantes romanos, seguía ejerciendo la autoridad del oficio sacerdotal. De acuerdo a la ley, Anás debía seguir siendo sumo sacerdote hasta el día de su muerte (Nm. 35: 25, 28, 32). "Levantándose" ha recibido diversas interpretaciones: Algunos creen que simplemente quiere decir "levantarse de la silla o del lecho" (Mt. 9: 9; Mr. 1: 35; Lc. 9: 8); otros lo interpretan en sentido figurado como de uno que "se levanta de los muertos" o resucita (Mt. 17: 9; Mr. 6: 14; Lc. 9: 8); y aun otros creen que el significado es tomar un rumbo sin dar una razón para ello. Parece que aquí este último es el significado más apropiado. Anás y los saduceos, que no creían en la resurrección de los muertos, reanudaron su persecución de los apóstoles. "La secta de los saduceos" se aplica a los que enseñaban contra la resurrección de los muertos, pero se aferraban a otras doctrinas de fe. "Secta" viene de "hairesis" (de donde se deriva herejía), y significa "escoger una opinión, división, formar partidos" (1 Co. 11: 19; Gál. 5: 20). También se aplica a los fariseos (Hechos 15: 5; 26: 5) y también a los cristianos (Hechos 24: 5-14; 28: 22).

**18 y echaron mano a los apóstoles** — Pedro y Juan fueron arrestados y esta vez los pusieron en la cárcel pública. No fueron encarcelados como castigo, sino detenidos hasta que pudieran examinarlos e investigarlos. De esta manera los obligaron a estar junto a toda clase de criminales. El arresto es descrito con las mismas palabras que antes: "Les echaron mano" (Hechos 4: 3).

19 **Mas un ángel del Señor** — Esto es un contraste de lo que los saduceos y el sumo sacerdote habían hecho con ellos. Los metieron en la cárcel, pero "un ángel del Señor" los vino a visitar, a reanimarlos y a liberarlos. En Hechos hay por lo menos seis actos o acciones que Lucas atribuye a los ángeles (5: 19; 8: 26; 10: 3; 12: 7, 23; 27: 23). La palabra "ángel" se encuentra veinte veces en Hechos. El ángel abrió la puerta de la prisión y puso en libertad a los apóstoles. Esta acción del ángel animó a los apóstoles y les dio más confianza, pero al mismo tiempo asombró y dejó perplejos a los saduceos y preparó el camino para la liberación de los apóstoles; confirmó la fe de los discípulos y mantuvo el favor del pueblo. El "ángel" hizo más que abrir la puerta de la cárcel, porque también "los sacó" y les dio órdenes.

20 **"Id, y puestos en pie en el templo,"** — Después de liberarlos de la cárcel, el ángel ordenó a los apóstoles que fueran y se pararan en el templo y hablaran. En otras palabras, debían ocupar sus lugares como de costumbre, poniéndose de pie y enseñando con valor. No debían perder tiempo, sino de inmediato ir al templo a hablar "al pueblo todas las palabras de esta vida". Es decir, debían predicar las palabras de vida eterna que Cristo les había revelado, palabras sobre la resurrección, aunque a los saduceos no les gustara. En cierta ocasión Pedro había dicho a Jesús: "Tú tienes palabras de vida eterna" (Juan 6: 68). Estas palabras fueron encomendadas a los apóstoles y ahora el ángel les recuerda que comuniquen esas palabras a todo el pueblo. Jesús no sólo tiene palabras de vida eterna, sino que también da vida a todos los que le obedecen (2 Ti. 1: 10; 1 Jn. 5:11). "Yo soy el camino, y la verdad, y la vida; nadie viene al Padre, sino por medio de mí" (Juan 14: 6). "En él estaba la vida, y la vida era la luz de los hombres" (Juan 1: 4).

21 **Habiendo oído esto, entraron al amanecer en el templo,** — Los apóstoles no se demoraron, sino que muy temprano, "al amanecer" empezaron a enseñar a los que venían al templo. Ya el sanedrín les había prohibido que no hablaran más en el nombre de Jesús, pero en desafío a toda autoridad, humana continuaban predicando la resurrección. "El sumo sacerdote y los que estaban con él convocaron al sanedrín y a todos los ancianos de los hijos de Israel" y se prepararon para juzgar a los apóstoles. Pensando que todavía estaban en la cárcel, ordenaron que fueran traídos ante ellos. "Los que estaban con el sumo sacerdote" eran los saduceos, pero también fueron invitados a la reunión otros hombres prominentes, pues querían contar con el apoyo de todos los influyentes. "Los ancianos", del griego "ten gerousian", literalmente significa "hombres viejos"; en otras versiones es traducido "senado" o "concilio". Después que estaban reunidos todo el concilio con sus invitados

influyentes enviaron a la cárcel para que trajeran a los apóstoles. Todo estaba listo para el juicio, excepto los acusados, los apóstoles.

**22, 23 Pero cuando llegaron los alguaciles, no los hallaron en la cárcel;** — Grande debe haber sido la sorpresa de los alguaciles cuando llegaron a la cárcel y encontraron las puertas con llave, bien aseguradas, pero nada de apóstoles. Deben haberse sentido insensatos por haber pasado la noche custodiando una cárcel sin reos, o por ir a buscar a los prisioneros que no sólo ya estaban libres, sino predicando en público en el templo. Estos "alguaciles" no eran soldados romanos, sino funcionarios civiles de los judíos, o siervos del sanedrín. No había señas de que las puertas de la cárcel hubieran sido forzadas, o boquetes en las paredes; todo estaba en orden, pero los prisioneros brillaban por su ausencia. Parece que el ángel había abierto las puertas de la cárcel en forma milagrosa y sacó a los prisioneros sin que los vigilantes o carceleros se dieran cuenta.

**24 El jefe de la guardia del templo** — En algunas versiones se omite al sumo sacerdote y mencionan sólo al "jefe de la guardia del templo y los principales sacerdotes". "El jefe o capitán" era el encargado de la casa de Dios; no era un oficial militar pero estaba encargado de la guardia compuesta por sacerdotes y levitas que cuidaban el templo por la noche. "Los principales sacerdotes" eran los jefes o cabezas de las clases o turnos sacerdotales. Había veinticuatro turnos o divisiones de los sacerdotes y cada uno tenía su jefe. El sanedrín estaba formado por los principales sacerdotes, los ancianos y los escribas. Todos se quedaron perplejos y confusos de lo que estaba pasando, sin saber cómo es que los prisioneros habían escapado. Sin embargo, lo que más les preocupaba era lo que resultaría de la predicación en el nombre de Jesús.

**25 Pero se presentó uno, que les dio esta noticia:** — El sanedrín estaba confuso y asombrado por la ausencia de los prisioneros y como si eso fuera poco, recibieron otra noticia no menos alarmante: que "los varones que pusisteis en la cárcel están en pie en el templo, y enseñan al pueblo". Los apóstoles habían sido encarcelados por predicar a Cristo, un ángel los había liberado sin conocimiento de las autoridades, y ahora para mayor sorpresa del sanedrín, los apóstoles están en el templo haciendo lo que les habían prohibido terminantemente. Esto parecía un reto abierto a la autoridad del sanedrín. Los apóstoles habían regresado a sus quehaceres normales de enseñar a la gente en el templo. Por ahora, los intrépidos apóstoles tenían demasiada influencia y poder como para ser maltratados en público y el sanedrín no sabía qué hacer.

**26 Entonces fue el jefe de la guardia con los alguaciles** — Los apóstoles fueron arrestados de nueva cuenta por los alguaciles y el jefe de la guardia, y los trajeron "sin violencia, porque temían ser apedreados por el pueblo". No ataron a los apóstoles y con toda consideración los trajeron ante el concilio. Para este tiempo ya había varios millares de cristianos, la mayoría de los cuales aún habitaba en Jerusalén. El sanedrín era una minoría minúscula y tenían razón de temer ser apedreados por el pueblo. Esto nos indica la fuerte influencia que el gran número de discípulos tenía en este tiempo sobre las autoridades judías. Pedro y Juan eran estimados altamente y eran muy populares entre el pueblo. Pero a los alguaciles y al sanedrín no les importaba hacer lo que era correcto, sino lo que les convenía.

**27, 28 Cuando los trajeron,** — Pedro y Juan no temían ser traídos ante el sanedrín; sabían que sus acciones parecían un desafío  de la autoridad del concilio, pero estaban seguros de que estaban en lo cierto porque estaban obedeciendo a Dios, razón por la que con más valor seguían por el mismo camino. Los apóstoles fueron presentados al sanedrín, puestos en el banquillo de los acusados. Se acostumbraba que el acusado estuviera de pie y se defendiera ante el sanedrín que estaba sentado en semicírculo. El portavoz del sanedrín, probablemente el sumo sacerdote, les preguntó: "¿No os mandamos estrictamente que no enseñaseis en ese nombre?" Los apóstoles entendían la acusación, pero sabían que Dios estaba con ellos en lo que hacían. Por no obedecer las órdenes del concilio ahora a los apóstoles se les acusa de haber "llenado a Jerusalén de vuestra enseñanza". Eran tantos los que habían escuchado y obedecido el evangelio, que sin exageración, toda la ciudad había sido llenada con la enseñanza de Jesús. También acusaron a los apóstoles de "hacer caer sobre nosotros la sangre de ese hombre". Pero la sangre de Jesús ya estaba sobre ellos, porque ese mismo sanedrín había condenado a muerte a Jesús y después pidió que Pilato confirmara su decisión. Ahora sienten la culpa pero no están dispuestos a arrepentirse. La simple y obvia respuesta es que la enseñanza de los apóstoles, desde el punto de vista del sanedrín, tendía a provocar al pueblo para que vengara la muerte de Jesús atacando a sus gobernantes. Anteriormente estuvieron listos a aceptar las consecuencias cuando necesitaron la aprobación de Pilato (Mateo 27: 25), pero ahora se retractan de su responsabilidad. Caifás, el sumo sacerdote, no mencionó a Jesús por nombre; simplemente dijo: "ese hombre".

29 **Respondiendo Pedro y los apóstoles,** — Hasta ahora no se han mencionado a otros apóstoles aparte de Juan y Pedro, pero parece que había más. Hablando por los otros apóstoles y los discípulos, respondió: "Hay que obedecer a Dios antes que a los hombres". Aquí Pedro repite el principio de Hechos 4: 19, que debe dirigir a todos los cristianos. Siempre que haya un conflicto entre la autoridad de Dios y la de los hombres, debemos obedecer a Dios; Dios es primero y la obediencia a su autoridad es más importante que todas las demás autoridades. En este caso el conflicto está entre la obediencia al sanedrín o a la voluntad de Dios. Sin evasivas o titubeos, Pedro afirma enfática y claramente que él y los otros apóstoles iban a obedecer la voluntad de Dios.

30 **El Dios de nuestros padres levantó a Jesús** — De nuevo se hace un gran contraste entre lo que los gobernantes habían hecho a Jesús y lo que Dios había hecho con él. Los gobernantes lo habían acusado falsamente, y burlándose de él lo condenaron a la vergonzosa muerte por crucifixión. Pero Dios le había resucitado de los muertos. "Epi-xulou" es la palabra griega para "madero", y originalmente significaba "madera, árbol, leña" (Lucas 23: 31; Hechos 5: 30; 10: 39; 1 Pedro 2: 24). El verbo "matasteis" en el original quiere decir "echarle mano a alguien, manejarlo, manipularlo, estrujarlo, matarlo". Jesús fue muerto mediante la crucifixión en la cruz. Esto describe lo que los hombres hicieron con Jesús.

31 **A éste, Dios ha exaltado con su diestra** — Continuando la descripción de lo que Dios había hecho con Jesús, Pedro dice que fue exaltado y ahora está a la diestra de Dios como "Príncipe (Jefe) y Salvador". Un "Príncipe" tiene autoridad, y por lo tanto, debe ser obedecido. Y efectivamente tiene toda autoridad en el cielo y en la tierra. Como "Salvador" usa su autoridad para dar salvación a todos los que le obedecen. Ahora Jesús es Profeta, Sacerdote y Rey. Es Salvador solamente para los que le aceptan como Señor. El da "arrepentimiento a Israel y perdón de pecados". El arrepentimiento se obtiene por medio de la enseñanza de que deben apartarse de sus pecados y por medio de la oportunidad para cambiar; la remisión de pecados es otorgada a los que le obedecen su voluntad. Jesús ha sido levantado de los muertos y exaltado a la diestra de Dios para ser Rey y Salvador de los que ponen su confianza en él.

32 **Y nosotros somos testigos suyos de estas cosas** — Los apóstoles eran testigos de la crucifixión, resurrección y ascensión de Jesús; y en sus predicaciones siempre enfatizaban estos tres tópicos. Pedro agrega que el Espíritu Santo, que "Dios ha dado a los que le obedecen", también es testigo de las cosas que ellos predicaban. Esta es la conclusión del

segundo discurso de Pedro ante el concilio. Aquí tenemos al Espíritu Santo y los apóstoles como testigos de Cristo contra el sanedrín. Los tres puntos principales de su defensa son: (1) Debemos obedecer a Dios; (2) los acontecimientos en la vida de Jesús prueban que no hemos obedecido a Dios; y (3) el Espíritu Santo es testigo con nosotros de todas estas cosas. En conclusión, si los apóstoles estaban equivocados, entonces también el Espíritu Santo estaba equivocado.

## 13. EL DISCURSO DE GAMALIEL
### 5: 33-42

**33 Ellos, oyendo esto, se sentían heridos** — Esto expresa el efecto que el discurso o sermón de Pedro tuvo sobre el concilio: En vez de convencerse y arrepentirse de su maldad, se sintieron "heridos en lo más vivo", pero no era convicción de sus pecados. En lugar de bendecir a los apóstoles por haberles hablado palabras de vida, o por predicarles el evangelio, "querían matarlos". El original "dieprionto", significa "cortar, partir, aserrar por la mitad", y aquí quiere decir "ira, enojo que hiere hasta el corazón", pero no convicción o compunción por el pecado, como en Hechos 2: 37. En Hechos 7: 54 se usa esa misma expresión para describir la reacción de los judíos al sermón de Esteban.

**34 Entonces, levantándose en el sanedrín** — Hay cuatro cosas que se dicen de Gamaliel: (1) Era miembro del concilio o sanedrín; (2) era fariseo muy influyente, si no el más influyente, mientras que muchos de los otros miembros eran saduceos; (3) era doctor o maestro de la ley; y (4) era respetado y venerado por todo el pueblo. El concilio temía a la gente y puesto que Gamaliel tenía mucha influencia en el pueblo, era prudente que escucharan sus palabras. Gamaliel pidió que sacaran a los apóstoles para poder hablar al sanedrín a puertas cerradas.

**35 Varones israelitas** — Esta era una expresión común al dirigir la palabra al concilio. Gamaliel prosiguió a darles una importante advertencia sobre lo que se debía hacer con los apóstoles. Les advirtió que tuvieran cuidado de lo que pensaban hacer con los apóstoles. No quiere decir que el peligro era inminente, sino que debían ser precavidos o tener cuidado antes de tomar una decisión.

**36 Porque antes de estos días se levantó Teudas** — Ahora Gamaliel demuestra su sabiduría al recordarles mediante ilustraciones, que los obreros fraudulentos no duran. Mucho se ha dicho sobre quién era Teudas y lo que hizo. No importa quién haya sido; ellos estaban familiarizados con él y la obra que hizo o trató de hacer. Josefo menciona a un Teudas que era caudillo de una insurrección, pero él no pudo haber sido el Teudas de esta narración, porque su rebelión aconteció quince años después de este tiempo. En esos tiempos hubo muchas insurrecciones y alborotos, con tres de los cabecillas insurrectos con el nombre de Judas, cuatro Simones y pudo haber habido dos Teudas. El Teudas aquí mencionado logró reunir unos cuatrocientos seguidores, pero luego fue muerto y su grupo desapareció.

**37 Después de éste, se levantó Judas el galileo** — Este Judas dirigió una insurrección en los días del censo o empadronamiento. Josefo menciona a un Judas de Galilea que organizó una rebelión contra el censo realizado cuando era gobernador Cirenio o Quirino. También dice que sus hijos fueron ejecutados, aunque no da cuenta de lo que pasó con Judas mismo. Pero aquí Gamaliel dice que este Judas también "pereció" y todos sus adeptos fueron dispersados o terminaron muertos.

**38, 39 Y en lo de ahora, os digo:** Después de mencionar estos ejemplos de esfuerzos reformistas y rebeliones fracasadas, Gamaliel ofrece su consejo: "Apartaos de estos hombres". Literalmente: "aléjense de ellos y aguántenlos", déjenlos que sigan. El presenta sus razones o argumentos como base de su consejo: Dejen que Dios se encargue de su obra, porque en los casos de Teudas y Judas, sus esfuerzos terminaron en nada. Además, si estos varones están haciendo la obra de Dios, el sanedrín lucharía contra Dios al oponerse a los apóstoles. Este era un argumento muy astuto por parte de Gamaliel, a propósito del difícil caso de los apóstoles. Gamaliel no insinúa que él fuera un discípulo secreto de Jesús o que simpatizaba con los apóstoles. El razonamiento de Gamaliel parece ser muy claro. De los ejemplos que mencionó, Gamaliel concluye que si estos apóstoles no tienen mejores bases que las de Teudas y Judas, también desaparecerán y el sanedrín no tenía necesidad de oponérseles. Por otra parte, si la obra de los apóstoles contaba con la aprobación y el apoyo de Dios, sería inútil que el concilio se opusiera; y lo que es peor, estarían luchando contra Dios.

**40 Y fueron persuadidos por él** — El argumento de Gamaliel fue escuchado por el sanedrín, el concilio accedió. Pero para desahogar un poco su maldad, o quizás para cobrarse un poco por la postura moderada que iban a tomar, llamaron a los apóstoles y "después de azotarlos", repitieron sus inútiles advertencias de que no siguieran hablando en el nombre de Jesús. Luego los pusieron en libertad. Este es el mismo Gamaliel que fue maestro de Saulo de Tarso. Algunos creen que Saulo estuvo presente en esta ocasión y de ser así uno podría preguntarse ¿qué pensó Saulo del consejo de su ex maestro? Probablemente los miembros del sanedrín hayan pensado que su honor estaba en juego y que si dejaban libres a los apóstoles sin hacerles nada, la gente los podría acusar de proceder contra varones inocentes. Por eso, para conservar su "honor" y el del tribunal, y para dar la impresión de que los apóstoles eran culpables de alguna ofensa, los azotaron. Entre los judíos este castigo era muy frecuente, pero considerado vergonzoso. Ya Jesús había advertido a los apóstoles sobre esa forma de persecución y tortura (Mateo 10: 17).

41 **Y ellos, saliendo de la presencia del sanedrín** —— Para los apóstoles era un honor ser seguidores de Jesús "a través de gloria y deshonor" (2 Co. 6: 8). Jesús los había preparado para toda clase de ultrajes (Juan 15: 20). Los apóstoles se fueron del sanedrín "gozosos de haber sido tenidos por dignos de padecer afrenta por causa del Nombre". No había mayor indignidad que ser azotados por orden judicial; maltrato por el cual muchos se habrían llenado de indignación, de enojo, o por lo menos de tristeza o amargura por haber sufrido tan terrible injusticia. Pero para los apóstoles eso era una gran bendición y motivo de alegría el ser honrados por sufrir en el nombre de Cristo.

42 **Y todos los días, en el templo y por las casas** — Los apóstoles siguieron ignorando la autoridad del sanedrín y obedeciendo a Dios, continuando la enseñanza en el templo y en las casas. Los dos campos en la obra apostólica mencionados aquí son la enseñanza pública en el templo y la enseñanza privada en las casas. Dondequiera que se congregaban las muchedumbres y que llegaban los discípulos, la enseñanza continuaba. La misión de la iglesia es llevar el evangelio a quienes no lo tienen, y edificarse a sí misma en las cosas de Dios. Esto se puede lograr "enseñando por las casas" (Hechos 20: 20) y públicamente en el templo. "Enseñar" y "predicar" se usan para describir la naturaleza de la obra apostólica. "Didaskontes" es el original que se traduce "enseñando" y "evangelízomenoi" quiere decir "predicando" o "evangelizando". Esta es la primera vez que en Hechos se usa esta palabra específicamente para "predicar" y es la raíz de donde proviene "evangelizar", que significa "proclamar buenas nuevas". Este vocablo es usado mucho por Lucas y Pablo (Lucas 2: 10; 9: 6; 1 Tes. 3: 6; Ro. 1: 15; 1 Co. 15: 1; Gál. 1: 23; Ef. 2: 17). Después de haber sido azotados los apóstoles no se quedaron callados, sino que siguieron predicando a Cristo como el Salvador del mundo.

**1 En aquellos días, al aumentar el número de los discípulos —** Como todo un historiador fiel, ahora Lucas narra algo más sobre el desarrollo de la iglesia; en la predicación del evangelio se revelan los principios cristianos; y gradualmente se desarrolla la organización de la iglesia. En el día de Pentecostés la iglesia fue establecida y ahora el historiador nos lleva al punto en que la iglesia tenía cuatro o cinco años. El incremento en el número de discípulos complicó las cosas, pero presentó la oportunidad para que los apóstoles ordenaran más sistemáticamente y establecieran disciplina en el creciente número de discípulos. "En aquellos días" es una frase de tiempo indefinido. Por lo general se cree que la ascensión ocurrió cerca del año 30 D. de C., mientras que otros creen que fue en el año 29 y otros que en el 33. La fecha no tiene importancia. Se supone que los primeros seis capítulos de Hechos cubren cuatro o cinco años de historia, por eso se dice que la iglesia debe haber tenido ese mismo tiempo de existencia. Este fue un período de mucha prosperidad y el número de los discípulos crecía diariamente. Pero surgió una "murmuración o queja" de los griegos contra los hebreos. Los griegos eran "greco-judíos", o "helenistas"; es decir, judíos nacidos y criados en otros países, no en Palestina. "Los hebreos" eran los judíos de sangre pura y que hablaban el idioma hebreo. Pablo decía que él era "hebreo de hebreos" (Fil. 3:5), es decir, de pura sangre hebrea y que además hablaba su idioma. Esta queja surgió porque las viudas entre los "greco-judíos" eran ignoradas, excluidas, o desatendidas en la "ministración o distribución diaria". Estas murmuraciones o quejas de inconformidad en secreto son un pecado que con frecuencia se condena en el Nuevo Testamento (Fil. 2: 14; 1 P. 4: 9). Parece que esta queja estaba dirigida a los apóstoles, ya que ellos estaban encargados de los fondos que habían sido recolectados (Hechos 4: 35, 37; 5: 2). "Distribución diaria" indica que era necesario repartir cosas o alimentos todos los días. El pecado de la negligencia es el segundo pecado que se registra contra un miembro de la iglesia.

**2 entonces los doce convocaron a la multitud —** Aquí se mencionan a los "doce" apóstoles, una señal de que durante estos pocos años en la existencia de la iglesia todos los apóstoles se habían quedado en Jerusalén. El hecho de que se mencionen a "doce" quiere decir que en ese número ya se incluía a Matías (Hechos 1: 26). El número de los seguidores es descrito como "la multitud de los discípulos". Los apóstoles dijeron que no era bueno o correcto que ellos ocuparan su tiempo ministrando o sirviendo a las mesas. Ellos tenían una tarea superior y más importante: predicar la palabra. Si ellos se dedicaban a "servir a las mesas", se iban a ver obligados a "dejar la palabra", por lo menos parcialmente. "Las mesas" aquí no se refiere a las mesas de los mercaderes y cambistas (Juan 2: 15), sino a las mesas que se usaban en la distribución cotidiana de alimentos. "Distribución", del griego "diakonía", o "diákonos", se usa aquí con el mismo significado que en Filipenses 1: 1 y 1 Timoteo 3: 8-13 y usualmente se traduce "diácono". A veces este vocablo es traducido "siervo" o "esclavo"; frecuentemente se usa para designar a un "ministro del evangelio" (1 Co. 3: 5; 2 Co. 3: 6; Ef. 3: 7). La palabra "diácono" casi es una transcripción de "diakonos" (Fil. 1: 1; 1 Ti. 3: 8, 12). También se aplica a Febe (Ro. 16: 1).

**3 Buscad, pues, hermanos** — "Buscad" quiere decir "busquen y seleccionen" como candidatos para un oficio. Toda la multitud de los discípulos recibió las instrucciones para hacer esta selección de entre ellos a siete varones. El número "siete" no tiene más importancia que el de ser un número sagrado que a veces indica plenitud. El número fue considerado suficiente para atender el trabajo. Las cualidades son específicas: debían ser "varones de buen testimonio, llenos del Espíritu Santo y de sabiduría" para encargar de ese trabajo. La primera cualidad de tener "buen testimonio" es muy importante, se menciona en Hechos 10: 22; 16: 2; 1 Timoteo 5: 10. En segundo lugar, los varones debían ser "llenos del Espíritu Santo", frase que frecuentemente se usa con respecto a los dones espirituales y poderes milagrosos (Hechos 2: 4; 4: 8). Además debían ser varones "sabios", es decir, que tuvieran sentido común, sagacidad y buen criterio. "A quienes encarguemos" ha sido tema de mucha discusión. Algunos creen que solamente los apóstoles se incluían en el "nosotros encarguemos"; otros creen que se refiere a toda la iglesia y los apóstoles. Pero ya que los apóstoles están dirigiendo, es claro que sólo ellos estaban incluidos en esa frase.

**4 Y nosotros nos dedicaremos asiduamente a la oración** — Este "nosotros" designa a las mismas personas incluidas en el "nosotros" del verso anterior, es decir, los apóstoles. Ellos seguirían constantes en oración, es decir, continuarían haciendo lo que los había ocupado hasta ahora (Ro. 12: 12; Col. 4: 2). Los apóstoles habían pasado mucho tiempo en oración y estaban dispuestos a perseverar en ello. Esto no se refiere meramente a la oración en privado, sino también en el sentido de la adoración pública (Hch. 16: 13). Si los apóstoles, que estaban llenos del Espíritu Santo, necesitaban "perseverar asiduamente en la oración", ¡cuánto más lo necesitamos nosotros hoy día! El "ministerio de la palabra", en el que ellos debían perseverar, significa sirviendo en la predicación y enseñanza de la palabra. Otra vez encontramos la palabra "diakonía" como en el verso 1, pero aquí tiene referencia a la predicación como ministerio especial de los apóstoles.

5 **Agradó la propuesta a toda al multitud** — La sugerencia presentada por los apóstoles fue aprobada por "toda la multitud". No hubo discordia en la reunión y en forma unánime estuvieron de acuerdo con los apóstoles y se entregaron a la tarea, siguiendo las instrucciones recibidas. Seleccionaron a Esteban, a Felipe, a Prócoro, a Nicanor, a Timón, a Pármenas y a Nicolás. Todos estos son nombres griegos e indican la generosidad de la mayoría hebrea de la multitud al encargar el asunto en manos de discípulos greco-judíos, de cuyo grupo había surgido la queja. "Esteban" es mencionado primero por ser el más notable del grupo, seguido por Felipe. En el resto de la historia de la iglesia se menciona a Esteban y Felipe, pero de los demás no se dice nada después de que fueron nombrados a este ministerio. Este Felipe es diferente al apóstol del mismo nombre. Este es "Felipe el evangelista" (Hechos 21: 8). Algunos de los hechos de Felipe se mencionan en este libro. Por otra parte, Esteban fue el primer mártir y algunos creen que Nicolás es mencionado en Apocalipsis 2: 6-15. Los otros cuatro nombres no son mencionados más en el Nuevo Testamento. Algunos dicen que los nombres griegos no significa que todos hayan sido del grupo de discípulos greco-judíos; dicen que de los siete, tres eran hebreos, tres eran griegos y un prosélito.

6 **A los cuales presentaron ante los apóstoles** — Después de la selección de estos siete varones que reunían las cualidades descritas en el verso 3, fueron presentados a los apóstoles, quienes oraron y "les impusieron las manos". Mucho se ha discutido sobre la forma de "ordenación" de estos varones. La imposición de las manos era una costumbre de mucho tiempo entre los judíos. Jacob impuso las manos a los hijos de José (Gn. 48: 13, 14); también se dice que Moisés impuso las manos a Josué (Dt. 34: 9); los levitas eran separados y dedicados para el servicio del tabernáculo por la imposición de las manos (Nm. 8: 10); al chivo expiatorio le imponían las manos para transmitirle los pecados del pueblo, que después debía llevar al desierto (Lv. 16: 21). La imposición de las manos era un símbolo de la transmisión de dones y virtudes necesarios para capacitarlos para sus nuevas responsabilidades. Este acto era acompañado de oración a Dios, quien impartía los dones necesarios para el caso. Algunos creen que este fue el comienzo del oficio en la iglesia conocido como "diáconos"; es posible que así haya sido, pero a estos varones no se les llama diáconos. No sabemos si su nombramiento tuvo vigor  solamente en este tiempo de emergencia y que cesó una vez

que se agotaron los recursos, o cuando la iglesia fue esparcida por la persecución (Hch. 8: 1). Se dice que ellos hicieron el trabajo de "diáconos", y que su labor es descrita con la misma palabra que se traduce "diáconos". Bien podría ser así, pero sucede que en ninguna parte del Nuevo Testamento se les llama "diáconos".

**7 Y crecía la palabra del Señor** — "Crecía" proviene de "euxanen", que significa "seguía creciendo más y más", y no es de extrañarse, pues ahora los apóstoles estaban libres de los quehaceres cotidianos de la distribución de alimentos. El número de discípulos "se multiplicaba" como resultado del incremento en la predicación de los apóstoles. "Multiplicaban", del original "eplezuneto", que significa que la predicación de los apóstoles y la multiplicación del número de discípulos iban a la par. "También muchos de los sacerdotes obedecían a la fe". Usualmente los sacerdotes eran saduceos y esta conversión debe haber sido un duro golpe para Anás y Caifás, así como todos los demás miembros de la secta de los saduceos (Hechos 5: 17). Aquí se mencionan tres cosas que muestran el progreso de la iglesia: (1) "Crecía la palabra del Señor"; (2) "el número de los discípulos se multiplicaba; y (3) "muchos de los sacerdotes obedecían a la fe". "Obedecer a la fe" equivale a decir "obedecer el evangelio. "Fe" en este caso significa "fe en Jesucristo como el Hijo de Dios" o "el evangelio".

### 1. ESTEBAN ES ARRESTADO Y JUZGADO
6: 8-15

**8 Y Esteban, lleno de gracia y poder,** — Al ser seleccionado Esteban fue descrito como un varón "lleno de fe y del Espíritu Santo"; y aquí se dice que estaba "lleno de gracia y de poder". "Gracia" en este caso se usa en el sentido de "favor con Dios". "Poder" no sólo significa "fuerza o fortaleza", sino un poder inusual que le capacitaba para hacer grandes prodigios y milagros entre el pueblo. Se cree que Esteban era un "greco-judío" convertido a Cristo.

**9 Entonces se levantaron unos de la sinagoga** — Este versículo ha confundido a muchos comentaristas y les ha causado muchos problemas. "La sinagoga llamada de los Libertos" estaba formada por los judíos que en un tiempo habían sido esclavos, pero que habían logrado su libertad. Otros piensan que se trataba simplemente de judíos de Roma, de donde habían regresado después de haber sido llevados cautivos por Pompeyo. "Liberto" quiere decir "un varón libre", o "hijo de un hombre libre". Se dice que en ese tiempo había 280 sinagogas en Jerusalén. Estos lugares de adoración y estudio después fueron construidos en todas las ciudades donde había suficientes judíos que contribuyeran a su sostenimiento. Solamente en este verso Lucas menciono a cinco de esas sinagogas en Jerusalén: la de los Libertos, de Cirene, de Alejandría, de Cilicia y de Asia. Posiblemente en Jerusalén habitaban suficientes judíos helenistas que justificaban la existencia de esas cinco sinagogas. Cirene estaba en Africa, entre Cártago y Alejandría. Allí residía un gran número de judíos que representaban una cuarta parte de toda su población (Marcos 15: 21; Hechos 13: 1). Alejandría era la capital de Egipto y hacía honor a su fundador Alejandro el Grande. Aparte de Jerusalén, Alejandría era la única ciudad con gran población judía, la cual tenía mucho poder, tanto que la Septuaginta fue una traducción en griego realizada especialmente para los judíos naturales de Alejandría. Cilicia estaba en el extremo sureste de lo que ahora se llama Asia Menor y en ella habitaba un considerable número de judíos. En el Nuevo Testamento Asia siempre se refiere al extremo noroeste de Asia Menor, con Efeso como capital.

Esteban causó controversia entre estas sinagogas con la predicación sobre Jesucristo.

**10 Pero no podían resistir a la sabiduría** — Esteban estaba "lleno de gracia y de poder" y los dirigentes de estas sinagogas no podían refutar sus argumentos. Hablaba con tanta seguridad y valor, con claridad de argumento, con un completo entendimiento de las profecías, y el poder del Espíritu que hacían irresistible su discurso.

**11 Entonces sobornaron a unos para que dijesen:** — "Sobornar" viene de "jupoballo", que originalmente quería decir "poner debajo de la alfombra, o poner a los hombres bajo el control de uno con ofertas de dinero". Aquí lo que sucedió es que pusieron a estos hombres para que dieran falso testimonio. Ya sea por dinero o por otro motivo igualmente malévolo, estos hombres testificaron que habían oído a Estaban "hablar palabras blasfemas contra Moisés y contra Dios". Esa fue la misma acusación que presentaron contra Jesús (Mt. 26: 65; Mr. 2: 7). El castigo por blasfemar contra Dios era la muerte a pedradas (Lv. 24: 16; Dt. 13: 6-10). Acusaron a Esteban de blasfemias contra Moisés y contra Dios.

**12, 13 Y soliviantaron al pueblo** — El original "sunekinesan" quiere decir que alborotaron o sacudieron a la gente como un terremoto. Los Libertos y los otros mencionados en el verso 9 eran los cabecillas de esta turba que se levantó contra Esteban y con la acusación de los falsos testigos "alborotaron" a la gente. Los ancianos y los escriban aprovecharon esto para llevarse a Esteban ante el concilio. Después que llegaron al tribunal volvieron a presentar testigos falsos quienes decían: "Este hombre no cesa de hablar palabras contra este lugar santo y contra la ley". Ahora ya le aumentaron más mentiras a su falso testimonio, añadiendo que Esteban no sólo blasfemaba contra Moisés y contra Dios, sino que también no dejaba de hablar "palabras contra este lugar santo", refiriéndose a Jerusalén o al templo. Hicieron acusaciones absurdas de las supuestas palabras de Esteban contra la ley y contra el templo, presuntamente haciendo referencia a lo que Esteban había predicado en sus sinagogas.

**14 pues le hemos oído decir** — Probablemente Esteban había advertido al pueblo que si insistían en su oposición a Jesús, la ciudad y el templo serían destruidos. Jesús mismo había hecho advertencias similares (Mt. 26: 61; Lc. 19: 41-44). Así como pervirtieron lo que Jesús dijo, también ahora cambian el sentido de las palabras de Esteban. Jesús había predicho la destrucción de Jerusalén, pero por mano de los gentiles. Los enemigos de Esteban no pudieron enfrentarse a sus argumentos y por eso buscaron silenciarlo con falsas acusaciones basadas en falsos testimonios.

15 **Entonces todos los que estaban sentados en el sanedrín** — Es muy probable que Saulo de Tarso haya estado en este concilio y visto el rostro de Esteban "como el rostro de un ángel", es decir, irradiando una luz divina. Los miembros del sanedrín literalmente "fijaron sus ojos en él" como si hubieran visto el rostro de un ángel. Aun sus enemigos vieron su rostro angelical, pero ni con esa señal cambiaron sus malas intenciones, ya que eran demasiado perversos. El rostro de Moisés brilló igual cuando descendió del monte (Ex. 34: 30; 2 Co. 3: 7). No sabemos dónde estaban Pedro y Juan en estos momentos; lo que es claro es que Esteban estaba solo frente al sanedrín, igual que Jesús; aunque a la verdad no estaba solo, porque vio a Jesús de pie a la diestra de Dios (Hechos 7: 56). Había poco que Juan y Pedro pudieran haber hecho en este punto; y esta vez Gamaliel no intervino porque los fariseos apoyaban los cargos contra Esteban.

## 2. LA DEFENSA DE ESTEBAN
### 7: 1-53

1 **El sumo sacerdote dijo entonces:** — La defensa de Estaban es, a primera vista, un bosquejo condensado de la historia de los judíos desde el llamamiento de Abraham hasta la construcción del templo. Se debe señalar que en todos los prominentes períodos de su historia, Dios no se limitó a la Tierra Santa ni al templo, pues se apareció a Abraham en Mesopotamia, a José e Israel en Egipto, a Moisés en el desierto Sinaí. Por lo tanto, las gloriosas apariciones de Dios a sus antepasados fueron fuera de Canaán y antes de que el templo existiera. El "sumo sacerdote" presidió el sanedrín, grupo que por algún tiempo se había sentido incómodo, como lo comprueba la historia de la iglesia; sus miembros se habían sentido satisfechos con la muerte de Jesús, pero el gusto no les duró mucho, pues la predicación de la resurrección de Jesús era tan convincente con el peso del testimonio de los apóstoles y los milagros, además de la multiplicación de los miembros de la iglesia. Todo esto disgustó mucho al sanedrín. El sumo sacerdote le preguntó a Esteban si eran ciertas las acusaciones que le había hecho el concilio. Su pregunta es un lenguaje muy suave, más amables que las palabras que usaron con Cristo (Mt. 26: 62). Su pregunta equivale a lo que en la actualidad se escucharía en un tribunal: "¿Culpable o inocente?" Esto le dio a Esteban la oportunidad para que presentara su defensa.

2 **Varones hermanos y padres,** — Esteban introduce su discurso con mucho respeto al sanedrín, describiendo a los demás como "hermanos"

y al concilio como "padres". Pablo usó una expresión parecida en Hechos 22: 1. "El Dios de la gloria se apareció a nuestro padre Abraham, antes de que morase en Harán". Al principio de su discurso Esteban llama "padre" a Abraham y prosigue su narración de los pasos sucesivos que Dios dio en su trato con ellos bajo el pacto con Abraham. En el Antiguo Testamento no hay narración de la visión o aparición de Dios a Abraham en Mesopotamia, pero se deduce que así fue, pues dice que Dios lo sacó de Ur de los caldeos (Gn. 11: 31; 15: 7; Neh. 9: 7). En Génesis 12: 1 se dice que Abraham fue llamado después de habitar en Harán. Mesopotamia es la región entre los ríos Tigris y Eufrates.

3 **y le dijo: Sal de tu tierra y de tu parentela** — Esteban repite las instrucciones divinas de Génesis 12: 1. Abraham fue llamado de Ur con el propósito especial de alejarlo de la influencia de su ambiente idólatra, donde su parentela adoraba a otros dioses (Josué 24: 2). El debía abandonar su tierra natal y sus parientes e irse a vivir en la tierra que Jehová le mostraría. No se le dijo dónde ir, pero "por fe Abraham . . . salió sin saber adónde iba" (Hebreos 11: 8).

4 **Entonces salió de la tierra de los caldeos** — Al irse de Mesopotamia llevó consigo a su padre Taré y a Lot, y habitaron en Harán como por cinco años. Taré tenía setenta años cuando nació Abram (Gn. 11: 26); y Abram tenía setenta y cinco años cuando se fue de Harán (Gn. 12: 4). Para entonces Taré debe haber tenido ciento cuarenta y cinco años y murió a los doscientos cinco años (Gn. 11: 32). Es de suponer que Taré vivió unos sesenta años más después que Abram inició su traslado a Canaán. Hay varias explicaciones, como es la de que Esteban se refiere a la muerte de Taré en el sentido de muerte espiritual por entregarse a la idolatría. Sin embargo, la explicación más satisfactoria es que los críticos se equivocan al suponer que Abram era el mayor de los hijos de Taré, cuando bien pudo haber sido el menor, y Harán, que murió en Ur, pudo haber sido el mayor o quizá Nabor.

5 **Y no le dio herencia en ella** — Abraham no recibió la tierra prometida para poseerla y disfrutarla en vida, sino que le fue prometida para sus herederos. El tuvo que pagar por el sitio donde fue sepultada su esposa Sara (Gn. 23: 20; 50: 13). Sara fue sepultada en la cueva de Macpela, que fue la única propiedad de Abraham en Palestina. La promesa fue dada a Abraham aún antes de que tuviera heredero (Gn. 12: 7; 13: 15, 16).

6 **Y le habló Dios así:** — Esas promesas fueron hechas a Abraham cuando aún no tenía hijo, que "de su descendencia sería extranjera en tierra ajena" y que los reducirían a servidumbre, y los maltratarían por cuatrocientos años. La demora en el cumplimiento de la promesa era

parte del plan de Dios. Los cuatrocientos años son números redondos, como en Exodo 12: 40, 41. Pablo es más específico al decir que la ley vino cuatrocientos treinta años después de que fue hecha la promesa (Gál. 3: 17). De modo que los cuatrocientos treinta años de Exodo 12: 40 probablemente incluyen el tiempo que los patriarcas vivieron en Canaán (Gn. 15: 13, 14; Ex. 3: 12).

7 **juzgaré, dijo Dios, a la nación de la cual serán siervos** — Esa nación era Egipto. Dios había dicho que juzgaría a dicha nación, lo cual se cumplió cuando Jehová le dijo desde la zarza ardiendo que ya era tiempo de que Israel saliera de Egipto y que le "sirviera en este lugar", es decir, el monte Horeb. Esteban recuerda de esta forma al sanedrín que Israel debía adorar a Jehová en Sinaí, y no sólo en el templo o en Canaán.

8 **Y le dio el pacto de la circuncisión** — Este es el pacto que Dios hizo con Abraham para dar la tierra por heredad a su descendencia. El sello o señal de este pacto era la circuncisión (Gn. 17: 9-14; Ro. 4: 11). El pacto de la circuncisión fue hecho un año antes de que naciera Isaac (Gn. 17: 21). Todo niño varón tenía que ser circuncidado al octavo día. Isaac, Jacob, y los doce patriarcas o hijos de Jacob, todos fueron circuncidados.

9 **Los patriarcas tuvieron envidia de José** — "Envidia" se traduce del original "zelosantes", que significa "estarse quemando o hirviendo de celos, y después de envidia" (Hechos 5: 17). Los hermanos de José se llenaron de envidia contra José porque era el favorito de Jacob (Gn. 37: 3, 4). Lo vendieron como esclavo y fue a parar a Egipto (Gn. 37: 25-28); pero Dios estuvo con él (Gn. 39: 2, 21). Esteban aquí sólo da un resumen de la historia que ocupa mucho espacio en Génesis.

10 **y le libró de todas sus tribulaciones** — Para los detalles, lea Gn. 41: 38-45, 54. Dios no lo desamparó en todas sus aflicciones en Egipto, y finalmente lo ascendió hasta el nivel del rey Faraón de Egipto. Luego fue gobernador de todo Egipto y de la casa real de Faraón. "Faraón" no es el nombre de un rey, sino un título egipcio que quiere decir "una casa grande".

11 **Sobrevino entonces hambre en toda la tierra de Egipto** — Aquí se presenta otra etapa en la historia como parte del mismo plan para el desarrollo providencial del pueblo con cuyo fundador se había hecho el pacto. El hambre que se describe en Génesis 41: 51, fue muy seria. Esteban dice que provocó mucha tribulación "y nuestros padres no hallaban alimentos". Nótese que Esteban sigue hablando de "nuestros padres", identificándose con el concilio y todos los que estaban presentes. "Alimentos" se traduce del original "cortasmata", y quiere decir, "alimentarse con pasto o hierbas". En el Nuevo Testamento la palabra

incluye el alimento para la gente y los animales, pero en Génesis 24: 25, 32 se refiere a la paja y al forraje para el ganado, alimento de primera necesidad para los animales domésticos, de los cuales dependía la supervivencia de la gente.

12 **Cuando oyó Jacob que había trigo en Egipto** — La palabra griega "sitia" se aplicaba a los granos, tales como el trigo y la cebada pero no al maíz. Es un antiguo vocablo que se aplicaba en forma general a las provisiones. Jacob se quedó en Canaán mientras diez de sus hijos fueron a Egipto la primera vez.

13 **Y en la segunda, José se dio a conocer** — El hambre ocurrió cuando José era gobernador de Egipto y la distribución del trigo estaba bajo su control. Ya había estado viviendo en Egipto muchos años y José no reveló su identidad a sus hermanos la primera vez. La segunda vez sí se dio a conocer a sus hermanos Faraón ayudó a José para hacer todos los arreglos necesarios a fin de traer a Jacob a Egipto.

14 **José envió a llamar a su padre Jacob** — Gn.45: 17-21 contiene la narración de cuando José envió a traer a su padre Jacob y a todas las familias, sesenta y seis en total. Esteban incluye a algunos nietos de José y por eso da la cifra de setenta y cinco, mientras que Génesis 46: 26 habla de sesenta y seis, aunque en el siguiente versículo la cifra llega a setenta, porque incluye a Jacob, a José y a los dos hijos de éste.

15, 16 **Así descendió Jacob a Egipto** — Después de llegar a Egipto Jacob vivió otros diecisiete años; su cadáver fue sacado de Egipto y sepultado en la cueva de Macpela, junto a Abraham, Sara, Isaac y Rebeca. Jacob ya había enterrado a Lea en ese mismo lugar. Abraham compró esa heredad de manos de Efrón el heteo en Hebrón y el sitio fue usado por varias generaciones como un cementerio familiar (Gn. 23: 16). Jacob compró una parte del campo de Hamor, en Siquem (Gn. 33: 19; Jos. 24: 32). Cuando Abraham llegó a Siquem, el patriarca erigió un altar en Siquem (Gn. 12: 6, 7).

17, 18 **Pero cuando se acercaba el tiempo de la promesa** — Esta promesa puede ser la que recibió Abraham en Gn. 12: 7 "daré esta tierra a tu descendencia"; o bien podría referirse a la promesa que se encuentra en Gn. 15: 16: "Y en la cuarta generación volverán acá". "El pueblo creció y se multiplicó en Egipto, hasta que se levantó otro rey que no sabía nada de José". Este "Faraón" no tuvo gratitud ni reconoció la obligación de Egipto para con José y sus descendientes. Es posible que Estaban haya citado Exodo 1: 8.

19 **Este rey, usando de astucia con nuestro pueblo** — "Katasofizo-mai", que se traduce "astucia", también significa "ser sabio, astuto, listo, hacerla de sofista"; pero en el Nuevo Testamento se usa en el sentido de

"hacer fraude, trampa o engaño". Una de esas artimañas fue ordenar que se diera muerte a los niños varones de los hijos de Israel, para de esa forma evitar que se siguieran multiplicando. Parece que Faraón, además de ordenar que los recién nacidos fueran arrojados al río Nilo, maltrataba tanto a los hebreos, que muchas veces abandonaban también a las niñas para evitar que vivieran sólo para venir a conocer tanto sufrimiento y crueldad. El plan del rey egipcio era impedir que el pueblo de Israel siguiera creciendo y cobrando más fuerza y presencia. Ordenó que los padres hebreos abandonaran a sus niños para que murieran (Ex. 2: 2, 3). Faraón temía que los israelitas se multiplicaran tan rápido y lograran tanta fuerza que después se rebelaran contra el rey de Egipto.

20 **En aquel tiempo nació Moisés** — Amram, de la tribu de Leví y la familia de Coat, tomó por mujer a Joquebed y engendró por lo menos dos hijos, Miriam y Aarán, antes de que naciera Moisés. No está claro si los dos primeros hijos nacieron antes del decreto del rey; pero Moisés sí nació cuando estaba en vigor la orden del rey, pero su madre Joquebed se negó a obedecer el decreto del rey, escondiendo al niño por tres meses, porque era "de hermoso parecer".

21 **Pero siendo expuesto a la muerte** — Joquebed no pudo esconder en su casa al niño por más de tres meses, pero hizo preparativos para que fuera encontrado por la hija de Faraón, abrigando la esperanza que ella tuviera compasión del niño y le conservase la vida. Y así sucedió, la hija del rey encontró al niño en el río, lo recogió y lo crió como a hijo suyo. Recordemos que a Esteban lo habían acusado de blasfemar contra Moisés, pero él elocuentemente refuta esa falsedad al narrar con reverencia la historia de Moisés. Así demuestra que Dios estuvo presente en todo esto, probando también que el cuidado providencial de Dios intervendría una vez más, como en el pasado, para superar todos los obstáculos y hacer que avanzara su reino.

22 **Y fue instruido Moisés en toda la sabiduría** — Moisés era "poderoso en sus palabras y obras", descripción que se refiere a la última parte de su vida, porque al principio Moisés mismo dijo a Jehová: "¡Ay, Señor!, nunca he sido hombre de fácil palabra . . . porque soy tardo en el habla y torpe de lengua" (Ex. 4: 10). La casta sacerdotal egipcia tenía fama por su conocimiento de las ciencias, la astronomía, la medicina y las matemáticas (1 Reyes 4: 30). De Jesús se dice que era "un profeta poderoso en obra y en palabra delante de Dios y de todo el pueblo" (Lucas 24: 19). Jesús era profeta como Moisés (Hechos 3: 22).

23 **Cuando cumplió la edad de cuarenta años** — Para este tiempo Moisés tenía cuarenta años; mientras que Exodo 2: 11 dice que "crecido ya Moisés"; y en Hebreos 11: 24 leemos que "Moisés, hecho ya grande".

Para los judíos esto significaba cuarenta años que Moisés vivió como hijo de la hija de Faraón; luego vivió otros cuarenta años en Madián; además de otros cuarenta años en el desierto, de modo que su edad fue de ciento veinte años. "Le vino (al corazón) el deseo de visitar a sus hermanos" cuando tenía cuarenta años de edad. No se nos dice cómo es que le vino el deseo de librar a sus hermanos hebreos de la esclavitud egipcia.

**24, 25 Y al ver a uno que era tratado injustamente** — Cuando visitaba a sus hermanos hebreos en la tierra de Gosén, Moisés vio a un egipcio, presuntamente un capataz, golpear a uno de los israelitas. Moisés se indignó tanto que mató al egipcio y enterró su cuerpo en la arena (Ex. 2: 12). Es posible que no haya tenido la intención de dar muerte al egipcio, pero ya que "se le había pasado la mano", y creyendo que nadie lo había visto, escondió su cuerpo en la arena. Al día siguiente salió y vio a dos hebreos que reñían; entonces dijo al que maltrataba al otro: ¿Por qué golpeas a tu prójimo?" (Exodo 2: 13). Y él pensaba que sus hermanos comprenderían que Dios les estaba dando libertad por mano suya. Pero los hebreos no comprendían sus intenciones para este tiempo y en Exodo tampoco se nos dice nada acerca de sus propósitos. Dios planeaba librar a los hebreos mediante Moisés, pero el caudillo aún no estaba lista para tomar su lugar como libertador; y la violencia no era tampoco la forma que Dios usaría para sacarlos de Egipto.

**26 Y al día siguiente se presentó a unos de ellos que reñían** — Aquí Moisés trató de poner paz entre dos de sus hermanos, pero ellos no entendieron sus intenciones: Esteban sabía que los miembros del sanedrín conocían su historia. Siendo de su misma raza y estando los dos en la misma opresión, no era correcto que estuvieran peleando entre ellos. Algunos creen que los consejos de Moisés tenían el propósito de que los hebreos conservaran sus energías y las unieran para luchar contra el enemigo común.

**27, 28 Entonces el que maltrataba a su prójimo** — El que estaba actuando mal resintió la corrección y recordó a Moisés lo que él había hecho con el egipcio. Esto se encuentra en Exodo 2: 14. No parece que Moisés haya asumido autoridad sobre ellos; y no hay razón para que no lo hayan comprendido o simpatizado con sus planteamientos. Pero Moisés se dio cuenta que de alguna manera se sabía lo que él había hecho con el egipcio y que sus hermanos hebreos no estaban dispuestos a aceptarlo como su libertador.

**29 Al oír esta palabra Moisés huyó** — Cuando Faraón supo lo que Moisés había hecho, procuró matarlo (Ex. 2: 15) y el patriarca vivió como extranjero en tierra de Madián. "Madián" era el nombre de uno de los hijos que Cetura le dio a Abraham (Gn. 25: 2). Sus descendientes ocuparon la región que se extendía desde las riberas orientales del Golfo de Akabah hasta las fronteras de Moab, por un lado, y hasta las cercanías de Sinaí, al otro lado. Aquí se casó con Siporá, hija de Jetro, sacerdote de Madián (Ex. 2: 16-22). Siporá le dio dos hijos mientras vivían en Madián.

30 **Pasados cuarenta años** — Moisés habitó en Madián y la región alrededor del Monte Sinaí cuarenta años. Habitaba en Madián cuando un ángel se le apareció y lo llamó "en la llama de fuego de una zarza". Esto coincide con la afirmación de Exodo 7: 7, de que Moisés tenía ochenta años cuando se presentó ante Faraón, y ciento veinte años cuando murió (Dt. 29: 5; 31: 2; 34: 7). El ángel apareció a Moisés al término de los cuarenta años que vivió en Madián.

31, 32 **Entonces Moisés, mirando** — Una llama de fuego en un arbusto no causaría tanto asombro; pero si la llama seguía ardiendo sin que la zarza se consumiera, algo raro habría que llamaría la atención (Ex. 3: 2). Moisés se acercó a la zarza para buscar una explicación a este fenómeno. Al acercarse, escuchó una voz que decía: "Yo soy el Dios de tus padres, el Dios de Abraham, el Dios de Isaac, y el Dios de Jacob". Fue así como Dios llamó a Moisés y éste empieza a conocer más a Jehová. Al oír la voz Moisés "temblando, no se atrevía a mirar". Infundía temor la presencia de Dios. Al ángel aquí se le llama Jehová mismo; pero se trataba de un mensajero de Jehová.

33 **Y le dijo el Señor:** — Jehová ordenó a Moisés que quitara las sandalias de los pies, porque "el lugar en que estás es tierra santa". Jehová estaba representado por el ángel y la zarza ardiendo. Moisés estaba en la presencia de Dios; y por lo tanto, debía quitarse el calzado. Quitarse el calzado, que generalmente eran sandalias, era considerado un acto de reverencia; esta costumbre todavía tiene el mismo significado en los países orientales. En Occidente nos quitamos el sombrero como señal de respeto o de saludo reverente. En aquellos tiempos la costumbre era quitarse las sandalias.

34 **Ciertamente he visto la aflicción de mi pueblo** — Esto es lo que Jehová le dijo a Moisés cuando él estaba en acto reverente ante su presencia (Ex. 3: 7). Dios había visto el maltrato extremo que sufría su pueblo de mano de los egipcios. Ese sufrimiento había profetizado por Jehová (Génesis 17; Nehemías 9: 9; Salmo 106: 44, 45; Isaías 63: 7-14). A Moisés se le instruye como caudillo para librar a Israel de la esclavitud egipcia. En toda esta historia que está relatando, Esteban da honra a Moisés.

35 **A este Moisés, a quien habían rechazado, diciendo:** — Aquí Esteban enfatiza que el mismo Moisés que había sido rechazado cuarenta años antes, ahora tiene la orden divina de regresar a Egipto y librar a

Israel de la esclavitud. Muchos creen que la primera vez Moisés aún no había recibido la comisión y misión de librar a Israel. El concilio debe haber reconocido el paralelo que sugieren las palabras de Esteban: sus antepasados habían rechazado a Moisés, pero Dios lo envió de todas maneras. De igual forma los judíos del tiempo de Esteban rechazaron a Jesús, pero Dios lo envió para que los libertara. A Moisés se le llama "gobernante y libertador". Existe un paralelo exacto entre Moisés y Cristo que el sanedrín debe entender; también deben darse cuenta que ellos estaban haciendo con Cristo y sus discípulos lo mismo que sus antepasados hicieron con Moisés. Moisés era gobernante, libertador, legislador, y profeta; Cristo era eso y mucho más para su pueblo, pero aún así lo rechazaron. Moisés fue animado y apoyado por el ángel que representaba la presencia de Dios.

36 **Este los sacó, habiendo hecho prodigios** — Moisés y Aarán hicieron milagros delante de Faraón; y las diez plagas que vinieron sobre el pueblo egipcio fueron algunos de los "prodigios y señales" que Moisés realizó en Egipto. Pero no todas estas señales y prodigios fueron efectuados en Egipto; algunos prodigios acontecieron en el Mar Rojo y en el desierto por cuarenta años. Aunque había sido rechazado, Moisés libertó a los afligidos israelitas; y de igual manera Jesús hizo muchos "prodigios y señales" entre el pueblo, pero la gente lo rechazó y crucificó. Nuevamente deben notar la insinuación en la narración de la historia que presenta Esteban.

37 **Este es el Moisés que** — Después de narrar la historia de Moisés hasta este punto, Esteban ahora recuerda al concilio que ese mismo Moisés dijo: "El Señor vuestro Dios os suscitará un profeta como yo de entre vuestros hermanos". Esa misma profecía había sido citada por Pedro (Hch. 3: 22, 23) en el templo y la aplicó a Cristo. El sanedrín debe haber estado acostumbrado a escuchar que esta profecía fuera aplicada a Cristo. Esteban les trae a la memoria que Moisés predijo que en tiempo futuro Dios levantaría a otro gran profeta como él. Esteban usa la frase "este Moisés" cinco veces en su discurso (versos 35, 36, 37, 38, 40). El propósito de Esteban es mostrar que "este mismo Moisés" a quien él había descrito con respeto y honra, fue quien predijo la venida del Mesías como un profeta así como él; y en Jesús de Nazaret tuvo cumplimiento esa profecía. Por lo tanto, Esteban es leal a Moisés, mientras que el concilio se opone al profeta; además, en abierta rebelión contra Moisés, lo estaban acusando falsamente.

38 **Este es aquel Moisés que estuvo en la congregación en el desierto** — Esta profecía se encuentra en el Salmo 22: 22 donde se usa la palabra "congregación", lo mismo que en Hebreos 2: 12. En el discurso

de Esteban puede traducirse "congregación o iglesia", ya que es la misma palabra griega "ekklesía"; en este caso "congregación" es la traducción más apropiada. Aquí se dice que Moisés recibió la ley de parte de un ángel, como en Hebreos 2: 2 y Gálatas 3: 19; de modo que vino a ser mediador entre el ángel y el pueblo; pero Jesús es mediador de un mejor pacto (He. 8: 6). En Exodo no se habla de un ángel, sino que Moisés recibió la ley de Jehová. "Palabras de vida" quiere decir "oráculos que dan vida, palabras vivientes" (Ro. 3: 2; He. 5: 12; 1 P. 4: 11). Moisés estaba con el ángel y con la congregación en el Monte Sinaí donde fue entregada la ley "viva", o "las palabras u oráculos de vida".

39, 40 **al cual nuestros padres no quisieron obedecer** — En esa ocasión, en tanto que Moisés estaba en el monte por cuarenta días, el pueblo pidió a Aarón que les hicieran un becerro de oro para adorarlo, pues decían no saber lo que le había acontecido a Moisés. De nuevo vemos un contraste entre la forma en que Israel trató a Moisés y la honra que Dios le dio. Israel rechazó a Moisés como libertador y quería regresar a la esclavitud de Egipto. Reconocieron que él los había sacado de Egipto, pero le desecharon y "en sus corazones volvieron a Egipto". No regresaron físicamente a Egipto, pero en sus corazones sí, cuando se entregaron a la idolatría al pedir que Aarón les hiciera otros "dioses" (Ex. 16: 3; 17: 3; Nm. 14: 4; Ez. 20: 8). La columna de nube y de fuego iba delante de los israelitas como símbolo de la presencia de Dios y para su protección de la intemperie (Ex. 13: 21, 22; Nm. 10: 34, 36; Ne. 9: 12). Pero ellos querían una representación simbólica de Jehová que estimulara más sus corazones sensuales, por la tan arraigada costumbre de adorar imágenes en Egipto. Con sus palabras menospreciaron a Moisés. No sabían lo que le había pasado a Moisés y quizá tampoco les importaba saberlo.

41 **Entonces hicieron un becerro de oro** — Este versículo describe su adoración idolátrica. Aarón hizo el becerro con la ayuda del pueblo (Ex. 32: 3, 35). Esteban lo llama "ídolo". El pueblo decía que era su manera de adorar a Jehová. Se cree que hicieron un becerro de oro porque estaban acostumbrados a ver a los egipcios adorar al toro Apis en Menfis, como símbolo de Osiris, el sol. En Heliópolis los egipcios tenían otro toro sagrado, Mnevis. Los israelitas "se regocijaron en las obras de sus manos", es decir, en el becerro de oro que habían hecho, como si fuera al mismo Jehová que estaban adorando. ¡Tan absurda y necia es la idolatría! (Isaías 44: 9-20).

42, 43 **Y Dios se apartó, y los entregó** — Los israelitas abandonaron a Dios, quien los entregó a sus prácticas idolátricas, tras haberles rogado y advertido pacientemente por tanto tiempo. "Los entregó", del original "paredoken", y en esta forma aparece tres veces como terrones sobre un ataúd en Romanos 1: 24, 26, y 28, donde dice que Dios entregó a los paganos a sus propias concupiscencias. Adoraron al ejército del cielo (Dt. 17: 3; 2 R. 17: 16; 21: 3; 2 Cro. 33: 3, 5; Jer. 8: 2; 19: 13), es decir, el sol, la lunas y las estrellas. "¿Acaso me ofrecisteis . . . ?" es una pregunta citada de Amós 5: 25-27. La aplicación de Esteban tiene el propósito de que el sanedrín entienda la maldad extrema del pueblo que obligó a Dios a abandonarlos a la idolatría de sus corazones. "Tabernáculo de Moloc" es el lugar donde se adoraba a Moloc, el dios de los amorreos, sobre cuyos brazos candentes ofrecían a los niños como sacrificios vivos. La imagen tenía cabeza de buey con brazos extendidos, donde colocaban a los niños; y debajo encendían fuego para que consumiera "la ofrenda". "La estrella de vuestro dios Renfán" se supone que es la estrella Saturno, que adoraban los egipcios y otros pueblos. Israel se apartó de Jehová y se volvió a los ídolos. Por estos pecados los israelitas iban a ser llevados cautivos más allá de Babilonia, o como dicen algunas versiones, "más allá de Damasco"; pero esta última expresión, en la mente judía significaba Babilonia.

**44 Tuvieron nuestros padres el tabernáculo del testimonio en el desierto** — "El tabernáculo del testimonio" se refiere al tabernáculo en el desierto (Ex. 25: 22; 38: 21). Los Diez Mandamientos eran guardados en el arca del pacto, y ésta era mantenida en el lugar santísimo. Parece que Esteban cambia su enfoque de la conducta de Israel a su otro argumento de que Dios no necesariamente es adorado en un solo lugar. Moisés había sido llamado al monte, se le había dado el patrón para el tabernáculo y aun se le había advertido: "Mira, haz todas las cosas conforme al modelo que se te ha mostrado en el monte" (Hebreos 8: 5). Así que, el lugar de adoración era el tabernáculo, pero el lugar de adoración cambiaba conforme el tabernáculo fuera movido de sitio. Esteban está preparándose para mostrar que los judíos de su tiempo habían cambiado las costumbres religiosas establecidas por Moisés mismo.

45, 46, **A su vez, habiéndolo recibido, nuestros padres** — El tabernáculo y todo su mobiliario fue construido en el desierto, y al morir Moisés, tras sus peregrinaciones de cuarenta años por el desierto, Josué vino a ser el caudillo que dirigió a los israelitas por el río Jordán y hasta la tierra prometida. El tabernáculo fue transportado al cruzar el Jordán y fue usado en Canaán por mucho tiempo. Lo siguieron usando hasta los días de David, quien preparó todo para una casa de adoración permanente, pero al rey no se le permitió edificar el templo.

**47 Mas fue Salomón quien le edificó casa** — David encontró favor con Jehová, habiendo sido seleccionado para sentarse en el trono como rey de todo Israel. Dios estableció el reinado de David (1 Samuel 13: 14; Salmo 89: 20-37); pero no le concedió que edificara el templo (2 Samuel 7: 2). Ese privilegio fue dado a su hijo Salomón, pero lo hizo con el material que David había coleccionado y conforme al modelo que su padre le dejó. El tabernáculo fue usado hasta que el templo fue construido.

**48-50 Si bien el Altísimo no habita en templos hechos a mano** — Pese a que Salomón edificó una hermosa casa de adoración, nunca dio a entender que pensaba que a Jehová lo podían encerrar en las cuatro paredes del templo. El no "habita en templos hechos a mano", fueron las palabras de Salomón cuando el templo fue dedicado (1 Reyes 8: 26, 27, 43; 2 Crónicas 6: 18, 39). Aquí Esteban cita de Isaías 66: 1, 2, donde se enfatiza que Jehová no puede ser limitado a un edificio material, ya que su trono está en los cielos y la tierra es el estrado de sus pies. Por lo tanto, no hay casa o templo suficientemente grande como para contenerlo. Ningún templo es tan grande y magnífico que pueda dar cabida al Dios que creó el universo. El argumento parece ser que si el universo que Dios creó no lo puede contener, cuanto menos este templo que fue hecho por manos humanas. Eso es lo que dijo Salomón cuando oró en la ceremonia de dedicación del templo (2 Cro. 6: 18).

**51 ¡Duros de cerviz, e incircuncisos de corazón y de oídos!** — Se cree que Esteban fue interrumpido en este instante, con lo que se explica el cambio en el tono de su discurso. "Duros de cerviz", de "sklerotracheloi", palabra compuesta que quiere decir "duros de cuello", tanto que no inclinarían la cabeza para adorar a Jehová; en otras palabras, eran "tercos, testarudos". "Incircuncisos de corazón y de oídos" significa que no estaban dispuestos a obedecer en sus corazones; y tampoco escuchaban con sus oídos. La circuncisión era señal de sujeción a Dios, por lo que, "incircuncisos de corazón" quería decir que los judíos no estaban dispuestos a someterse a Dios de todo corazón, y por lo tanto, no eran el pueblo de Dios. "Siempre resistís al Espíritu Santo"; ellos estaban resistiendo al Espíritu Santo al rechazar las palabras que el Espíritu Santo estaba hablando a través de Esteban. "Resistís", del griego "antiptete", que significa "oponerse, actuar contra". Este es el único lugar en que se usa en el Nuevo Testamento, aunque es una cita del Antiguo Testamento (Nm. 27: 14). Entonces, el concilio se había declarado contra el Espíritu Santo como se ataca a un enemigo. Esteban ha terminado su argumento histórico y ahora hace una aplicación.

**52, 53 ¿A cuál de los profetas no persiguieron vuestros padres?**
— Aquí se sobreentiende que ellos habían perseguido a todos los profetas, y que todavía seguían persiguiendo a los discípulos de Jesús. Ellos tenían el mismo espíritu de sus padres que perseguían a los profetas. Simple y llanamente los acusa de poseer el mismo espíritu maligno que tenían sus antepasados cuando persiguieron y "mataron a los que anunciaron de antemano la venida del Justo". Los profetas que predijeron la venida de Cristo fueron perseguidos y muertos; y cuando vino el Justo en cumplimiento de esas profecías, siguieron actuando con el mismo espíritu de persecución y le quitaron la vida. Para ser más específico en sus aplicaciones, Esteban ahora les dice: "de quien vosotros ahora habéis sido traidores y asesinos". Esta era una acusación atrevida contra el concilio y todos sus simpatizantes. Es una denuncia demasiado seria como para ser ignorada por el sanedrín. Esteban también los acusa de haber recibido "la ley por disposición de ángeles, y no la guardasteis". Esto se refiere a la ley de Moisés, a quien, según la falsa acusación del concilio, Estaban había blasfemado. Lo cierto es que el concilio era el que estaba blasfemando contra Moisés y contra la ley por perseguir a los discípulos de Cristo. Antes de que el concilio juzgue a Esteban, el varón de Dios acusa y juzga al sanedrín. Hay cuatro pensamientos que resaltan en el discurso de Esteban, cuatro argumentos que ha presentado antes de concluir su discurso. El primer pensamiento es que el trato de Dios con su pueblo progresaba continuamente; el fin no se logró de un solo brinco, sino por un desarrollo gradual. Prueba de ello es la referencia a Abraham, a quien fue prometida la tierra, la cual no pisó sino años después de que fuera llamado; y fue años después que recibió el pacto de la circuncisión. El segundo pensamiento es que el templo no es exclusivamente santo; y Esteban lo expresa tan claro que no había excusa para que su audiencia no lo entendiera. Dios había aparecido a Abraham en una tierra de paganos, en Mesopotamia; José desarrolló su gloriosa carrera en Egipto; Jacob, a causa del hambre, tuvo que trasladarse a Egipto. Fue en otra tierra pagana que Moisés encontró a Jehová. En Egipto, el Mar Rojo y el desierto se obraron toda clase de señales y prodigios. La ley fue entregada en el Monte Sinaí, otra tierra extranjera. El tercer pensamiento es la paciencia de Dios y su misericordia, pese a que su pueblo se había entregado a la idolatría. José fue maltratado por sus hermanos; y el rechazo de José es un paralelo del rechazo de Jesús por parte de los judíos. Se rebelaron contra Moisés, y de igual manera se rebelaron contra Cristo, quien era el Mesías conforme a las profecías. El cuarto punto es que demostró la falsedad de su acusación contra él, y Esteban lo hizo citando copiosamente a Moisés y los profetas. En un estallido de emoción

expresa palabras emotivas y acusa al concilio y la raza judía de continuar cometiendo crímenes, de asesinar al "Justo" y de desobedecer la ley entregada por ángeles.

## 3. LA MUERTE DE ESTEBAN
### 7: 54 - 8: 2

**54 Oyendo estas cosas, se sentían heridos en lo más vivo** — "Estas cosas" se refiere a todo lo que Esteban acababa de decir en su defensa y especialmente a lo que dijo en los versículos 51-53. "Se sentían heridos en el corazón", literalmente "aserrados" como en Hechos 5: 33. No se compungieron por sus pecados, sino que endurecieron sus corazones y se apartaron de la verdad. Este es el efecto que tuvo en ellos el discurso de Esteban: con su caso los judíos tuvieron la ocasión para endurecer sus corazones. "Rechinaban los dientes contra él" es una manifestación de su locura  e ira extrema, expresada con la furia de un animal bruto. El discurso de Esteban tuvo el mismo efecto sobre el sanedrín que el de Pedro sobre los saduceos. Esteban había lanzado una saeta, un serrucho que partió los corazones de los fariseos, quienes se le lanzaron con gran ruido, rechinando los dientes como una manada de lobos hambrientos. Nadie podría pintar un retrato más horrible de un grupo de personas religiosas, pero enloquecidas por el error y la terquedad, que el que Lucas nos describe aquí.

**55 Pero Esteban, lleno del Espíritu Santo** — Hay un gran contraste entre la actitud de Esteban y la de los miembros del sanedrín. De nuevo se dice que Esteban estaba "lleno del Espíritu Santo", de modo que lo que hizo y dijo fue por aprobación y dirección divinas. Esteban "puso los ojos en el cielo", volviendo su rostro hacia arriba para no ver la horrible expresión del rostro de aquellos líderes enloquecidos. Entonces "vio la gloria de Dios", una visión de Dios en toda su gloria. También vio "a Jesús que estaba de pie a la diestra de Dios", como si Jesús se hubiera levantado para animar a Esteban por defender su causa. Esta es la única referencia que se hace a Jesús "de pie" después de su ascensión al cielo. Usualmente a Jesús se le describe "sentado" en la majestuosidad y soberanía de su gloria. Nadie, salvo Esteban, vio esta visión, y no es necesario especular más.

**56 He aquí, veo los cielos abiertos** — Esteban describió su visión a la gente enfurecida. Algunos creen que Esteban se refería a las palabras de Jesús en Mateo 26: 64. Aquí se refiere a Jesús como el "Hijo del Hombre", título que Cristo mismo se aplicó a sí mismo  frecuentemente, y que nadie más aparte de Esteban se lo aplicó. Tal visión debe haber consolado a Esteban, dándole la fuerza y mansedumbre que necesitaba para recibir la muerte a pedradas.

**57, 58 Entonces ellos, gritando a grandes voces** — El sanedrín se sintió más irritado, porque además de la acusación que Esteban les hizo de que habían asesinado a Jesús, ahora les dice que ve a Jesús en toda su gloria y exaltación. Era una proclamación insultante de la resurrección, que los saduceos negaban; pero para Esteban y los discípulos era reconfortante que el Cristo crucificado fuera igual a Dios. Para el concilio esta declaración de Esteban debe haber sido uno de las mejores ejemplos de blasfemia, pronunciada en la misma presencia del sanedrín, por lo que "gritando a grandes voces, se taparon los oídos y arremetieron a una contra él". La palabra para "taparon" literalmente quiere decir que se taparon los oídos con las manos, como para ya no seguir escuchando tales palabras blasfemas. No hubo juicio, ni votación, y nadie preguntó lo que era correcto hacer; a una arremetieron contra él, como el hato de cerdos poseídos por los demonios (Lucas 8: 33). Lo sacaron de la ciudad con toda violencia y lo apedrearon. Pero eso sí, tuvieron mucho cuidado de observar escrupulosamente los detalles para ejecutar a los blasfemos (Lv. 24: 10-16; Nm. 15: 35, 36; 1 R. 21: 13; He. 13: 12). Los "testigios" pusieron sus mantos a los pies de un joven llamado Saulo; esta es la primera vez que se menciona a quien después llegó a ser el apóstol Pablo. Los testigos eran los que lanzaban la primera piedra (Dt. 17: 7; Jn. 8: 7). Se quitaban el manto o sobretodo para que sus manos estuvieran libres para lanzar las piedras.

**59 Y apedreaban a Esteban** — Mientras lo apedreaban, Esteban oraba, sus falsos testigos se quitaron los mantos y Saulo se los cuidaba en tanto que le daban las primeras pedradas (Dt. 17: 7). Mucho se ha discutido si el sanedrín sentenció a Esteban o no; algunos dicen que no hubo decisión o sentencia, que simplemente el sanedrín y los demás se enfurecieron contra Esteban y arremetieron contra él, lo sacaron de la ciudad y lo apedrearon hasta la muerte sin un juicio o decisión formal. Para otros, sin embargo, se hizo una decisión rápida y con igual premura se cumplió el veredicto. Hay otra dificultad: que los judíos no podían ejecutar a nadie, aunque emitieran la sentencia judicial de la pena de muerte (Juan 18: 31). Podían dar la sentencia de muerte (Mateo 26: 66; Marcos 14: 64), y tenían la misma culpa como si llevaran a cabo la ejecución. Esteban dirigió su oración a Jesús, invocándole que recibiera su espíritu. La oración a Jesús es lo mismo que invocar el nombre del Señor (Hechos 9: 21; 22: 16; 1 Corintios 1: 2). Jesús había prometido a sus discípulos que él prepararía mansiones de descanso para ellos (Juan

14: 2). También había hablado de "mansiones eternas", o "tabernáculos eternos" (Lucas 16: 9). Esteban siguió el ejemplo de Jesús, quien al expirar dijo: "Padre, en tus manos encomiendo mi espíritu. Y habiendo dicho esto, expiró" (Lucas 23: 46).

60 **Y puesto de rodillas, clamó a gran voz:** — La oración de Esteban es parecida a la del Señor (Lucas 23: 34) "Padre, perdónalos, porque no saben lo que hacen" (Lucas 23: 34). El espíritu de Cristo es perdonador, nos ayuda a amar a nuestros enemigos y bendecir a los que nos maldicen; y a orar por los que nos menosprecian y abusan (Mt. 5: 44). En medio de la lluvia de piedras, Esteban se arrodilló para orar. Los últimos momentos de su existencia los dedicó a la oración. "Y habiendo dicho esto, se durmió". "Ekoimeze", que se usa para denotar "poner a dormir" proviene la palabra inglesa para "cementerio", con el significado de "el lugar donde duermen los muertos". Esta es una explicación apropiada para la muerte de los santos. Jesús usó la palabra "dormir" como sinónimo de "muerte" (Mt. 9: 24; Mr. 5: 39; Jn. 11: 11, 12). También Pablo usó la misma expresión para referirse a la muerte (1 Co. 15: 18, 51; 1 Tes. .4: 13, 14).

1 **Y Saulo estaba de acuerdo con ellos en su muerte** — "Saulo", posteriormente el apóstol Pablo, estuvo presente en la ejecución de Esteban y cuidó las ropas de los que apedrearon a Esteban. Saulo no sólo "consentía" en su muerte", sino que también la aprobaba, y se complacía en ello, de acuerdo al original griego, como él mismo lo confesó más delante (Hechos 22: 10). Saulo animó a los que asesinaron al primer mártir cristiano (Romanos 1: 32). Saulo no se escondía, sino que más bien quería que se supiera que él había participado en ese asunto. La primera vez que vemos a Saulo es participando en la muerte del primer mártir del cristianismo, y para entonces se le describe como "un joven" (Hechos 7: 58), que podría interpretarse como treinta o cuarenta años, ya que en ese tiempo estas expresiones de edad se usaban con menos exactitud que ahora. En su carta a Filemón (verso 9) Pablo se autodenomina "anciano", y la epístola fue escrita entre los años 62 y 64 D. de J.C. Generalmente se cree que el martirio de Esteban ocurrió en el año 34 o 35 D. de J.C. Si Pablo tenía entre sesenta y setenta años cuando escribió a Filemón, su edad debe haber sido entre treinta y cuarenta años cuando Esteban fue asesinado.

**En aquel día se desató una gran persecución** — Esta es la primera de una serie de olas de persecución que sacudió a la iglesia primitiva. Con la ejecución se Esteban se inició la primera persecución violenta de la iglesia y la muerte de Esteban fue como la primera "probadita" de sangre para aquellas bestias salvajes. "Y todos fueron esparcidos". Aquí "todos" se usa en el sentido general, es decir, que en lenguaje común "muchos" fueron esparcidos por las regiones de Judea y Samaria. En ese tiempo Samaria era la división intermedia de Palestina y estaba situada justo al norte de Judea; colindaba con Judea al sur y Galilea al norte. "Excepto los apóstoles", es decir, todos fueron esparcidos, excepto los apóstoles que se quedaron con un pequeño remanente de la iglesia en Jerusalén. No se nos dice porqué razón los apóstoles se quedaron en Jerusalén esta vez; pero eran guiados por el Espíritu Santo y Dios tenía algún propósito.

**2 Y unos hombres piadosos llevaron a enterrar a Esteban** — "Piadosos o devotos" se traduce del griego "eulabeis" y se encuentra sólo cuatro veces en el Nuevo Testamento (Lucas 2: 25; Hechos 2: 5; 8: 2; 22: 12). La forma usada en Hechos 10:2 es "eusebes". No se sabe si estos varones piadosos o devotos que sepultaron a Esteban, eran cristianos o no. Algunos creen que eran judíos que simpatizaban con el cristianismo. No obstante, para otros se trataba de cristianos, porque "hicieron gran duelo por él". "Duelo" o "lamentación" se traduce del griego "kopeton", y significa literalmente "darse golpes en el pecho". Esta es la única ocasión en que este vocablo se usa en el Nuevo Testamento. Fue un honor y tributo para Esteban; había personas que lamentaron mucho su muerte y de buena voluntad dieron testimonio de lo que valía.

## 4. LOS DISCIPULOS SON ESPARCIDOS
### 8: 3, 4

**3 Y Saulo asolaba la iglesia** — Los primeros siete capítulos de Hechos dan la historia del origen o comienzo de la iglesia y su desarrollo en Jerusalén. Hasta aquí todos los sucesos narrados ocurrieron en la ciudad de Jerusalén. Parece que durante sus primeros tres o cinco años la iglesia se quedó limitada en Jerusalén, pero después del martirio de Esteban, el espíritu de persecución, que tantas veces antes había tratado de silenciar a los apóstoles, ahora estaba más decidido y activo. Fue tanta su influencia, que gran número de cristianos fueron inducidos a abandonar la ciudad e irse a vivir aun más allá de su nación (Hechos 11: 19). La persecución que surgió con el propósito de aplastar la creciente causa del evangelio, fue intervenida por Dios para que se convirtiera en una oportunidad para su rápido crecimiento. Los seguidores de Cristo, dondequiera que iban, predicaban el evangelio, y grandes multitudes se convertían a Cristo. De aquí en delante la historia nos lleva a regiones más allá de Jerusalén. Saulo era un caudillo en la persecución. No se conformaba con perseguir a los cristianos públicamente, sino que también, "entrando casa por casa, arrastraba a hombres y mujeres, y los entregaba en la cárcel". Como lo dijera él mismo, fue autorizado por los principales sacerdotes para perseguir a los cristianos (Hechos 20: 10).

4 **Pero los que fueron esparcidos** — Es probable que esto haya sucedido en el año 37 D. de J.C., el año en que falleció Tiberio y le sucedió Calígula. Por un tiempo no hubo gobernador romano en Judea y los judíos hacían lo que querían. Por eso es que los opositores del cristianismo podían entrar a las casas y arrastraban a hombres y mujeres para echarlos en las sucias cárceles, para después presentarlos a los ancianos en las sinagogas. Allí trataban de obligarlos a negar a Jesús y algunos de los que no lo hacían eran muertos (Hechos 22: 4; 26: 10); otros eran castigados (Hechos 26: 11); y muchos eran injuriados (1 Timoteo 1: 13). "Los que fueron esparcidos iban por todas partes anunciando la palabra". Viajaron por todas partes y por todas las regiones, aun más allá del territorio judío; algunos fueron a dar hasta Fenicia, la isla de Chipre y Antioquía de Siria (Hechos 11: 19). Al alejarse del territorio judío tendrían menos peligro de ser alcanzados por la hostilidad de los principales sacerdotes, y había la esperanza de que tuvieran más seguridad. Posiblemente algunos se hayan ido hasta Roma, ya que Andrónico y Junias eran discípulos antes de la conversión de Pablo (Romanos 16: 7). "Predicando la palabra", del griego "euangelizo-menoi ton logon", y quiere decir "evangelizando", "anunciando las Buenas Nuevas de la Palabra". Todos los que fueron esparcidos se convirtieron en predicadores emergentes, motivados a actuar por el celo del Señor. Visitaban el campo, los pueblos, las aldeas, y aun entraban en las casas de las gentes que se los permitían, y les hablaban de Jesús, el Salvador del mundo. Este es otro ejemplo de la ley divina de la providencia que interviene para cambiar lo que al principio es un obstáculo, amenaza o desastre, en una oportunidad de avance.


## 5. FELIPE EN SAMARIA
### 8: 5-8

**5 Entonces Felipe, descendiendo a la ciudad de Samaria** — Este Felipe es uno de los siete que fueron seleccionados en Jerusalén para atender a las viudas greco-judías en la distribución diaria (Hch. 6: 5). Después se le llamó "Felipe el evangelista" (Hch. 21: 8). No se trata de Felipe el apóstol, porque los doce apóstoles todavía estaban en Jerusalén. En Hechos 8: 14 se menciona a los apóstoles. A Felipe el apóstol no se le vuelve a mencionar en el Nuevo Testamento. "La ciudad de Samaria" estaba localizada en el país del mismo nombre. Dicha ciudad fue construida por Omri, rey de Israel (1 Reyes 16: 24) y vino a ser la capital del reino del norte, que comprendía diez tribus. Varias veces fue destruida y reconstruida. Literalmente dice que Felipe "descendió" a Samaria, porque Jerusalén estaba situada en una elevación mayor que Samaria. "Les predicaba a Cristo". Les enseñaba que Jesús era el Mesías, el Hijo de Dios y Salvador del mundo. Los samaritanos de ascendencia semi-pagana aceptaban y profesaban un judaísmo adulterado; esperaban al Mesías que iba a reconstruir el templo en el monte Gerizín, y que restauraría la ley de Moisés en todas partes (Juan 4: 25). Este es el primer ejemplo de la expansión mencionada en el verso 4. "Las cosas que decía Felipe", "decía" o "proclamaba" se traduce de "ekerussen", que significa "predicar y seguir predicando constantemente". Es diferente de "euangeli-zomenoi" del verso 4, donde se propagaban las buenas nuevas. Procamar a Cristo equivale a predicar el evangelio. Cristo había mencionado expresamente a Samaria como una de las regiones donde sus discípulos testificarían de él (Hechos 1: 8).

6 **Y la gente, unánime, escuchaba atentamente** — "Escuchaba", de "proseichon", que significa que "la gente puso toda su mente y atención a lo que Felipe predicaba", como si estuvieran hechizados, pero sin estarlo. Toda la multitud unida escuchaba muy atentamente la predicación de Felipe y se asombraba de las señales que hacía. Grandes grupos de personas rodeaban a Felipe y le escuchaban con deseo de aprender; el Espíritu Santo reforzaba la predicación con "señales" o milagros. Estos milagros eran las señales de que el mensaje de Felipe venía de Dios. Los prodigios eran tantos y tan grandes, que no dejaban dudas en las mentes de los que los veían.

7, 8 **Porque de muchos que tenían espíritus inmundos** — Los milagros que se realizaban eran tales que no podía haber dudas de que eran obra de Dios. Los "espíritus inmundos salían, dando grandes voces", lo que tendía a atraer la atención de las multitudes. Posiblemente las voces de los espíritus expulsados reconocían que Jesús era el Mesías (Marcos 3: 11; Lucas 4: 41), aunque bien podrían haber sido alaridos sin sentido o gritos de enojo. Hay que notar que en este pasaje se hace una gran distinción entre la posesión demoníaca y las enfermedades, porque "muchos paralíticos y cojos eran sanados". En la clasificación general de "paralíticos" se incluían varias enfermedades: a veces se refería a la apoplejía, que afectaba todo el cuerpo o también a la parálisis parcial. La ciudad se regocijó mucho con la predicación de Felipe y la sanidad milagrosa de los enfermos.

9 **Pero había un hombre llamado Simón** — "Simón" era un nombre muy común entre los judíos y es una contracción de "Simeón". En el Nuevo Testamento hay diez hombres con ese mismo nombre. A este Simón se le conocía como "el mago". Había muchos magos y hechiceros que engañaban a la gente con trucos y artimañas. No se sabe nada más de este Simón, excepto lo que aquí leemos. Habiendo ejercido la magia por algún tiempo, Simón tenía atónita a la gente de Samaria, haciéndose pasar por algo grande. Simón era un impostor pero asombra como hay gente tan crédula que se deja engañar por tales personas. Simón se hizo famoso desde el comienzo de la iglesia en Samaria. La gente no se había dado cuenta de las farsas de Simón y creía que era la gran cosa.

10 **A éste oían atentamente todos** — Simón había tenido mucho éxito con sus artes mágicas y había engañado a toda la gente de su país. Todos lo escuchaban, "desde el más pequeño hasta el más grande" y lo alababan diciendo "Este es el Gran Poder de Dios". Simón los había hecho creer que sus obras estaban conectadas con la Deidad y que con sus poderes podía influir seriamente el destino de los hombres.

11 **Y le estaban atentos** — Según la tradición, Simón se hacía acompañar de una mujer llamada Helena, a quien también hacía pasar como "el poder de Dios". El enseñaba un gran primer principio, que está escondido pero que al mismo tiempo es omnipresente. Ese principio, decía él, se manifiesta en *dos formas diferentes* — como un principio activo y espiritual, mientras que el otro era un principio pasivo y receptivo. El primero es bueno, el segundo es malo; el primero es el "gran poder de Dios" que se manifiesta para la recuperación del principio pasivo o receptivo. Simón decía ser la encarnación del principio activo, para salvación; mientras que Helena era la encarnación del principio pasivo-receptivo. Su vida depravada era un tipo del deterioro del universo visible, y su recuperación por medio de Simón era el proceso de salvación por el gran poder de Dios hecho visible. Este dualismo, con su simbolismo simple, casi infantil, con sus principios de varón y hembra, la oposición del bien y el mal, eran los recursos sobre los que Simón basaba sus sistema. Simón había impresionado tanto a la gente con sus supuestos poderes sobrenaturales, que le hacían caso en todo lo que dijera o pretendiera.

12 **Pero cuando creyeron a Felipe** — Cuando Felipe se acercó a esta gente que había sido engañada y les predicó que Jesús era el Mesías y Salvador del mundo, acompañando su predicación con verdaderos

"milagros" y "señales", le creyeron. Los milagros de Felipe estaban en contraste con las presuntas señales de Simón. Felipe expulsaba demonios, curaba a los paralíticos y sanaba a los cojos, todos milagros que la gente podía ver y comprobar. Muchos fueron sanados, prueba de que en Felipe no había sombra de engaño. Se añade que cuando creían . . . "se bautizaban hombres y mujeres". El día de Pentecostés, después de que la gente creyó la predicación de Pedro, preguntaron qué debían hacer, y se les respondió que debían arrepentirse y ser bautizados para "remisión de sus pecados" (Hechos 2: 38). En cada ocasión en que la gente se volvió al Señor o creyeron el evangelio, también se bautizaron.

13 **También creyó Simón mismo,** — Simón escuchó a Felipe y vio lo que hacía, creyó "y habiéndose bautizado, perseveraba junto a Felipe". No había diferencia entre la fe de Simón y la del resto de la gente de Samaria. "También creyó Simón". Simón creyó lo mismo que la gente, y se bautizó igual que los demás creyentes. Jesús había dicho: "El que crea y sea bautizado, será salvo" (Marcos 16: 16). Simón "creyó" y fue bautizado, por lo cual recibió el perdón de sus pecados, de acuerdo a la promesa de Jesús. "Perseveraba", del griego "proskartereo", también se encuentra en Hechos 1: 14; 2: 42, 46, y significa literalmente "persistir en algo con obstinación". Por lo menos por algún tiempo Simón no se despegaba de Felipe, escuchando sus predicaciones y viendo las señales y milagros que hacía el evangelista. Ya hemos visto la gran diferencia entre lo que hacía Felipe y lo que Simón pretendía hacer.


## 7. PEDRO Y JUAN EN SAMARIA
### (8: 14-25)

14 **Cuando los apóstoles que estaban en Jerusalén** — Aunque la iglesia había sido esparcida, los apóstoles aún permanecían en Jerusalén, pero hasta allá les llegó la noticia del gran éxito de la predicación de Felipe en Samaria, por lo que los apóstoles pensaron que sería conveniente enviar a alguien con autoridad apostólica para que animara a los creyentes y les impartiera dones extraordinarios del Espíritu Santo. Pedro y a Juan fueron enviados para dicha tarea. Los apóstoles deben haberse alegrado mucho al saber que los samaritanos habían recibido el evangelio de Cristo (Mt. 10: 5; Hch. 1: 8). Nótese que los apóstoles "enviaron" a Pedro y Juan como sus mensajeros. Recordemos que en cierta ocasión Juan quería pedir que cayera fuego sobre una aldea samaritana (Lc. 9: 54).

15 **Los cuales descendieron y oraron por ellos** — Pedro y Juan descendieron a Samaria y oraron por los discípulos para "que recibiesen el Espíritu Santo". Había dones especiales del Espíritu Santo que eran impartidos por los apóstoles, los cuales confirmarían la fe de los discípulos. A veces eran impartidos por la imposición de las manos. Estos dones son diferentes al bautismo del Espíritu Santo.

16 **porque aún no había descendido sobre ninguno de ellos** — "Pneuma" es la palabra griega de la que se traduce "espíritu". El Espíritu Santo es miembro de la Divinidad y es una personalidad ó ser espiritual; Jesús frecuentemente lo describió con el pronombre personal y el género masculino (Juan 14: 16, 17; 15: 26; 16: 13, 14). Estos samaritanos solamente habían sido "bautizados en el nombre del Señor Jesús", pero aunque sus pecados ya habían sido perdonados, aún no habían recibido la medida milagrosa del Espíritu Santo.

17 **Entonces les imponían las manos** — La imposición de manos no se realizó el día de Pentecostés (Hch. 2: 4, 33) ni en Hechos 10: 44; ya que esos dos casos fueron bautismos del Espíritu Santo impartidos por el Señor. Lo que los apóstoles impartían con la imposición de las manos era una medida milagrosa del Espíritu Santo, que no era lo mismo que el bautismo del Espíritu Santo. Algunos creen que el Espíritu Santo en su forma milagrosa podía ser impartido solamente por los apóstoles, razón por la que fue necesario que Pedro y Juan fueran a Samaria. No sabemos si todos los creyentes de Samaria recibieron este don milagroso del Espíritu Santo; tampoco sabemos si Simón recibió esta medida. Algunos creen que Simón y todos los creyentes samaritanos habían recibido una medida milagrosa del Espíritu Santo mediante la imposición de las manos, pero la evidencia no es clara y no amerita esa conclusión.

18, 19 **Cuando vio Simón que por la imposición de las manos** — Había algo que Simón podía ver en el don del Espíritu Santo: notó que los apóstoles podían transferir el poder a los creyentes. Simón quería tener el poder para impartir dones a otros, y "les ofreció dinero" a cambio de este poder. Por mucho tiempo Simón había practicado la magia y engañado a la gente, pero ahora piensa que tiene la oportunidad de comprar con dinero el poder, no sólo para hacer milagros, sino para impartir a otros los dones milagrosos. Simón todavía no se había elevado más allá del espíritu mercantil; su actitud seguía siendo la de un tramposo o engañador profesional, que vio en los dones milagrosos la oportunidad para hacer más negocio. En inglés existe la palabra "simony", que se refiere a la práctica corrupta de comprar un oficio o puesto eclesiástico con dinero o influencia.

**20 Entonces Pedro le dijo:** — Ante la propuesta de Simón, Pedro se llenó de indignación justa; usó palabras de las más fuertes que encontramos en el lenguaje de Pedro en sus enseñanzas y escritos: "Tu dinero vaya contigo a la perdición" fueron las palabras de condenación. Esto demuestra el rechazo tajante de la propuesta y el peligro inminente en que se encontraba Simón por la condición perversa de su corazón. Pedro también le dio un aviso de lo que sería su fin si no se arrepentía. Simón creía que el don de Dios se puede comprar con dinero; y era necesario que entendiera y reconociera que las bendiciones de Dios, especialmente los dones milagrosos, no pueden ser adquiridos con dinero.

**21 No tienes tú parte ni suerte en este asunto** — "Suerte", del griego "kleros". Simón no tenía derecho a tener ni voz ni voto, o participación en el asunto de impartir el Espíritu Santo a otros. "Parte" significa porción que a uno le toca; "suerte" es la parte que a uno le dan o asignan. "En este asunto", literalmente "en esta palabra" (Lucas 1: 4; Hch. 15: 6), y tiene referencia directa al poder de comunicar el Espíritu Santo. Sin embargo, algunos piensan que se refiere a la predicación del evangelio; de ser así, Simón tampoco tenía parte en la predicación del evangelio; pero esta última interpretación no tiene base en el contexto. "Porque tu corazón no es recto delante de Dios". El corazón de Simón no era "recto" o "derecho" como debía ser, sino que procuraba cosas secretas, torcidas y perversas (Mt. 3: 3; Mr. 1: 3; 2 P. 2: 15).

**22 Arrepiéntete, pues, de esta tu maldad** — Aquí Pedro ofrece la segunda ley para obtener perdón — la ley que se aplica al cristiano que ha pecado. La orden que recibe es de "arrepentirse" y "rogar a Dios" para que lo perdone. Como cristiano Simón había cometido el error de pensar que con su dinero podía comprar el poder para impartir a los demás los dones milagrosos del Espíritu Santo. Por eso Pedro lo amonesta a que se "arrepienta de su maldad", señalando específicamente la maldad de la que se debía arrepentir. Sus pecados anteriores habían sido perdonados, pero ahora es culpable de otro pecado del cual debe arrepentirse y rogarle a Dios para que "te sea perdonado el pensamiento de tu corazón". Vemos, pues, que el pecado del que debía arrepentirse era "el pensamiento de su corazón", la idea de poder comprar el poder con su dinero. "Si quizá", o "si es posible", significa que hay posibilidades de que él obtenga su perdón. Aunque su pecado había sido grande, si se arrepentía e imploraba a Dios, había esperanza de ser limpiado de su maldad. Algunos creen que Pedro tenía en mente el pecado mencionado por Jesús en Mat. 12: 31, pero el apóstol no cierra la puerta a la esperanza de perdón.

**23 Porque veo que estás en hiel de amargura** — "Hiel", como se usa aquí, es un emblema de maldad sumamente excesiva, y se traduce del griego "cholas", que significa derramar bilis verduzca o amarillenta. Se usa sólo dos veces en el Nuevo Testamento, aquí y en Mateo 27: 34. "Hiel y ajenjo" (Dt. 29: 18); en Hebreos 12: 15 leemos de la "raíz de amargura", o raíz amarga. "Ataduras de maldad" quiere decir que estaría en la esclavitud del pecado y bajo su condenación. Los antiguos creían que la hiel de los reptiles contenía su veneno, y Pedro advierte a Simón que si no se arrepiente, su condición irá de mal en peor hasta que sea puro veneno; si no se arrepiente, será esclavo de una cadena o atadura. Claro que estaba en una condición muy seria y peligrosa.

**24 Respondiendo entonces Simón** — Simón reconoció el peligro en que se encontraba; se arrepintió y suplicó a Dios, y aun pidió que Pedro también orara por él, como si su propia oración no fuera suficiente para obtener el perdón. Simón está ansioso por escapar el castigo por su pecado y espera que Pedro pueda evitarlo, pues el apóstol, con la inspiración del Espíritu Santo, había diagnosticado el caso correctamente. Simón se había convertido, pero en estos momentos estaba en pecado. Todo parece indicar que Simón de veras se arrepintió y cambió su vida. La historia inspirada termina este asunto y cierra el telón, de modo que a Simón ya no lo volvemos a ver. Pero otros sostienen que Simón nunca se arrepintió, y que por lo tanto, no fue perdonado; alegan que no hay evidencia de que Simón haya pronunciado una oración penitente por sí mismo. No obstante, el hecho de que haya pedido que Pedro orara por él parece dar a entender que Simón estaba orando por sí mismo. No parece lógico que pidiera que Pedro hiciera lo que el apóstol le había ordenado que hiciera por sí mismo.

**25 Y ellos, habiendo testificado solemnemente** — Pedro y Juan habían sido enviados a Samaria para animar a los que habían creído y para impartirles dones milagrosos, de modo que el Espíritu Santo confirmara la palabra de los discípulos samaritanos. El historiador Lucas dedica mucho espacio al caso de Simón, pero ahora deja el notorio tema y declara que los apóstoles predicaron la palabra de Dios mientras estuvieron en Samaria y después regresaron a Jerusalén. Pero antes de regresar, "anunciaron el evangelio en muchas poblaciones de los samaritanos". La predicación del evangelio entre los samaritanos no se limitó a la ciudad donde empezó, sino que se extendió a muchos pueblos y aldeas por las que pasaron Pedro y Juan en su regreso a Jerusalén. Pedro y Juan reforzaron la obra de Felipe entre los samaritanos; y Lucas concluye la narración del ministerio del evangelista en Samaria y ahora es dirigido a contarnos la historia del eunuco etíope.

## 1. LA CONVERSION DEL EUNUCO
### 8: 26-40

26 **Pero un ángel del Señor habló a Felipe** — Después de mencionar brevemente el trabajo de Pedro y Juan entre los samaritanos, ahora el historiador sagrado enfoca su atención en la obra que el Espíritu Santo seguiría realizando por manos de Felipe. No se dice en qué forma el ángel del Señor se comunicó con Felipe, por lo que no conviene especular al respecto. Bástenos saber que el mensaje fue comunicado a Felipe en un lenguaje que él entendió y obedeció. Fue en Samaria donde Felipe recibió la orden: "Levántate y ve hacia el sur, al camino que desciende de Jerusalén a Gaza". No se le dice que vaya a Jerusalén, sino que tome el camino que de Jerusalén conduce a Gaza. Gaza es uno de los lugares más antiguos mencionados en la Biblia. La primera mención se encuentra en Gén. 10: 19 como uno de los primeros poblados de Canaán, y que después vino a ser la ciudad más septentrional de las cinco ciudades de los filisteos, a quienes en verdad pertenecía, aún después de ser asignada formalmente a Judá (Josué 15: 47; Jueces 1: 18). En este tiempo Palestina estaba dividida en tres secciones: Galilea estaba en el extremo norte, Samaria en medio, y Judea en el extremo sur. Gaza estaba en Judea en, a unos 96 kilómetros al suroeste de Jerusalén. Fue destruida en el año 96 A. de J.C. y reconstruida después. Para este tiempo era una ciudad muy importante. En su viaje Felipe pasaría por el lado poniente de Jerusalén para interceptar el camino que descendía a Gaza. En todo sería un viaje entre 96 y 112 kilómetros. "Es un desierto" es una expresión controvertida, pues podría significar que el camino o la ciudad eran desiertos. Algunos prefieren creer que la ciudad estaba desierta en este tiempo, pero otros dicen que Gaza quedó desierta después de este tiempo. Esta frase no parece ser parte del mensaje del ángel, sino un detalle en la narración del historiador Lucas. Había dos caminos de Jerusalén a Gaza, y según algunos historiadores, eran tres caminos. A Felipe se le instruyó que tomara el camino "desierto", probablemente el de Hebrón, que pasaba por las colinas del sur de Judea. Todo lugar poco poblado e inapropiado para el cultivo, era llamado "desierto". El ángel envió a Felipe por el camino "desierto" o  solitario,  donde era improbable que encontrara viajeros, y

mucho menos aventuras como las que le esperaban. Era "desierto" en el sentido de ser solitario o despoblado, no en el sentido de que no hubiera agua.

**27 El se levantó y fue** — Felipe obedeció rápidamente las órdenes del ángel. Ahora la atención se enfoca en un varón etíope, eunuco, "alto funcionario de Candace, reina de los etíopes". No se sabe si el eunuco era judío o prosélito de la religión hebrea. Lo que sí sabemos es que era un varón piadoso, pues no era tan fácil realizar un viaje tan largo para adorar en Jerusalén. El hombre es presentado en la narración como "un etíope". Etiopía se refería a la región norte de Africa conocida como Nubia y Abisinia. Esa región del continente africano fue gobernada por mucho tiempo por reinas. "Candace" era el título general de dichas reinas, así como en Egipto "Faraón" era el título de los reyes, lo mismo que César en Roma. Este varón era un "alto funcionario" que tenía mucha autoridad porque "estaba a cargo de todos sus tesoros". En pocas palabras, era un funcionario importante que ocupaba el cargo de tesorero". Era costumbre general que los gobernantes orientales ocuparan a eunucos en puestos de importancia. Los eunucos no tenían todos los derechos de un judío, sino los de un prosélito que no podía pasar de la puerta del santuario (Dt. 23: 1). Parece que el cargo de este eunuco era equivalente al de Blasto, camarero de Herodes Agripa (Hechos 12: 20). "Tesoro" se refiere al tesoro real. Claramente se explica el propósito de su visita a Jerusalén: "Para adorar", de acuerdo a la ley de Moisés.

**28 volvía sentado en su carro** — Parece que el verbo "volver" es uno de los favoritos de Lucas (Hch. 1: 12, 8: 25). Si regresaba a su tierra a través de Egipto, el primer tramo de su viaje era de Jerusalén a Gaza. El eunuco viajaba en su carro o carruaje "leyendo al profeta Isaías". "Leía", del original "aneginosken", que significa "leer en voz alta", y por eso lo escuchó Felipe. Esta costumbre era común entre los orientales. Algunos creen que el rollo de Isaías que el eunuco iba leyendo era una versión de la Septuaginta que recién había comprado en Jerusalén. En los viajes largos los judíos ocupaban su tiempo leyendo las escrituras. Uno de los mandamientos de los rabíes era que todo judío que viajara solo debía ocupar su tiempo estudiando la ley. El eunuco leía "al profeta Isaías".

**29 Y el Espíritu dijo a Felipe:** — Debe notarse que el Espíritu Santo habló al predicador, no a la persona que iba a convertirse. A Felipe se le dijo que se acercara y se juntara al carro. Si el eunuco hubiera sido de algún país oriental, posiblemente habría viajado en camello; pero en la región de Egipto lo que se acostumbraba eran los carros. Aquí vislumbramos por primera vez el propósito del viaje de Felipe por este tramo del camino: Hablarle al hombre que viajaba en el carro. Es probable que

Felipe haya estado parado esperando más instrucciones cuando apareció el eunuco en el camino.

**30 Cuando Felipe se acercó corriendo** — Otra vez vemos a Felipe obedeciendo de inmediato las órdenes del Espíritu Santo. Nótese la cooperación de tres factores o medios para dar al eunuco el conocimiento del evangelio, es decir: el ángel, el Espíritu Santo y Felipe el predicador. El ángel y el Espíritu Santo no hablaron al varón que necesitaba convertirse; solamente colaboraron para que Felipe se encontrara con el eunuco. Si Felipe escuchó la lectura del eunuco, quiere decir que éste iba leyendo en voz alta. Felipe pudo reconocer el pasaje que el eunuco leía y le preguntó: "¿entiendes lo que lees?" Cabe señalar que Felipe "se acercó corriendo", es decir, tuvo que correr para acercarse al carro; se apresuró para obedecer las órdenes del Espíritu Santo. Aquí está un alma inconversa y la oportunidad para convertirla. La pregunta de Felipe se refiere al significado y aplicación de las palabras que el eunuco estaba leyendo. El eunuco no sabía que las mismas palabras que estaba leyendo eran una profecía acerca de Jesús. Cuando estuvo en Jerusalén es muy probable que algo hubiera escuchado acerca de Jesús, o por lo menos sobre el cristianismo. Es muy sabio y provechoso siempre que alguien lee algo, preguntarle "¿entiendes lo que lees?" La lectura no es provechosa si uno no entiende lo que lee.

**31 El dijo: ¿Y cómo podré, si alguno no me guía?** — El eunuco sintió la necesidad de que alguien lo guiara para comprender lo que estaba leyendo. La pregunta podría ser expresada de esta manera: "¿Cómo esperas que un extranjero entienda lo que es difícil aun para los doctores y eruditos?" "Guía" es la expresión que se usa para describir la dirección que un maestro da a su alumno. Frecuentemente Jesús utilizó esta palabra para reprender a los "guías ciegos" que dirigían mal a la gente que acudía a ellos en busca de enseñanza (Mt. 15: 14; Lc. 6: 39). También usa la misma expresión con referencia a la dirección del Espíritu Santo (Jn. 16: 13). Entonces el eunuco pidió que Felipe subiese al carro y se sentase junto a él para que le explicase. El debe haber notado que Felipe lo podía guiar y el eunuco estaba ansioso de aprender más de la verdad, y aunque estaba intrigado, estaba listo para que le enseñaran.

**32. 33 El pasaje de la Escritura** — "El pasaje", del griego "perioche", se aplica al pasaje específico que estaba leyendo, o a toda la Escritura. El eunuco iba leyendo un pasaje en particular, que ahora conocemos como Isaías 53: 7, 8. Esta cita es tomada de la versión Septuaginta, que difiere un poco del texto hebreo. Dicho pasaje describe los sufrimientos de una persona inocente y mansa; y el eunuco estaba perplejo, pues no entendía a quién se aplicaba esto. La frase significa que en su humillación fue privado del derecho a la justicia, y ¿quiénes serán herederos o seguidores suyos, ya que su vida es quitada con tanta violencia? El Mesías se sometió pacientemente, sin murmurar ante la ignominia y la muerte; no se quejó aunque lo trataron mal, y como cordero delante del que lo trasquila, no abrió la boca. Jesús pasó rápidamente por la cárcel y por el juicio injusto; fue muerto mediante un proceso judicial violento y amañado. Pilato había declarado que no encontraba delito alguno en Jesús (Lucas 23: 4; Juan 18: 38; 19: 6). Jesús pudo haber reclamado el veredicto de "inocente", pero no se aferró a esta sentencia para buscar protección. "Mas su generación, ¿quién la describirá? Porque su vida es quitada de la tierra." Esta pregunta da la idea de extinción, pero sus apóstoles y discípulos declararían su generación; los apóstoles iban a dar testimonio acerca de Jesús, y el Espíritu Santo también fue enviado para que diera testimonio de él. Ese mismo testimonio iba a ser presentado en breve al eunuco por medio de Felipe.

**34 Tomando la palabra, el eunuco dijo a Felipe:** — El punto difícil para el eunuco era a quién se refería esta escritura de Isaías, ¿de quién estaba hablando el profeta? Esta pregunta era muy interesante, y mucho más, en vista de lo que el eunuco había escuchado en Jerusalén. No sabemos, pero aunque fuera remotamente, el eunuco pudo haber empezado a conectar este pasaje con lo que hubiera escuchado en Jerusalén sobre Jesús. De allí su inquietud por saber la respuesta. El interés de Felipe por su entendimiento espiritual animó al eunuco.

**35 Entonces Felipe, abriendo su boca** — La pregunta fue todo lo que Felipe necesitaba para empezar a enseñar al eunuco. Era un excelente texto y un alumno ansioso de aprender. Felipe conocía bien el tema y estaba tan ansioso de enseñar al eunuco, como éste estaba por aprender. Comenzando en este pasaje, Felipe le predicó el evangelio de Jesús. "Le predicó a Jesús", del griego "eueggelisato autoi ton Iesoun", que significa "evangelizar". Felipe no tenía dudas sobre el significado mesiánico de esta Escritura, y sabía que Jesús era el Mesías. Felipe le proclamó las buenas noticias de Jesús, le enseñó acerca de Jesús. El evangelista le probó que las palabras de Isaías se habían cumplido en Jesús de Nazaret, particularmente la forma en que fue muerto, su resurrección y ascensión. "Predicar a Jesús" es lo mismo que predicar sus mandamientos. Al predicar de Jesús, Felipe no sólo habló de su muerte, sepultura y resurrección, sino que también incluyó la gran comisión que el Señor dio a sus apóstoles justo antes de su ascensión. Felipe le habló de las condiciones para obtener la remisión de pecados.

**36 y yendo por el camino** — Durante el viaje, Felipe seguía predicando sobre Jesús, y el eunuco le escuchaba atento. Era una ocasión muy seria e importante: el eunuco escucha los mandamientos del evangelio de labios de Felipe, y yendo por el camino, "llegaron a cierta agua". La predicación de Felipe había sido completa y el eunuco había entendido que necesitaba bautizarse. Ningún predicador inspirado en ese entonces dejó de incluir el bautismo que Jesús ordenó siempre que predicaba acerca de Jesús; y en la actualidad ningún predicador verdadero puede proclamar a Cristo sin dejar de predicar el bautismo que Jesús ordenó.

**37 Felipe dijo: Si crees de todo corazón** — El verso 37 no es incluido en la versión American Standard, en inglés, y en una nota al pie de la página, dice: "algunas autoridades antiguas, parcial o totalmente, insertan el versículo 37". Esta frase fue encontrada en un manuscrito que data de la segunda mitad del segundo siglo, en una cita de Ireneo, que estuvo activo entre los años 170 y 210 D. de J.C. Se supone que este verso primero fue escrito al margen y que posteriormente fue insertado en el texto original. Pero si el versículo es una interpolación, y debiera ser excluido, no cambia el pensamiento en ninguna manera. Al retener el verso no se agrega ninguna doctrina nueva; y tampoco se pierde nada con omitirlo. Desde los primeros años en la historia de la iglesia surgió la misma duda y se dio la misma respuesta sobre este versículo, según los documentos antiguos.

**38 Y mandó parar el carro** — Evidentemente el eunuco no iba solo, pues ordenó que pararan el carro. Luego "ambos descendieron al agua" para cumplir con el mandamiento, el bautismo del eunuco. Felipe había proclamado el evangelio de Jesús y el eunuco había aprendido al escucharlo, que era necesario que se bautizara; también había comprendido que era necesario descender o entrar al agua para efectuar el bautismo ordenado por Jesús. Tanto el bautizador como el que iba a ser bautizado descendieron al agua y Felipe bautizó al eunuco, "en el nombre de nuestro Señor Jesús", es decir, la autorización que Felipe tenía para bautizar al etíope.

**39 Cuando subieron del agua** — No subieron "de la orilla del agua", sino que "subieron del agua" (Marcos 1: 10). Felipe llevó a cabo lo que se le había ordenado, que se acercara al eunuco, un hombre inconverso, pero cuyo corazón estaba listo para recibir la verdad. Felipe le había predicado la verdad del evangelio; el eunuco lo había escuchado, lo creyó y se bautizó. Ahora tenía la promesa de Jesús de que "el que cree y es bautizado, será salvo" (Marcos 16: 16). Ahora "el Espíritu del Señor arrebató a Felipe".  Algunos lo consideran un  milagro; sin embargo,

Felipe fue "arrebatado" de la compañía del eunuco de la misma forma en que fue llevado a ese lugar. "Arrebatado", del griego "herpasen", que a veces significa "ser llevado repentina y milagrosamente". Por lo tanto, de acuerdo al punto de vista de otros, Felipe fue literalmente "tomado" de la presencia del eunuco, así como pasó con Elías (1 Reyes 18: 12; 2 Reyes 2: 11; Ezequiel 3: 12, 14; 2 Corintios 12: 2, 4). El eunuco ya no volvió a ver a Felipe, pero siguió su camino feliz de haber encontrado la salvación en Cristo. En la Biblia ya no se habla más del eunuco, salvo en la tradición. Lucas cierra el telón y ya no volvemos a saber más del etíope.

**40 Pero Felipe se encontró en Azoto** — "Azoto" es el nombre de la antigua ciudad filistea de Asdod, localizada junto al Mar Grande (Mediterráneo), a unos 48 kilómetros al norte de Gaza, y teniendo al norte a la ciudad de Jope. Felipe predicó el evangelio en todas las ciudades, "hasta que llegó a Cesarea", donde se estableció (Hechos 21: 8) y donde fue conocido como el "evangelista". Nótese que Felipe predicó el evangelio en "todas las ciudades" de esa región. La ruta natural que Felipe podría tomar en sus actividades misioneras lo llevaría a Lida y Jope, y los efectos de su predicación son palpables en Hechos 9: 32, 36.


## 2. LA CONVERSION DE SAULO
### 9: 1-19

**1 Pero Saulo, respirando aún amenazas y muerte** — Saulo es mencionado primero en Hechos 7: 58, y de nuevo en el capítulo 8: 1-3. Ahora leemos acerca de su conversión. La última vez vimos a Saulo como un incansable perseguidor de la iglesia; aquí lo encontramos, "respirando aún amenazas y muerte contra los discípulos del Señor". Su actitud y conducta son presentadas en contraste con Felipe, mediante la conjunción "pero", que se omite en algunas versiones en español. Algunas traducciones usan "y", mientras que otras traducen el griego "eti" como "aún", señalando que había pasado algún tiempo entre la muerte de Esteban y los sucesos que estamos por considerar. "Respirando amenazas y muerte" no significa "expirando", sino "respirando" o "emitiendo sonidos hablados". Quiere decir que la persecución de los discípulos se convirtió en obsesión para Saulo, tanto que con cada respiro cobraba más fuerzas. La frase nos hace imaginar a un caballo de guerra que olfatea el olor de la batalla; estaba ansioso de perseguir a los seguidores de Cristo. No se nos da específicamente los nombres de otros muertos, salvo el de Esteban; pero es de creer que muchos otros fueron asesinados. Claro que el éxito de la iglesia primitiva hacía que se encendiera más la ira de Saulo, por lo que redoblaba su gran celo y no escatimaba esfuerzo para impedir su crecimiento. Saulo era muy sistemático aun para hacer lo malo, pues primero se presentó ante el sumo sacerdote.

**2 y le pidió cartas para las sinagogas de Damasco** — Posiblemente este sumo sacerdote haya sido Caifás, principal entre los judíos y quien tenía autoridad en estos asuntos. "Cartas para Damasco" quiere decir que Saulo fue autorizado para que persiguiera a los cristianos en Damasco y todo lo que hubiera en el camino hacia esa ciudad. Saulo, siendo fariseo, pide la autorización de un saduceo (el sumo sacerdote) para perseguir a los discípulos de Cristo. Julio César y Augusto habían concedido al sanedrín la jurisdicción de los judíos que habitaban en otras ciudades. Posteriormente Saulo dijo haber sido autorizado por los sacerdotes para ir a Damasco (Hechos 26: 10), y por los ancianos (Hechos 22: 5), es decir, el sanedrín. Parece que Saulo había terminado la persecución en Jerusalén y no conforme con ello, ahora quiere extenderla a Damasco. Se dice que Damasco es la ciudad más antigua del mundo, y estaba situada a unos 241 kilómetros al noroeste de Jerusalén, junto al río Abana. Gran número de judíos habitaba en Damasco, pues al parecer los cristianos habían huido de la persecución de Saulo en Judea y encontraron refugio en esta ciudad. Las palabras de Pablo en Hechos 26: 11 parecen dar a entender que Damasco era sólo una de las "ciudades extranjeras". Frecuentemente Lucas usa la expresión "este Camino" para describir el cristianismo como "el Camino de vida" (Hechos 19: 9, 23; 22: 4; 24: 14, 22). Lucas también habla del camino de salvación (Hechos 16: 17), y "el camino del Señor" (Hechos 18: 25). Jesús mismo se describió a sí mismo como "el camino" (Juan 14: 6), es decir, el único camino al Padre. Pablo había sido autorizado para arrestar a hombres y mujeres, y llevarlos presos a Jerusalén, donde serían juzgados por el sanedrín.

**3, 4, Mas yendo por el camino,** — No se nos informa el medio de transporte utilizado por Saulo para viajar a Damasco. Probablemente usó el mejor medio del día, caballo; aunque también pudo haber sido camello, asno o mula, o bien en un carro. El viaje se hacía por tierra. Había dos carreteras por las que Saulo podía viajar: uno era el camino por el que viajaban las caravanas de Egipto a Damasco, a lo largo de la costa mediterránea de Palestina, cambiando hacia el oriente para cruzar el Jordán justo al norte del Mar de Galilea. Para llegar a esta carretera desde Jerusalén, Saulo primero tuvo que viajar con rumbo oeste hacia el Mar Mediterráneo. El otro camino era el de Neápolis, que cruzaba el Jordán al sur del Mar de Galilea, pasando después por Gadara. No sabemos por cuál de los dos caminos viajó Saulo. Pero aconteció que al acercarse a Damasco, "repentinamente le rodeó un resplandor de luz del cielo". En Hechos 22: 6 leemos que "como al mediodía" fue la hora en que Saulo tuvo la visión. En Hechos 26: 13 "a mediodía" vio una luz del cielo "que sobrepasaba al resplandor del sol". El resplandor del sol al mediodía en esa región era muy fuerte, pero la gloria de Cristo que vio Saulo era mayor que la gloria del sol. Saulo, herido de ceguera repentina, "cayó en tierra y oyó una voz que le decía: Saulo, Saulo, ¿por qué me persigues?" Esa voz era clara para Saulo, pero parece que era un sonido misterioso para los demás. La voz hablaba en idioma hebreo (Hechos 26: 14). En todas las tres narraciones que Lucas hace de la conversión de Saulo, siempre usa la forma hebraica de deletrear el nombre "Saoul"; mientras que en todos los demás casos se usa la versión griega "Saulos". Los discípulos están unidos a Cristo y son uno con él (Mt. 10: 40; 25: 40, 45; Lc. 10: 16; Jn. 15: 1-5). Por tanto, perseguir a los cristianos era lo mismo que perseguir a Cristo. Saulo pensaba que estaba persiguiendo a los discípulos de un impostor que había sido crucificado por malhechor. Ahora está por darse cuenta que estaba muy equivocado, pues al perseguir a los discípulos de Cristo, estaba persiguiendo al mismo Mesías.

**5, 6 El dijo: ¿Quién eres, Señor?** — "Señor", se usa aquí como señal de reverencia y en respuesta a la pregunta de Jesús, pues hasta este momento Saulo no parece haber usado ese título con todo el significado y extensión de la palabra. Podría significar "¿la voz de quién estoy escuchando?" La respuesta no se hizo esperar: "Yo soy Jesús, a quien tú persigues". En Hechos 22: 8 Pablo usa la forma completa de esta declaración: "Yo soy Jesús de Nazaret, a quien tú persigues". Al usar este nombre, Saulo podía obtener conocimiento directo y completo de la voz que estaba hablando con él; y darse cuenta que al perseguir a los discípulos, también estaba persiguiendo a Cristo. La voz es muy específica, denotando definitiva y exactamente lo que Saulo estaba haciendo al perseguir a los cristianos; las palabras tenían convicción y una acusación. La voz le dijo que debía entrar a la ciudad, y allí se le diría "lo que debes hacer". En Hechos 26: 16-18 leemos lo que Ananías le dijo a Saulo. En algunas versiones se agrega la frase "dura cosa te es dar coces contra el aguijón"; es decir, que es duro dar coces contra "aguijones", "púas" que se usan en las espuelas para hacer que se muevan los caballos, o las puyas para los bueyes.

**7 Y los hombres que iban de camino con él** — No sabemos cuántas personas acompañaban a Saulo, por lo que no conviene especular. "Se pararon atónitos", simplemente quiere decir que "se detuvieron". En

Hechos 26: 14 se dice que "todos cayeron al suelo", pero no hay contradicción. "Atónitos" quiere decir que se quedaron "mudos". Los que acompañaban a Saulo, ciertamente escucharon la voz, pero "no vieron a nadie", pero en Hechos 22: 9, tenemos la siguiente declaración: "Los que estaban conmigo vieron la luz ciertamente, y se espantaron; pero no entendieron la voz del que hablaba conmigo". No encontramos contradicción en los dos pasajes. La gente escuchaba la voz, pero no entendía lo que se estaba diciendo; por lo tanto, es como si no hubieran escuchado la voz. Los que acompañaron a Saulo no entendían las palabras; veían la luz, pero no veían la forma de Cristo; también cayeron al suelo y se quedaron inmóviles y sin hablar.

**8 Entonces Saulo se levantó del suelo** — Cuando Saulo, que había caído al suelo con todos los que lo acompañaban, se puso de pie, aunque tenía abiertos los ojos, no veía a nadie. Otras traducciones dicen "no veía nada". Sus ojos estaban abiertos, pero Saulo no tenía el poder para discernir o distinguir claramente los objetos que estaban delante de él. Tuvo que ser llevado de la mano hasta Damasco. Aquí vemos a Saulo en una situación muy triste; Saulo el perseguidor, investido de toda la autoridad del sanedrín, ahora se ha convertido en un hombre acusado, ciego e indefenso. Y con toda su autoridad y cartas tiene que ser llevado de la mano, en esa situación indefensa e inofensiva, hasta al ciudad de Damasco, para esperar a que se le dieran más instrucciones.

**9 Y estuvo tres días sin ver** — En esa condición derrotada, Saulo el perseguidor fue llevado a Damasco, y llega a su destino desde Jerusalén. Jamás se imaginó que entraría a Damasco en esa forma inofensiva y humillante. El empezó a orar, por tres días estuvo sin vista, y "no comió ni bebió". El versículo 11 nos dice que Saulo estuvo orando todo este tiempo. La angustia mental fue más fuerte que el deseo natural de comer.

**10 Había entonces en Damasco un discípulo llamado Ananías** — Este discípulo era llamado "Ananías", un nombre muy común entre los judíos; y significaba "Jehová tiene gracia". Este Ananías gozaba del respeto de los cristianos y los judíos en Damasco (Hch. 22: 12). Era un varón devoto de la ley, y tenía buen testimonio de los judíos allí residentes. Aquí se le describe simplemente como "un discípulo"; es decir, que la persona que bautizó a Saulo, no era un alto funcionario de la iglesia, sino sólo cierto discípulo llamado "Ananías".

**11 Y el Señor le dijo**--No sabemos cómo y cuándo Ananías se convirtió en discípulo de Cristo; puede haber sido uno de los que se convirtieron el día de Pentecostés; de todas maneras, el Señor le habló en una visión y le dijo que fuera a la calle que se llama "Recta", o "Derecha", y que buscara en casa de Judas a uno llamado Saulo, quien estaría orando. Esta calle "Recta" se extendía de este a oeste, con una longitud de un kilómetro y medio. En la visión el Señor le dio a Ananías información directa y exacta, de cómo localizaría a Saulo sin pérdida de tiempo. Ananías estaba listo para prestar servicio en el nombre del Señor; y no se le menciona más, excepto en Hechos 22: 12, con referencia a la conversión de Saulo. Tampoco tenemos más detalles de Judas, donde Saulo estaba hospedado; posiblemente haya sido uno de los cristianos o una de las personas ante las cuales Saulo había traído cartas de recomendación. No se nos dice qué es lo que Saulo estaba orando; probablemente haya estado pidiendo recuperar la vista y más iluminación espiritual.

**12 Y ha visto en visión a un varón llamado Ananías** — En esta visión el Señor le dijo a Ananías dónde podía encontrar a Saulo, y a la vez le informó que Saulo mismo había visto una visión en la que un varón llegaba y "le pone las manos encima para que recobre la vista". Parece que hubo dos visiones simultáneamente: Saulo recibió una visión al mismo tiempo que Ananías. Ahora a Ananías se le explica lo que debe decir y enseñar a Saulo. En Hechos 22: 13-16 a Saulo se le dice lo que debe hacer; en ese momento recibió la vista y se le informó que debía convertirse en testigo de Cristo, por cuyo nombre sufriría muchas cosas. Se le ordenó que se pusiera de pie y se bautizara para "lavar sus pecados".

**13, 14 Entonces Ananías respondió** — Ananías titubeó porque había oído de muchos "acerca de este hombre", y de la amarga persecución por él desatada contra "tus santos en Jerusalén". Ananías también había escuchado que Saulo tenía "autoridad de los principales sacerdotes para prender a todos los que invocan tu nombre" en Damasco. Aquí descubrimos que los discípulos fueron llamados "santos", o "santificados" desde el principio de la historia de la iglesia. Con frecuencia Pablo usa esta palabra y la aplica a los cristianos. Esta es la primera vez que esa palabra es aplicada a los cristianos; Saulo quedó muy impresionado con esta palabra, tanto que por lo menos seis de sus epístolas fueron dirigidas a los que habían sido llamados a ser "santos". Los que "invocan tu nombre" son los "santos".

**15 El Señor le dijo: Ve** — El Señor confirma la visión a Ananías y le ordena que la obedezca. La instrucción es que Saulo sería un "instrumento escogido" del Señor para "llevar mi nombre en presencia de los gentiles, y de reyes, y de los hijos de Israel". Saulo sería testigo a tres clases de personas: Los gentiles, los reyes y los hijos de Israel. "Instrumento o vaso escogido", simplemente quiere decir "un instrumento escogido o seleccionado". Jesús había seleccionado a Saulo antes de que éste lo recibiera como su Señor. Saulo es un vaso de barro, [arcilla] (2

Co. 4: 7), indigno de tan noble tesoro. Su principal tarea será dar testimonio entre los gentiles (Gál. 2: 7, 8; Ef, 3: 6-12). Saulo cumplió la comisión de hablar ante los reyes cuando compareció ante Agripa en Cesarea (Hechos 26: 1-32); quizá también haya hablado ante el emperador Nerón en Roma, y apeló su causa a los tribunales de los gobernadores romanos Sergio Paulo, Galión, Félix y Festo (2 Ti. 4: 16, 17).

**16 porque yo le mostraré cuánto es menester que padezca por mi nombre** — Saulo había causado mucho sufrimiento a los discípulos de Cristo, persiguiéndolos hasta la muerte; ahora a él le toca sufrir más de lo que ha hecho sufrir a los discípulos. En su sermón a los ancianos de la iglesia en Efeso, Saulo dijo que "el Espíritu Santo por todas las ciudades me da testimonio solemne, diciendo que me esperan cadenas y tribulaciones" (Hechos 20: 23). Más tarde, en su carta a la iglesia en Corinto, Pablo enumeró algunos de los muchos padecimientos que sufrió por Cristo (2 Co. 6: 4-10; 11: 23-28).

**17 Fue entonces Ananías y entró en la casa** — Ahora Ananías está convencido de que debe obedecer la visión, y de inmediato emprende camino para encontrar al varón que necesitaba sus servicios. Entró a la casa y puso sus manos sobre él, diciendo: "Hermano Saulo, el Señor Jesús, que se te apareció en el camino por donde venías, me ha enviado para que recobres la vista y seas lleno del Espíritu Santo". Ananías lo llama "hermano", pero no está claro si era por su relación como judíos o como cristianos. Esto ha sido tema de mucha discusión, por los falsos conceptos de cuándo se convirtió Saulo. Saulo no se convirtió sino hasta que se bautizó en Cristo; y el perdón de sus pecados ocurrió hasta que obedeció el evangelio. Pablo dice que él y los demás habían sido bautizados en Cristo (Ro. 6: 3, 4). Por consiguiente, Saulo no se había bautizado en Cristo cuando Ananías le llamó "hermano", y ese nombre debe haber sido usado en el sentido de colega o miembro de la misma familia judía.

**18, 19 Y al momento cayeron de sus ojos como escama** — Saulo recibió la vista inmediatamente después que Ananías le impuso las manos y oró por él. Su visión le fue devuelta al instante en que "cayeron de sus ojos como escamas" . "Escamas" del griego "lepides", que a su vez se deriva del verbo "lepo", significa "pelar". Lucas no dice que fueron escamas reales las que cayeron de los ojos de Saulo, sino que a Saulo le pareció, sintió, al recuperar la vista, como "escamas" que caían de sus ojos". Saulo "se levantó y fue bautizado", por Ananías (Hechos 22: 16); sus pecados fueron perdonados y pudo reclamar las promesas de salvación por fe en Cristo. Algunos creen que este incidente dejó un defecto permanente en la vista de Pablo, pero no hay evidencia al respecto. "Y habiendo tomado alimento, recobró fuerzas", y después de haber ayunado tres días, primero se fortaleció en el alma y luego en lo físico. Saulo se quedó con los discípulos de Damasco por "algunos días", aunque no sabemos con precisión el tiempo, pero frecuentemente Lucas usa la frase "algunos días" para referirse a un lapso breve de tiempo. De todos modos, probablemente ese corto tiempo Saulo lo pasó en meditación y comunión privada con los discípulos (Hechos 10: 48; 15: 36; 16: 12; 24: 24; 25: 13).

## 3. LA PREDICACION DE SAULO
### 9: 20-22

20 **Y enseguida se puso a predicar a Cristo en las sinagogas** — Ese corto tiempo que Pablo estuvo con los discípulos fue muy provechoso para este recién convertido. Sin pérdida de tiempo visitó las sinagogas y se puso a predicar que Cristo es el Hijo de Dios. Para los judíos la predicación del evangelio era un tropiezo; pero ahora Saulo con denuedo visita las sinagogas y todos los lugares donde era permitido para decirle a la gente que Jesús de Nazaret era el Mesías profetizado en las Escrituras del Antiguo Testamento. Resultó verdaderamente extraño que aquel que había ido a Damasco a perseguir a los creyentes en Cristo, ahora está proclamándolo en las sinagogas. De ahora en adelante Saulo seguirá proclamando este mensaje: "Jesús es el Cristo, el Hijo de Dios".

21 **Y todos los que lo oían estaban atónitos** — Los que escuchaban a Saulo se quedaban "atónitos", es decir, seguían asombrados por el cambio radical de Saulo el perseguidor. No se asombraban tanto de lo que predicaba, sino del cambio repentino que había sucedido en el mensajero. La gente se preguntaba "¿No es éste el que perseguía en Jerusalén a los que invocaban este nombre?" Aun hasta Damasco había llegado la fama de Saulo como cabecilla de los perseguidores. "Perseguía", del griego "norzesas", que significa, "devastar"; por lo que, Saulo devastaba la iglesia en Jerusalén mediante la persecución. Con esas mismas intenciones había ido a Damasco, para buscar discípulos de Cristo y "llevarlos presos ante los principales sacerdotes". Todos sabían la razón por la que Saulo había venido a Damasco, y ahora saben que está predicando a Jesús como el hijo de Dios. Algunos creen que al salir de Jerusalén a Damasco, Saulo había dado instrucciones a los principales de la sinagoga, o el sanedrín mismo había dado órdenes para que en la sinagoga recibieran a Saulo como el agente de la persecución; pero para

su gran sorpresa y asombro, en vez de llevar a cabo su persecución, lo que hace es proclamar la divinidad de Jesús el Mesías.

**22 Pero Saulo mucho más se llenaba de poder** — La conversión de Saulo provocaría oposición de parte de los que aún no habían aceptado a Cristo. Era necesario que Saulo expusiera por qué había cambiado tanto, y sus razones por creer en Jesús como el Cristo, el Hijo de Dios. Esa oposición iba a aumentar, de modo que Saulo necesitaba llenarse más de poder para poder demostrar, sin lugar a dudas, que Jesús era el Cristo. Para realizar esta gran tarea fue fortalecido (Ro. 4: 22; Fil. 4: 13; 1 Ti. 1: 12; 2 Ti. 2: 1; 4: 17). "Demostrando", del griego "sunbibazon", significa que Pablo ponía una cosa junto a otra, de modo que se pudieran hacer comparaciones y se llegaran a la conclusión de que Jesús era el Cristo. Saulo crecía en la vida cristiana y también como predicador del evangelio. No sólo probaba que Jesús es el Cristo, sino que "confundía" a los judíos que moraban en Damasco.

## 4. PERSECUCION DE SAULO, QUIEN DESPUES ESCAPA DE LOS JUDIOS
### 9: 23-25

**23 Pasados bastantes días,** — "Bastantes días" significa un tiempo indefinido. Algunos creen que se refiere a un período de por lo menos tres años, y se basan en Gálatas 1: 17, 18 donde Pablo dice que "fui a Arabia, y volví de nuevo a Damasco. Después, pasados tres años, subí a Jerusalén para visitar a Pedro. . ." El siguiente parece haber sido el orden de los acontecimientos: (1) Primero Saulo es herido con ceguera, y cae en tierra cerca de Damasco, Hechos 9: 3-8; (2) siguen tres días de ceguera y oración a Dios en la casa de Judas, en la calle Recta, verso 9; (3) Saulo recobra la vista, se bautiza, y recibe alguna medida del Espíritu Santo, versos 10-19; (4) en las sinagogas predica a Jesús como el Cristo, con tal poder, que los judíos se confunden, versos 19-22; (5) un desvío a Arabia para tener comunión solitaria con Dios, Gál. 1: 17, 18; (6) regresa a Damasco; (7) conspiración para matarle, verso 23; (8) escapa a Jerusalén, verso 25; (9) los discípulos tienen miedo de Saulo, verso 26; (10) Bernabé responde por la conversión de Saulo, verso 27; (11) toma el lugar de Esteban y predica a los griegos [greco-judíos] verso 29; (12) conspiración para matarle, verso 29; (13) enviado a Cesarea y después a Tarso, verso 30.

**24 pero su decisión llegó a conocimiento de Saulo** — Los judíos no podían refutar los argumentos de Saulo, y recurrieron a la persecución.

Ellos conspiraron para matarle, "guardaban las puertas de día y de noche para matarle", pues pensaban que Saulo trataría de escapar de la ciudad. Parece que el gobernador de la ciudad destacó una guarnición de soldados para que vigilaran las puertas de la ciudad, de modo que Saulo no pudiera escapar. "En Damasco, el etnarca [gobernador de la provincia] del rey Aretas guardaba la ciudad de los damascenos para prenderme; y fui descolgado en una espuerta [canasto] por una abertura hecha en la muralla, y escapé de sus manos" (2 Co. 11: 32, 33). Bien pudo ser que los judíos pidieran a Aretas que pusiera la guardia para evitar que Pablo escapara. Debido a que eran fuertes en Damasco, los judíos tenían mucha influencia sobre Aretas.

**25 Entonces los discípulos, tomándole** — Saulo logró convencer a algunos judíos de que Jesús es el Hijo de Dios; y algunos de esos discípulos convertidos por la predicación de Saulo le ayudaron a escapar. Una noche lo bajaron por la abertura del muro, descolgándole en una canasta. Algunos creen que a Saulo lo sacaron por una "ventana", como se traduce del griego "dia tou teichous"; que en 2 Co. 11: 33 se describe como "ventana", del griego "dia zuridos", que significa una ventana, que conectaba el interior de la casa, con el exterior del muro de la ciudad. Rahab ayudó a los espías para que escaparan al hacerlos "descender con una cuerda por la ventana" (Josué 2: 15) . "En una canasta", del griego "en sfuridi", la misma palabra que se usó al narrar la alimentación de los cuatro mil (Mt. 15: 37; Mr. 8: 8). Los canastos grandes se hacían de cañas y a diferencia de las canastas pequeñas, eran más resistentes. Saulo nunca se olvidó del buen trato que le dieron algunos varones a quienes había venido a perseguir; pero ahora ellos le ayudan a escapar.


## 5. PABLO EN JERUSALEN
9: 26-29

**26 Cuando llegó a Jerusalén** — No sabemos cuánto tiempo ha pasado desde que Saulo estuvo en Jerusalén; pero parece que las autoridades judías de allí lo habían perdido de vista. Evidentemente no sabían de su desaparición a Arabia y su segunda temporada de predicación en Damasco. Saulo "trataba de juntarse con los discípulos; pero ellos le tenían miedo, no creyendo que fuese discípulo". Desde que la persecución había comenzado tres años atrás, varios cambios políticos habían ocurrido en Judea, entre ellos cambio de emperador y de política; ahora los judíos mismos eran objeto de persecución, de modo que les quedaba muy poco tiempo para ellos, a su vez, perseguir a los cristianos.

La comunicación con Damasco era lenta y difícil; esto era cierto especialmente en vista de la hostilidad que había surgido entre Aretas, gobernador de Damasco, y Herodes, su homólogo de Judea. Saulo había tenido que escapar con tanta premura de Damasco, que no hubo tiempo para que los discípulos le dieran cartas de recomendación. Después de su conversión, Saulo permaneció en Damasco por poco tiempo; y los discípulos en Jerusalén no habían sabido de él por más de dos años, así que, no estaban seguros si Saulo había perseverado en la fe. Algunos creen que el significado aquí es que los discípulos dudaban de la sinceridad de Saulo; siendo ésta su primera visita a Jerusalén como cristiano, después de haber salido como perseguidor.

27 **Entonces Bernabé, tomándole** — Bernabé, que presentó a Saulo ante los apóstoles, ya ha sido mencionado como un levita de Chipre (Hechos 4: 36). Por la cercanía de Chipre y Cilicia, así como por la fama de las escuelas de Tarso, algunos creen que Bernabé pudo haber conocido a Saulo antes de que éste llegara a Jerusalén. Bernabé les relató que Saulo había visto al Señor en el camino; eso era necesario para que pudiera ser testigo de la resurrección de Cristo al igual que los demás apóstoles; y esa visión que tuvo del Señor es algo que se menciona siempre. Bernabé también testificó que en Damasco, Saulo había "hablado valerosamente en el nombre del Señor". Parece que en esta ocasión Saulo fue presentado solamente a Pedro y Jacobo (Gálatas 1: 18), quienes ocupaban el liderazgo; los otros apóstoles posiblemente hayan estado en giras de predicación, tal como lo habían hecho Pedro y Juan. Parece que Saulo conversó con Pedro y Jacobo. Este Jacobo es llamado "hermano del Señor", y se puede decir que era el medio hermano de Jesús. Pedro se convenció de que Saulo se había convertido y lo tuvo como huésped por "quince días". Saulo fue a Jerusalén a ver a Pedro, pero no a recibir una comisión de parte de él, ya que el mismo Señor le había dado la comisión de predicar (Gál 1: 1-5, 11-17).

28, 29 **Y estaba con ellos en Jerusalén; y entraba y salía** — Por esas dos semanas Saulo estuvo quieto en casa de Pedro, visitando y conociendo a otros hermanos privadamente. Parece que Bernabé, Pedro y Jacobo, abrieron todas las puertas a Saulo, disipándose así los temores de los discípulos. Ahora sí lo recibían como hermano en el Señor. En Jerusalén Saulo "hablaba denodadamente en el nombre del Señor". Y disputaba con los "griegos" [helénicos] o greco-judíos. Recordemos que la primera vez que Saulo aparece en la historia de los discípulos de Cristo fue como caudillo de los judíos helénicos en la sinagoga (Hechos 6: 9). Ahora Saulo trata de deshacer algo del daño que había causado y predica la fe que antes perseguía, presentando los argumentos y verdades que sobresalieron en el sermón de Esteban. Era de esperarse que la predicación de Saulo a los judíos produjera antagonismo. No por eso se desanimó, sino por el contrario, hablaba con valor, como lo había hecho Esteban. Los judíos rechazaban su enseñanza e intentaban matarle, igual que habían hecho con Esteban. Saulo no era cobarde, pero a insistencia de los discípulos, escapó a Cesarea para poder seguir predicando el evangelio como el poder de Dios para salvación.

## 6. PABLO EN TARSO; LA IGLESIA ES EDIFICADA
### 9: 30-31

30 **Cuando se enteraron de esto los hermanos,** — El hecho de que los discípulos de Jerusalén ayudaran a Saulo a que escapara, es una muestra de que lo habían aceptado en su comunión y estaban dispuestos a socorrerlo en todo lo que les fuera posible, de acuerdo a las enseñanzas de Cristo. Los hermanos lo ayudaron a llevarlo a Cesarea, la ciudad portuaria en el Mediterráneo, sobre la carretera entre Tiro y Egipto; equidistante de Jope y Dora; a unos 112 kilómetros de Jerusalén. Era el puerto marítimo desde el cual Saulo navegaría a Tarso. Parece que los hermanos acompañaron a Saulo hasta Cesarea. En Hechos 22: 17 Saulo ofrece una razón diferente por la que se fue de Jerusalén: Dios le reveló en visión que le esperaba más trabajo en otras áreas. En Gálatas 1: 21 Saulo nos dice que él fue de Jerusalén a Siria y Cilicia, por lo cual algunos creen que la "Cesarea" que aquí se menciona es "Cesarea de Filipos", que estaba localizada al pie del Monte Hermón, en el camino que conduce a Siria. Tarso era la ciudad natal de Saulo, que en sus propias palabras, era una "ciudad no insignificante de Galicia" (Hechos 21: 39). Saulo nos cuenta que estuvo predicando el evangelio en esa región (Gál. 1: 21-23), y se cree que tuvo mucho éxito allí (Hechos 15: 23, 41). Algunos creen que durante este período Saulo convirtió a Cristo a algunos de su parientes (Ro. 16: 7, 11, 21), y posiblemente a su hermana y su sobrino (Hechos 23: 16). Aunque en Jerusalén a Saulo se le negó el privilegio de predicar, Dios le abrió más puertas en otras regiones.

31 **Entonces las iglesias tenían paz por toda Judea.** — Algunas versiones leen "iglesias", pero el griego "ekklesía" está en singular. Para este tiempo había iglesias establecidas en toda Judea, Galilea y Samaria (Gál. 1: 22), pero Lucas todavía considera a los discípulos de Palestina como miembros de la iglesia grande en Jerusalén; o de otra manera, usa la palabra "ekklesía" en el sentido geográfico o colectivo para cubrir toda

Palestina. "Iglesia" se usa estrictamente en el sentido local en Hechos 8: 1, 3 y Mateo 18: 17; y en el sentido espiritual general, en Mateo 16: 18. La frase "la iglesia en toda Judea, Galilea y Judea, tenía paz", parece que aquí se usa en el sentido general. En esos días la iglesia era edificada por los predicadores y maestros del evangelio; y puesto que aún no se había escrito ni una sola palabra del Nuevo Testamento, toda la enseñanza era oral. "Edificada", del griego "oikodomoumene", que significa, "construir una casa". Este vocablo o figura del lenguaje es usado frecuentemente por Pablo; y Pedro habla de la "casa espiritual (1 Pedro 2: 5). Los grandes cambios políticos de este tiempo eran favorables para la paz en la iglesia. En el año 40 D. de C. Petronio fue nombrado gobernador de Siria, restaurando un gobierno firme. Ese mismo año el emperador Calígula ordenó que su estatua fuera colocada en el templo de Jerusalén, y los judíos tuvieron que usar todas sus energías para evitar esta forma de idolatría. El año 41 D. de C., Herodes Agripa I fue nombrado gobernador de Judea y Samaria. Estos sucesos evitaron que se repitiera la persecución que con impunidad había ocurrido los tres o cuatro años anteriores de anarquía. Así, los discípulos de Cristo aprovecharon la oportunidad para tener paz, continuar edificando la iglesia y gozar de la "consolación del Espíritu Santo". "Paz" aquí significa estar libres de guerra y persecución", ya fuera de judíos o de romanos. "Siendo edificadas" se refiere al crecimiento en el conocimiento de Cristo y un incremento del poder espiritual. "Se acrecentaban" se refiere al aumento en el número de lugares donde el evangelio había llegado con éxito, así como al incremento en el número de discípulos en esos lugares donde se había proclamado el evangelio.

## 7. LA SANIDAD DE ENEAS
### 9: 32-35

**32 Aconteció que Pedro, cuando recorría todos aquellos lugares** — En su narración, Lucas nos cuenta que Pedro y Juan fueron de Jerusalén a Samaria, a fin de impartir dones espirituales a los discípulos de allí; luego menciona lo que aconteció con Simón el mago; y aquí vemos que Pedro se quedó en Samaria. Luego Lucas nos narró la historia de Felipe y el eunuco, luego la conversión de Saulo y los acontecimientos que siguieron. Ahora la narración vuelve a enfocarse en Pedro. Hasta ahora bien se puede describir esta sección del libro como "los hechos de Pedro"; pero es evidente que sólo tenemos un bosquejo general de toda la obra de Pedro. Lucas no escribe una biografía de Pedro, sino que se limita a trazar los pasos que lo llevaron a jugar un papel importante en la gran obra de la conversión de los gentiles. Después de estar en Samaria, Pedro "recorría todos aquellos lugares", y por último "vino a los santos que habitaban en Lida". Otra vez se menciona a "los santos". "Lida" es la ciudad de Lod en el Antiguo Testamento (1 Cr. 8: 12; Esd. 2: 33; Neh. 7: 37; 11: 35). Lida estaba a unos 16 kilómetros de Jope, un día de camino de Jerusalén.

**33 Y halló allí a un hombre que se llamaba Eneas** — El nombre implica que Eneas pertenecía al grupo de discípulos helénicos. En su recorrido haciendo buenas obras, Pedro encontró a este hombre que había estado en cama por ocho años, y Lucas, siendo médico, nos dice específicamente la enfermedad que padecía: era paralítico. Esta palabra era usada por los médicos antiguos en un sentido más amplio que el que le dan ahora; incluía no sólo lo que hoy conocemos como parálisis, sino también la catalepsia y el tétano; calambres y trismo. Esta sanidad fue muy notoria debido al tiempo que el hombre había estado incapacitado.

**34 Y le dijo Pedro: Eneas** — Como en la sanidad del cojo en el pórtico del templo (Hechos 3: 6), Pedro aclara que él sólo es el mensajero de Cristo, de quien emana el poder de curar. No sabemos si Eneas era discípulo o no; pero es razonable pensar que era contado entre los "santos", y que Pedro fue traído hasta donde estaba el enfermo. Pedro le ordena: "Levántate, y haz tu cama". Literalmente le ordenó que se pusiera de pie y arreglara la cama, tarea que otros habían hecho por él en los ocho años anteriores. Esto significa que podía entender y de inmediato obedeció a Pedro, probando que la sanidad fue instantánea, completa y milagrosa. Seguramente Pedro recordó la vez que cuatro varones trajeron a Capernaum a un hombre para que fuera sanado por Jesús, quien le ordenó: "Levántate, toma tu lecho y anda" (Marcos 2: 1-11).

**35 Y le vieron todos los que habitaban en Lida** — Este milagro tuvo un efecto maravilloso sobre los habitantes de Lida. "Sarón" no era ciudad o pueblo, sino una región campestre de unos 48 kilómetros de longitud, entre Jope y Cesarea. Los que vieron la sanidad de Eneas ahora estaban listos para aceptar la predicación de Pedro, por lo que "se convirtieron al Señor". Esto significa que escucharon el evangelio, se arrepintieron de sus pecados, se bautizaron en Cristo, y eran contados entre "los santos", o sea, añadidos a la iglesia.

# 8. RESURRECCION DE DORCAS
## 9: 36-43

**36 Había entonces en Jope una discípula llamada Tabitá** — Jope estaba en la costa mediterránea, a unos 16 kilómetros de Lida. Allí vivía una cierta discípula llamada "Tabitá", que traducido quiere decir "Dorcas". El hecho de que ella sea llamada "discípula" demuestra que en el evangelio no hay diferencia entre varón y hembra (Gál. 3: 28). "Tabitá" es la forma aramea de un nombre propio hebreo que significa "gacela (Cantares 4: 5). El mismo significado tiene su equivalente griego "Dorcas". Se trataba de una mujer que "abundaba en buenas obras y en limosnas". Ya que no se menciona a su esposo, se deduce que era una mujer soltera. Desde el día de Pentecostés, Dorcas es la segunda mujer que se menciona por nombre; la primera fue Safira (Hch. 5: 1). No se nos dice cuáles eran las "buenas obras" que hacía Dorcas. Pero las viudas mostraban a Pedro "las túnicas y los vestidos que Dorcas hacía cuando estaba con ellas", y lo más probable es que esa ropa era donada a los pobres y las viudas, quienes eran la clase más desafortunada de aquellos tiempos. Dorcas no se cansaba de hacer esas buenas obras durante su vida.

**37 Y aconteció que en aquellos días** — Lucas no nos explica la enfermedad que le causó la muerte a Dorcas. Algunos piensan que se agotó por ayudar a los demás; pero esto es mera conjetura. El cuerpo fue puesto en un aposento alto, conforme a la costumbre judía, y se procedió a prepararlo para el entierro. No fue sepultada con la rapidez con que fueron enterrados Ananías y Safira; y posiblemente la demora sea una muestra de que los discípulos tenían fe de que algo se podía hacer.

**38 Y como Lida estaba cerca de Jope** — Pedro habitaba en Lida y Dorcas en Jope. Los amigos de Dorcas habían escuchado que Pedro estaba en Lida, por lo que "le enviaron dos hombres a rogarle: no tardes en venir a nosotros". Jope estaba a unos 16 kilómetros. Era demasiado tarde para llamar a un médico, pero no para traer a Pedro. No se nos dice la razón por la que enviaron a traer a Pedro; aunque algunos piensan que los discípulos anticipaban que Pedro la resucitaría. Ellos sabían que Pedro había realizado grandes milagros en el nombre de Jesús, aunque hasta ahora no se dice que Pedro hubiera resucitado a alguien. El llamado fue urgente y pidieron que Pedro viniera sin demoras; querían que Pedro se apresurara, pues el cadáver se descomponía con cada hora que pasaba.

**39 Levantándose entonces Pedro** — El apóstol respondió de inmediato al pedido urgente y acompañó a los varones que habían venido a traerlo. A su llegada, sin pérdida de tiempo lo llevaron al aposento alto donde yacía el cuerpo de Dorcas. Allí lo rodearon "todas las viudas", quienes lloraban y le mostraban la ropa que Dorcas había hecho. Las "viudas" eran las viudas pobres a quienes Dorcas había ayudado, o las que la había acompañado en las buenas obras que abundaban en su vida. "Túnicas", del griego "chitonas", que significa "ropa interior al estilo de camiseta, túnica". "Vestidos", del griego "himatia", que se refiere al manto, sobretodo, o ropa exterior. Dorcas había hecho esta clase de ropa y las viudas se las mostraban a Pedro y le rogaban que les ayudara en alguna forma. Esta era una escena muy triste: el cuerpo frío, tieso e inerte de Dorcas; las ropas y mantos que había hecho en vida para socorrer a tantos; y el llanto y sollozos de las viudas que lamentaban la pérdida de su amiga y hermana. Todo eso debe haber conmovido a Pedro.

40 **Pedro se puso de rodillas y oró** — Claro que Pedro recordó lo que Jesús había hecho en la casa de Jairo (Marcos 5: 40; Lucas 8: 54). Después de sacar a todos del aposento, Pedro se arrodilló y oró. La escena de Pedro orando solo ante un cadáver nos recuerda la oración de Elías (1 Reyes 17: 20), y la de Eliseo (2 Reyes 4: 33). Después de orar, Pedro se volvió al cuerpo, y dijo: "Tabitá, levántate". Pedro muestra una fe sublime en el nombre de Cristo, porque ordenó que un cuerpo muerto volviera a la vida. Estaba siguiendo fielmente el ejemplo que Jesús le puso en la casa de Jairo. Pedro había estado presente en tres ocasiones en que Jesús resucitó muertos: (1) la hija de Jairo, Marcos 5: 40, 41; (2) el hijo de la viuda de Naín, Lucas 7: 11-15; (3) Lázaro, Juan 11: 36-44. La que había estado muerta abrió los ojos, y al ver a Pedro, se incorporó. Se levantó como alguien que despierta de un sueño profundo. "Se levantó", del griego "anakazizo", y se encuentra sólo aquí y en Lucas 7: 15. Es un vocablo médico de uso frecuente.

41 **Y él, dándole la mano, la levantó** — Pedro extendió la mano y la ayudó a levantarse. Ya estaba viva y Pedro le dio la ayuda que necesitaba. En el caso de la hija de Jairo, Jesús le tomó la mano antes de volverla a la vida. Entonces Pedro, llamando a los santos y a las viudas, la presentó viva. Aquí se menciona a "los santos y las viudas", no dando a entender que las viudas no fueran "santas", sino para distinguirlas del cuerpo de discípulos, a quienes se les llama "santos", porque las viudas eran las que más sufrían por la muerte de Dorcas.

42 **Y esto fue notorio en toda Jope** — El milagro sirvió para confirmar la predicación del evangelio, y este suceso sobresaliente fue conocido por toda la gente, de modo que "muchos creyeron en el Señor". La fe de los discípulos fue fortalecida y otros creyeron en el Señor. El efecto de este milagro fue igual que el de la resurrección de Lázaro (Lucas 11: 45). No dice que "todos", como en el caso de Lida y Sarón

(verso 35), ya que Jope era una ciudad grande, y no todos los habitantes presenciaron el milagro.

**43 Se quedó bastantes días en Jope** — Otra vez "bastantes [muchos] días" se refiere a un tiempo considerable (Hechos 8: 11; 9: 23). Pedro se quedó a vivir en la casa de un varón llamado "Simón", curtidor de profesión. Puesto que no sabemos la duración exacta de "bastantes días"--que bien puede significar diez días, diez meses, o diez años--no podemos calcular con exactitud, la cronología de los sucesos. El trabajo de curtidor era abominable para los judíos, porque tenía que tocar animales inmundos. Parece que gradualmente Pedro iba dejando a un lado sus prejuicios judíos; esto lo prepara para la visión de la que leemos en el próximo capítulo.


## 9. LA VISION DE PEDRO
### 10: 1-16

**1, 2 Había en Cesarea un hombre llamado Cornelio** — En este tiempo Cesarea era la ciudad más importante de Palestina; su capital, por así decirlo. Fue edificada por Herodes el Grande como un puerto marítimo, el cual había fundado sobre las ruinas de Samaria. Se le dio el nombre de Cesarea en honor de Augusto César. "Cornelio" es un nombre romano, y es posible que este hombre haya sido descendiente de la gran familia de Cornelios en Roma; aunque el nombre también era común entre los romanos. Era un "centurión", es decir, jefe de una banda de cien soldados. "Centurión", del latín "centurio", que significa cien [como en centenario]. "De la compañía llamada la italiana", es decir, que los soldados que integraban esta compañía eran naturales de Italia. Estas compañías de soldados eran destacadas en cualquier parte del imperio donde se necesitaran. Posiblemente los soldados de esta compañía eran ciudadanos romanos que habitaban en Cesarea. Se dice que Cornelio era un varón "piadoso y temeroso de Dios con toda su casa, y que hacía muchas limosnas al pueblo, y oraba a Dios continuamente". Cornelio adoraba a Dios con toda devoción y enseñaba a su familia a hacer lo mismo; su generosidad era conocida entre los judíos necesitados, ya que los ayudaba con sus recursos. Constantemente oraba a Dios y parecía estar deseoso de conocer más del camino de Dios. Sin embargo, este hombre, aunque era bueno, aún no se había convertido o salvado.

**3 Este vio claramente en una visión** — Cornelio no estaba en un trance, sino que estaba orando cuando se le apareció un ángel. No estaba soñando, sino que "vio claramente en una visión". El griego "oromati" significa "algo visto"; y no es la misma palabra que se usa para describir el éxtasis de Pedro en el versículo 10. Los judíos tenían tres horas regulares de oración. La hora del sacrificio vespertino en el templo también era hora de oración; y esta era la hora novena en que Cornelio estaba orando. Se supone que era como a las tres de la tarde. Cornelio no dice que vio a un ángel, pero esa es la palabra que usan los hombres que envió para que trajeran a Pedro.

**4 El, mirándole fijamente** — Luego se atemorizó y exclamó: "¿Qué hay, Señor?" Parece que Cornelio reconoció el ángel de Dios como un mensajero divino, por lo que le llamó "Señor". Cornelio se atemorizó con la aparición repentina del mensajero. El ángel le respondió que "tus oraciones y tus limosnas han subido como un memorial delante de Dios". "Memorial" quiere decir "recordatorio" y se traduce del griego "mnemosunon", y se usa solamente otra vez en el Nuevo Testamento con referencia a María de Betania (Mt. 26: 13; Mr. 14: 9). Las oraciones de Cornelio habían ascendido como incienso y eran recordadas por Dios. Cornelio tenía suficiente fe para orar a Dios y rogarle que de alguna manera la contestara.

**5, 6 Envía, pues, ahora hombres a Jope** — El ángel da instrucciones específicas de lo que Cornelio debe hacer: que envíe hombres a Jope y traigan a Simón, que tiene por sobrenombre Pedro. La información divina para la salvación de Cornelio debe ser entregada por un instrumento humano. Nótese algunos de los detalles mencionados por el ángel: los hombres debían ir a Jope; debían hacer venir a un hombre llamado Simón; el sobrenombre de éste era Pedro; estaba hospedado en casa de otro Simón, curtidor de profesión; la casa de Simón el curtidor estaba junto al mar. Primero se menciona el nombre judío "Simón" y después el nombre de "Pedro". El predicador que debía hacer venir es descrito e identificado minuciosamente. Luego se menciona la ciudad donde estaba residiendo el predicador; así como el nombre y ocupación del hombre con quien estaba hospedado. Por último el ángel le da la dirección exacta de la casa. Con estas instrucciones tan detalladas, los mensajeros de Cornelio no tendrían dificultades para localizar a Pedro sin demoras. Probablemente Felipe el evangelista estaba en Cesarea (Hechos 8: 40) y no se nos dice la razón por la que Felipe no fue llamado para esta tarea. Pero recordemos que Pedro tenía "las llaves del reino de los cielos" (Mt. 16: 19), y por inspiración del Espíritu Santo a él correspondía explicar a Cornelio las condiciones para la salvación de los gentiles; a él le tocaba abrir la puerta de la predicación a los gentiles.

**7, 8 Tan pronto como se fue el ángel** — Al instante que el ángel terminó de dar las instrucciones a Cornelio, el centurión hizo los preparativos necesarios para obedecer las órdenes. Cornelio llamó "a dos de sus criados, y a un devoto soldado de los que le servían constantemente", y los despachó inmediatamente. El ángel "se fue", aparentemente igual que un hombre caminando, pues no se dice que se "desapareció", como ocurrió con Jesús después de su resurrección (Lucas 24: 31). Cornelio escogió a hombres de su entera confianza: dos de sus criados y un soldado devoto. Probablemente los dos criados tenían la encomienda de darle el mensaje a Pedro y el soldado se encargaría de cuidarlos. Parece que emprendieron el camino esa misma noche, puesto que llegaron a su destino al mediodía del día siguiente, tras viajar 48 kilómetros. Cornelio les "contó" todo lo que había acontecido antes de enviarlos en su misión a Jope. Cornelio puso mucha fe en el mensaje del ángel y mucha confianza en estos tres varones a quienes envió para que trajeran a Pedro; después de haberles contado la visión y conversación con el ángel. Ellos lo escucharon con respeto y se apresuraron a obedecer sus órdenes.

9 **Al día siguiente, mientras ellos iban por el camino** — Los techos de las casas de aquellos lugares eran construidos planos, con una escalera por un lado de la casa para llegar hasta la azotea. El techo de la casa era el lugar acostumbrado de adoración y conversación, como la sala de las casas modernas. Samuel escogió la azotea para conversar con Saúl antes de ungirlo como rey (1 S. 9: 25, 26). Las azoteas también eran usadas para propósitos religiosos (Jer. 19: 13; Zac. 1: 5). En los versículos 23 y 24 aprendemos que el viaje de Jope a Cesarea tardó más de un día, de modo que la visión de Cornelio ocurrió un día antes del éxtasis de Pedro; así que, los criados de Cornelio casi tuvieron tiempo de llegar a Jope antes de que Pedro se preparara para recibirlos. La distancia entre Jope y Cesarea era de unas 30 millas romanas. Pedro había subido a la azotea para orar, cerca de la hora sexta o las doce del mediodía. Los judíos tenían tres horas del día para orar: la hora tercera, o nueve de la mañana; la hora sexta, o doce del mediodía; y la hora novena, o las tres de la tarde.

10 **Sintió hambre** — "Hambre", del griego "prospeinos", y significa "con mucha hambre", y describe lo que en forma figurada llamaríamos "muriéndose de hambre". Su apetito era grande y "deseaba comer". Tanto su hambre como el deseo de saciarla eran tan fuertes, que no los podía controlar. Casi era mediodía y en casa de Simón el curtidor estaban preparando la comida de esa hora. Estando en esa condición de hambre extrema, Simón cayó en un "éxtasis". "Extasis" es casi una forma castellana del griego "ekstasis", y quiere decir "trance, arrobamiento, estado hipnótico" del cual uno entra y sale (Hechos 11: 5; 12: 11; 22: 17). Un trance es diferente a una visión. En un "éxtasis" los sentidos

corporales quedan semidormidos o inactivos; mientras que en una visión uno está despierto y conserva todos los sentidos corporales. Pedro tuvo una visión mental, pero no un sueño; porque el éxtasis también es diferente del sueño.

11, 12 **y vio el cielo abierto** — En este éxtasis Pedro vio que descendía algo semejante a un gran lienzo, que atado de las cuatro puntas era bajado a la tierra. Lo que Pedro vio fue como un lienzo sostenido desde los cuatro puntos cardinales. En ese manto o lienzo había "toda clase de cuadrúpedos terrestres, reptiles y aves del cielo". Esta clasificación incluía ovejas, bueyes, cerdos y otros animales de cuatro patas, así como reptiles y todo tipo de pájaros. Había una mezcla de animales limpios e inmundos. La visión representaba toda la creación animal, pero no se incluye a los peces, quizá porque tampoco se ve agua. Había peces limpios e inmundos (Lv. 11: 9; Dt. 14: 9). Nótese que el lienzo incluye tres clases de animales: cuadrúpedos, reptiles y aves. Todo en gran cantidad. Los mejores textos excluyen la frase "bestias salvajes".

13 **Y le vino una voz: levántate** — Ya que Pedro tenía mucha hambre antes de caer en el éxtasis, aquí se le presenta el medio para satisfacer su necesidad. Se puede deducir que ya se había abrogado la ley de Moisés que hacía la distinción entre animales limpios y los inmundos, ya que se le ordena que mate y coma de todo lo que ve. A Pedro se le ordena que se ponga de pie, es decir, que se levante de su postura inclinada o de rodillas en que se encontraba orando. Había animales limpios e inmundos, pero los animales limpios ya se habían vuelto inmundos por su contacto con los animales inmundos. Ahora a Pedro se le ordena que haga a un lado la ley de Moisés, y que al comer, elimine la distinción entre judíos y gentiles.

14 **Pedro dijo:, Señor, de ningún modo** — Pedro se niega a satisfacer su hambre, porque ello significaba violar la ley que lo había gobernado como judío, argumentando que jamás había comido "ninguna cosa común o inmunda". Esta era una de las distinciones que separaba a los judíos de los gentiles, pero Pedro va a aprender que existe una distinción mejor y más correcta entre el pueblo de Dios y los paganos; es más que la forma de distinguir entre las diferentes clases de animales que se utilizan como alimento. Por la respuesta que dio, Pedro muestra su impetuosidad acostumbrada; es cortés pero firme en su negativa; y ofrece una razón por su firmeza. Nunca antes había violado esta ley y declara firmemente que tampoco ahora lo hará.

15, 16 **Volvió la voz a él la segunda vez** — Tras la negativa clara y enfática de Pedro, la voz dijo: "Lo que Dios ha purificado, no lo llames tú común" [impuro]. Estaba clara la lección para Pedro: no debía tener por impuro lo que Dios había purificado. Esto se hizo tres veces. ¿Significa que toda la visión se repitió tres veces, o que la voz repitió la orden tres veces? Algunos creen que fue la visión la que se repitió tres veces; mientras para otros, fue la orden la que se repitió tres veces para enfatizar esta lección: Pedro no debía llamar inmundos o impuros a los gentiles, ya que Dios había hecho arreglos para darles las bendiciones de la salvación mediante Cristo. Parece que el lienzo descendió del cielo una sola vez y después volvió a ser recogido. Pedro aprendería después que todas las naciones pueden ser admitidas al reino de Dios si cumplían con las mismas condiciones del evangelio.

## 10. LA CONVERSION DE CORNELIO
### 10: 17-48

**17, 18 Y mientras Pedro estaba perplejo** — Parece que Pedro salió del éxtasis y quedó perplejo y confuso sobre el significado de la visión. Aparentemente Pedro comprendió la visión, pero no su aplicación o importancia espiritual. Estaba en esta condición "perpleja" cuando los tres varones enviados por Cornelio llegaron a la puerta de la casa de Simón el curtidor, preguntando si allí se hospedaba Simón Pedro. Con las instrucciones detalladas y preguntando, los mensajeros de Cornelio habían localizado la casa donde estaba viviendo Pedro y ahora preguntan por él. El escritor Lucas se esfuerza para aclarar la estrecha conexión de la dirección providencial en cada paso que dieron los mensajeros de Cornelio, desde Cesarea hasta llegar a Pedro en Jope. Poco después, Pedro comprendió claramente que se trataba de acontecimientos providenciales controlados por la mano de Dios, y no de meras coincidencias.

**19 Mientras Pedro meditaba sobre la visión** — Pedro estaba meditando y tratando de resolver aquel misterio, cuando el Espíritu Santo le dijo: "Mira, te buscan tres hombres". El apóstol estaba dándole vueltas a la visión en su mente, buscándole significado, cuando el Espíritu Santo interviene y le dirige. Ahora "la voz" ya no parece venir del cielo al oído externo, pero fue escuchada en lo más recóndito del alma. Ahora se le dan más instrucciones de lo que debe hacer.

**20 Levántate, pues, y desciende** — A Pedro se le dice que no debe titubear ni dudar del significado de la extraña visión, debe entender que vino de Dios y que debe obedecerla. Iba a caminar como con los ojos vendados, pero confiando en la seguridad de la fe en la mano que lo estaba guiando. Como en otra vez anterior (Juan 13: 7), Pedro todavía no sabía lo que estaba haciendo su Señor, aunque pronto lo sabría. Pedro y los mensajeros de Cornelio actuaban por la dirección de Dios. Aquí vemos la mano divina trayendo al predicador del evangelio a la presencia de alguien que necesitaba la salvación. Las dos visiones, la de Cornelio en Cesarea, y la de Pedro en Jope, ocurrieron para enseñar la misma verdad: Dios llama a los judíos y gentiles a la salvación mediante el mismo evangelio.

**21 Entonces Pedro, descendiendo adonde estaban los hombres** — De inmediato Pedro desciende de la azotea y le dice a los mensajeros de Cornelio: "Yo soy el que buscáis; ¿cuál es la causa por la que habéis venido?" Pedro todavía no sabía la razón por la que habían llegado aquellos varones. Hasta ahora el apóstol había aprendido tres cosas: (1) Que Dios estaba para enseñarle una verdad nueva, pero su carácter preciso todavía no estaba muy claro; (2) que el Espíritu Santo le había enviado a estos tres mensajeros; (3) que debía ir con ellos. Pedro podía hablar con los varones e informarse sobre la razón de su visita; la luz que le dieran a su visión le ayudaría a entender mejor su significado.

**22 Ellos dijeron: Cornelio el centurión** — Los mensajeros no perdieron tiempo, sino que inmediata, breve y directamente le dieron todo el mensaje que les había encargado Cornelio. Ellos dicen que Cornelio era un "varón justo y temeroso de Dios, y que tiene buen testimonio en toda la nación de los judíos". Después de describir a Cornelio, los mensajeros le dicen que Dios le había ordenado por medio de "un santo ángel", que hicieran que Pedro viniera a su casa para escuchar las palabras que él hablase. Es muy probable que esto haya servido para recordar a Pedro el caso de otro centurión, cuyo nombre no se registra, que estaba en Capernaum, y que había construido una sinagoga para los judíos (Lucas 7: 5). Dios tenía un mensaje para Cornelio a través de Pedro. Pedro tenía el evangelio, el poder de Dios para salvar; y Cornelio era un hombre que necesitaba la salvación; por lo tanto, Cornelio necesitaba escuchar las palabras que Pedro tenía para él.

**23 Entonces, haciéndoles entrar, los hospedó** — De acuerdo a algunos eruditos, entre ellos los traductores de la Standard Versión [en inglés], debía terminar el versículo veintidós. El Nuevo Testamento fue dividido en versículos por Robert Stephen en 1551 y desde entonces se ha seguido en la mayor parte de las versiones. Habría sido mejor incluir la primera oración del versículo 23 en el 22, porque así corresponde a la división de párrafos.

**Y al día siguiente, levantándose** — Pedro hospedó a los tres varones y al día siguiente estaba listo para emprender camino hacia Cesarea. El apóstol escogió a seis hermanos judíos para que lo acompañaran (Hechos

11: 12). Estos seis hermanos son llamados "creyentes de la circuncisión". Los llevó para que lo acompañaran y para que si fuera necesario, le sirvieran de testigos de todo lo que Pedro hiciera, y para que explicaran por qué Pedro actuó de la manera que lo hizo. Es muy probable que Pedro les haya contado el mensaje de los criados de Cornelio, así como de su propia visión en el éxtasis, y lo que el Espíritu Santo le había dicho.

**24 Al día siguiente entraron en Cesarea** — Después de haberlos hospedado por la noche, Pedro viajó a Cesarea acompañado de seis hermanos judíos. Llegaron a Cesarea como a las tres de la tarde del segundo día después que salieron de Jope. Parece que Pedro y sus compañeros se tardaron más para realizar el viaje desde Jope a Cesarea, que lo que los tres mensajeros de Cornelio se había tardado en recorrer el trayecto en sentido contrario. Cornelio estaba esperando, y aunque no sabía la hora exacta, había "convocado a sus parientes y amigos más íntimos" para escuchar lo que dijera Pedro. Todo este grupo de personas llegó a Cesarea cuatro días después de que Cornelio había enviado a sus mensajeros (versículo 30). Es posible que Pedro y su comitiva no hayan salido de Jope tan rápido y temprano como podríamos esperar, puesto que llegaron a su destino en Cesarea como a las tres de la tarde del día siguiente. Cabe anotar que cuando Pedro llegó, sólo estaban presentes Cornelio, sus parientes, y sus amigos más íntimos.

**25 Cuando Pedro entró** — Al llegar a la casa de Cornelio, el centurión lo recibió con todo respeto, y "postrándose a sus pies, lo adoró". Trató de darle honra, pues lo consideraba un mensajero de Dios. "Lo adoró", del griego "prosekunesen", que significa, un alto grado de reverencia, y no necesariamente adoración, ya que Cornelio no era idólatra, y es improbable que haya adorado a Pedro como a un dios. No obstante, parece que Pedro entendió que Cornelio estaba rindiéndole adoración.

**26 Mas Pedro le levantó** — Claro que Pedro comprendió que Cornelio no sólo le estaba rindiendo homenaje, porque sus acciones eran más de adoración; por lo cual lo corrigió,  y levantándolo, añadió: "Yo mismo también soy hombre". Pedro no quiso recibir el homenaje que Cornelio le daba, porque pertenece solamente a Dios y no a los hombres.

**27 Y conversando con él** — La presentación y conversación comenzó fuera de la casa, y después siguieron caminando y entraron. Al entrar, Pedro encontró "a muchos que se habían reunido". La conversación con Cornelio había sido prolongada, como lo implica el original griego de donde se traduce "conversando con él". El número de los reunidos en la casa de Cornelio indica la influencia y prominencia del centurión.

**28 Y les dijo: Vosotros conocéis perfectamente** — Ahora Pedro ofrece una explicación por su visita a casa de Cornelio, quien era un gentil. Apela al conocimiento de Cornelio y sus amigos sobre la conducta estricta de los judíos en sus relaciones con los gentiles. Pedro dice que es "abominable" para un varón judío juntarse o acercarse a un extranjero. "Abominable", del griego "azemitos", que significa, contrario a la ley o la costumbre, ilícito. Este vocablo se usa solamente dos veces en este sentido en el Nuevo Testamento y es Pedro quien lo usa las dos veces, la primera en este texto, y la segunda en 1 P. 4: 3; significa: violación del orden establecido. La situación en que se encuentra Pedro es rara y fuera de lo normal, tanto que Pedro se siente obligado a disculparse por su conducta ante los romanos. La ley ceremonial de separación, en parte comprendida en la ley de Moisés y otra parte en las tradiciones judaicas, era un muro, una pared difícil de superar. Sin embargo, Dios le había mostrado a Pedro en la visión sobre la azotea, que "a ningún hombre llame común o inmundo". Quizá en este momento Pedro comprende todo el significado con más claridad que antes.

**29 Por lo cual, al ser llamado, vine sin replicar** — Pedro se quedó muy impresionado con la lección que había recibido, de modo que tan pronto como supo lo que Dios quería que hiciera, sin pérdida de tiempo obedeció y vino, "sin replicar, sin dudar o sin contestar". Ahora les pregunta "¿Por qué causa me habéis hecho venir?" No anda con rodeos; no pierde tiempo; Pedro le pregunta a Cornelio, el motivo por el cual este gentil lo mandó a traer. Quizá Pedro todavía no había sido instruido por el Espíritu Santo y el plan divino era que Cornelio le revelara la visión que tuvo con el ángel. Así Pedro podía combinar su propia visión con la de Cornelio y saber lo que Dios quería que hiciera.

**30, 31 Entonces Cornelio dijo: Hace cuatro días** — La frase "hace cuatro días" ha sido interpretada de varias formas, en parte por las diferencias en los textos griegos. Algunos manuscritos leen "desde el cuarto día hasta esta hora, la novena, yo estaba orando en mi casa; cuando un varón se paró en mi presencia con vestiduras resplandecientes". El texto griego parece indicar que en el momento mismo en que Cornelio estaba hablando con Pedro, la hora novena, se estaban cumpliendo cuatro días exactos desde que el centurión recibió la visión. Esto significa que Pedro llegó a la casa de Cornelio a la hora novena o un poco después. Cornelio relata su experiencia a Pedro, a los seis hermanos judíos, a sus parientes y a sus amigos íntimos que se habían reunido. La mejor forma de estudiar y entender estos versículos es comparándolos con el verso 3. En el relato de Cornelio no se revela ningún punto adicional.

**32 Envía, pues, a Jope** — Aquí Cornelio repite la misma información de los versos 5 y 6, sin agregar datos adicionales. La frase "cuando llegue, él te hablará" no se encuentra en los mejores manuscritos griegos.

**33 Así que luego envié por ti** — Cornelio obedeció la orden de enviar por Pedro la misma tarde que recibió la visión. "Tú has hecho bien en venir", le dice a Pedro. Ahora lo anima a cumplir con su misión, diciéndole "todos nosotros estamos aquí en la presencia de Dios, para oír todo lo que Dios te ha ordenado". Cornelio elogia a Pedro por su valor en hacer a un lado las costumbres judías, y no se siente ofendido por la implícita superioridad de los judíos sobre los gentiles. Le asegura que él y sus amigos más íntimos están listos para escuchar el mensaje que Dios le ha dado. Esta audiencia era terreno fértil para la predicación del evangelio a los gentiles. No sólo estaban "ante la presencia de Dios", sino también listos "para oír" todo lo que Dios ordenara. Cornelio reconoce que Pedro era un mensajero de Dios, y por lo tanto, espera su mensaje de Dios.

**34, 35 Entonces Pedro, abriendo la boca** — En el Nuevo Testamento frecuentemente se usa la expresión "abriendo la boca" como expresión solemne para decir "empezó el discurso" (Mt. 5: 2; 13: 35; Hch. 8: 35; 18: 14). "En verdad comprendo que Dios no hace acepción de personas" expresa la realidad de que Pedro ahora sí está convencido de que Dios le dio una visión a Cornelio y un mensaje al apóstol en la azotea con el fin de que Pedro entendiera que Dios no hace acepción de personas; que la barrera entre judíos y gentiles había sido derribada por Cristo. Dios no hace acepción de personas, pero sí de los caracteres. El que hace acepción de personas es el que trata o recibe a los demás, no según o que son, sino de acuerdo a sus circunstancias externas, como las riquezas, posición social, nacionalidad o color de la piel. Todos los hombres necesitan la salvación; Dios los ama a todos y Cristo murió por todos; y existe un solo plan de salvación para todos; por lo tanto, los que fielmente cumplen las condiciones, reciben la salvación. Ahora Pedro comprende que los gentiles pueden disfrutar la salvación en Cristo, así como los judíos. Dios lo había enviado entre los gentiles, habiéndolo preparado para la misión mediante una visión. Pedro acababa de aprender que él, como judío, no se había contaminado o profanado ante la presencia de Dios, por juntarse con los gentiles. Pedro también había comprendido que el gentil es igual que el judío ante los ojos de Dios, y que el Creador los trata igual.

**36 El envió la palabra a los hijos de Israel** — Pedro también aprendió que el evangelio que vino a los judíos también era para los gentiles, porque Jesucristo "es Señor de todos". La "palabra" de salvación que sobre el Cristo había proclamado Juan Bautista, después por Jesús mismo y sus apóstoles, y ahora por los discípulos, era el "evangelio de la paz" que se disfruta en Cristo. Ya que el evangelio es un mensaje de paz, los judíos y gentiles se reconcilian en Cristo obedeciendo las buenas nuevas. Cristo es Señor, no sólo de los judíos, sino también de los gentiles, y de todo el mundo.

37 **Vosotros sabéis** — Pedro dice que Cornelio y los suyos sabían algo sobre Jesús de Nazaret, puesto que Cesarea estaba en Palestina, provincia que por todos los rincones había recibido noticias de Jesús. Es posible que Cornelio haya estado en Jerusalén durante el ministerio personal de Jesús; pero de todos modos, Pedro dice que el centurión sabía estas cosas, porque "se divulgó por toda Judea, comenzando desde Galilea". Durante su ministerio personal, Jesús había evangelizado Judea y Galilea; y después de la muerte del Señor, sus apóstoles habían predicado en Jerusalén, Judea y Samaria; además, los que fueron esparcidos de Jerusalén, iban predicando por todas partes (Hechos 8: 1, 4). Pedro limita la publicación de este evangelio al tiempo de Juan Bautista. Durante la comisión limitada, la predicación oral del evangelio comenzó con el bautismo de Juan y terminó con la muerte de Jesucristo. Las obras de Cristo eran tan conocidas por todas partes, que Cornelio tenía que haber tenido algún conocimiento al respecto; por lo cual Pedro usa eso como base para enseñarles.

38 **cómo ungió Dios. . . a Jesús de Nazaret** — Para distinguir de cuál Jesús está hablando, Pedro le llama "Jesús de Nazaret", a quien Dios lo había ungido con el Espíritu Santo y le había dado potestad de hacer milagros. La unción del Espíritu le fue dada cuando fue bautizado (Lucas 3: 22). Después del bautismo Jesús "pasó haciendo el bien" y utilizando el poder que Dios le había dado, para "sanar a todos los oprimidos por el diablo". Los que tenían demonios y espíritus malignos estaban oprimidos por el diablo, y Pedro reconoce que el diablo es real. La razón por la que Jesús podía hacer todo era que "Dios estaba con él". Nicodemo había confesado que "nadie puede obrar estas señales, a menos que Dios esté con él" (Juan 3: 2).

39 **Y nosotros somos testigos de todas las cosas que hizo** — Ya Jesús había hecho testigos a sus discípulos (Hch. 1: 8). Los apóstoles lo habían seguido desde el principio de su ministerio hasta la crucifixión; lo habían visto después de la resurrección, y también lo vieron ascender al Padre; por lo cual podían ser testigos "tanto en la tierra de Judea, como en Jerusalén". Ellos ya habían testificado de Jesús en Jerusalén y en Judea. Pedro podía decir que Cornelio había *oído* de estas cosas, pero los apóstoles las habían *visto*; Pedro las conocía de primera mano y era un

testigo competente. Pedro podía dar "santo y seña", todos los detalles de dónde, cómo, cuándo, con quién y todas las circunstancias que rodeaban a Jesús, cosas de las cuales Cornelio sólo había escuchado. Los judíos, en cuya tierra acontecieron todas estas obras maravillosas, mataron a Jesús de Nazaret, "colgándole en un madero", expresión que Pedro había utilizado en otra ocasión (Hch. 5: 30). En Hechos 2: 23 Pedro había dicho que la crucifixión de Jesús fue un acto de los principales de los judíos y el pueblo de Jerusalén, no del gobernador romano.

40, 41 **A éste, Dios le resucitó al tercer día** — Nuevamente Pedro hace un contraste entre lo que el pueblo hizo con Jesús y lo que Dios hizo con él. La gente lo crucificó, pero le resucitó al tercer día; por lo tanto, la gente actuó en contra de la voluntad de Dios. Los apóstoles eran testigos y también Dios dio testimonio, levantándolo de los muertos. Los judíos pensaban que habían destruido a Jesús cuando lo crucificaron, pero con esta acción, lo que hicieron fue darle a Dios la oportunidad de probar sin lugar a dudas, que Jesús era el Mesías, su Hijo. Pedro aclara que Jesús apareció a los apóstoles, no "a todo el pueblo, sino a los testigos que Dios había escogido de antemano. Dichos testigos no se engañaron o pensaron haber visto algo, porque "comieron y bebieron con él después que resucitó de los muertos". Para nosotros es difícil comprender cómo es que Jesús pudo comer y beber después de resucitado, como lo afirma Pedro aquí y también Lucas 24: 41-43. Con esto Pedro da a entender que no existía la más mínima posibilidad de que estos testigos hubieran sido engañados.

42 **Y nos encargó que predicásemos** — Pedro y los demás no sólo iban a ser testigos de Cristo, sino que debían predicar su mensaje a los demás, a toda la creación (Marcos 16: 15). Aquí Pedro explica a Cornelio que Cristo le había encomendado la misión de predicar lo que había visto y oído, todo lo que había experimentado. Una de las cosas que debía proclamar es que Jesucristo murió por los pecados del mundo, que fue sepultado y que ascendió al Padre, quien le designó como "Juez de vivos y de muertos". Cristo es Juez, siendo su vida y carácter la norma por la cual cada hombre se debe juzgar a sí mismo; él nos muestra la forma ideal de vivir y en el día final será el Juez de "vivos y muertos", es decir, de todos, pues la frase incluye el pasado, el presente y el futuro.

43 **De éste dan testimonio todos los profetas** — Todos los profetas predijeron la venida de Cristo, como Pedro mismo había declarado anteriormente: "Todos los profetas desde Samuel en adelante, cuantos han hablado, también han anunciado estos días" (Hch. 3: 24). Lo más importante que predijeron los profetas, y de lo cual testificaban los apóstoles, era que "todo el que crea en él, recibirá perdón de pecados por

su nombre". Pedro declara que toda la profecía del Antiguo Testamento daba testimonio o predecía del alcance universal del evangelio, y que la condición para ser salvo es la obediencia a Cristo. La remisión de pecados es en el nombre de Jesús y pertenece a los que creen en él; como ya antes Pedro había dicho, que "en ningún otro hay salvación; porque no hay otro nombre bajo el cielo, dado a los hombres, en que podamos ser salvos" (Hch. 4: 12). El día de Pentecostés también fue Pedro quien contestó a los creyentes que preguntaron lo que debían hacer, que se arrepintieran y se bautizaran . . . en el nombre de Jesucristo para perdón de los pecados" (Hch. 2: 38).

**44 Mientras aún hablaba Pedro** — Sabemos que Cornelio y sus visitantes estaban muy atentos e interesados en lo que Pedro les estaba diciendo, emocionados intensamente, cuando de repente, "el Espíritu Santo cayó sobre todos los que oían el mensaje". El Espíritu no vino por la imposición de las manos, sino directamente como cuando descendió sobre los judíos en el día de Pentecostés (Hch. 11: 15). Antes de que Pedro concluyera formalmente su sermón, fue interrumpido por el Espíritu Santo. Joel había profetizado que Dios derramaría su Espíritu "sobre toda carne" (Hch. 2: 17). Los judíos ya lo habían recibido el día de Pentecostés, y ahora cae sobre los gentiles; por lo cual, ahora "toda carne" había recibido el Espíritu Santo, pues en ese tiempo la raza humana estaba dividida en judíos y gentiles.

**45 Y todos los creyentes que eran de la circuncisión** — Pedro había traído consigo a seis hermanos judíos, que aquí se les describe como "creyentes que eran de la circuncisión". De aquí en adelante Lucas se refiere a dos clases de discípulos: judíos y gentiles. Los discípulos judíos que habían venido con Pedro desde Jope se quedaron asombrados, atónitos de que el don del Espíritu Santo también se hubiera derramado sobre los gentiles. Este milagro confirmó lo que Pedro había dicho, y con una prueba mayor de lo que tal vez Pedro esperaba: estos gentiles tenían fe y la manifestación milagrosa del Espíritu Santo bien puede ser llamada un bautismo del Espíritu Santo.

**46, 47 Porque los oían que hablaban en lenguas** — Esto significa que hablaban con nuevas y extrañas lenguas, como en el día de Pentecostés (Hch. 2: 4, 11). Con estas lenguas o idiomas alababan a Dios. En esta ocasión había la misma necesidad de una manifestación externa del Espíritu Santo, así como el día de Pentecostés. El hablar en lenguas siempre acompañaba el bautismo del Espíritu Santo. Esto convenció a Pedro, quien preguntó si alguien podía impedir el agua para que fueran bautizados todos ellos, los que habían recibido el Espíritu Santo. Como argumento Pedro dice que Cornelio y los suyos habían recibido el

Espíritu Santo "también como nosotros"; razón por la cual tenían derecho a todos los privilegios del evangelio. Ellos habían creído el testimonio de Pedro, es decir, habían creído en Jesús, y está claro que se habían arrepentido de todos sus pecados, porque no podían ser salvos de otra manera; ahora lo que les falta es bautizarse. El bautismo era uno de los requisitos previos para obtener la remisión de los pecados.

**48 Y ordenó que fuesen bautizados** — Pedro hablaba con la autoridad de Dios y la dirección del Espíritu Santo; por lo tanto, era Dios quien les ordenó a través de Pedro, que se bautizaran "en el nombre del Señor Jesús". Pedro y los seis hermanos judíos podían bautizar a este grupo de personas en poco tiempo, pero Pedro ordenó que otros fueran los que bautizaran. Pablo no bautizaba a todos, como se deduce de sus epístolas a los corintios (1 Co. 1: 14-17). Probablemente Pedro haya hecho esto con el mismo motivo. Después de ser bautizados le rogaron a Pedro y los otros hermanos, que "se quedasen por algunos días". Se puede deducir que Pedro se quedó con Cornelio por algún tiempo.

## 11. PEDRO JUSTIFICA SU PREDICACION A LOS GENTILES
### 11: 1-18

**1 Oyeron los apóstoles y los hermanos** — Entre Jerusalén y Cesarea, donde habitaba Cornelio, había una distancia de 113 kilómetros, y no sabemos cuánto se tardó en llegar a Jerusalén la noticia de la conversión de Cornelio y su casa. Sabemos que Cornelio rogó a Pedro y los hermanos que lo acompañaban a que se quedaran "por algunos días" y se deduce que accedieron. La noticia de la conversión de Cornelio, especialmente la visita de Pedro a la casa de un gentil, sorprendió a los cristianos judíos, porque aún no habían comprendido que el evangelio también era para los gentiles, y no sólo para los judíos. Tampoco habían oído nada sobre la visión que Pedro recibió y la orden divina de ir a los gentiles. Parece que las noticias llegaron a Jerusalén y las otras iglesias de Judea antes de que Pedro regresara de Cesarea.

**2, 3 Y cuando Pedro subió a Jerusalén** — Los seis hermanos judíos que habían acompañado a Pedro en viaje de Jope a Cesarea, ahora vienen con el apóstol hasta la ciudad de Jerusalén. Ahora podemos ver más claramente la razón por la cual Pedro llevó a estos hermanos con él a Cesarea: para que fueran testigos. Parece que Pedro fue a Jerusalén a defender sus acciones y a compartir con la iglesia de allí las noticias de cómo los gentiles habían recibido el evangelio. "Los que eran de la circuncisión", o los cristianos judíos "disputaban" con Pedro, acusándolo que había "entrado en casa de hombres incircuncisos, y comido con ellos". "Disputaban", del griego "diekrinonto", que aquí significa "separarse, tomar el lado contrario, rajar, partir". Desde su llegada a Pedro lo ponen a la defensa. Una cosa muy clara es que a Pedro no se le consideraba un "señorón" o "papa". Probablemente los judíos cristianos discutían con Pedro que la diferencia entre judíos y gentiles debía seguir en la iglesia; y que, por consiguiente, no podían mezclarse socialmente con los gentiles, los incircuncisos, ni comer con ellos. "Incircuncisos", varones que no habían sido circuncidados, es una frase despectiva. No se oponían a que Pedro predicara a los gentiles, pero sí objetaban que fuera a su casa y comiera con ellos.

4-6 **Entonces comenzó Pedro a contarles** — Cuando Pedro vino a los otros "apóstoles" y los "hermanos" les explicó detalladamente las razones por las que él se había convencido que Dios quería que el evangelio fuera predicado a los gentiles. Al presentarles los hechos que lo convencieron a él, Pedro esperaba que esos mismos argumentos convencieran a los judíos, de que los gentiles también debían recibir las bendiciones del evangelio. Se había realizado una gran obra en el nombre de Jesús y a Pedro se le pide que defienda su participación. La paciencia y cordura de Pedro al explicarles punto por punto todo lo sucedido se contrasta con la animosidad manifiesta en sus acusadores. El relato de Pedro fue tan sencillo y verdadero como convincente. Les contó exactamente dónde estaba, lo que estaba haciendo y todas las cosas relacionadas con su éxtasis.

7-10 **Y oí una voz que me decía** — Hay algo muy claro para Pedro con respecto a su conducta y la de los apóstoles y los hermanos de Jerusalén. Se le había acusado de haber entrado a casa de incircuncisos y de haber comido con ellos (verso 3). El tema era la admisión de los gentiles en la iglesia sin que primero se hicieran prosélitos judíos. Por inspiración del Espíritu Santo, el escritor Lucas consideró necesario darnos las dos versiones de este suceso, una en el capítulo 10 y la que nos ocupa en este capítulo. Esto subraya la importancia de este acontecimiento. Dios mismo, el Dios de los judíos, había dirigido a Pedro para que hiciera lo que había llevado a cabo (versos 5-10). Dios había convencido a Pedro con una vívida ilustración durante un éxtasis (verso 6). Dios había ordenado a Cornelio que enviara por Pedro; y para confirmarlo, un ángel fue usado para darle el mensaje. Estos gentiles se hicieron cristianos sin que primero tuvieran que convertirse en judíos; y el Espíritu Santo había caído sobre ellos igual que sucedió con los judíos el día de Pentecostés. Durante su ministerio los judíos pidieron a Jesús una "señal del cielo" y ahora eso es lo que Pedro les presenta a los discípulos (Mt. 16: 1; Lc. 11: 16).

**11-14 Llegaron tres hombres a la casa** — Pedro narra los detalles en el orden en que sucedieron, para que así como a él le impresionaron los sucesos, también los discípulos queden impresionados. Apenas había terminado la visión de Pedro, cuando llegaron los varones de Cesarea preguntando por él. Otra evidencia es que el Espíritu Santo ordenó a Pedro que fuera con ellos sin dudar y sin hacer distinción. Es decir, que Pedro debía llevar el evangelio a los gentiles con la misma libertad con la que predicaba a los judíos. "Estos seis hermanos", dice Pedro, me acompañaron en aquella ocasión y pueden dar testimonio de que los gentiles recibieron el Espíritu Santo. Si Pedro era culpable de algo indebido, también lo hubieran sido los otros seis hermanos judíos que lo acompañaron. Está muy claro que Pedro no fue a visitar a los gentiles y comer con ellos por iniciativa propia, sino bajo las órdenes directas de Dios y el Espíritu Santo. Y de todo lo acontecido había seis testigos.

**15 Y cuando comencé a hablar** — El ángel le dijo a Cornelio que cuando Pedro llegara desde Jope, hablaría "palabras por las cuales serás salvo tú, y toda su casa" (verso 14). Pedro empezó a hablar a este hombre de buena conducta y buena moral, pero que necesitaba la salvación; y no había hablado mucho (Hechos 10: 33-44) cuando el Espíritu Santo también cayó sobre todos los que estaban reunidos en la casa de Cornelio, "como sobre nosotros al principio". Con la frase "al principio" se refiere al día de Pentecostés. Pedro recuerda muy bien los sucesos de Pentecostés, el comienzo de la iglesia, el principio de la predicación del evangelio en su plenitud, el principio de la obra de los apóstoles bajo la Gran Comisión, el principio de la dispensación cristiana. El Espíritu Santo vino sobre estos gentiles igual que sobre los judíos "al principio". De acuerdo a las mejores cronologías, el Pentecostés de Hechos 2 ocurrió como en el año 30 o 33 D. de C., y la conversión de Cornelio aconteció como el año 40 D. de C., es decir, entre ocho y diez años después del día de Pentecostés. La iglesia tenía unos diez años de existencia cuando Cornelio se convirtió. El derramamiento del Espíritu Santo sobre la casa de Cornelio fue un bautismo del Espíritu Santo y nada parecido había sucedido desde el día de Pentecostés; por eso Pedro dice que este suceso fue como lo que les pasó a los judíos "al principio". Por lo tanto, se puede decir que no había habido otro bautismo del Espíritu Santo desde el día de Pentecostés, de lo contrario, Pedro se habría referido a los otros incidentes en vez de remontarse hasta el día de Pentecostés. Esto también demuestra que el bautismo del Espíritu Santo no era para convertir a la gente, pues de haber sido así, todo lo que Pedro tenía que hacer era referirse a cualquier otro caso de conversión para probar su punto.

**16 Entonces me acordé de lo dicho por el Señor** — Cuando el Espíritu Santo cayó sobre los gentiles, Pedro recordó las palabras de Jesús: "Juan ciertamente bautizó con agua, mas vosotros seréis bautizados con el Espíritu Santo" (Hch. 1: 5). El bautismo del Espíritu Santo era señal de aceptación divina de los gentiles como discípulos. Si Dios había concedido el bautismo del Espíritu Santo a los gentiles, ¿cómo podría cualquier hombre negarles todas las bendiciones del evangelio? ¿Cómo puede un cristiano judío llamar común o inmundo a los hombres sobre quienes Dios ha derramado el bautismo del Espíritu Santo?

**17 Si Dios, pues, les concedió también el mismo don** — Este es el clímax del argumento de Pedro. Ni él ni los otros cristianos judíos podían rechazar a los que habían sido aceptados por Dios; si lo hacían, se oponían a Dios. El argumento es claro y fuerte. Rechazar a los gentiles y negarse a darles todas las bendiciones del evangelio era como "impedir a Dios". Si Dios les había dado el mismo don que le había dado a los judíos que creyeron en el Señor Jesucristo, ¿quién era Pedro para rechazar a los gentiles? El argumento obliga a los apóstoles y los otros hermanos judíos a que retiren sus acusaciones contra Pedro, que aplaudieran lo que habían hecho, y se regocijaran con él por la conversión de los gentiles.

**18 Entonces, oídas estas cosas** — La acusación contra Pedro fue retirada; cesó la pendencia; y lo mejor de todo, los críticos callaron y "glorificaron a Dios". Todos se alegraron de que "también a los gentiles ha dado Dios arrepentimiento para vida". En este incidente Pedro mira el mismo principio por el cual Pablo contendía tiempo después (Hch. 15: 8). Ahora los judíos están satisfechos de que Dios había llamado a los gentiles igual que a los judíos. Queda claro que los judíos no podían ser cristianos si seguían viviendo como judíos; así como los gentiles no podían ser cristianos si querían seguir viviendo como gentiles. En Cristo "ya no hay judío ni griego; no hay esclavo ni libre; no hay varón ni mujer; porque todos vosotros sois uno en Cristo Jesús" (Gál. 3: 28).

## 12. ESTABLECIMIENTO DE LA IGLESIA EN ANTIOQUIA
### 11: 19-21

**19 Los que habían sido esparcidos** — El historiador Lucas vuelve a tomar el hilo de los acontecimientos que dejó en Hechos 8:1. Todos los miles de discípulos que se habían convertido en Jerusalén fueron esparcidos por todas partes debido a la persecución, excepto los apóstoles. La persecución de la iglesia principió con el martirio de Esteban y algunos de los discípulos fueron a dar hasta Fenicia, Chipre y Antioquía. Pero ellos predicaban solamente a los judíos. La persecución o tribulación desatada tras la muerte de Esteban tuvo dos efectos: (1) los discípulos que fueron esparcidos predicaban a Cristo y establecieron iglesia por toda Palestina; (2) también se establecieron congregaciones más allá de Palestina. "Fenicia" era un distrito de unos 194 kilómetros de longitud y 24 de ancho, justo al norte de Palestina y sobre la costa del Mediterráneo, con las pendientes del Líbano en el costado opuesto. Sus principales ciudades eran Tiro, Sidón y Trípolis; y formaba parte de la provincia romana de Siria. El evangelio fue predicado en Fenicia, con el consecuente establecimiento de iglesias (Hch. 21: 1-4; 27: 3). "Chipre" era una isla grande y fértil, casi al frente de Antioquía. Esta última era la capital de la provincia de Siria, y estaba situada a las orillas del Río Orontes, distante del mar unos 25 kilómetros, siendo Seleucia su puerto marítimo.

20 **Pero había entre ellos unos varones de Chipre y de Cirene** — Aquí encontramos un contraste con los que predicaban el evangelio sólo "a los judíos", pues había entre los que fueron esparcidos, varones que también predicaban a "los griegos" en Antioquía. Los eruditos principales creen que "griegos" significa gentiles; mientras que otros sostienen que se aplica a judíos helénicos (Hch. 6: 1). Estos varones de Chipre y Cirene eran "helénicos", es decir, judíos que hablaban griego, y habiendo vivido en otras regiones, habían aprendido a hablar el idioma más común del imperio romano. Pero "helenos" se refiere a los gentiles que no se convirtieron en prosélitos judíos. Por consiguiente, la diferencia está en que estos discípulos ahora le predican a los gentiles, y no sólo a los judíos o a los prosélitos. Esto sucedió después de la conversión de Cornelio, y probablemente en el año 42 D. de C.

21 **Y la mano del Señor estaba con ellos** — "La mano del Señor" es una frase del Antiguo Testamento (Ex. 9: 3; Is. 59: 1); usada frecuente- mente por Lucas (Lucas 1: 66; Hechos 4: 28, 30; 13: 11). Esto es prueba de que el Señor estaba con ellos y aprobaba la predicación del evangelio a los gentiles; también confirmaba la palabra que ellos predicaban. El resultado fue que "gran número creyó y se convirtió al Señor", y esta expresión se usa frecuentemente con respecto a los gentiles que creyeron en Cristo (Hechos 14: 15; 15: 19; 26: 18, 20; 1 Tes. 1: 9). "Gran número" de gentiles se convirtió al Señor, no sabemos la cantidad exacta, pero lo que sabemos es que la iglesia fue establecida en Antioquía. Ahora esta ciudad se convertirá en el centro desde el cual el evangelio ha de

divulgarse por todo el mundo gentil, así como Jerusalén era el centro para la predicación a los judíos.

## 13. BERNABE VIENE A ANTIOQUIA
### 11: 22-24

**22 Llegó la noticia de estas cosas a oídos** —— En Antioquía la iglesia había sido establecida y la mayor parte de sus miembros eran gentiles. La conversión de Cornelio y la discusión subsiguiente, habían preparado a los apóstoles y la iglesia en Jerusalén para recibir las buenas noticias sobre la joven, pero creciente iglesia en Antioquía. En ese tiempo las noticias no eran comunicadas rápidamente, pero de todas formas la iglesia en Jerusalén se enteró del establecimiento de la iglesia en Antioquía, por lo que "enviaron a Bernabé que fuese hasta Antioquía". La primera mención de Bernabé fue muy favorable (Hechos 4: 36, 37), pues fue cuando vendió su heredad y trajo el dinero de lo vendido y lo puso a los pies de los apóstoles, para que se usara en la ayuda a las viudas y los necesitados. La segunda vez que leemos de él es cuando recomendó a Saulo y lo presentó a los apóstoles en Jerusalén (Hechos 9: 27). Ahora vemos que la iglesia de Jerusalén lo envía a Antioquía. Bernabé era originario de Chipre, y fue enviado a Antioquía así como Pedro y Juan habían sido enviados a Samaria (Hechos 8: 14). Bernabé era un buen hombre, cuerdo, generoso y de buen criterio. Era de la tribu de Leví, hablaba griego, y no iba a tener problemas para mezclarse con la gente de Antioquía. Podían confiar en él para que diera buenos consejos y trajera un informe exacto a Jerusalén.

**23 Este, cuando llegó** —— Bernabé estaba lleno del Espíritu Santo y posiblemente haya estado familiarizado con los que habían ido primero a predicar el evangelio en Antioquía; y como era un judío helénico, simpatizaría con los conversos gentiles, y sería bienvenido por los cristianos de esa ciudad, tanto judíos como gentiles. Cuando Bernabé vio la "gracia de Dios", se alegró, y los exhortó a todos. Su primer nombre era José, pero los apóstoles le pusieron el sobrenombre de Bernabé, que traducido quiere decir "hijo de exhortación" (Hechos 4: 36). Bernabé tenía un don especial para esta clase de trabajo, y los exhortó que "con propósito de corazón permaneciesen fieles al Señor". "Permanecer", del griego "prosmenein", y significa "permanecer o perseverar fieles" al Señor. Es decir, les animó a que fueran persistentes, exhortación necesaria en una ciudad pagana como Antioquía.

24 **Porque era varón bueno** — Pocas veces en la Biblia se dice que una persona es "buena", y Bernabé está en esa categoría. No sólo era bueno, sino que estaba lleno del Espíritu Santo y de fe, lo cual explica la razón principal de su conducta. Como resultado de su labor, "gran multitud fue agregada al Señor". Esta gente fue agregada al Señor cuando fue agregada a la iglesia; y ellos fueron añadidos a la iglesia cuando escucharon el evangelio, lo creyeron, se arrepintieron de sus pecados, y se bautizaron en Cristo. En esta forma es que la gente era añadida al Señor. Debemos notar la gran preeminencia que se le da al Señor aquí. A Cristo se le llama "Señor Jesús" (verso 20); "la mano del Señor" (verso 21); que los creyentes se convirtieron "al Señor" (verso 21); Bernabé exhortó a los creyentes a que "permaneciesen fieles al Señor" (verso 23); y una gran multitud fue "añadida al Señor" (verso 24). El resultado de la visita de Bernabé a Antioquía fue, que "una gran multitud fue agregada al Señor". Ahora existe una gran congregación de discípulos en Antioquía.

## 14. SAULO ES TRAIDO A ANTIOQUIA
### 11: 25, 26

25 **Después fue Bernabé a Tarso para buscar a Saulo** — Después de su conversión, Saulo fue a Arabia y después regresó a Damasco; luego lo encontramos en Jerusalén, donde hizo poco trabajo. Allí Bernabé lo había presentado ante la iglesia, pero se pensó que era mejor que Saulo fuera a trabajar a otro campo, y al enterarse que los judíos procuraban matarle, los hermanos lo llevaron a Cesarea, y de allí lo enviaron a Tarso (Hechos 9: 30). Parece que no estuvo ocioso en Cilicia (Gál. 1: 21), porque predicó el evangelio en Siria y Cilicia (Hch. 15: 41). En Antioquía el trabajo era demasiado para Bernabé solo, de modo que éste fue a buscar a Saulo desde Tarso, a unos 129 kilómetros. "Buscar", del griego "anazetesai", y significa "buscar, cazar", y sugiere la idea de que Bernabé tuvo cierta dificultad para localizar a Saulo. El Espíritu Santo dirigió a Bernabé en su búsqueda y le dio plena confianza de que Saulo era la persona apropiada para ayudar en la gran obra de Antioquía.

**Y hallándole, le trajo a Antioquía** — Esta frase es la primera oración del versículo 26, de acuerdo a la Standard Versión (en inglés), pero en la versión Reina Valera es la última expresión del versículo 25. Después de localizar a Saulo y contarle todo lo relacionado con la gran obra que se había hecho en Antioquía, Saulo aceptó la invitación de ir con Bernabé a colaborar en la viña del Señor de ese lugar.

26 **Y se congregaron allí todo un año** — Colaboraron "un año" con la iglesia en Antioquía. Esta es la segunda vez que Bernabé introduce a Saulo, y por más de un año aparece como el líder, no Saulo (Hechos 13: 1, 2). En la gran obra conjunta con Saulo, Bernabé es el líder. Allí no sólo predicaban el evangelio a los perdidos, sino que también edificaron a la iglesia.

**y a los discípulos se les llamó cristianos por primera vez en Antioquía** — Hasta aquí a los creyentes en Cristo se les ha llamado "creyentes, discípulos, santos, hermanos", y "los del Camino", pero ahora reciben un nombre nuevo. Mucho se ha discutido sobre quién llamó "cristianos" a los discípulos. "Se les llamó" quiere decir que no sólo ellos mismos se llamaban por ese nombre, sino que también otros los llamaban así. "Se les llamó", del griego "chrematisai", tiene la fuerza de un mandamiento divino (Mt. 2: 12, 22; Lc. 2: 26; Hch. 10: 22). Sin embargo, algunos piensan que la palabra no tiene ese significado aquí, sino que se usa en el mismo sentido de Romanos 7: 3, donde quiere decir "ser llamado por alguien más". Otros opinan que el nombre fue dado a los discípulos por sus enemigos como un apodo o sobrenombre despectivo. Realmente no importa quién haya usado el nombre primero y lo haya aplicado a los discípulos de Cristo, porque dicha designación fue aprobada divinamente por Pedro en 1 P. 4: 16, donde el apóstol, inspirado por el Espíritu Santo, dijo que "si alguno padece como cristiano, no se avergüence, sino glorifique a Dios por ello" [en ese nombre]. La otra ocasión en que se menciona el nombre es Hechos 26: 28, donde Agripa reconoce que Pablo está tratando de convencerlo a que se convierta en "cristiano". "Cristianos", del griego "Christianous", nombre que también se popularizó en latín en los días primitivos. No hay necesidad de especular que tuvo origen romano, porque la palabra se hizo muy conocida en griego. El *pensamiento* es hebreo, y significa "Ungido"; *la raíz* es griega, Cristo; la *terminación* "ianoi" es latina. En la providencia de Dios, las mismas naciones cuyos idiomas anunciaban en la cruz "Jesús, Rey de los Judíos", ahora se unen para formular un nombre que para siempre se usará para designar a los seguidores de Cristo. Antioquía, el centro desde el cual el evangelio fue divulgado entre los gentiles, nos dio el nombre común: cristianos.

# 15. PROFETIZAN UNA GRAN HAMBRE
## 11: 27-30

**27 En aquellos días unos profetas descendieron** — "En aquellos días" se refiere al tiempo en que la iglesia de Antioquía todavía estaba creciendo con el gran número de conversos gentiles, esto durante el año que Saulo y Bernabé estuvieron residiendo allí. Muchos piensan que la palabra profeta se refiere a alguien que predice los sucesos futuros; y eso se incluye en el significado, pero quiere decir más que eso. Profeta se traduce de una palabra griega compuesta de "pro", que quiere decir "antes, en frente de", y "femi", que significa "hablar". Así, pues, un profeta es alguien que habla por Dios, y por lo tanto, también un maestro. Judas y Silas son llamados profetas (Hechos 15: 32). No eran solamente pronosticadores del futuro, sino proclamadores de la palabra. Estos maestros habían venido de Jerusalén a Antioquía para enseñar más a los discípulos de esa ciudad.

**28 Y levantándose uno de ellos, llamado Agabo** — Este profeta originario de Judea, es mencionado de nuevo en Hechos 21: 10, donde mediante una ilustración sencilla predijo que Pablo sería arrestado en Jerusalén. En esta ocasión Agabo profetizó por el Espíritu que vendría una gran hambre "en toda la tierra habitada". Según el escritor Lucas, esto sucedió en los días de Claudio, por lo que la fecha de esta gran escasez puede ser el año 45 D. de C. "Agabo" significa "langosta", como el insecto que devora la vegetación. Haciendo honor a su nombre, Agabo profetizó esta gran hambre que ocurrió durante el reinado de Claudio César, que fue del año 41 al 54 D. de C. Algunos comentaristas dicen que la escasez ocurrió en los años 44, 46 o 48 D. de C.; mientras que otros aseguran que el hambre se prolongó del 44 al 48 D. de C.

**29 Entonces los discípulos, cada uno conforme** — Los cristianos gentiles voluntariamente enviaron ayuda a los cristianos judíos de Judea, como un gesto de caridad para ayudar a sus hermanos judíos. No sabemos cuánta ayuda enviaron, pero sí sabemos que "cada uno de los discípulos, conforme a los bienes de que disponía, determinaron enviar socorro a los hermanos que habitaban en Judea". El propósito de esta profecía fue con el propósito de darle tiempo a los discípulos para que con anticipación se prepararan con alimentos y dinero. Los discípulos creyeron que la profecía se iba a cumplir y de inmediato empezaron a prepararse. La advertencia de Agabo sirvió para motivar a los cristianos de Antioquía a enviar lo máximo de socorro que pudieran a los que iban a padecer esta aflicción.

30 **lo cual en efecto hicieron** — Cuando se llegó el tiempo en que se necesitaba la ayuda, la iglesia de Antioquía encomendó a Bernabé y Saulo para que llevaran su socorro a los necesitados de Judea. Debido a una combinación de factores los cristianos de Jerusalén probablemente estaban muy pobres para el 44 D. de C., año en que falleció Herodes, quien había sido responsable por la persecución de los discípulos. La persecución y el hambre produjeron mucha aflicción. Bernabé y Saulo llevaron la ayuda a "los ancianos", y ésta es la primera vez que se menciona a los ancianos de la iglesia. "Ancianos", del griego "presbúterous", de donde se deriva la palabra "presbíteros". En Hechos 20: 17 y 28, las palabras "ancianos" y "obispos" se usan indistintamente; igual cosa ocurre en Tito 1: 5, 7. Es probable que la visita de Bernabé y Saulo a Jerusalén haya acontecido después de los sucesos narrados en Hechos 12: 1-23. Esta visita no es mencionada en Gálatas 1: 18 y 2: 1. Aquí no se menciona a Jerusalén, pero sí a Judea; por esta razón algunos creen que la ayuda no fue enviada a los ancianos de la iglesia en Jerusalén. No había una persona más indicada que Bernabé para llevar la ayuda a Judea, ya que él había venido de Jerusalén.

## 16. EL MARTIRIO DE JACOBO
### 12: 1-2

1 **En aquel mismo tiempo el rey Herodes** — Aquí se refiere al 44 D. de C., año en que murió Herodes. Bernabé y Saulo vinieron de Antioquía a Jerusalén después de la persecución ordenada por Herodes a finales del año 44 o principios del 45 D. de C. Se trata de Herodes Agripa I, nieto de Herodes el Grande. Fue gobernador de Palestina del 42 al 44 D. de C. Su padre era Aristóbulo, quien a su vez era sobrino de Herodes Antípas, hermano de Herodias. Herodes Antípas era padre de Herodes Agripa II. El Herodes Agripa I de este versículo, estuvo en Roma desde muy joven, siendo educado en la corte de Tiberio y también fue compañero de Calígula. El propósito del rey Herodes era "maltratar" a algunos discípulos. Probablemente ya habían pasado unos ocho años desde que terminó la persecución desatada tras la muerte de Esteban y que cesó con la conversión de Saulo. Pero en Jerusalén los discípulos no eran populares ni con los saduceos ni con los fariseos.

2 **Y mató a espada a Jacobo** — Este Jacobo era hermano de Juan y había andado muy cerca de Pedro durante el ministerio personal de Jesús. Pedro, Jacobo y Juan formaban el círculo íntimo de los apóstoles. Jacobo era hijo de Zebedeo, y fue uno de los primeros discípulos de Jesús. En

cierta ocasión Jacobo y Juan ambicionaban estar cerca de Jesús en su reino. Jacobo también expresó seguridad de poder tomar la misma copa de sufrimiento que Jesús (Mt. 20: 20-25), y su muerte es señal de que pasó la prueba. Jacobo fue el primero de los apóstoles en morir, mientras que su hermano Juan fue el último. El martirio de Jacobo enseñó a los discípulos primitivos que Dios no siempre intervenía para proteger o librar a los apóstoles, y también les enseñó que ellos iban a ser partícipes de los sufrimientos de Cristo. Se cree que Jacobo fue muerto a finales del año 43 D. de C. Entre los judíos había cuatro formas de ejecución: (1) a pedradas; (2) quemados; (3) por decapitación; y (4) por estrangulación. La muerte a pedradas fue autorizada en la ley de Moisés; la crucifixión era el castigo romano que se practicaba sólo con la aprobación de los gobernadores romanos. Jacobo fue muerto a espada.

## 17. ARRESTO Y LIBERTAD DE PEDRO
### 12: 3-19

**3 Y viendo que esto agradaba a los judíos** — Es posible que las acciones de Herodes hayan agradado a los principales de los judíos y al pueblo en general; ya que Jacobo, uno de los caudillos de los discípulos, había sido muerto. Esto animó a Herodes a tratar de eliminar a otros dirigentes de los cristianos. Con este fin "procedió también a prender a Pedro". Los fariseos siempre habían odiado a los discípulos porque éstos enseñaban la resurrección de los muertos; e indudablemente se habían enterado que Pedro se había juntado con los gentiles. Esto les daba excusa para que buscaran matarle. Indirectamente el historiador Lucas señala la época del año en que Pedro fue arrestado, porque dice que "era el tiempo de los panes sin levadura". La Fiesta de la Pascua era celebrada el día catorce del mes primero, Abib o Nisán; la Fiesta de los Panes sin Levadura venía después de la Pascua y duraba siete días (Ex. 12: 12, 13, 29, 30; Lv. 23: 5-8; Dt. 16: 1-8). Ya que la fiesta de los panes sin levadura era celebrada casi inmediatamente después de la Pascua, a veces ambas celebraciones eran incluidas con el nombre Pascua. Algunas veces a la Pascua se le llamaba la fiesta de los panes sin levadura y vice versa. Ambas caían en el primer mes del año judío, el mes de Abib o Nisán, que corresponde a fines de marzo y comienzos de abril en nuestro calendario (Lucas 22: 1).

**4 Y habiéndole tomado preso** — Parece que hubo cierta demora en el arresto de Pedro, aunque no conocemos la razón. Una vez arrestado, fue entregado a una banda de cuatro soldados, para que lo custodiasen.

Dos vigilaban el interior de la celda, encadenados, uno a cada brazo de Pedro; un tercer soldado estaba en la entrada del calabozo; y el cuarto custodiaba el corredor que conducía al portón de afuera. Se acostumbraba que los soldados fueran relevados cada tres horas, es decir, cada vigilia de la noche y del día; dieciséis soldados en total eran responsables por Pedro. Además, las puertas de la cárcel estaban cerradas con llave y un gran portón de hierro ayudaba a asegurar al prisionero. Humanamente hablando, era imposible escaparse de esta cárcel con tanta vigilancia. Quizá tomaron tanta precaución porque recordaban que en una ocasión anterior Pedro se había escapado de la cárcel (Hechos 5: 19), y no querían que la historia se volviera a repetir. Lo mantuvieron en la cárcel y Herodes se proponía sacarle al pueblo después de la pascua, para luego ser ejecutado. Aquí tenemos la fiesta de la pascua, mientras que en el versículo 3 se dice que eran los días de los panes sin levadura. Durante la pascua Herodes no podía ejecutar a Pedro, porque corría el riesgo de ofender a los judíos con quienes trataba de quedar bien. "Sacarle al pueblo" es una frase parecida a lo que hicieron en el juicio de Jesús (Lucas 22: 66). Herodes planeaba ejecutar a Pedro una semana o diez días después de la fiesta, pero ignoraba que el mismo rey estaba más cerca de su muerte que el apóstol.

**5 Así que Pedro estaba custodiado en la cárcel** — Pedro estaba en la cárcel o calabozo de más adentro, desde donde sería sacado para comparecer ante el tribunal de Herodes Agripa tan pronto como finalizaran los días de la celebración (Juan 19: 13). Aquí encontramos un contraste enfático. Mientras Pedro estaba en la cárcel, "la iglesia hacía ferviente oración a Dios por él". Vemos una lucha entre la iglesia y el mundo; el mundo quería eliminarlo y la iglesia hace oración por Pedro. Por un lado tenemos al rey Herodes, los soldados, la cárcel, las cadenas, las rejas y puertas de hierro; y por otro está la congregación de cristianos haciendo oración; ¿quién ganará? La oración era "ferviente", sin cesar (Lucas 22: 44). Era un tiempo de prueba para la iglesia en Jerusalén, pues el apóstol Jacobo recién había sido muerto y Pedro parecía ser la próxima víctima; por lo que los discípulos oraban con fervor. "Ferviente" viene del griego "ektenes", que significa "esfuerzo muy grande", y de "ekteino", que quiere decir "estirar". Es la misma palabra que se usa con referencia a la oración de Jesús (Lucas 22: 44); y es la misma palabra griega que se traduce "ferviente" en 1 Pedro 1: 22.

**6 Y cuando Herodes le iba a sacar** — Al terminar las celebraciones de la fiesta Herodes tenía la intención de ejecutar a Pedro al día siguiente. Pero la noche anterior Pedro estaba durmiendo entre dos soldados, sujeto con dos cadenas. Cabe señalar que aunque se aproximaba el día de la ejecución, Pedro estaba "dormido", despreocupado por su condición. Los brazos de Pedro estaban encadenados a dos soldados, uno a cada lado. Además, los otros dos guardias delante de la puerta custodiaban la cárcel. Probablemente Pedro haya recordado las palabras de Jesús, de que viviría muchos años (Juan 21: 18).

7 **Y he aquí que se presentó un ángel del Señor** — Lucas introduce a "un ángel del Señor" con la misma fraseología que la que se utiliza para describir la visita de los ángeles a los pastores (Lucas 2: 9). Una luz resplandeció en la celda; y tocando a Pedro en el costado, le despertó. Entonces le dijo "levántate pronto". El ángel despertó a Pedro y no le ayudó a levantarse, sino que le ordenó que se pusiera de pie. Y las cadenas se le cayeron de la mano. El soldado encargado de custodiar a un prisionero tenía el brazo izquierdo encadenado al reo, y la mano derecha le quedaba libre para castigarlo si éste trataba de escaparse. Pero Pedro tenía ambos brazos encadenados a dos soldados, para mayor seguridad.

8 **Le dijo el ángel** — Pedro recibe más instrucciones de ponerse su túnica y sus sandalias. Para mayor comodidad Pedro estaba durmiendo descalzo y con la túnica puesta sobre él como una sábana. Por eso, al despertarse y ponerse de pie, necesita calzarse y ceñirse, prepararse para un viaje fuera de la cárcel. El ángel le dice "envuélvete en tu mano, y sígueme". Las sandalias que se usaban en ese tiempo protegían la planta del pie y estaban descubiertas por arriba, sujetas con una correa.

9 **Y saliendo, le siguió** — Probablemente el ángel había hecho caer a los soldados en un sueño profundo, de modo que no se percataran que Pedro estaba escapándose. Pedro no sabía que era verdad lo que hacía el ángel, sino que le parecía que veía una visión. Pedro estaba perplejo y no sabía que en realidad estaba escapándose, podía pensar que se trataba de otra visión como la que había tenido en Jope (Hch. 10: 10) y que Lucas describe como un éxtasis. Pedro estaba tan sorprendido que no sabía si estaba dormido o despierto.

10 **Habiendo pasado la primera y la segunda guardia** — Las guardias de afuera eran colocadas una cerca de la puerta interior, y la otra más lejos; así que, después que el ángel y Pedro habían pasado por estas dos guardias, llegaron a la puerta de hierro que daba a la ciudad. Esta descripción y las palabras que siguen sobre la calle por la que caminaron, indican que la prisión estaba dentro de la ciudad. La puerta de hierro se abrió por sí misma; y salidos, avanzaron por una calle, y de repente el ángel se ausentó de Pedro. El ángel ya había librado a Pedro de la cárcel y el apóstol no necesitaba ayuda para caminar. No hay forma de saber a ciencia cierta la localización exacta de esta cárcel en Jerusalén.

11 **Entonces Pedro, volviendo en sí** — Esta frase "volviendo en sí", es del griego "heautoi genomenos", que quiere decir, "volver en sí, recuperar el conocimiento pleno". Es la misma expresión que se usa en Lucas 15: 17, donde el hijo pródigo "volvió en sí", como si hubiera estado en un viaje lejos de sí mismo. Pedro se recuperó de su asombro de su condición semidormida, y ahora tiene control completo de todos sus sentidos. Ahora sabía lo que había pasado, que el Señor había enviado un ángel para que lo librara de las manos de Herodes y "de todo lo que el pueblo de los judíos esperaba". Los judíos esperaban que Herodes ejecutara a Pedro, con lo cual creían que se impediría el avance del cristianismo.

12 **Y habiendo reflexionado así** — Cuando Pedro volvió en sí y se dio cuenta que Dios lo había librado de la muerte, "llegó a casa de María la madre de Juan, el que tenía por sobrenombre Marcos". Es probable que los discípulos acostumbraran reunirse en casa de María, razón por la cual Pedro pensó rápidamente en buscar allí la comunión y protección de los hermanos. En el Nuevo Testamento se mencionan seis Marías: (1) María de Cleofas, Juan 19: 25; (2) María Magdalena, Lucas 8: 2; (3) María la madre de Marcos, Hechos 12: 12; (4) María la hermana de Lázaro, Lucas 10: 42; (5) María, una cristiana de Roma, Romanos 16: 6; (6) y María la madre de Jesús, Lucas 1: 30. Al llegar a casa de María, Pedro encontró que muchos hermanos estaban "reunidos orando". Tal parece que ese gran número de discípulos había estado orando toda al noche. En otra ocasión los discípulos se habían reunido para orar (Hechos 4: 31), después que Pedro les comunicó las amenazas del sanedrín. "La oración eficaz del justo tiene mucha fuerza" (Stg. 5: 16).

13 **Cuando llamó Pedro a la puerta del patio** — No era de extrañarse que la puerta de la casa de María estuviera cerrada, pues era de noche y los discípulos tenían gran temor. Pedro llegó y tocó la puerta exterior, que daba al patio interior. Justo junto a la puerta exterior o portón había un pequeño aposento, una especie de recibidor, donde el portero atendía a los visitantes, haciéndolos pasar después al patio y posteriormente a la casa. Una joven llamada Rode [que significa flor] vino a ver quién tocaba la puerta. Los judíos acostumbraban poner a sus hijas los nombres de las cosas más hermosas, por ejemplo; "Ester", que significa estrella; "Dorcas", es antílope; "Margarita" quiere decir perla; "Susana" significa lirio; "Débora" significa abeja; y "Tamar" que quiere decir palmera. "Doncella" se aplica a una joven esclava y también a una señorita; y según la narración, ella era más que una esclava.

14 **Cuando reconoció la voz de Pedro** — El apóstol debe haber visitado la casa de María frecuentemente y también debe haber predicado

a los discípulos muchas veces, ya que su voz era conocida a la joven. Con toda la emoción y alegría, cuando reconoció la voz de Pedro, la joven corrió hacia adentro a avisar a los discípulos, pero por su prisa no abrió la puerta. Ella dijo a los reunidos que Pedro había llegado y que estaba frente a la puerta.

**15 Ellos le dijeron** —— El grupo de discípulos no creía las palabras de Rode, y al verla emocionada, dijeron que estaba "loca". Pero ella insistía en que estaba diciendo la verdad. Fue tanta su insistencia y su convicción, que los discípulos se convencieron de que algo le había pasado a la doncella y algunos llegaron a pensar que se le había aparecido "su ángel". Los judíos creían en el concepto del ángel de la guardia, y los discípulos pensaban que el ángel de Pedro había hablado con la voz del apóstol (Mt. 18: 10). Los discípulos pensaban que el "ángel de Pedro" había venido a contarles algo acerca de Pedro.

**16 Mas Pedro continuaba llamando** —— El apóstol seguía llamando a la puerta, ya que la joven se emocionó y se fue a dar la noticia a los discípulos, pero no le abrió la puerta. Y cuando abrieron la puerta y le vieron, "se quedaron atónitos". Para entonces parece que todos habían oído que alguien tocaba la puerta y varios fueron a ver quién era, y al darse cuenta que era Pedro, se asombraron sobremanera. Seguramente no estaban orando por la liberación de Pedro, o de lo contrario no se habrían asombrado tanto al ver la contestación a sus plegarias. Estaban orando por él, pero no sabemos específicamente qué es lo que pedían.

**17 Haciéndoles con la mano señal de que callasen** —— El grupo de discípulos se emocionó igual que la doncella que primero oyó la voz de Pedro, pero el apóstol les hace señas para que guarden silencio. "Katasei-sas" significa "mover las manos", como cuando un orador sube la mano y luego la baja para pedir que sus oyentes guarden silencio. Pedro quería que se tomaran todas las precauciones y evitaran llamar la atención. Aunque el Señor lo había librado de la mano de Herodes, sacándolo de la cárcel, Pedro no se expone, sino que usa cautela. Luego les contó cómo el Señor le había sacado de la cárcel. Parece que Jacobo y otros de los hermanos no estaban presentes, pues no había un solo lugar en Jerusalén donde se pudieran reunir todos los discípulos. Este Jacobo era el hermano del Señor, que ahora es uno de los principales varones de la iglesia en Jerusalén (Gál. 1: 19). Pedro reconoce a Jacobo como un hermano de mucha influencia, quien posteriormente ayudó a resolver el problema de la circuncisión (Hch. 15: 13). Después de informar a los hermanos la forma en que el Señor lo había librado de la prisión, Pedro pidió que dieran la noticia a Jacobo y los demás hermanos, pero él "salió, y se fue a otro lugar". No sabemos adónde se fue, y es posible que haya sido fuera de Jerusalén. La casa de María era muy conocida, de modo que no era seguro que él se quedara allí. El apóstol tenía que ser muy precavido y usar todos los medios posibles para escapar, y por eso es razonable pensar que se fue de Jerusalén (Mt. 10: 23).

18 **Luego que fue de día** — Al amanecer los soldados se dieron cuenta que Pedro había escapado, de modo que "hubo un alboroto no pequeño" entre ellos. "Alboroto", del griego "tarachos", que significa "agitar. Se encuentra sólo dos veces en el Nuevo Testamento, en este verso y también en Hechos 19: 23. Una de las razones por la que los dieciséis soldados estaban muy preocupados por la desaparición de Pedro es que el castigo que les esperaba era la muerte (Hch. 16: 27; 27: 42).

19 **Mas Herodes, habiéndole buscado** — La mañana siguiente, que originalmente estaba planeada la ejecución de Pedro, Herodes buscó a Pedro, pero no lo encontró. No sabemos qué explicación le dieron los soldados a Herodes; pero el rey, de acuerdo a la costumbre o la ley romana, después de "interrogar a los guardias, mandó ejecutarlos". "Interrogarlos", del griego "anakrinas", que significa "zarandear, investigar minuciosamente" (Lucas 23: 14; Hechos 4: 9; 28: 18). La ejecución de los guardias no era una prueba de la crueldad de Herodes Agripa, sino el cumplimiento de la ley del Imperio Romano. Después de esto Herodes descendió de Judea a Cesarea y se quedó allí algún tiempo. Herodes, como gobernador romano, tenía la sede de su gobierno en Jerusalén, pero también tenía un palacio en Cesarea, y viajaba de una ciudad a otra, de acuerdo a las circunstancias.

## 18. MUERTE DE HERODES AGRIPA
### 12: 20-23

20 **Y Herodes estaba enojado contra los de Tiro y de Sidón** — Estas ciudades estaban en la costa mediterránea de Fenicia y no se nos informa porqué Herodes estaba tan disgustado con esa región. Tiro y Sidón eran puertos marítimos comerciales, y gran parte de las mercancías que llegaban por estos puertos pasaba por Galilea. Herodes podía desviar mucho de este comercio a Jope y Cesarea. Fenicia estaba tan poblada que dependía de sus vecinos para abastecerse de alimentos, la mayoría de los cuales procedía de Galilea. Herodes podía causar mucho daño a estas ciudades. Pero los dirigentes de ambas ciudades se pusieron de acuerdo y vinieron a Herodes, con la mediación de Blasto, el principal camarero del rey. A través de Blasto pedían paz, "porque su territorio era abastecido por el del rey". La hostilidad entre los fenicios y Herodes no era una

guerra declarada, pero los representantes de Tiro y Sidón, con la ayuda de Blasto, lograron que Herodes siguiera permitiendo el envío de abastecimientos a sus ciudades. Blasto estaba encargado de los aposentos en que dormía el rey, de modo que siendo una persona de confianza, también estaba encargado de la persona de Herodes. Una de sus tareas era recibir a los visitantes y anunciarlos al rey. Blasto siempre estaba en una recámara junto al rey, listo para atenderlo en lo que se le ofreciera.

**21 Un día señalado, Herodes, vestido de ropas reales** — El día había sido señalado para un festival en el que la gente hacía votos por la salud y seguridad de César; por lo cual Herodes se puso sus ropas de gala y se sentó en el trono, y pronunció un discurso. Gran multitud se reunió para ver el festival y los juegos. Al segundo día apareció el rey Herodes con todo su orgullo y pompa. De acuerdo al historiador Josefo, la toga de Herodes estaba "hecha de plata y de una contextura verdaderamente maravillosa. Entró al teatro muy temprano por la mañana, hora en que la plata de su vestidura, siendo iluminada por los primeros rayos del sol, brillaba en forma impresionante. Tanto era el resplandor que infundía terror a todos los que lo veían atentamente" (Antigüedades, 19: 8).

**22 Y el pueblo aclamaba gritando:** — En respuesta a su discurso la gente le gritaba "¡Voz de Dios, y no de hombre!". De esta manera le atribuían el honor de un dios, de modo que su alabanza era como adoración. La muchedumbre repetía sus adulaciones lisonjeras para quedar bien con el rey; la veneración de ellos para con él agradaba el ego y la vanagloria de Herodes. El rey estaba disfrutando mucho esas adulaciones, sentado en su trono frente a la muchedumbre de embajadores lisonjeros que habían venido a visitar al distinguido gobernador a ganarse su favor para las ciudades de Tiro y Sidón.

**23 Al momento un ángel del Señor** — Lucas no nos dice que este ángel del Señor era visible, pero está claro que la muerte de Herodes fue un castigo de Dios, porque se atribuyó la gloria de Dios. El recibió el honor que sólo pertenece a Dios, por lo cual su muerte fue un castigo divino. Expiró "comido de gusanos". "Gusanos", del griego "skolex", y se refería a "gusanos intestinales". La historia antigua registra varios casos de muertes de esta naturaleza. Josefo dice que Agripa agonizó por cinco días, y dice que su carne se pudrió y produjo gusanos, coincidiendo con la narración sagrada de Lucas. Herodes murió el año 44 D. de C., y su muerte fue más asquerosa y repugnante que una muerte repentina.

24 **Pero la palabra del Señor crecía y se multiplicaba** — Esta declaración es un contraste entre lo que los hombres trataban de hacer para impedir el crecimiento de la iglesia y lo que Dios estaba realizando. "Crecía y se multiplicaba", del griego "euxanen kai eplethuneto", y significa "un incremento rápido. La persecución no detuvo el crecimiento de los discípulos ni hizo mermar el número de los conversos; por el contrario, cuanto más amarga y severa la persecución, tanto más rápidamente crecía la iglesia. La causa de Cristo no puede ser destruida por la persecución. La historia de la iglesia, tal como leemos en Hechos, muestra que el número de los discípulos crecía más rápido bajo la persecución que en cualquier otro tiempo.

25 **Y Bernabé y Saulo . . . volvieron de Jerusalén** — Agabo había venido de Jerusalén a Antioquía para pronosticar una gran hambre en todo el mundo (Hch. 11: 27, 28), y los discípulos de Antioquía decidieron enviar socorro a los hermanos en Judea. Lo hicieron enviando su ayuda por medio de Saulo y Bernabé, los cuales fueron a Jerusalén. Allí los dejamos al concluir el capítulo 11. Cuando "cumplieron su servicio" regresaron a Antioquía, llevando también consigo a Juan, el que tenía por sobrenombre Marcos. Se trata de Marcos, cuya madre era María, donde Pedro se presentó la noche que fue librado de la cárcel por el ángel del Señor. Marcos era primo de Bernabé (Col. 4: 10).

Hasta aquí el historiador Lucas ha narrado los sucesos relacionados con el principio de la iglesia el día de Pentecostés y su extensión entre los judíos y samaritanos. También nos ha informado sobre la propagación de la iglesia entre los gentiles piadosos, así como la conversión de Saulo y de Cornelio. También se ha dado cierta atención a la persecución de la iglesia primitiva. Pedro ha sido la figura central en la historia de la propagación de la iglesia entre los judíos, siendo el apóstol de la circuncisión.. Ahora el historiador enfoca su atención a la obra de Pablo como el apóstol de los gentiles incircuncisos; Antioquía se convierte en el centro desde el cual el evangelio es divulgado entre los gentiles "hasta lo último de la tierra" (Hechos 1: 8).

---

## SECCION UNO
## EL PRIMER VIAJE MISIONERO DE PABLO
### 13: 1 al 14: 28

### 1. PABLO Y BERNABE EN CHIPRE
### 13: 1-12

**1 Había entonces en la iglesia que estaba en Antioquía —** Antioquía era la capital del reino griego de Siria, que después vino a ser la residencia del gobernador romano de la provincia. Estaba localizada sobre el río Orontes, a unos 25 kilómetros de su desembocadura; siendo Seleucia su puerto marítimo. En Antioquía fue donde se estableció la primera iglesia entre los gentiles (Hch. 11: 20, 21); y fue aquí donde los discípulos de Jesús fueron llamados "cristianos" por primera vez (Hch. 11: 26). También fue aquí--hasta donde sabemos--que Pablo desarrolló su primera obra sistemática (Hch. 11: 22-26; 14: 26-28; 15: 35; 18: 22, 23); fue aquí que Pablo inició su primer viaje misionero (Hch. 13:1-3); y regresó a esta ciudad al concluir su primer viaje misionero (Hch. 14: 26). Pablo también comenzó y concluyó su segundo viaje misionero desde este mismo lugar (Hch. 15: 36; 18: 22). Como si eso fuera poco, Antioquía fue el lugar desde donde Pablo lanzó su tercer viaje misionero, que terminó con su arresto en Jerusalén y reclusión en Cesarea.

**profetas y maestros —** Se debe hacer la diferencia entre estas dos palabras. Todos los profetas eran maestros, pero no todos los maestros eran profetas; de igual manera que todos los jueces son abogados, pero no todos los abogados son jueces. El profeta tenía una mayor medida del Espíritu Santo. Parece que Bernabé, Simón y Lucio eran profetas; y que Manaén y Saulo eran maestros. Tres profetas y dos maestros. El primero en la lista es Bernabé (Hch. 11: 22) y Saulo es el último. Algunos creen que este Simón era "Simón de Cirene", el que cargó la cruz de Jesús (Mr. 15: 21). Lucio de Cirene probablemente era uno de los evangelistas originales (Hch. 11: 20). El nombre es otra forma de "Lucas", pero de ninguna manera se trata de "Lucas el médico amado". La conversión de

Manaén nos da una idea de que el evangelio había llegado a las altas esferas sociales, ya que Manaén "se había criado junto con Herodes el tetrarca", es decir, era su hermano de crianza. Este Herodes era también conocido como Herodes Antipas. "Suntrophos" quiere decir, "uno que se alimenta o crece con otro", y por extensión, "hermano de crianza". A Saulo se le menciona por último, pero pronto ha de ocupar los primeros lugares (versos 9-13).

**2 Mientras estaban éstos celebrando el culto del Señor** — El trabajo que Bernabé y Saulo hacían es descrito como "celebrando el culto del Señor", e implica predicar el evangelio a los perdidos y edificar a los santos (Mt. 25: 31-46). Estando en ayuno, el Espíritu Santo ordenó a los otros profetas y maestros: "Apártenme a Bernabé y a Saulo para la obra a que los he llamado". Los cristianos judíos seguían observando el ayuno (Lc. 18: 12). Nótese que también se ayunó en la selección de ancianos de la iglesia (Hch. 14: 23). El ayuno era una acción voluntaria para los cristianos. La orden de "apartadme", del griego "aphorisate de moi" --a Bernabé y Saulo--tenía un propósito especial y debía ser obedecida de inmediato. Tiempo atrás Bernabé y Saulo habían sido llamados para esta obra, pero ahora deben ser separados de manera especial para que realicen a gran escala el trabajo, la misión para la que han sido llamados y preparados. Aquí se menciona a Bernabé primero, mostrando que todavía se le consideraba como líder. No sabemos cómo es que el Espíritu Santo habló; lo más probable es que haya sido mediante uno de los otros profetas y maestros.

**3 Entonces, habiendo ayunado y orado** — Puede interpretarse que después que terminaron el ayuno mencionado en el verso 2, los discípulos oraron al Señor pidiendo más dirección, y rogando sus bendiciones para Bernabé y Saulo al emprender una obra en un nuevo campo. Los temas de la oración, el ayuno y la imposición de las manos han provocado mucha discusión poco provechosa. Algunos alegan que ese proceso era esencial para la "ordenación" de ancianos, predicadores y evangelistas; y que esa práctica debe seguir hasta el día de hoy. Otros dicen que las manos eran impuestas sobre los demás, pero por alguien que era superior, para impartir dones espirituales; y que, por lo tanto, al cesar esos dones, también cesó la práctica. Hay otros que sostienen que se trataba solamente de una ceremonia solemne para enfatizar la seriedad e importancia de la tarea a la que uno había sido encomendado. Sabemos lo que se hizo en esta ocasión, pero no sabemos que Dios haya querido que fuera un precedente para iniciar a alguien en un oficio de la iglesia o para separarlo para un trabajo especial.

**4 Ellos, entonces, enviados por el Espíritu Santo** — Otra vez Lucas menciona el Espíritu Santo como la autoridad para enviar a Bernabé y Saulo a predicar el evangelio. De ninguna manera insinúa que hubiera alguna "autoridad eclesiástica" conectada con esta obra. Fue el Espíritu Santo el que dirigió todo esto, y la iglesia en Antioquía ni siquiera es mencionada. Bernabé y Saulo partieron de Antioquía y viajaron unos 25 kilómetros río abajo hasta llegar a Seleucia, desde donde navegaron a Chipre, isla que estaba entre 129 y 162 kilómetros hacia el suroeste. Hay varias razones por las que fueron designados para ir a Chipre: Bernabé era natural de esa isla y conocía las condiciones locales; estaba en la ruta marítima hacia Asia Menor; Saulo era oriundo de Cilicia, justo al norte de Chipre; además, algunos de los discípulos que fueron esparcidos de Jerusalén por la persecución, habían predicado el evangelio en Chipre (Hch. 11: 19).

**5 Y llegados a Salamina** — Salamina estaba en el extremo oriental de Chipre y era el puerto más cercano a Antioquía. Este parece haber sido el primer lugar donde "proclamaron la palabra" en las sinagogas de los judíos. La costumbre invariable de Pablo era primero predicar a los judíos y después a los gentiles (Ro. 1: 16). En esta isla había gran número de habitantes judíos, como se deduce del hecho que tenían varias sinagogas. En esta obra evangelizadora tenían como ayudante a Juan Marcos, primo de Bernabé, y autor del evangelio que lleva su nombre. Su madre era María de Jerusalén (Hch. 12: 12, 25).

**6-8 Y habiendo atravesado toda la isla hasta Pafos** — Chipre tiene unos 243 kilómetros de longitud y 97 de ancho, extendiéndose de noroeste a suroeste. Es probable que hayan predicado en otras ciudades como Salamina. Pafos era la capital de Chipre, y estaba localizada en la costa occidental de la isla; allí habitaba el gobernador romano. Allí hallaron a cierto mago, un judío, falso profeta llamado Barjesús. "Mago", del griego "magon". El problema es que Barjesús decía que sus trucos mágicos eran obra de Dios y quería que todos creyeran sus profecías y sermones sin cuestionar nada. "Barjesús" significa "hijo de un hombre llamado Jesús". También le llamaban "Elimas", que quiere decir "sabio", y era un nombre árabe que habían aplicado a este judío. Este falso profeta obstaculizaba el trabajo de Bernabé y Saulo, pues procuraba "apartar de la fe al procónsul". Elimas temía que se acabarían su poder y su influencia si Sergio Paulo se convertía; y por esa razón hacía todo lo posible para que el gobernador escuchara o creyera el mensaje de Bernabé y Saulo.

**9 Entonces Saulo, que también es Pablo** — El apóstol de los gentiles tiene dos nombres. En la historia de su vida y su trabajo entre los judíos se le llama por su nombre judío, Saulo; pero ahora que comienza su obra entre los gentiles romanos, se usa el nombre romano de Pablo de aquí en adelante. Lucas presenta este nuevo nombre en una forma sobresaliente. No significa que el nombre Pablo se le dio aquí por primera vez, sino que siempre lo había tenido. Saulo era un nombre común entre los judíos. De aquí en adelante Lucas usa el nombre Pablo excepto cuando se refiere a su vida anterior (Hch. 22: 7; 26: 14). La mayor parte de la obra de Pablo fue dedicada a los gentiles; era de la tribu de Benjamín y llevaba el nombre del primer rey de Israel (Fil. 3: 5). "Lleno del Espíritu Santo" significa que recibió una medida mayor del Espíritu Santo para este caso especial, de modo que pudiera reprender y castigar milagrosamente al mago. El Espíritu Santo también reveló a Pablo el carácter de este hombre malvado. No es correcta la interpretación de la frase "fijando en él los ojos", para decir que Pablo tenía la vista débil.

10 **dijo: ¡Oh, lleno de todo engaño y de toda maldad!"** — Pablo denunció y reprendió a Elimas con las palabras más duras que encontramos en el Nuevo Testamento. El apóstol usó cuatro palabras muy fuertes en su represión del mago: (2) "lleno de todo engaño"; (2) "lleno de toda maldad"; (3) "hijo del diablo"; y (4) "enemigo de toda justicia". "Engaño", del griego "delo", que significa "pescar con carnada"; señalando que Pablo acusa a Elimas de ser un engañador, engañabobos y embustero. "Maldad", del griego "rhaidiourgias", que quiere decir "alguien que hace algo con destreza y facilidad" , describiendo exactamente a este engañador. "Hijo del diablo", en griego "diabolou", quiere decir "un calumniador como el diablo" (Juan 8: 44). Era un error que Elimas fuera llamado "Barjesús", o "Hijo de Jesús"; porque por sus acciones no era más que "hijo del diablo". "Enemigo de la justicia" quiere decir "enemigo personal de toda justicia", y parece ser el resumen del significado de las otras palabras. En forma enfática y de interrogación, Pablo ordena a este hombre "¿No cesarás de trastornar los caminos rectos del Señor?" El falso profeta Elimas estaba torciendo los caminos rectos del Señor.

11 **He aquí que la mano del Señor** — Pablo no sólo reprendió a Elimas en los términos más fuertes, sino que le castigó con ceguera temporal. Esto se hizo "la mano del Señor". La ceguera le iba a durar "por algún tiempo" (Lc. 4: 13), si es que a Dios le complacía restaurarle la vista. Elimas daba vueltas y buscaba quien le condujese de la mano. No hay manera de saber cuánto duró la ceguera del mago, como tampoco sabemos si por fin de arrepintió. Elimas debía haberse arrepentido, pues sabía que su ceguera le vino a consecuencia de su oposición al evangelio

que predicaba Pablo. "La mano del Señor" frecuentemente se refería a condenación o castigo (Ex. 9: 3; Jue. 2: 15).

12 **Entonces el procónsul viendo** — Cuando el procónsul vio que el mago fue castigado con ceguera, creyó lo que predicaba Pablo; reconociendo que el Señor estaba con el apóstol y le había dado poder para hacer este milagro; y por lo tanto, aprobaba lo que estaba enseñando. Posiblemente el procónsul estaba perplejo por la enseñanza de Bernabé y Saulo, por un lado, y por la de Elimas, por otro; pero este milagro le ayudó a saber quiénes estaban enseñando la verdad. Estaba impresionado por la doctrina del Señor que enseñaban Bernabé y Pablo, y que fue confirmada por el milagro.


## 2. PABLO Y BERNABE EN PERGE Y ANTIOQUIA DE PISIDIA
### 13: 13-14

13 **Pablo y sus compañeros** — Hasta ahora en la narración Lucas habla de "Bernabé y Saulo", pero de ahora en adelante es al revés, "Pablo y Bernabé"; aunque con frecuencia los acontecimientos tienen más que ver solamente con Pablo. Con solo tres excepciones, a Pablo se le menciona primero (Hch. 14: 12; 15: 12, 25). Pablo ocupa tanto la atención de Lucas, que a Bernabé y Marcos los llama "sus compañeros". "Habiendo zarpado de Pafos . . . arribaron a Perge de Panfilia". Pafos estaba en el extremo occidental de Chipre, y de allí navegaron en dirección noroeste hacia Perge, una ciudad en tierra firme. Perge estaba a unos 243 kilómetros de Pafos. Por alguna razón, Marcos se separó de Pablo y Bernabé, y regresó a Jerusalén. Hasta ahora Pablo y Bernabé han visitado Chipre, la tierra natal de Bernabé; una isla que también estaba cerca de Cilicia, de donde era oriundo Pablo.

14 **Pasando de Perge** — Pablo y Bernabé no se quedaron en Perge; y Lucas ni siquiera nos dice si predicaron el evangelio en esta ciudad durante esta visita, aunque Perge era la capital de Panfilia. De Perge viajaron al norte, como unos 160 kilómetros hasta Antioquía de Pisidia. Los eruditos modernos dicen que esta Antioquía estaba en Frigia, pero Lucas la localiza en Pisidia. Esta Antioquía estaba al pie de los montes Tauro; y su camino era difícil, montañoso y plagado de ladrones. Allí encontraron una sinagoga y asistieron a los servicios el día de reposo. Los judíos que todavía no se habían convertido, seguían reuniéndose en sus sinagogas los sábados. Pablo y Bernabé entraron y se sentaron, como los demás adoradores. Podemos deducir que en Antioquía había una sola sinagoga, pues al mencionarla se habla en singular "la sinagoga".

# 3. EL PRIMER SERMON DE PABLO
## 13: 15-43

15 **Después de la lectura de la ley y de los profetas** — La sinagoga era una especie de substituto de la congregación, y esta palabra se empezó a usar durante la cautividad babilónica, aunque algunos piensan que se originó antes. Lo cierto es que el concepto se desarrolló del todo tras el retorno del exilio en Babilonia. En toda ciudad o pueblo donde había diez judíos o más, se construía una sinagoga. Una de las partes de la adoración era la "lectura de la ley y los profetas". Al principio la ley era leída en las sinagogas, pero la práctica cesó en el año 163 A. de C., cuando fue prohibida por Antíoco Epífanes; y entonces la lectura de los profetas tomó su lugar. Cuando los macabeos restauraron la lectura de la ley, también continuaron con la práctica de la lectura de la ley. "Los principales de la sinagoga" estaban encargados de escoger a las personas que presentaban la lectura y los oradores para cada servicio (Mr. 5: 22, 35-38; Lc. 8: 49; 13: 14; Hch. 18: 8, 17). Después de la lectura se acostumbraba que el principal de la sinagoga pidiera a una persona competente para que enseñara o interpretara la palabra o pronunciara una homilía o un sermón a la congregación. Es posible que este hombre encargado de la sinagoga hubiera sabido que Pablo y Bernabé habían dedicado sus vidas a la enseñanza, y sabiendo que habían venido de Jerusalén, era de esperarse que les dieran la invitación. Así, pues, el que presidía, cortésmente los invitó a tomar la palabra. Ni tardo ni perezoso, Pablo aprovechó la ocasión para predicar el sermón que Lucas nos narra a continuación.

16 **Entonces Pablo, levantándose** — Los judíos acostumbraban enseñar o pronunciar sus discursos sentados (Lc. 4: 20), pero los romanos y los griegos preferían hacerlo de pie (Hch. 17: 22). Algunos creen que Pablo se puso de pie, subió a la tarima, pero al empezar a hablar volvió a tomar su asiento; o pudo haber seguido la costumbre romana quedándose de pie durante todo su sermón. Ahora Pablo es reconocido como líder y el orador más dotado (Hch. 14: 12), que de inmediato responde a la invitación. Pablo hizo "señal de silencio con la mano" para obtener la atención de la audiencia y para iniciar su discurso formal. Este era un gesto para pedir orden y silencio (Hch. 12: 17; 21: 40). Después que pide la atención, Pablo se dirige a ellos como "varones israelitas, y los que teméis a Dios". Esta fue una forma muy digna, solemne y respetuosa de iniciar este importantísimo sermón a los adoradores congregados en la sinagoga.

17 **El Dios de este pueblo de Israel** — Aquí tenemos el primer sermón de Pablo, de acuerdo a la narración sagrada, y siguiendo la táctica de Esteban, comienza con un recuento de la historia de la raza judía (Hch. 7: 2-53), recordándoles los sucesos más sobresalientes. Es probable que Pablo haya escuchado el sermón de Estaban y que recuerde sus puntos principales, además de estar muy familiarizado con la historia de su propia raza. Dios había escogido a Abraham, padre de la raza judía, habiendo multiplicado su descendencia en Egipto hasta que fueron un gran pueblo; después de lo cual los sacó con brazo levantado, por medio de Moisés. "Escogió a nuestros padres" se refiere al llamamiento de Abraham, de Isaac y de Jacob.

18 **Por un tiempo como de cuarenta años** — Los hijos de Israel fueron librados de la esclavitud egipcia, llevados a través del Mar Rojo, por el desierto y hasta el Monte Sinaí, donde recibieron la ley. Levantaron el tabernáculo y anduvieron errantes en el desierto por cuarenta años. Dios los alimentó con maná, como un padre sustenta a sus hijos (Ex. 16: 35; Dt. 8: 16). Durante esas cuatro décadas Dios los soportó en el desierto, como un padre soporta a un hijo descarriado, y usa todos los medios amorosos posibles para prepararlo para una vida noble y provechosa.

19, 20 **y habiendo destruido siete naciones** — Después de los cuarenta años de peregrinación por el desierto y la muerte de Moisés, Josué condujo al pueblo de Israel a la tierra de Canaán, a través del Jordán. Esta era la tierra que Dios había prometido a Abraham (Gn. 12: 7; 13: 15; 15: 18; Gál. 3: 16). La tierra de Canaán estaba habitada por siete naciones: hititas, gergeseos, amorreos, cananeos, ferezeos, heveos y jebuseos. Combinadas esas siete naciones eran más fuertes que el pueblo de Israel, pero Dios "les dio en herencia su territorio". La expresión "cuatrocientos cincuenta años" ha causado dolores de cabeza a los comentaristas. Es difícil armonizar los sucesos en orden cronológico. Una de las dificultades estriba en el hecho de que no se puede determinar a ciencia cierta el principio y fin de los cuatrocientos cincuenta años, y ese factor complica la interpretación de ese período. En 1 Reyes 6: 1 dice que Salomón inició la construcción del templo en el año 480 después del éxodo de Egipto. Aquí Pablo está contando el tiempo de esta manera: las peregrinaciones en el desierto (verso 18), cuarenta años; el período de los jueces (verso 20), 450 años; el reinado de Saúl (verso 21), 40 años; que sumados dan un total de 550 años. A esa cifra hay que añadir los 40 años del reino de David, y los primeros 3 años del reino de Salomón, para llegar al tiempo en que inició la construcción del templo. Así, agregando estos 43 años, el período suma un total de 593 años. Hay una discrepancia entre los 593 años en la cronología de Pablo, y los 480 aludidos en 1 Reyes, una diferencia de 113 años. Sin embargo, esto se puede explicar con el hecho de que hay que restar los 93 años en blanco del libro de Jueces. En Números 6: 12 se dice que los días primeros del nazareato eran anulados, en caso de redicación por causa de contaminación o pecado; de modo que, Israel era gobernado por las naciones extranjeras cuando no era gobernado por jueces (Jue. 3: 8, 14; 4: 3; 6: 1; 13: 1). Esto suma 93 años, que si se restan, hacen que la cronología de Pablo coincida con la de otros escritores, con una diferencia mínima.

**21 Luego pidieron rey** — El pueblo se rebeló contra el sistema de gobierno que Dios había establecido y pidieron un rey. Dios les contestó dándoles a Saúl, de la tribu de Benjamín, como rey por 40 años. El Antiguo Testamento no especifica la duración del reinado de Saúl. Es sorprendente la coincidencia de que Saulo o Pablo, el que estaba predicando, se refiera al rey Saúl y que ambos eran de la misma tribu de Benjamín.

**22 Después de destruir a éste** — Saúl murió en la batalla (1 S. 31: 4), o mejor dicho, se echó sobre su propia espada. Jehová había rechazado a Saúl y tenía planes para que otro tomara su lugar (1 S. 15: 23). David, de la tribu de Judá, fue seleccionado para suceder a Saúl en el trono, y Dios lo describe como un "varón conforme a mi corazón" (1 S. 13: 14; Sal. 89: 20). Pablo no cita literalmente, sino el sentido de los textos. La forma en que Pablo presenta las citas hace que la Biblia se explique por sí sola, mostrando a David como un tipo de Cristo.

**23, 24 De la descendencia de éste** — El Mesías iba a venir de la descendencia de David, de acuerdo a la promesa, que se repite frecuentemente en el Antiguo Testamento (2 S. 7: 12; Sal. 132: 11; Is. 11: 1, 10; Jer. 23: 5, 6; Zac. 3: 8). Pablo dice a su audiencia que Dios ya había cumplido su promesa a David, enviando al Mesías Salvador, siendo Juan el primero en anunciar que el reino se había acercado. Antes de su venida, "predicó Juan un bautismo de arrepentimiento a todo el pueblo de Israel" (Mr. 1: 4; Lc. 3: 3). Sencillamente Pablo está diciendo que Juan había venido y preparado al pueblo para la venida del Señor; y que Juan era ese precursor del Señor.

**25 Mas cuando Juan terminaba su carrera** — Algunos pensaban que Juan era el Mesías, pero Juan corrigió sus falsos conceptos y señalando a Jesús, dijo que no era digno de siquiera soltar la correa de las sandalias del Mesías. El pueblo creía que Juan era un profeta y una gran personalidad, pero les declaró que Cristo era mayor que él, ya que el amo es superior a su siervo, quien hace las cosas de menor importancia.

**26 Varones hermanos, hijos del linaje de Abraham** — Todos los judíos se gloriaban en que eran descendientes de Abraham. Pablo honra a estos judíos y los incluye entre los varones temerosos de Dios. En su sermón incluye no sólo a los descendientes de Abraham, sino también a "los que entre vosotros teméis a Dios", es decir, a todos los prosélitos y extranjeros que los acompañaban. "A vosotros es enviada la palabra de esta salvación"; Jesús usó palabras similares al hablar con la mujer samaritana (Juan 4: 22). Pablo presenta a Jesús como el cumplimiento de las profecías y Salvador del mundo.

**27 Porque los habitantes de Jerusalén y sus gobernantes** — Con mucho tacto Pablo ahora habla de la crucifixión de Jesús. Ahora incluye a los judíos que habitaban en Jerusalén, y sus gobernantes, como los responsables por la crucifixión de Jesús. Pero con delicadeza dice que lo hicieron "no conociendo a Jesús, ni las palabras de los profetas que se leen todos los sábados". Al condenar a Jesús ellos cumplieron las profecías. La insinuación es que si los judíos y sus gobernantes hubieran conocido a Jesús, no lo habrían condenado. Pedro dijo que lo hicieron "por ignorancia" (Hch. 3: 17). Posteriormente confesó a Timoteo que él había sido perseguidor también por ignorancia, y que había recibido perdón de sus pecados, porque no sabía lo que estaba haciendo (1 Ti. 1: 13). La ignorancia del pueblo y de sus gobernantes mitigaba un poco el grado de su culpabilidad, pero no era una excusa; porque lo cierto es que deberían haber sabido que Jesús era el Mesías. Por consiguiente, fue esa ignorancia voluntaria y el prejuicio que los llevaron a condenar a Jesús. "Las voces [palabras] de los profetas" se refiere a que cada sábado en las sinagogas se escuchaba la lectura de sus escritos en voz alta. Por su ignorancia condenaron a Jesús y cumplieron las profecías sobre su sufrimiento.

**28 Y sin hallar en él ninguna causa digna de muerte** — El sanedrín acusó a Jesús de blasfemia, pero nada le pudieron probar (Mt. 26: 65; 27: 24; Lc. 23: 22). Cuando Pablo estaba pronunciando estas palabras, aún no se había empezado a escribir el Nuevo Testamento, pero Pablo sabía que Jesús era inocente. Aunque los judíos y sus gobernantes no pudieron probar sus acusaciones contra Jesús, y que Pilato confirmó su inocencia, de todos modos "pidieron a Pilato que se le matase". Esta es la acusación más seria que hasta ahora ha hecho Pablo, y ahora sin temor alguno procede a proclamar que Jesús es el Mesías, el Salvador del mundo. Las palabras de Pablo equivalen a acusar a los líderes judíos de una muerte sin causa. Esto debe haber causado horror a los que escuchaban las acusaciones por primera vez. Pilato accedió a los clamores de los judíos y consintió para que Jesús fuera crucificado (Lc. 23: 14, 22-24).

**29 Y habiendo cumplido todas las cosas** — Pablo sigue dando detalles de la crucifixión de Jesús. Cuando los judíos y las autoridades romanas hicieron con Jesús todo lo que quisieron y pudieron, con sus acciones dieron cumplimiento a las profecías. José de Arimatea y Nicodemo tomaron el cuerpo de Jesús y lo sepultaron en una tumba nueva de José (Mt. 27: 57-60; Jn. 19: 38, 39). Es posible que Pablo haya tenido en mente que los judíos pidieron a Pilato que quebraran los huesos de Jesús para apresurar su muerte, de modo que su cuerpo no quedara en la cruz durante el día sábado (Jn. 19: 31). Pablo no agrega más detalles al respecto. La cruz de la que habla es "el madero", del griego "xulou", que significa "madero, palo" (Hch. 5: 30; 10: 39; Gál. 3: 13).

**30, 31 Mas Dios le levantó de los muertos** — De nuevo se hace un contraste entre lo que los hombres habían hecho a Jesús, y lo que Dios hizo con nuestro Señor. Los hombres lo crucificaron , pero Dios "lo levantó de los muertos". Antes de ascender al Padre, Jesús "se apareció durante muchos días a los que habían subido juntamente con él". "Muchos días" se refiere a cuarenta días" (Hch. 1: 3). Como Pablo menciona en 1 Corintios 15: 5-8, muchos vieron al Señor resucitado. Los que vieron a Jesús después de su resurrección fueron hechos sus testigos. Casi todos los apóstoles eran de Galilea, por lo que es correcto decir que lo habían seguido "de Galilea a Jerusalén", los cuales ahora son sus testigos ante el pueblo. Este es el mismo punto que Pedro usó en su argumento el día de Pentecostés y en otras ocasiones (Hch. 2: 32; 3: 15). La tarea especial de los apóstoles era ser testigos de Cristo (Hch. 1: 8, 22; 2: 32: 3: 15; 5: 32; 10: 41). Pablo refuerza su argumento al decir que la resurrección es una prueba de que Jesús es el Hijo de Dios (Ro. 1: 4; 1 Co. 15: 3-8).

**32, 33 Nosotros también os anunciamos la Buena Nueva** — Pablo incluye a Bernabé entre los que traían a ellos el evangelio que había sido prometido a sus antepasados; habiendo Dios cumplido su promesa de resucitar a Jesús de los muertos. Esa promesa fue hecha no sólo a David, sino también a Isaías (Is. 55: 3). Pablo también cita el Salmo 16: 10, que es una repetición de la promesa., que tuvo su cumplimiento con la resurrección de Jesús. "Mi Hijo eres tú", significa que Jesús es el Hijo de Dios. Esta cita se refiere no sólo al nacimiento de Jesús, sino a todo su ministerio terrenal.

**34 Y en cuanto a que le levantó de los muertos** — La resurrección de Jesús era muy diferente a todos los demás casos, porque desde entonces se libró del poder de la muerte. Lázaro y los demás que habían sido resucitados de los muertos, volvieron a morir y sus cuerpos vieron corrupción; no así con Jesús. El Señor resucitó "para nunca más volver a ver corrupción"; por lo que vino a ser primicias de la resurrección de los que durmieron (Ro. 6: 9; 1 Co. 15: 20, 23). "Os daré las misericordiosas y fieles promesas hechas a David" es una cita de Isaías 55: 3. Esto significa que a ellos se les prometieron las mismas misericordias que habían sido prometidas a David. El punto principal en las promesas era que la venida del Salvador a través de un descendiente de David, sería rey espiritual del pueblo de Dios, con un reinado ininterrumpido (Lc. 1: 33). A fin de que su dominio fuera constante, sin interrupción, era necesario que la resurrección de Jesús fuera el triunfo final y absoluto sobre la muerte; ya la muerte no tiene más potestad sobre él. Esta cita de Isaías muestra que Dios había prometido a David que el Mesías vendría a través de sus descendientes, y que vencería a la muerte; por tanto, cuando Jesús resucitó de los muertos y ascendió al cielo, quedando absolutamente y para siempre fuera del alcance de la muerte, empezó a gobernar sobre su reino, y ahora está sentado en el trono de David.

**35-37 Por eso dice también en otro salmo** — Nuevamente Pablo cita otro salmo, esta vez es el 16: 10 y lo aplica a Cristo, razonando y comprobando que no pudo haberse aplicado a David, porque a la verdad, David había servido a su propia generación "según la voluntad de Dios", murió y fue sepultado; su cuerpo pasó por el proceso de descomposición, y en ese sentido vio corrupción. Por eso la profecía no puede aplicarse a David, sino a "aquel a quien Dios levantó". Pablo cita algunos de los mismos salmos que usó Pedro el día de Pentecostés (Hch. 2: 25-31). Pablo alega, como lo hizo Pedro, que David murió y su cuerpo se descompuso; pero Jesús resucitó y su cuerpo no vio corrupción; por tanto, estas profecías se cumplieron en Cristo. Pablo había presentado evidencia de que Jesús era el Mesías, habiendo citado y entrelazado en su discurso las profecías relacionadas con Cristo, mostrando también su cumplimiento en Jesucristo. Las Escrituras se habían cumplido en la persecución, juicios, crucifixión, sepultura, resurrección y ascensión de Jesús.

**38, 39 Tened, pues, entendido** — Pablo exhorta como hizo Pedro en el día de Pentecostés (Hch. 2: 36). A este varón a quien los judíos habían crucificado, y a quien Dios le había resucitado de los muertos, era a quien Pablo les predicaba como el Salvador del hombre, el único por el cual podían obtener remisión de pecados. "Perdón de pecados", del griego "afesis jamartion" es una frase usada mucho por Lucas. El tema clave del mensaje de Pablo era el perdón de pecados en Cristo; era el mismo mensaje que predicó Pedro el día de Pentecostés y en todo lugar y ocasión (Hch. 2: 38; 5: 31; 10: 43). Esta salvación venía mediante Jesucristo, pero era necesario creer en él, porque es por medio de la fe en él que se obtiene la justificación. Pablo no sólo muestra que Jesús es el Mesías, el Hijo de Dios, y que la salvación se obtiene solamente en Cristo, sino que también prueba que la ley de Moisés no pudo ofrecer redención. Nadie podía ser justificado de sus pecados por la ley de Moisés; de ahí la necesidad de un Salvador. La ley de Moisés requería obediencia perfecta; pero los sacrificios de la ley no justificaban la desobediencia. "El justo por la fe vivirá" (Hab. 2: 4). Esta fe está disponible a todos, de modo que, todo el que en él cree, será justificado.

**40, 41 Mirad, pues, que no venga sobre vosotros** — Tras probar que Jesús era el Cristo, el Hijo de Dios y Salvador del mundo, Pablo concluye su sermón con una advertencia solemne, basada en las predicciones de los profetas: la única forma en que podían escapar la condenación predicha por los profetas era aceptar a Cristo. Las advertencias generales contenidas en esa porción del Antiguo Testamento son llamadas "los profetas". Las temibles condenaciones predichas por los profetas se iban a cumplir con la misma seguridad con que se habían cumplido las profecías sobre la venida de Cristo. Las predicciones divinas de castigo y condenación se cumplirán con la misma seguridad que sus predicciones de bendiciones. Todo lo que Jehová ha profetizado por sus siervos acontecerá. Aunque Pablo habla de "profetas" en plural, menciona una cita de solo uno (Hab. 1: 5). El pecado del que advirtió a Israel fue el rechazo deliberado del Mesías prometido; y el castigo en el que perecieron los que menospreciaron a Jesús, se cumplió al pie de la letra tan solo unos pocos años después de que Pablo predicara estas palabras en la sinagoga de Antioquía: fue la destrucción de Jerusalén, y la consecuente desintegración total de la nación judía en el año 70 D. de C.

**42 Cuando salieron ellos de la sinagoga** — Los judíos escucharon atentos el discurso de Pablo y fue la primera vez que oyeron algo de Cristo. Parece que no estaban listos a aceptarlo o rechazarlo; pero una cosa buena es que pidieron a Pablo y Bernabé que les hablase sobre el mismo tema el siguiente día de reposo. Probablemente la invitación la recibieron de los principales de la sinagoga.

**43 Y disuelta la reunión** — Al dispersarse la concurrencia de la sinagoga, "muchos de los judíos y de los prosélitos piadosos siguieron a Pablo y a Bernabé". Aquí se menciona a dos clases de personas: los judíos y los prosélitos piadosos. "Prosélitos piadosos" significa "prosélitos que adoraban", o que eran devotos; y que en los versos 16 y 25 son descritos como "los que teméis a Dios". "Prosélito", del griego "proseluton", que aquí se entiende por "gentiles incircuncisos", que asistían a la sinagoga a adorar. No obstante, la palabra griega "proselutoi" usualmente se refiere a los gentiles que se habían circuncidado, y a quienes se les llamaba "prosélitos de la justicia". También se aplicaba a los "prosélitos de la puerta", es decir, **los gentiles que todavía no se habían** circuncidado, y es posible que aquí se use con ese significado. "Proselutoi" se encuentra sólo cuatro veces en el Nuevo Testamento, en este versículo y en Mt. 23: 15; Hch. 2: 10; y 6: 5). Pablo y Bernabé exhortaron a los que los habían seguido a que siguieran estudiando estas cosas y les persuadían a que perseverasen "en la gracia de Dios". Por ese versículo podemos pensar que algunos se inclinaban a creer y posiblemente se hayan convertido. Bernabé era "Hijo de Consolación" [exhortación o persuasión y había recibido el sobrenombre por un don especial en esta materia (Hch. 4: 36, 37). La primera vez que vino a Antioquía animó a la congregación de allí (Hch. 11: 23). Resumen de los puntos principales del primer sermón de Pablo:

*Tema:* JESUS ES EL MESIAS

I. **Prueba de la historia**
   1. Dios escogió y exaltó a su pueblo (verso 17)
   2. Los libró de la esclavitud egipcia (verso 17)
   3. Les dio un territorio (versos 18, 19)
   4. Les proveyó jueces (verso 20)
   5. A petición de ellos les dio un rey (verso 21)
   6. Rechaza a Saúl y pone a David (verso 22)
   7. Jesús vino de la descendencia de David (verso 23)

II. **Probó que Jesús es el Libertador**
   1. Por el testimonio de Juan (versos 24 y 25)
   2. Al ser rechazado, de acuerdo a la profecía (versos 26-29)
   3. Por su resurrección comprobada
      a. Por testigos oculares (versos 30-32)
      b. Por las Escrituras (versos 33-37)

III. **Súplica y advertencia**
   1. Exhortación a que crean (versos 38, 39)
   2. Advertencias de los profetas (versos 40, 41)

# 4. SEGUNDO SERMON EN ANTIOQUIA
## 13: 44-52

**44 Al sábado siguiente, se reunió casi toda la ciudad** — Es muy probable que Pablo y Bernabé estuvieron muy ocupados durante la semana en Antioquía de Pisidia, predicando a Cristo en cada oportunidad que se les presentaba. Esto despertaba más interés en la cita que tenían para hablar el sábado siguiente. (Los judíos todavía se congregaban los sábados en sus sinagogas). El siguiente sábado se reunió una gran muchedumbre, tanto que se puede decir que "casi toda la ciudad" se reunió para escuchar la palabra de Dios. Claro que es un lenguaje figurado, porque no es posible que "casi toda la ciudad" se pudiera acomodar en la sinagoga. Pero Pablo podía predicar a los que estaban dentro de la sinagoga, mientras que Bernabé podía enseñar a los que se quedaran fuera del lugar de reunión de los judíos. Se habían reunido no sólo los judíos y los prosélitos, sino también los paganos o gentiles y los que acostumbraban reunirse con los judíos, vinieron para "oír la palabra de Dios". Esto demuestra que durante la semana Pablo y Bernabé habían predicado el evangelio, no sólo a los judíos y "prosélitos piadosos", sino también a los gentiles.

**45 Pero viendo los judíos la muchedumbre** — Cuando los judíos vieron esta gran multitud mixta " se llenaron de celos", y puede ser porque ellos nunca habían reunido tanta gente, o porque no estaban dispuestos a compartir con los gentiles las bendiciones de salvación del Dios de Abraham. No acudían las multitudes cuando los mismos judíos enseñaban, por lo cual se llenaron de celos con estos nuevos predicadores de Antioquía y Jerusalén. "Celos", del griego "zelou", que significa "hervir" [como cuando se dice "le está hirviendo al sangre"]; de modo que estos rabíes hervían de celos cuando vieron que se había reunido tanta gente para escuchar a Pablo y Bernabé. Los celos tienen que desahogarse de alguna manera, y lo hacen "contradiciendo" lo que predicaban Pablo y Bernabé. "Contradecían", del griego "antelegon", que significa "hablar en contra, decir palabras de oposición, discutir"; lo que hicieron fue interrumpir el servicio y contradecir públicamente a Pablo y Bernabé. "Blasfemando" es del griego "blasfemountes", y quiere decir "hablar en contra de". Pablo y Bernabé hablaban por inspiración divina, cuando los judíos los contradecían, se estaban oponiendo al Espíritu Santo; es decir, estaban blasfemando. Esto nos indica el extremo a que llega uno que se deja llevar por la envidia y los celos. Otra vez, las profecías se estaban cumpliendo (Dt. 32: 21; Ro. 10: 19). Con frecuencia sucede que los que empiezan contradiciendo, terminan blasfemando.

46 **Pablo y Bernabé, hablando con denuedo** — Pablo no era el único orador, ya que Bernabé también participó en la predicación. Ambos aceptan el desafío de los principales de la sinagoga; se marcharían, no sin antes dar una explicación. "Era necesario que la Palabra de Dios os fuera anunciada primero a vosotros" (Ro. 1: 16). El rechazo de la predicación por parte de los gentiles tendría como consecuencia que el evangelio fuera llevado a los gentiles. "Y si su caída es la riqueza del mundo, y su fracaso la riqueza de los gentiles, ¿cuánto más su plena restauración?" (Ro. 11: 12). Ahora los gentiles deben regocijarse en recibir la predicación del evangelio. Los judíos los rechazan, los expulsan y blasfeman a Pablo y Bernabé, quienes les habían traído la palabra de Dios. Con esa conducta estaban mostrando que se juzgaban "indignos" de la vida eterna. Al tomar una postura definitiva contra el evangelio, también no se juzgaban dignos del amor de Dios y la salvación en Cristo; por lo cual, Pablo y Bernabé ahora se van a los gentiles.

47 **Porque así nos lo ha mandado el Señor** — Al decirles que se "volvían" a los gentiles, Pablo cita Isaías 49: 6, probando que estaban cumpliendo la profecía al dejar a los judíos para predicar el evangelio a los gentiles. Pablo usa a sus propios profetas y Escrituras para justificar el hecho de que ahora van a predicar el evangelio a los gentiles. También mostró que la obra redentora del Mesías nos se va a limitar a los judíos. El viejo profeta Simeón, que aunque esperaba "la consolación de Israel", se recogió en la aparición de la luz gloriosa sobre la oscura tierra de los gentiles (Lc. 2: 25-32). Todo esto también va de acuerdo con los planes que Jesús dio a sus discípulos antes de su ascensión, de que serían sus testigos "hasta lo último de la tierra" (Hch. 1: 18).

48 **Los gentiles, oyendo esto, se regocijaron** — Cuando los gentiles oyeron que a ellos se les incluía aun en las profecías de los judíos, y entendieron que ya había venido el Salvador del mundo, se alegraron y "glorificaban la palabra del Señor". Se regocijaban en la oportunidad que tenían de creer en Cristo. "Y creyeron cuantos estaban destinados a vida eterna", de la oración griega "hosoi esan tetagmenoi eis zoen anionion". La palabra "tetagmenoi" u "ordenados" no es la mejor traducción para muchos, quienes prefieren "señalar"; la traducción literal es "puestos en dirección hacia". Si "ordenados" es la traducción correcta, entonces los que no habían creído estaban condenados a destrucción eterna, y no tenía caso que Pablo les predicase el evangelio. La palabra viene de la raíz griega "tasso", que significa "poner en orden, colocar en cierto orden o dirección". La palabra se encuentra ocho veces en el Nuevo Testamento, pero sólo en este versículo se la traduce "ordenar". Algunos dicen que una mejor traducción de la frase sería; "Creyeron todos los que estaban

dispuestos a la vida eterna". Otra versión aceptable sería: "Creyeron todos los que estaban señalados para vida eterna". Lo cierto es que, todos los que creen en Cristo, se arrepienten de sus pecados, y se bautizan, están "ordenados, señalados, dispuestos, destinados o determinados" para la vida eterna. Indistintamente de la versión que uno acepte, el significado del pasaje es que los que aceptan a Cristo pueden disfrutar la redención en él. Aceptar a Cristo es un acto voluntario de cada persona.

**49 Y la palabra del Señor se difundía** — Pablo y Bernabé tuvieron gran éxito en la predicación del evangelio a los gentiles. En ese lugar los judíos rechazaron el evangelio, pero muchos gentiles lo recibieron. Esto indica que Pablo y Bernabé se quedaron algún tiempo en las regiones de Antioquía de Pisidia, que naturalmente vino a ser el centro de la predicación del evangelio en esa área. El evangelio se propagó más allá de la ciudad, y en las aldeas vecinas la gente tuvo la oportunidad de escuchar el evangelio y salvarse.

**50 Instigaron a mujeres piadosas** — Los judíos no se quedaron con los brazos cruzados, sino que por su celo de persecución, lograron la ayuda de "mujeres piadosas y distinguidas". Parece que los judíos no eran muy numerosos en Antioquía, como ya hemos señalado por el hecho de sólo tener una sinagoga; pero tenían influencia con la gente importante. "Mujeres piadosas y distinguidas" se refiere a las mujeres de los prosélitos que tenían puestos importantes. Los judíos lograron el apoyo de estas mujeres que no eran tan "piadosas", pero que asistían a la adoración en la sinagoga de acuerdo a la ley de Moisés (Hch. 17: 4). La preeminencia de las mujeres en actividades públicas es evidente en Antioquía, de acuerdo a las condiciones del día en las ciudades de Asia Menor. "Los principales de la ciudad" probablemente eran funcionarios de autoridad o varones prominentes. Los judíos usaron mucha táctica al presionar a los principales de la ciudad por medio de las esposas de prosélitos prominentes. Ahora Pablo y Bernabé, así como los recién convertidos, tienen tres clases de enemigos: (1) Los principales de los judíos; (2) las mujeres "piadosas"; y (3) los principales de la ciudad. En su correspondencia a Timoteo Pablo se refiere a esta persecución (2 Ti. 3: 11). "Los expulsaron de sus confines" como resultado del estallido de la persecución.

**51 Sacudiendo contra ellos el polvo de sus pies** — Siguiendo el mandamiento de Jesús a sus discípulos cuando los envió a predicar en su misión limitada (Lc. 9: 5), Pablo y Bernabé muestran así que no eran responsables por el destino de quienes rechazaran las buenas nuevas. Al salir de Antioquía, viajaron con rumbo sureste, unos 97 kilómetros hasta llegar a Iconio, una ciudad importante de Liconia.

**52 Y los discípulos estaban llenos de gozo y del Espíritu Santo —** Pablo, Bernabé y todos los cristianos gentiles de Antioquía de Pisidia se alegraron mucho por la salvación en Cristo. La persecución de los judíos tuvo el efecto contrario a lo que esperaban, porque en vez de desanimarse y entristecerse, los cristianos se regocijaron en gran manera y estaban "llenos del Espíritu Santo". Esto ocurría frecuentemente en los primeros días de la iglesia (Hch. 4: 8, 31; 9: 17; 13: 9). Si el evangelio es la simiente del reino (Lc. 8:  11), la sangre de los mártires sigue siendo su fertilizante.

## 5. PABLO Y BERNABE EN ICONIO
### 14: 1-7

**1 Aconteció en Iconio —** Pablo y Bernabé tuvieron éxito en la predicación del evangelio en Iconio. Juntos entraron a la sinagoga de los judíos. Aprovechaban las reuniones de los judíos para predicarles el evangelio. Como hemos señalado antes, Pablo predicaba el evangelio a los judíos primero, y después a los gentiles (Ro. 1: 16). Pablo tenía dos cualidades muy ventajosas: pleno conocimiento de las Escrituras, y la guía del Espíritu Santo. En la sinagoga alcanzaba no sólo a los judíos, sino a los "prosélitos piadosos", y a través de ellos, hacía contacto con otros gentiles. Es muy probable que iban a la sinagoga frecuentemente, y "hablaron [la palabra de Dios] de tal manera que creyó una gran multitud, tanto de judíos, como de griegos". Hablaron "de tal manera" la verdad en Cristo, es decir, hablaron con tanta humildad y convicción, de tan buena fe y con tanto interés, que creyó una gran multitud de judíos y griegos. "Griegos" puede incluir a griegos prosélitos o los paganos; es decir, puede referirse a todos, excepto los judíos.

**2 Mas los judíos que no creían —** Estos judíos incrédulos eran desobedientes, y "excitaron y tornaron hostiles los ánimos de los gentiles" contra Pablo y Bernabé. No creer equivale a desobedecer; mientras que creer, usualmente lleva a la obediencia. "No creían", del griego "apeizesantes", que significa "negarse a ser persuadido, desobediente", rehusarse a creer, y por extensión, rehusarse a obedecer. Esos judíos se negaron a dejar que los persuadiera la verdad predicada por Pablo y Bernabé. Usaron su influencia sobre los gentiles para crear antagonismo contra Pablo y Bernabé, y estos judíos y gentiles incrédulos y desobedientes no estaban dispuestos a escuchar el evangelio, pero sí estaban listos a ayudar a persuadir a los predicadores.

3 **Por tanto, se detuvieron allí mucho tiempo** — Este "mucho tiempo" aquí podría significar varios meses. Pablo y Bernabé predicaban "con denuedo", confiados en el Señor; en otras palabras, predicaban el evangelio sin temor alguno, pese a que habían sido amenazados y sabían que su predicación provocaría persecución; pero de ningún modo cedieron terreno a la oposición. Dios testificó de la verdad del evangelio, concediendo que por mano de ellos se hiciesen señales y prodigios. Los milagros que Pablo y Bernabé hacían era el testimonio de Dios para confirmar la verdad que predicaban. A pesar de que los judíos habían instigado a los gentiles contra Pablo y Bernabé, muchos se convirtieron (verso 1).

4 **Y la gente de la ciudad estaba dividida** — Cuando el evangelio fue predicado, algunos lo aceptaron y otros lo rechazaron; algunos le tenían buena voluntad a Pablo y Bernabé, mientras que otros se les oponían amargamente. Así que, la multitud de habitantes de la ciudad, estaba dividida. Lo que en otros producía fuertes convicciones, en otros causaba sentimientos hostiles. El hombre de buena fe siempre estimula la buena fe en unos, pero desacuerdo y enemistad en otros. Aquí a Bernabé se le incluye entre "los apóstoles, aunque no era apóstol en el mismo sentido que Pedro, Juan y Pablo. Esta es la primera vez que a Pablo se le llama apóstol en el libro de Hechos. "Apóstol" viene de la palabra griega "apóstolos" y significa "uno que es enviado". En el resto del libro, Lucas aplica esta palabra solamente a los doce. Pablo reclamó el título, siendo igual a los otros apóstoles (Gál. 1: 1, 16-18). El uso común de "apóstolos" se encuentra en Juan 13: 16 y 2 Corintios 8: 23. Pablo usó esta palabra y la aplicó a Jacobo, el hermano del Señor (Gál. 1: 19); a Epafrodito (Fil. 2: 25), como mensajero de la iglesia en Filipos; a Silvano [o Silas, Hch. 15: 22, 40; 1 P. 5: 12], y a Timoteo (1 Tes. 2: 6; Hch. 18: 5); y a Andrónico y Junias (Ro. 16: 6, 7). En cierta ocasión a los maestros judaizantes los llama "falsos apóstoles" (2 Co. 11: 13). Aquí los dos grupos en que la gente estaba dividida eran los cristianos y los no cristianos; y seguramente los cristianos eran la minoría.

5-7 **Cuando los judíos y los gentiles . . . se lanzaron** — Tanto judíos como gentiles atacaron a Pablo y Bernabé. "Lanzaron", del griego "horme", significa "impulso, apresurarse". La palabra se encuentra solamente dos veces en el Nuevo Testamento, en este pasaje y en Santiago 3: 4. Parece que no hicieron el asalto, pero sí tenían planes y estaban listos para hacerlo. Los principales de la sinagoga y los magistrados de la ciudad no podían participar personalmente en la violencia y alboroto, pero sí como autores intelectuales, y mediante agitadores judíos para ejecutar el castigo por lo que ellos consideraban blasfemia. Pablo y

Bernabé se enteraron del complot para apedrearlos, y huyeron a Listra y Derbe, en la provincia de Licaonia o Liconia, predicando en esas ciudades y otras regiones. Listra estaba a unos 29 kilómetros al sur de Iconio; y Derbe se encontraba a 32 kilómetros al este de Listra. Era una región despoblada y sin árboles. Listra era la ciudad principal. Parece que en estas ciudades rurales no había sinagogas, de modo que Pablo y Bernabé predicaban a los judíos esparcidos y a los gentiles.

## 6. PABLO Y BERNABE EN LISTRA Y DERBE
### 14: 8-20

**8 Y había en Listra cierto hombre sentado** — Mientras Pablo hablaba a un grupo, se fijó en un hombre incapacitado de los pies, que nunca había andado. Parece que estaba sentado en el suelo, pero no mendigaba. Desde su infancia lo había conocido la mayor parte de la gente que estaba escuchando a Pablo. Este caso se parece mucho al hombre cojo que fue sanado por Pedro y Juan (Hch. 3: 1-11). Lucas, siendo médico, nos da una buena descripción de la condición de este hombre. Se necesitaría un milagro para que se sanara.

**9, 10 Este oyó hablar a Pablo** — Puesto que en Listra no había sinagoga, Pablo y Bernabé seguramente estaban hablando en alguna reunión al aire libre, y este hombre incapacitado era parte de la audiencia. Pablo lo vio y sabía que tenía suficiente fe para ser sanado. Aquí notamos otra vez que Pablo "fijando en él sus ojos" (Hch. 13: 9), "dijo a gran voz: Levántate derecho sobre tus pies". Pablo alzó la voz para que toda la audiencia escuchara, al mismo tiempo llamando la atención de todos hacia este hombre incapacitado. Era algo extraño para esta audiencia pagana que alguien ordenara a un hombre que jamás había andado, que se pusiera de pie. El hombre obedeció de inmediato, y "dio un salto y se puso a caminar". La frase griega "helato kai periepatei" quiere decir que "dio un solo brinco y empezó a caminar". Ese salto repentino indica que Pablo tenía el poder para sanar al hombre, y que la sanidad no fue gradual, sino inmediata o instantánea. El milagro de la sanidad es evidente ya que el hombre ahora podía andar.

**11 Entonces la gente, visto lo que Pablo había hecho** — La muchedumbre quedó atónita al ver que este hombre había saltado y empezado a caminar, y alzando la voz, decían "en lengua licaónica". Parece que Pablo había estado predicando en el idioma griego y ahora la gente empieza a hablar su propia lengua. Pablo y Bernabé aparentemente no conocían este idioma, porque no se dieron cuenta de lo que la gente estaba diciendo y planeando hasta que vieron que traían toros y guirnaldas. "Lengua licaónica" era un dialecto exclusivo de Licaonia. Esto demuestra que el don de lenguas no dio a los apóstoles la capacidad para entender todos los dialectos. Los licaonitas habían visto el milagro de sanidad, y reconociéndolo como sobrenatural, gritaban: "Los dioses se han hecho semejantes a los hombres". Los naturales de este lugar eran gente sencilla e idólatra.

12 **Y llamaban a Bernabé Júpiter, y a Pablo, Mercurio** — Lucas explica la razón por la que les dieron esos nombres. En este versículo a Bernabé se le menciona primero que a Pablo. A Pablo le llamaron Mercurio, porque éste era el que dirigía la palabra. Mercurio era el dios de la elocuencia y las mitologías paganas abundan con "apariciones" de sus deidades en forma humana. Se decía que esos dioses en particular, Júpiter y Mercurio, deambulaban por la vecina región de Frigia. "Hermes" es el equivalente griego de Mercurio, y "Zeus" es el nombre griego para Júpiter. Zeus, el rey de los dioses, de presencia dominante y majestuosa. Este incidente nos da una idea de la apariencia de Pablo.

13 **Y el sacerdote de Júpiter** — El templo con la estatua de Júpiter estaba fuera de las puertas de la ciudad. La estatua de Zeus o Júpiter estaba a la entrada de la ciudad, fuera de los muros. Junto al templo estaban las puertas dobles que daban al interior de los muros de la ciudad. Parece que la procesión llegó al portal o atrio exterior, llevando bueyes y guirnaldas para ofrecer en sacrifico a Pablo y Bernabé. Las guirnaldas eran puestas sobre los toros antes de sacrificarlos. Era muy común entre estos pueblos paganos, sacrificar toros a Júpiter y Mercurio. En la ceremonia, los toros eran degollados, su sangre era recogida en una vasija y derramada sobre el altar; luego se hacía una fiesta y todos comían de la carne del toro o buey sacrificado.

14-16 **Cuando lo oyeron los apóstoles Bernabé y Pablo** — Aquí a Bernabé se le llama apóstol y se le menciona primero que a Pablo. Deducimos que en esta ocasión Bernabé recibió más honor de la gente, ya que Lucas lo menciona a él primero. También le llama apóstol, aunque no lo era en el sentido que lo eran los doce, o aun en el sentido que Pablo. No obstante, Bernabé era un apóstol en el sentido que había sido enviado por la iglesia de Antioquía. Cuando Pablo y Bernabé comprendieron lo que la gente estaba por hacer, "rasgaron sus ropas, y se lanzaron en medio de la muchedumbre" para interrumpir esa costumbre pagana. Pablo y Bernabé se asombraron de que la gente tratara de ofrecerles tanto homenaje y adoración, pero les dio una magnífica oportunidad para que explicaran y dirigieran la adoración al único Dios verdadero. Así lo trataron de lograr, declarándoles que "nosotros somos hombres de igual condición que vosotros". "Condición", del griego "pascho", que significa "experimentar", y que en algunas versiones se traduce "pasiones". Tanto en este pasaje como en Santiago 5: 17 quiere decir "de igual naturaleza", pero para ser más exactos, "afectado por las mismas sensaciones". Después de aclararles las mentes sobre este punto, Pablo y Bernabé comenzaron a predicarles el evangelio de Cristo. "Os anunciamos", del griego "euaggelizomenoi", y quiere decir "evangelizar" o anunciar las buenas nuevas. Ahora Pablo está predicando a los gentiles sin la influencia de los judíos, presentándoles los mismos argumentos que encontramos en Hechos 17: 21-32 y Romanos 1: 18-23. "Dios vivo" es un gran contraste con los ídolos o dioses de madera o piedra. Los ídolos son mudos e inactivos, pero el Dios vivo está activo, y fue quien "hizo los cielos y la tierra, el mar, y todo lo que en ellos hay". ¡Qué gran diferencia entre el Dios que creó el cielo y la tierra, y los ídolos que adoraban estos paganos! Antes de que Cristo viniera, Dios había tenido misericordia de todas las naciones, habiéndoles permitido que anduvieran "en sus propios caminos", pero ahora deben seguir al Cristo, quien es el Salvador del mundo. Por razones sabias, Dios permitió que los hombres experimentaran por sí solos, para que estuvieran mejor preparados para recibir una luz novedosa. Pablo presenta el mismo argumento en Hechos 17: 30 en su discurso en Atenas. El mismo razonamiento se encuentra en Romanos 1, 2 y 11. Dios había permitido la ignorancia y los pecados del mundo gentil, así como la ley de Moisés había sido permitida para que hiciera un trabajo parcial e imperfecto con los judíos. Ahora deben escuchar el evangelio y ser salvos.

17 **Si bien no se dejó a sí mismo sin testimonio** — Otra vez encontramos el bosquejo general de lo que se presenta en Romanos 1: 19, 20. Dios los había bendecido con lluvias y temporadas fructíferas mediante las leyes naturales, en las que se puede ver la intervención del Creador. Es menester que veamos la mano de Dios en la naturaleza, porque "los cielos cuentan la gloria de Dios, y el firmamento anuncia la obra de sus manos" (Salmo 19: 1). El "Dios vivo" no era como Júpiter, pero todo el tiempo ha estado haciendo todo lo posible por atraer para sí a la creación mediante su providencia y sus actos de bondad. Y esa bondad de Dios seguía obrando para mostrarles mayores y más ricas bendiciones que les esperaban en el evangelio de Cristo.

18 **A duras penas lograron impedir** — Sólo tenemos un bosquejo breve del sermón de Pablo, a quien no le fue fácil evitar que estos paganos les ofrecieran sacrificios; con mucha dificultad lograron que desistieran de sus planes de adorar a Pablo y Bernabé. No se dice nada del éxito de Pablo y Bernabé en Listra. Entre las personas convertidas

más sobresalientes de las judías piadosas, estaban Loida, su hija Eunice y su nieto Timoteo (2 Ti. 1: 5).

**19 Entonces vinieron de Antioquía e Iconio unos judíos** — Los enemigos de Pablo y Bernabé viajaron una gran distancia--entre 129 y 160 kilómetros--para perseguirlos y evitar que la gente escuchara la verdad. La oposición que surge contra un hombre o una causa, a veces demuestra su poder o el poder de la verdad que proclama. La intensa oposición es evidencia de la fuerza de la verdad que predicaban Bernabé y Pablo. Nadie apedrea un árbol seco para quitarle fruta, ni se arman contra los cobardes, ni tampoco le ponen atención a un contrincante débil. Estos judíos vinieron y "persuadieron a la multitud" para que apedrearan a Pablo. ¡Qué contraste! Un momento están listos a ofrecer sacrificios a Pablo y Bernabé, a rendirles culto como a dioses, pero poco tiempo después están dispuestos a matarlos a pedradas. No se debe confiar en los sentimientos populares. Este cambio repentino de sentimientos es tan asombroso como el que transformó los "hosanas" de la multitud de Jerusalén, en los gritos de "crucifícale" (Mt. 21: 9; 27: 22). Atacaron a Pablo, lo apedrearon, y le arrastraron fuera de la ciudad, suponiendo que estaba muerto. La forma de castigo a pedradas es prueba de que los judíos habían planeado todo esto. Querían tener la satisfacción de castigar a un blasfemo, de matarlo a pedradas, y sacar su cuerpo para que fueran sepultado con los animales, o que su carne fuera devorada por los perros y los buitres. Este incidente lo menciona Pablo tiempo después (2 Co. 11: 25). Los sufrimientos que padeció en Listra sobresalen en los últimos días de su vida, cuando Pablo echa un vistazo al pasado (2 Ti. 3: 11).

**20 Pero rodeándole los discípulos** — Los discípulos siguieron a la turba que arrastró el cuerpo de Pablo fuera de la ciudad, quizá con la intención de darle "cristiana" sepultura. Puede ser que Loida, Eunice y Timoteo hayan estado presentes llorando por la supuesta muerte de Pablo, pero en esto estaban cuando Pablo se levantó y entró en la ciudad. No sabemos cómo es que Bernabé escapó de ser apedreado; quizá fue que no estaba presente cuando atacaron a Pablo. Al día siguiente Pablo y Bernabé se fueron de Listra a Derbe, a una distancia de unos 32 kilómetros al sureste. Este viaje debe haber tomado varias horas y debe haber sido muy difícil para Pablo, considerando su condición física.

# 7. SU REGRESO A ANTIOQUIA DE SIRIA
## 14: 21-28

21 **Y después de anunciar el evangelio a aquella ciudad** — Derbe era una ciudad más pequeña que Listra, y después de evangelizar allí, estaban listos para regresar o ir a otro sitio. Parece que los judíos no los molestaron en Derbe, y no sabemos cuánto estuvieron allí. Ahora han llegado al final de su primer viaje misionero y están listos para regresar. Derbe era la ciudad fronteriza del Imperio Romano. La ruta más corta de Derbe a Antioquía de Siria sería por tierra, pasando por Tarso de Cilicia, la ciudad natal de Pablo, atravesando después el reino de Antíoco hasta llegar a la ciudad de Antioquía. Pero en vez de eso decidieron regresar y visitar a las iglesias que habían establecido en Listra, Iconio y Antioquía.

22 **Fortaleciendo los ánimos de los discípulos** — "Fortaleciendo", del griego "episterizontes" y quiere decir "hacer más firmes, dar más fuerza, confirmar, consolar, fortalecer, animar". Se encuentra en este pasaje y en Hechos 15: 32, 41. Cada vez que la palabra se usa en Hechos, es con referencia a las iglesias. Los discípulos fueron exhortados a que permaneciesen en la fe. "La fe", del griego "tei pistei", y significa más que confianza o creencia, pues se puede aplicar a todo el evangelio. Muchos de estos nuevos discípulos venían del paganismo, eran perseguidos, habían perdido vínculos familiares y sociales por su fe, y necesitaban mucho ánimo. Por eso Pablo les exhortaba diciendo: "Es menester que pasemos por muchas tribulaciones para entrar en el reino de Dios". A los recién convertidos se les advirtió de la persecución y tribulación venidera que les esperaba. Pablo reconoce que "el reino de Dios" ya estaba establecido, puesto que estos cristianos estaban en él.

23 **Les designaron ancianos en cada iglesia** — Parece que Pablo y Bernabé habían establecido iglesias en los diferentes lugares donde habían predicado. "Iglesias" aquí se refiere a las congregaciones locales. Las congregaciones necesitaban una organización, por lo cual les designaron ancianos. Los dirigentes de estos pequeños grupos de discípulos eran "ancianos u obispos". La palabra griega que se usa aquí para ancianos es "presbúterous", y se refiere a hombres maduros y dignos, que fueron seleccionados de los varones mayores que presidían las reuniones y administraban los negocios de la iglesia. "Ancianos" se usa con relación a las comunidades judías, y "obispos" con referencia a las comunidades gentiles. El ayuno y la oración eran usados para enfatizar la seriedad y solemnidad de los deberes y responsabilidades que les encargaban. Así fueron "encomendados al Señor en quien habían creído". Todo parece que se hizo en la reunión pública donde estaban

orando. "Encomendar" al Señor equivalía a que les confiaran la responsabilidad de continuar la obra de la iglesia, que era la obra del Señor. Ellos habían confiado en el Señor al hacerse discípulos, y ahora a ellos les confían la obra del Señor. Nótese que los "ancianos" fueron designados "en cada iglesia". El orden del Nuevo Testamento es varios ancianos en cada congregación. No se nos dice la forma en que fueron designados o seleccionados. La palabra "designar", del griego "cheirotoneo", originalmente significaba "extender la mano". "Cheir" quiere decir mano, y "teino" significa "estirar, extender". De modo que, el significado original era de extender o levantar la mano para votar; y después vino a tener el significado de designar o seleccionar con la aprobación de la asamblea; y por último, designar, sin importar la forma en que fueran escogidos. Hay varias interpretaciones al respecto. Los que favorecen la forma episcopal de gobierno dicen que significa la imposición de las manos para separar para el oficio de ancianos. Por otra parte, los que favorecen el gobierno presbiteriano, opinan que significa seleccionar y separar a hombres que ya habían sido electos o escogidos por los miembros. Además, quienes favorecen el gobierno congregacional dicen que la selección de los ancianos fue hecha por los miembros. Ya que el Nuevo Testamento no nos dice cómo fueron seleccionados los ancianos, podemos decir que se puede usar cualquier método que promueva la unidad y que no viole los principios bíblicos.

24-26 **Pasando después por Pisidia** — Parece que regresaron por la misma ruta que habían seguido para llegar a esos lugares. Antioquía estaba en Pisidia. Después de salir de Antioquía y de regresar, pasaron por Pisidia y Panfilia. Y habiendo predicado la palabra en Perge, donde se quedaron un tiempo, y donde Juan Marcos se había apartado de ellos. No se nos dice que hayan predicado en Perge durante el primer viaje. En este segundo viaje no se nos dice cuánto éxito tuvieron en la predicación. En su viaje de regreso, en vez de tomar un barco en Perge, viajaron por tierra a Atalia, un puerto marítimo de Panfilia, desde donde navegaron hasta Antioquía de Siria, "desde donde habían sido encomendados a la gracia de Dios para la obra que habían cumplido". El historiador Lucas no nos narra ningún detalle de lo que sucedió durante el tiempo desde que zarparon de Atalia hasta que llegaron a Antioquía de Siria. Ellos habían cumplido la tarea para la que habían sido consagrados. Ahora han regresado al lugar de donde empezaron y están listos para dar un informe amplio de su obra.

27, 28 **Y habiendo llegado, y reunido a la iglesia** — Cuando regresaron a Antioquía, reunieron a la iglesia para rendirles un informe de lo que Pablo y Bernabé habían hecho. Tenían muchas experiencias que contar; Pablo les podía hablar de la persecución y sufrimiento que había padecido. En su informe alabaron a Dios por todo lo que había acontecido, "refirieron cuán grandes cosas había hecho Dios con ellos, y cómo había abierto la puerta de la fe a los gentiles". Después de contarles lo que Dios había hecho con ellos para abrir la puerta a la conversión de los gentiles, "se quedaron allí mucho tiempo con los discípulos" de Antioquía. Se cree que Pablo y Bernabé se tardaron dos o tres años en su primer viaje misionero, habiendo salido el año 44 o 45 D. de C. Sabemos que ellos regresaron a Jerusalén el año 50 D. de C., por lo cual podemos decir que se quedaron en Antioquía unos dos años.

## RESUMEN DEL PRIMER VIAJE MISIONERO DE PABLO

La distancia entre Antioquía de Siria y Seleucia era 25 kilómetros; de Seleucia a Salamina, 145 kilómetros por mar; de Salamina a Pafos, 243 kilómetros; de Pafos a Perge, 243 kilómetros por mar; de Perge a Antioquía de Pisidia, 160 kilómetros por tierra; de Antioquía de Pisidia a Iconio, 87 kilómetros por tierra; de Iconio a Listra, 29 kilómetros por tierra; de Listra a Derbe, 32 kilómetros por tierra. Total de la distancia recorrida: 978.5 kilómetros, o sea, 604 millas.

De los 978 kilómetros de Antioquía de Siria a Derbe, 324 kilómetros fueron de viaje por mar. El viaje de regreso fue casi la misma distancia, de modo que el viaje de ida y vuelta fue de 1,208 millas o 1,956 kilómetros. Considerando los medios de transporte de aquellos días, ese fue un viaje muy largo. Pablo y Bernabé habían establecido más de media docena de iglesias en su viaje de 1,956 kilómetros, con una duración de dos o tres años.

## RESUELVEN EL PROBLEMA DE LA CIRCUNCISION
### 15: 1-35

## 1. EL PROBLEMA SURGE EN ANTIOQUIA DE SIRIA
### 15: 1

**1 Algunos que venían de Judea enseñaban** — Pablo y Bernabé acababan de informar a los hermanos "todas las cosas" que Dios había hecho para los gentiles, y cómo les había abierto la puerta de la fe (Hch. 14: 27). Los que descendieron "de Judea" o Jerusalén, decían haber sido enviados por los apóstoles (verso 24). Ellos trataban de cerrar la puerta que Dios había abierto a los gentiles. Estos hermanos de Jerusalén vinieron a Antioquía con prejuicios judíos y una mente cerrada, enseñando que los cristianos gentiles no podían ser salvos si no practicaban la circuncisión. Para ellos el rito judío de la circuncisión era una condición para que los gentiles obtuvieran la salvación, alegando que esta doctrina había sido autorizada por la iglesia de Jerusalén. En Antioquía la iglesia estaba compuesta por cristianos gentiles y judíos (Hch. 11: 19, 20). Este era el lugar propicio para que surgiera el problema, ya que los judíos no estaban acostumbrados a reunirse con los gentiles, con la excepción de los gentiles que se habían convertido a la religión judía. Ahora en la iglesia primitiva, los gentiles que no eran prosélitos son reunidos con los judíos. No sabemos hasta qué grado molestó este problema a la iglesia de Antioquía, pero por lo que sigue, parece que fue muy serio. Era natural que tanto el sector judío como el gentil en la iglesia de Antioquía se perturbaran por la predicación de estos maestros que habían venido de Jerusalén. Esa doctrina causó disensión.

## 2. PABLO Y BERNABE ENVIADOS A JERUSALEN
### 15: 2-5

**2 Como Pablo y Bernabé tuviesen una discusión y contienda no pequeña** — Pablo y Bernabé se quedaron bastante tiempo con la iglesia de Antioquía, y durante esos días vinieron estos hermanos desde Jerusalén, insistiendo que los cristianos gentiles debían circuncidarse. Pablo y Bernabé se les oponían, y tuvieron una gran discusión y contienda con ellos. Fue una discusión muy acalorada. "Discusión", del griego "staseos", que significa "contienda, rivalidad, oposición; un orden establecido; opinión; disensión en la que un grupo se aferra a una costumbre y la otra a la costumbre contraria". "Contienda", del griego "zeteseos", que significa "buscar, investigar, examinar juntos, discutir y hacer preguntas". Como no encontraran acuerdo, la iglesia dispuso que Pablo y Bernabé, y algunos otros de ellos, subiesen a Jerusalén, a los apóstoles y los ancianos, para tratar esta cuestión. En Gálatas 2: 1-10 Pablo relata este incidente. Parece que fue Pablo quien sugirió el viaje a Jerusalén (Gál. 2: 1). Estos maestros de Jerusalén insistían en la necesidad de la circuncisión para los gentiles, porque así se los había enseñado la iglesia en Jerusalén. Pablo sabía que lo mejor era ir a Jerusalén y resolver esta cuestión, no para beneficio suyo, sino de los que conocían menos de las cosas de Dios. En Gálatas 2: 1 leemos que Pablo llevó a Tito con él. Generalmente se cree que este viaje de Pablo a Jerusalén, fue su tercera visita a esa ciudad desde su conversión, y que la fecha fue el año 50 D. de C.

3 **Ellos, pues, habiendo sido puestos en camino por la iglesia** — La iglesia en Antioquía siguió la sugerencia de Pablo y seleccionó a los hermanos para que fueran a Jerusalén, ayudándoles con los gastos del viaje, y encomendándolo a Dios en oración. Pasaron por Fenicia y Samaria. Era un viaje hacia el sur como de 486 kilómetros por la costa del Mediterráneo, pasando por Tiro y Sidón, ciudades fenicias; luego por Samaria, donde probablemente Felipe había predicado; y por último Jerusalén. Dondequiera que tenían la oportunidad, y a lo largo del camino, relataban con todo detalle la conversión de los gentiles; "y causaban gran gozo a los hermanos". Por lo general, los hermanos de Fenicia y Samaria simpatizaban con Pablo y Bernabé, como lo demuestra el hecho de que les agradara tanto las noticias de la conversión de los gentiles.

4 **Y llegados a Jerusalén** — El viaje tenía un propósito específico: hablar con los apóstoles y los ancianos de Jerusalén sobre el problema de la circuncisión. Toda la iglesia estaba interesada en el asunto. No sabemos cuántos apóstoles estaban presentes, o cuántos ancianos tenía la congregación de Jerusalén. Nótese que aunque allí estaban los apóstoles con toda su autoridad apostólica, de todas maneras toman en cuenta a los ancianos en esta consulta. Cuando llegaron, fueron recibidos bien y sin pérdida de tiempo le contaron todas las cosas que Dios había hecho con ellos. En el relato de Pablo y Bernabé se daba a entender que lo que ellos habían hecho había sido con la ayuda de Dios; por lo tanto, si Dios había aceptado a los gentiles sin la circuncisión, también los hermanos judíos debían aceptarlos.

**5 Pero algunos de la secta de los fariseos** — Estos fariseos habían creído, eran cristianos que se habían convertido al cristianismo, dejando la secta de los fariseos. A los maestros judaizantes en Antioquía, que habían llegado de Jerusalén, no se les describe como fariseos. Esta es la primera vez que se nos informa que algunos fariseos se habían convertido. Es correcto suponer que los maestros que fueron de Jerusalén a Antioquía, eran del grupo de fariseos convertidos. Una cosa buena tenían: hablaban claro y declaraban con valor lo que creían. Ellos decían: "Se debe circuncidarlos, y mandarles que guarden la ley de Moisés".

## 3. LOS APOSTOLES Y ANCIANOS EN EL CONCILIO
### 15: 6-29

**6 Y se reunieron los apóstoles y los ancianos** — Lucas no menciona a la iglesia, como lo hizo en el versículo 4, pero sabemos que estaba presente, por lo que leemos en los versículos 12 y 22. "Toda la iglesia" fue convocada, junto con los "apóstoles y los ancianos", para considerar este asunto. Sin duda que los apóstoles, en virtud de su autoridad, tomaron la iniciativa; y así la iglesia y sus ancianos fueron enseñados bajo la dirección de los apóstoles. El asunto era muy importante y recibió la atención debida.

**7 Y después de mucha discusión** — Parece que hubo una discusión libre y franca; y escucharon a ambos lados imparcialmente; ésta es la única forma de discutir cualquier asunto sobre el cual hay diversidad de sentimientos y opiniones. "Discusión", del griego "zeteseos", es la misma palabra que se usa en el verso 2; y aquí significa "debatir". Algunos alegaban que los gentiles debían circuncidarse y guardar la ley de Moisés. Pablo y Bernabé, junto con otros, se oponían. Después de mucha discusión, Pedro se puso de pie y habló, refiriéndose al caso de Cornelio, un gentil que se convirtió a Cristo por medio de su predicación. Dios había aceptado a Cornelio y toda su casa como cristianos, e incluso la iglesia de Jerusalén (Hechos 11) había aceptado a los gentiles como cristianos, sin exigir que se circuncidaran. Pedro recuerda esto a la iglesia y les refresca la memoria, pues de eso ya "hacía algún tiempo". De acuerdo a la mejor cronología, ya habían pasado diez años desde la conversión de Cornelio, y veinte años desde el día de Pentecostés; de modo que la iglesia tenía unos veinte años de existencia. Era oportuno que Pedro hablara, después de haber escuchado a los dos lados. Ahora es su turno, tanto por ser apóstol, y en base a la experiencia que tuvo en la casa de Cornelio y en la iglesia de Jerusalén.

**8, 9 Y Dios, que conoce los corazones** — Dios había dado el Espíritu Santo a la casa de Cornelio (Hch. 10: 44, 45); esto era prueba de que Dios, que conoce todas las cosas, había aceptado a los gentiles sin la circuncisión. Pedro había relatado el incidente a la iglesia en Jerusalén, y la iglesia había aceptado a los gentiles como cristianos sin requerirles la circuncisión (Hch. 11: 18). Dios no había hecho distinción o diferencia entre los gentiles y los judíos, y los hombres tampoco debían hacer diferencias. Al principio Pedro estaba sorprendido de que Dios no hiciera diferencia, pero el apóstol aceptó la voluntad de Dios. Pedro presenta otro pensamiento de que tanto judíos como gentiles fueron aceptados por Dios en base a su fe en Cristo. Todos los que creían en la idolatría tenían un corazón impuro; y los que creían en Cristo--en el sentido de aceptarlo--tenían un corazón puro. Judíos y gentiles tenían que escuchar el mismo evangelio, creer el mismo evangelio, arrepentirse de sus pecados, ser sepultados con Cristo en el bautismo y ser resucitados para novedad de vida, para ser cristianos. En el plan de salvación no se hace distinción para obtener el perdón de pecados, ni hay diferencia entre unos y otros para aceptar a Dios.

10 **¿Por qué tentáis a Dios?** — Pedro hace una interrogación a la audiencia, para hacerlos pensar que Dios no se pudo haber equivocado al dar el Espíritu Santo a Cornelio y su familia, y aceptarlo sin la circuncisión. Los hermanos estaban negándose a aceptar lo que Dios había aceptado; o dicho de otra manera, estaban rechazando a los que Dios había aceptado. Los maestros judaizantes estaban imponiendo condiciones a los gentiles, y poniéndoles un yugo que ni los mismos judíos podían llevar. Ningún judío jamás obedeció la ley de Moisés a la perfección. Ni los que ahora estaban insistiendo en la circuncisión para los cristianos gentiles, habían guardado la ley al pie de la letra; y aun así querían poner ese yugo a los cristianos gentiles. Pedro demuestra que los judaizantes no sólo estaban oponiéndose a Dios, sino que eran inconsistentes. La ilustración del "yugo" es la misma que usa Pablo en Gálatas 5: 1. Pedro fue tardo para entender este punto, y se necesitó un milagro en Jope y Cesarea para convencerlo de esta verdad. Pedro ha presentado cuatro puntos importantes: (1) Dios dirigió a Pedro para que recibiera a los gentiles, como en el caso de Cornelio; (2) Dios aprobó la aceptación de los gentiles, dándoles el Espíritu Santo; (3) la fe produjo el mismo efecto tanto en judíos como en gentiles; y (4) los judíos no tenían derecho a poner sobre los gentiles un yugo que Dios no les había puesto a ellos.

11 **Creemos que por la gracia del Señor** — La salvación que podían disfrutar tanto judíos como gentiles, venía por la gracia de Dios. "Gracia" significa "un favor inmerecido" de parte de Dios. La gracia

gratuita de Dios tuvo su expresión máxima cuando Dios envió a Jesús a la tierra para que muriera por los pecados del mundo. Las condiciones para obtener el perdón de pecados son la fe en el Señor Jesucristo y obediencia a sus mandamientos. La salvación nunca vino ni vendrá por la ley de Moisés, sino a través de Cristo. En este versículo tenemos registradas las últimas palabras de Pedro en el relato de Hechos.

12 **Entonces toda la multitud calló** — La iglesia se había reunido con sus ancianos y los apóstoles, y la multitud guarda silencio después del discurso de Pedro. Había impresionado tanto a la multitud con argumentos tan claros y fuertes, que no había nada que agregar. Otra vez, la iglesia había aprendido a respetar a los apóstoles cuando hablaban en materia doctrinal. Ahora toman la palabra Bernabé y Pablo. Otra vez se menciona a Bernabé primero, porque en Jerusalén era mejor conocido que Pablo. Bernabé y Pablo contaron cuán grandes señales y maravillas había hecho Dios por medio de ellos entre los gentiles. En tres ocasiones se menciona a Pablo contando las maravillas que Dios había hecho entre los gentiles (Hch. 14: 27; 15: 4, 12). Los hechos eran más poderosos que las palabras. Dios había hecho grandes prodigios entre los gentiles y los había aceptado sin necesidad de que se sometieran a la circuncisión. Los cristianos judíos estaban oponiéndose a Dios al insistir en imponer la circuncisión a los cristianos gentiles. Pablo y Bernabé meramente testificaron de los hechos y dejaron que los cristianos judíos los aplicaran e hicieran sus propias conclusiones. En realidad, sólo había una conclusión; darles la razón a Pablo y Bernabé.

13, 14 **Y cuando ellos callaron** — Había habido una asamblea y una discusión general en la que participaron todos los que así lo desearon; luego Pedro habló y presentó argumentos irrefutables; después Pablo y Bernabé contaron brevemente lo que Dios había hecho por medio de ellos entre los gentiles, con la clara conclusión de que Dios había aceptado a los gentiles sin circuncisión; ahora Jacobo pronuncia el último discurso. Este Jacobo es llamado "El Justo", y se le consideraba como representante de los cristianos judíos. Los maestros judaizantes posiblemente esperaban que Jacobo defendiera sus puntos de vista, porque después usaron mal su nombre contra Pedro en Antioquía (Gál. 2: 12). Este es Jacobo, el autor de la epístola de Santiago. No era uno de los doce apóstoles, pero después de la muerte de Jacobo, el hermano de Juan (Hch. 12: 2), este Jacobo vino a ocupar un lugar prominente en la iglesia de Jerusalén. Jacobo repasó el argumento de Pedro sobre cómo Dios había "visitado" por primera vez a los gentiles, "para tomar de entre ellos un pueblo para su nombre". Aquí Jacobo se refiere a Cornelio y su casa; quienes habían sido llamados del mundo pagano para ser parte del pueblo escogido de Dios, así como los israelitas. Jacobo mira claramente la mano de Dios en la obra de Pedro en Cesarea y todo lo que Pablo y Bernabé habían hecho entre los gentiles.

**15-18 Y con esto concuerdan las palabras de los profetas** — Para los cristianos judíos era alarmante que Dios extendiera los privilegios del evangelio a los gentiles; pero debían haber sabido que el Mesías iba a ser un Salvador universal. Los profetas de Israel habían predicho la aceptación de los gentiles. Jacobo cita al profeta Amós (9: 11, 12), pero no es una cita literal del Antiguo Testamento; algunas palabras fueron cambiadas por Jacobo, quien guiado por el Espíritu Santo, le da el verdadero significado a las profecías. Aunque sólo cita a un profeta (a Amós), Jacobo se refiere a los profetas, en plural. Y es cierto que otros profetas también predijeron que los gentiles serían aceptados por Dios (Is. 2: 2-4; 49: 6; Mi. 4: 1-4). Jacobo interpreta la cita diciendo que "el tabernáculo de David" estaba caído, pero que al ser reconstruido, admitiría a los gentiles. La profecía de Amós primero habla de la caída de la raza judía, luego está la promesa de que Dios edificaría una nueva iglesia sobre las ruinas del antiguo tabernáculo, y reuniría a los gentiles; y por último, que los que fueran salvos, gozarían la salvación solamente a través del Mesías. Jacobo nos presenta el retrato del tabernáculo caído, que era levantado y reconstruido con ramas de árboles todos los años durante la Fiesta de los Tabernáculos. "Tabernáculo de David", del griego "skenen Daueid", y es una figura poética del trono de David (2 S. 7: 12). En la reconstrucción de la casa espiritual de David, los creyentes vienen de todas las naciones de la tierra. Por medio del retrato de un lugar en ruinas, se representa la devastación del reino; la prosperidad iba a regresar en los días del Mesías, y consistiría de bendiciones espirituales, en un reino de justicia, en el que los gentiles buscarían al Señor y serían su pueblo.

**19, 20 Por lo cual yo juzgo** — Hablando por autoridad y dirección del Espíritu Santo, Jacobo pronuncia juicio sobre el asunto. Se puede deducir que Jacobo estaba presidiendo la reunión, y que a él se le había encargado hacer un resumen de todo y dar la conclusión, y eso es lo que va a hacer. En pocas palabras, Jacobo dice que "no se inquiete a los que entre los gentiles se convierten a Dios". Esa conclusión coincidió con la doctrina que Pablo y Bernabé ya habían predicado y practicado; pero al mismo tiempo, la decisión no fue favorable para los judaizantes. La decisión de Jacob, tal como es expresada, fue presentada como una moción, después de haber discutido la cuestión, para que toda la iglesia apoye a Pablo y Bernabé. Jacobo está de acuerdo con Pedro en que debían respaldar a Pablo y Bernabé en su insistencia de que a los gentiles se les debía dejar libres de la ley de Moisés. Otra amonestación de Jacobo es que "se les escriba" para aclarar la controversia, ofrecerles ayuda en todo lo necesario y animarlos. En esta carta Jacobo sugiere que aconsejen a los hermanos gentiles, que "se aparten de las contaminaciones de los ídolos, de la fornicación, de lo estrangulado y de la sangre". Son cuatro las cosas que se mencionan: (1) la contaminación de los ídolos; (2) la fornicación; (3) lo estrangulado; y (4) abstenerse de la sangre. Las palabras que Jacobo usa denotan una decisión formal enviada por mensajeros especiales a los cristianos gentiles. "Contaminaciones de los ídolos" se refiere a la adoración y culto de los ídolos, especialmente el comer las carnes de los animales sacrificados a los ídolos; todo el que de alguna forma rinde culto a un ídolo, es inmundo; y por lo tanto, los gentiles debían alejarse de la contaminación de los ídolos. Entre los gentiles eran muy comunes los pecados de idolatría, fornicación y homicidios; y los cristianos gentiles habían dejado todas esas cosas, pero ahora se les exhorta a que no vuelvan a caer en ellos. La ley de Moisés imponía ciertas restricciones sobre no comer sangre, porque era la vida del animal; y aunque los gentiles no están obligados a obedecer la ley de Moisés, sí deben someterse a los principios generales de justicia y santidad.

21 **Porque Moisés desde generaciones** — Cada sábado la ley de Moisés era leída en las sinagogas; con un maestro que interpretaba o explicaba su contenido. Por tanto, "quien lo predique", quiere decir, enseñar, predicar e interpretar la ley de Moisés. De igual manera "predicar" a Cristo, es predicar su evangelio o la ley de Cristo. Dondequiera que había una sinagoga, Moisés era predicado cada día de reposo. Hay varias ideas de la razón por la cual Jacobo hizo esta declaración. Algunos creen que Jacobo está contestando posibles objeciones de los cristianos judíos, quienes podrían argumentar que si a los cristianos gentiles se les daban esas libertades, entonces perdería autoridad la ley de Moisés. Otros creen que no era necesario escribir estas cosas a los cristianos judíos, porque ellos tenían la ley de Moisés. Un tercer grupo piensa que las palabras de Jacobo tenían la intención de poner paz entre los cristianos judíos y los cristianos gentiles. Parece que Jacobo hace una referencia general a la práctica general de los judíos, y que no era necesario poner la carga de la ley sobre los gentiles. A través de las generaciones a los judíos se les había inculcado que respetaran la ley de Moisés; no era necesario que ahora dejaran de respetar a Moisés o su ley; lo que sí necesitaban entender era que la ley venía a través de Cristo, y no por guardar la ley.

**22 Entonces pareció bien a los apóstoles y a los ancianos** — Se logró una decisión unánime, ya que les pareció bien seleccionar a algunos hermanos para que fueran con Pablo y Bernabé a Antioquía, donde explicarían la decisión de la iglesia en Jerusalén. No se nos dice cómo llegaron a esa decisión, si todos los miembros fueron consultados, o si los miembros expresaron su aprobación a lo propuesto por los apóstoles y los ancianos. Los apóstoles y los ancianos tomaron la iniciativa en este acuerdo, así como lo hicieron en la discusión de la controversia. Esta fue una gran victoria para Bernabé y Saulo, así como para la verdad. No obstante, Jacobo era práctico y no se conformó con los discursos y las decisiones; dijo que era necesario llevar el mensaje en persona a Antioquía. Aunque confiaban plenamente en Pablo y Bernabé, fueron sabios en designar a varios hermanos piadosos para que acompañaran a estos hermanos, de modo que corroboraran la decisión como un mensaje para la iglesia en Antioquía. Los designados fueron: "Judas, que tenía por sobrenombre Barsabás; y a Silas, varones dirigentes [guías] entre los hermanos". Algunos piensan que Judas, de sobrenombre Barsabás, era hermano de Bernabé, pero no existe evidencia al respecto. Silas probablemente es la forma abreviada de Silvano, que después vino a ser compañero de viajes del apóstol Pablo (1 P. 5: 12). Judas y Silas eran varones dirigentes entre los hermanos de Jerusalén, es decir, tenían autoridad, y por lo tanto, su mensaje a la iglesia de Antioquía, tendría más peso.

**23 Y escribir por conducto de ellos** — La carta fue breve, pero específica y enfática. El saludo indica que toda la iglesia de Jerusalén estaba incluida al decir "los apóstoles, los ancianos y los hermanos". Era, pues, una carta de la iglesia de Jerusalén a la iglesia de Antioquía. La carta reviste más importancia debido a que la iglesia en Jerusalén era el centro del cristianismo entre los judíos; así como la iglesia de Antioquía era el centro de actividades entre los cristianos gentiles. La carta está dirigida a los "hermanos de entre los gentiles que están en Antioquía, en Siria y en Cilicia". La decisión afectaba a todos los cristianos gentiles en todas las naciones, aunque sólo se mencionan estos tres lugares. Esta mención geográfica de los cristianos gentiles nos da una idea del gran efecto que había tenido la predicación de Pablo y Bernabé. La cosecha de almas había sido abundante. También es evidencia de que la iglesia en Antioquía había trabajado en la predicación del evangelio a las regiones circunvecinas.

**24 Por cuanto hemos oído que algunos que han salido de nosotros** — Aquí se reconoce que algunos de los maestros judaizantes habían salido de Jerusalén a Antioquía,  reclamando autorización por la congregación en Jerusalén. Los hermanos niegan rotundamente haber dado tal orden o autorización. No había, pues autoridad apostólica para insistir en la circuncisión de los cristianos gentiles, y la iglesia de Jerusalén tampoco respaldó esa doctrina. En cierta forma la iglesia de Jerusalén se sentía responsable por los problemas causados en Antioquía por los maestros judaizantes, por lo que los repudian y corrigen públicamente por sus falsas enseñanzas. Los judaizantes habían ido por su propia cuenta y no representaban a la iglesia de Jerusalén. Con sus enseñanzas los judaizantes habían perturbado las almas de los cristianos gentiles. "Perturbado", del griego "anaskeuazo", y significa "empacar equipaje, saquear, destruir, causar estragos". Esto nos da una idea del gran daño que los maestros judaizantes habían hecho a los cristianos gentiles y sencillos de Antioquía.

**25, 26 Nos ha parecido bien, habiendo llegado a un común acuerdo** — Fue una decisión unánime. Los apóstoles, los ancianos, y "toda la iglesia" habían llegado a un acuerdo común sobre este asunto. "Habiendo llegado a un común acuerdo", del griego "genomenois homozumadon", y claramente significa que la unidad final fue el resultado de las pláticas privadas y los debates públicos que hicieron sobre el tema. No se nos dice si los cristianos de la secta de los fariseos (verso 5), que al principio alegaban que "era necesario circuncidarlos, y mandarles que guarden la ley de Moisés", se habían convencido, o si se habían salido de la asamblea. Según parece, todos se convencieron. Aquí otra vez tenemos el orden "Bernabé y Pablo", y no al revés. Este es el orden que se usa antes del primer viaje misionero de Pablo, antes de que sobresaliera (Hch. 11: 30; 13: 2). En esta carta oficial primero está el nombre de Bernabé, porque Pablo había estado poco tiempo en Jerusalén, pero Bernabé era más conocido y respetado como dirigente, pues había convivido con los hermanos de ese lugar. La iglesia en Jerusalén reconoció el gran peligro a que se habían enfrentado Pablo y Bernabé, pues "habían expuesto sus vidas por el nombre de nuestro Señor Jesucristo". También reconocieron el ánimo y heroísmo de Pablo y Bernabé, hecho que también daba testimonio de su sinceridad.

**27 Así que hemos enviado a Judas y a Silas** — Personalmente y en sus propias palabras, Judas y Silas iban a confirmar el mensaje que la iglesia enviaba por escrito. Vemos otra razón sabia para enviar a Judas y Silas junto con Pablo y Bernabé. En toda la narración de Lucas no se dice nada de la presencia de Tito, que acompañaba a Pablo y Bernabé (Gál. 2: 1-2). Judas y Silas no sólo podían confirmar el mensaje escrito, sino que también podían representar legítimamente a la iglesia de Jerusalén. Ellos testificarían que la carta era genuina, añadiendo fuerza a la decisión de los hermanos. Su presencia y su testimonio iban a tener un buen efecto sobre los cristianos gentiles.

**28 Porque ha parecido bien al Espíritu Santo, y a nosotros** — La autoridad del Espíritu Santo acompaña la decisión que fue escrita en la carta. Esto prueba que la decisión era la voluntad de Dios, y los que la expresaran, estarían expresando la voluntad de Dios. La decisión no era una mera opinión humana, sino la inspirada voluntad de Dios. No se debía poner más cargas a los cristianos gentiles, que las que determinara el Espíritu Santo, el cual siempre exige solamente lo necesario. Las restricciones mencionadas eran cierta carga, pero necesaria para su salvación. Algunos creen que "estas cosas necesarias", eran "necesarias" para los tiempos en que vivían estos cristianos, y que no se aplican a los cristianos de hoy. Pero estas restricciones siguen siendo necesarias para nosotros, como lo han sido siempre.

**29 Que os abstengáis de lo sacrificado a los ídolos** — En su discurso Jacobo había mencionado estas cosas (verso 20), y ahora las incluyen en la carta que van a enviar. En su discurso Jacobo dijo que debían abstenerse de "las contaminaciones" de los ídolos; pero ahora se les dice que deben evitar "lo sacrificado a ídolos". Mucho se ha discutido sobre el significado de "abstenerse de sangre". Algunos piensan que quiere decir abstenerse de homicidios; y otros afirman que significa no comer sangre, según la prohibición de la ley de Moisés. Está claro que se refiere a la sangre de animales, y que no debe comerse (Lv. 17: 10-15). Los paganos recogían la sangre de los animales degollados en sacrifico a los ídolos y la utilizaban como alimento, cosa que se prohibía en el Antiguo Testamento (Lv. 17: 13, 14 y Dt. 12: 16, 23). A Noé y sus descendientes Jehová había prohibido que comieran sangre (Gn. 9: 4). Luego la prohibición fue incluida en la ley de Moisés, y se aplica a los cristianos todavía. "De ahogado" quiere decir que debían abstenerse de comer la carne de animales que habían sido estrangulados. "Ahogado", del griego "pniktou", y significa "quitar la vida sin derramar la sangre". Los animales estrangulados todavía tenían la sangre en su carne, y por esa razón, comer su carne era lo mismo que comer su sangre. También debían apartarse de fornicación y vivir en forma pura y casta. La carta concluye que si los cristianos gentiles se abstenían de estas cosas, obrarían bien. La despedida es "pasadlo bien", del griego "velete", que significa "sean fuertes". Esta era una forma común de terminar una carta.

# 4. LA DECISION ES RECIBIDA EN ANTIOQUIA
## 15: 30-35

**30 Así, pues, los que fueron enviados [despedidos]** — Parece que hubo una acción formal para despedir o enviar a Pablo y Bernabé, acompañados de Judas y Silas, en su camino a Antioquía. No se nos informa cómo viajaron de Jerusalén a Antioquía, pero probablemente lo hayan hecho a través de Fenicia y Samaria, animando a los discípulos por donde iban pasando, al comunicarles la decisión de los hermanos en Jerusalén. Esto iba a animar a los demás cristianos a predicarle a los gentiles, los cuales, a su vez, estarían más dispuestos a aceptarlo. Cuando llegaron a Antioquía, reunieron a la congregación y les entregaron la carta. Cabe señalar que el mensaje no es denominado "un juicio, sentencia, orden, decreto" o algo por el estilo. Simplemente se le llama "la carta". Este fue el comienzo de las escrituras del Nuevo Testamento; ésta fue la primera epístola dirigida a los cristianos de Antioquía, Siria y Cilicia. Después se escribieron otras epístolas. Esta carta en particular fue incluida en el relato de Hechos, razón por la cual no se le ha dado el énfasis que hubiera obtenido si se hubiera recopilado como una epístola separada del Nuevo Testamento.

**31 Y habiéndola leído, se regocijaron por la consolación** — Hubo una despedida formal en Jerusalén y una recepción formal de estos hermanos en Antioquía. Parece que no hubo mucha dificultad o demora en reunir a la iglesia de Antioquía para leerles la carta. Los hermanos se regocijaron por la "consolación", del griego "paraklesei", que significa "ánimo, consolación". La exhortación y la consolación tienen significados muy parecidos. Hubo mucha alegría en Antioquía, especialmente entre los hermanos gentiles.

**32 Y Judas y Silas, como ellos también eran profetas** — La primera vez que se mencionan a Judas y Silas (verso 22) se les clasifica como "dirigentes" entre los hermanos; y aquí se agrega que también eran profetas. "Profetai" es la misma palabra que se usa con referencia a Pablo, Bernabé y Agabo (Ch. 11: 27-30), y quiere decir "portavoces de Cristo". Estos hermanos fueron de mucho provecho a la congregación de Antioquía, exhortando a los hermanos y confirmándolos en la fe. Había mucho motivo de regocijo en la congregación de Antioquía, pues no sólo se había resuelto el espinoso problema de la circuncisión, sino que tenían a grandes maestros que les enseñaban y los animaban.

**33 Y después de pasar algún tiempo allí** — No sabemos cuánto tiempo Judas y Silas estuvieron en Antioquía, pero fue suficiente para animar a la iglesia de ese lugar. Parece que los hermanos los despidieron formalmente, tal como los habían recibido. "Despedidos con paz" se refiere a una despedida formal (Mr. 5: 34; Lc. 7: 50; 8: 48; Hch. 16: 36). Probablemente Judas y Silas regresaron a Jerusalén para rendir un informe a la iglesia, pero Silas no se tardó mucho en volver a Antioquía, donde se unió a Pablo y vino a ser uno de sus inseparables compañeros de trabajo.

**34 Mas a Silas le pareció bien el quedarse allí** — Este versículo ha sido omitido de muchas versiones, porque no se encuentra en los manuscritos más antiguos y en las traducciones principales. Evidentemente es una nota marginal para explicar cómo Silas estaba convenientemente a la mano (verso 40) para que Pablo lo escogiera como un compañero de campaña.

**35 Pero Pablo y Bernabé continuaron en Antioquía** — Judas y Silas regresaron a Jerusalén, pero Pablo y Silas se quedaron en Antioquía, "enseñando la palabra del Señor y anunciando el evangelio con otros muchos". Fue durante esta estancia de Pablo y Bernabé en Antioquía, que ocurrió la disputa entre Pablo y Pedro, como leemos en Gálatas 2: 11-16. Lucas omite este episodio, pero sí relata el desacuerdo que surgió entre Pablo y Bernabé (verso 39). "Enseñando" significa "instruir" a la iglesia. "Predicación" se refiere a la proclamación del evangelio, pero en ocasiones tiene el significado exclusivo de los evangelistas que anuncian el evangelio a los extraños. "Enseñando" tiene que ver con la explicación de la palabra del Señor; y "predicación" es evangelizar o anunciar el evangelio. Los hermanos de Antioquía tenían la bendición de contar con más predicadores y maestros.

## 1. PABLO SELECCIONA A SILAS
### 15: 36-41

**36 Después de algunos días, Pablo dijo a Bernabé** — Como líder, Pablo toma la iniciativa; habiendo amonestado públicamente a Pedro (Gál. 2: 11-21), y está ansioso de regresar al campo misionero donde había establecido congregaciones. Pablo deseaba "visitar a los hermanos en todas las ciudades en que hemos anunciado la palabra del Señor". El quería saber cómo estaban las jóvenes congregaciones y para darles la enseñanza adicional que necesitaran. Nótese que el celo de la iglesia no se apagó durante el tiempo que estaba desarrollando dirigentes y maestros. De acuerdo a la cronología más aceptada de Hechos, el intervalo entre la visita de Pablo y Bernabé a Jerusalén, y el inicio del segundo viaje misionero de Pablo, fue de aproximadamente un año.

**37 Y Bernabé quería que llevasen consigo a Juan** — Bernabé insistía en que llevaran con ellos a Juan Marcos, su primo. Marcos los había acompañado en parte del primer viaje misionero, pero se apartó de ellos en Perge (Hch. 13: 13) y regresó a Jerusalén. Después de ser librado de la cárcel, Pedro fue a la casa de María, la madre de Juan Marcos (Hch. 12: 12).

**38 Mas Pablo insistía en que no debían llevar consigo** — Bernabé estaba resuelto a llevar consigo a Juan Marcos, y posiblemente ya había hecho los arreglos necesarios. Mas Pablo pensaba que no era conveniente llevar con ellos "al que se había apartado de ellos desde Panfilia, y no había ido con ellos a la obra" en el primer viaje misionero. Aquí tenemos una diferencia de criterio, y el Espíritu Santo no intervino en dirigir a ninguno de los dos, pues se trataba de una mera diferencia de criterio humano sobre lo que más convenía en este caso. Puesto que Marcos se había apartado de ellos en el primer viaje misionero, Pablo no creía que valía la pena volverle a dar una oportunidad y correr el riesgo de que los dejara solos en la obra.

**39 Y se produjo tal tirantez entre ellos** — "Tirantez", del griego "paroxusmos", que significa "emoción o acción repentina y violenta; afilar una cuchilla". Parece que siendo humano, "el Hijo de Consolación" perdió la paciencia en la discusión sobre su primo Juan Marcos; tanto que

Pablo usa palabras fuertes hacia su benefactor y amigo. Frecuentemente son las pequeñas irritaciones de la vida las que provocan explosiones violentas. Algunos creen que Juan Marcos supo del incidente entre Pablo y Pedro (Gál. 2: 11-21), y que Marcos se hizo al lado de Pedro; y que por esa razón Pablo no estaba dispuesto a que Marcos los acompañara, pues corrían el riesgo de que Juan Marcos sirviera de tropiezo a la predicación del evangelio entre los gentiles, si se aferraba a la doctrina de que los gentiles debían ser circuncidados. Lo cierto es que no sabemos más de lo que está escrito aquí. El resultado de este altercado es que Pablo y Bernabé decidieron separarse y seguir trabajando cada uno por su rumbo. Pablo no guardaba rencor contra Bernabé y Marcos. En el libro de Hechos no se vuelve a mencionar a Bernabé, pero más tarde Pablo, escribiendo a los corintios, los colosenses y Timoteo, habla de Bernabé y de Juan Marcos en un contexto muy amigable y respetuoso, prueba de que ellos habían recuperado su confianza (2 Co. 9: 6; Col. 4: 10, 11; 2 Ti. 4: 11). Bernabé, tomando a Marcos, se embarcó rumbo a Chipre. Chipre era la isla natal de Bernabé, y el primer lugar que Pablo y Bernabé visitaron juntos en su primer viaje misionero. El hecho de que tiempo después Pablo mencione a Bernabé en 1 Corintios 9: 6 prueba que Bernabé se mantuvo ocupado en la obra del ministerio; y la mención posterior de Juan Marcos muestra que Pablo volvió a confiar en él y aplaude su labor.

**40 Y Pablo, escogiendo a Silas, salió** — Silas había regresado a Jerusalén con Judas después de su visita a Antioquía, pero ahora lo volvemos a encontrar de regreso en Antioquía. Pablo fue encomendado por los hermanos a la gracia del Señor; lo cual demuestra que la iglesia de Antioquía aprobó la decisión de Pablo. Según parece, la iglesia de Antioquía simpatizaba más con la decisión de Pablo que con la insistencia de Bernabé. Silas era un compañero ideal para Pablo, tenía influencia en la iglesia de Jerusalén (verso 22), y aparentemente también era ciudadano romano (Hch. 16: 37). Silas, o Silvano, es mencionado en las epístolas de Pablo y Pedro (1 Tes. 1: 1; 2 Tes. 1: 1; 2 Co. 1: 19; 1 P. 5: 12). Es admirable que Marcos y Silas hayan acompañado a Pedro en fecha futura (1 P. 5: 12, 13).

**41 y pasó por Siria y Cilicia** — Pablo y Silas salieron en el segundo viaje misionero para confirmar la fe de las iglesias y a establecer nuevas congregaciones. La obra entre los gentiles va a crecer por el ministerio de Pablo y Silas. Es interesante notar que Bernabé fue a su tierra natal de Chipre, mientras Pablo hizo lo propio al visitar Cilicia; ambos se fueron a regiones que ellos conocían desde la niñez. Pablo y Silas tuvieron que atravesar parte de Siria para llegar a Cilicia, si viajaron por tierra. La epístola de la iglesia de Jerusalén a los cristianos gentiles sería de interés especial para las iglesias de Siria y Cilicia, pues también fue dirigida a los discípulos de esas provincias (Hch. 15: 23). La lectura de esta carta confirmaría a las iglesias de estas regiones, pero la presencia de Pablo y Silas sería de mayor provecho e influencia para los hermanos.

## 2. PABLO VUELVE A VISITAR A LAS IGLESIAS; RECLUTA A TIMOTEO
### 16: 1-5

**1 Después llegó a Derbe y a Listra** — El segundo viaje misionero de Pablo parece que fue por tierra, con rumbo norte desde Antioquía, rodeando por el extremo noroeste del Mar Mediterráneo, luego hacia el oeste hasta llegar a Tarso. Derbe era el último punto visitado por Pablo y Bernabé en su primer viaje misionero; Listra era el lugar donde habían apedreado a Pablo, y arrastrado su cuerpo fuera de la ciudad, pensando que había muerto (Hch. 14: 19). Pablo y Bernabé se fueron a Derbe, pero Pablo, ahora acompañado de Silas, no teme regresar a Listra. Derbe y Lista eran ciudades en la provincia de Licaonia. Timoteo, uno de los primeros conversos de Pablo (1 Ti. 1: 2), tenía madre judía y padre griego (2 Ti. 1: 5); y desde la niñez había sido instruido en las Escrituras del Antiguo Testamento, teniendo por maestras a su madre Eunice y su abuela Loida (2 Ti. 3: 15). Timoteo se había convertido en Listra y los hermanos lo habían animado a que entrara al ministerio (1 Ti. 1: 18). Los ancianos de la iglesia en Listra le habían dado un don especial a Timoteo, y ahora recibe la invitación de Pablo para que le acompañe en este viaje misionero (1 Ti. 4: 14). Ya que el ministerio de Pablo incluía a gentiles y judíos, estos últimos podían considerar a Timoteo como un apóstata, por lo cual Pablo pensó prudente que el joven Timoteo fuera circuncidado. Después Timoteo trabajó con Pablo (Ro. 16: 21) y fue su mensajero para la iglesia en Corinto (1 Co. 4: 17), y la de Tesalónica (1 Tes. 3: 2-6). Lo acompañó en Roma (Fil. 1: 1; 2: 19; Col. 1: 1; Flm. 1). Timoteo compartió mucho sufrimiento con Pablo por la verdad (He. 13: 23).

**2 Daban buen testimonio de él** — En griego "emartureito" significa "testimonio continuo". Timoteo tenía buen testimonio por su vida cristiana en su ciudad natal de Listra y en Derbe, porque había usado bien sus dones y habilidades en el ministerio. Los hermanos lo apreciaban. Esta frase es la misma que se usó para describir la buena conducta de Cornelio (Hch. 10: 22) y de Ananías (Hch. 22: 12). Sin ninguna publicidad Timoteo se había estado preparando para su obra en el mundo mediante su trabajo con la iglesia en Listra e Iconio. Probablemente habían transcurrido unos cuatro años desde que Pablo había predicado el evangelio en estas ciudades.

3 **Quiso Pablo que éste saliera con él** — Pablo se dio cuenta que Timoteo no sólo podía ser un buen predicador del evangelio, sino un gran colaborador. Además, la experiencia también beneficiaría mucho al mismo Timoteo. Los apóstoles siempre buscaban varones jóvenes a quienes podían encargar la obra después que ellos fallecieran; y en la actualidad los ancianos y hombres de edad en la iglesia deben entrenar a los jóvenes para que se encarguen de la obra del Señor. Después Pablo escribió a Timoteo en estos términos: "Y lo que has oído de mí ante muchos testigos, eso encarga a hombres fieles que serán idóneos para enseñar también a otros" (2 Ti. 2: 2). Silas había tomado el lugar de Bernabé, y Timoteo va a tomar el lugar de Juan Marcos. Pablo tomó a Timoteo y lo circuncidó; cualquiera pudo haber hecho el rito. Esto no lo hizo Pablo como una observación cristiana, porque él mismo estaba convencido y había ganado el argumento de que la circuncisión no era necesaria ni para judíos ni gentiles para obtener la salvación. En la decisión de Jerusalén se aclaró sin lugar a dudas que los gentiles se podían hacer cristianos sin la circuncisión, y que los judíos no tenían que dejar la práctica de la circuncisión para ser cristianos. En otras palabras, la circuncisión no tenía nada que ver con hacerse cristiano o vivir la vida cristiana. El padre de Timoteo era griego o gentil, y aunque su madre y abuela le habían enseñado fielmente el Antiguo Testamento, no había sido circuncidado. Ahora ya tiene entre cuatro o cinco años de ser cristiano y tampoco ha sido circuncidado. La conducta de Pablo aquí es un ejemplo de acomodarse o adaptarse al prejuicio de los judíos, y no es que se haya apartado de sus conceptos del deber cristiano y de la libertad en Cristo.

4 **Y al pasar por las ciudades** — Por todas las ciudades donde pasaban Pablo y Silas, les entregaban las "ordenanzas que habían acordado los apóstoles y los ancianos que estaban en Jerusalén". Esto es prueba de la lealtad de Pablo a la iglesia de Jerusalén y a los otros apóstoles. Pero lo que es más importante es que Pablo hacía esto porque era la voluntad de Dios. La palabra "ordenanzas" es del griego "dogmata", que a su vez se deriva del verbo "dokeo", y significa, "dar una opinión". Se usa para referirse a los decretos públicos de los gobernantes (Lc. 2: 1; Hch. 17: 7), y a los requisitos de la ley mosaica (Col. 2: 14). Aquí se refiere a las regulaciones o conclusiones de los hermanos en Jerusalén. Estas "ordenanzas" debían animar a los cristianos gentiles a seguir fieles, y a los no cristianos a que aceptaran el evangelio; también

instruirían a los judíos sobre la voluntad de Dios en esta cuestión. Algunos piensan que la palabra da a entender que Pablo dejaba copias de esos "decretos" u ordenanzas por dondequiera que pasaba.

**5 Así que las iglesias eran consolidadas en la fe** — "Consolidadas", del griego "estereounto", significa "confirmar, solidificar, consolidar". Se usa aquí y en Hechos 3: 7 y 16; un total de tres veces en el Nuevo Testamento. Las bendiciones de Dios acompañaban la obra de Pablo, Silas y Timoteo, de modo que las iglesias "aumentaban en número cada día". En este versículo se incluyen dos ideas: diariamente crecía el número de los discípulos, o el número de las iglesias. Por la obra de Pablo y de los hermanos que lo acompañaban las iglesias eran consolidadas en la fe, se cimentaban en la verdad del evangelio y crecían cada día, tanto en el número de discípulos como de congregaciones.

## 3. PABLO ENTRA A EUROPA
### 16: 6-12

**6 Y atravesando Frigia y la región de Galacia** — "Frigia" en este tiempo era una porción separada de Asia Menor, bajo la jurisdicción de tres o cuatro gobernadores diferentes. Estaba localizada al oeste de Antioquía de Pisidia; sus principales ciudades mencionadas en el Nuevo Testamento son Colosas, Laodicea y Hierápolis. "Galacia" era un gran territorio tierra adentro de Asia Menor, al este de Frigia, habitada por los descendientes de los galos, quienes habían invadido Grecia y Asia en el tercer siglo antes de Cristo. En el año 26 D. de C. vino a ser una provincia de Roma. En este viaje misionero Pablo puso los cimientos de las iglesias de Galacia, a las cuales después les escribió una epístola. Pablo se enfermó en Galacia (Gál. 4: 13, 14). El Espíritu Santo no le permitió predicar la palabra en Asia Menor durante este viaje. "Asia" representa a las provincias de Lidia, Misia y Caria.

**7, 8 Y cuando llegaron a Misia, intentaron ir a Bitinia** — En ese entonces los territorios o provincias no estaban bien definidos o trazados. Lucas dice que el Espíritu Santo impidió que Pablo viajara más al oeste hasta Asia, sino que siguió hacia el norte, frente a Bitinia. Este viaje lo debe hacer llevado directamente a través de Frigia y por el norte de Galacia. "Bitinia" era un distrito en el Mar Negro. A Pablo no se le permitió desviarse de la ruta que lo llevaría directamente a Europa. Nótese que el Espíritu Santo condujo a Pablo lejos del escenario de su ministerio anterior y hacia nuevos horizontes. Se le había advertido que no predicara en Asia, y había tomado la advertencia como señal de que continuara en la península y regresara a Galacia y Bitinia; esto también se le impidió. Le quedaba solamente un rumbo para viajar, y era con dirección oeste, hacia la costa. Fue así que Pablo y sus compañeros viajaron a lo largo de la costa sur de Misia hasta llegar a Tróade o Troas.

**9 Y se le mostró a Pablo una visión de noche** — Troas o Tróade lleva el nombre de la antigua Troya, que era un puerto marítimo. Troas estaba a unos 6.4 kilómetros del sitio de la antigua Troya. Pablo y sus compañeros fueron guiados hacia esta ciudad, donde el apóstol recibe una visión de noche en la que un varón macedonio estaba de pie, rogándole y diciéndole: "Pasa a Macedonia y ayúdanos". "Visión", del griego "horama", e incluye algo que es visto. Recordamos la visión de Pedro y la de Cornelio. Algunos creen que este "varón macedonio" era Lucas, porque el escritor de Hechos se une a la compañía de Pablo precisamente en Troas. Esta visión fue milagrosa, así como en forma divina se le había prohibido visitar otros lugares y ahora se le dirige a Europa. La visión no es un mandamiento directo de Cristo, sino personificada en la petición de un hombre macedonio. Pablo entendió la visión y de inmediato hizo los preparativos necesarios para ir a Europa.

**10 Cuando vio la visión** — "En seguida" o de inmediato Pablo procuró partir para Macedonia, habiendo entendido que Dios los llamaba para que fuesen allá a predicarles el evangelio. La respuesta de Pablo a la visión fue decidida e inmediata, y siendo un hombre de acción, estaba dispuesto a obedecer al instante. Lucas se introduce en la narración usando el pronombre "nosotros" y al conjugar los verbos en primera persona de plural. Lucas era un médico (Col. 4: 14), gentil (Col. 4: 11, 14). Es posible que Lucas haya estado predicando el evangelio en esas regiones y que con mucho gusto se unió al grupo que acompañaba a Pablo. Lucas acompañó a Pablo en Macedonia, y también en Samotracia, Neápolis y Filipos. La manera en que Lucas se incluye en la narración con los pronombres "nosotros" y en la conjugación de los verbos, prueba que además de médico, también era predicador. La cláusula "Dios nos llamaba para que anunciásemos el evangelio", indica que Lucas se contaba con Pablo, Silas y Timoteo como predicadores. No se dice nada de que hayan predicado en Troas, pero Pablo se refiere a la iglesia de ese lugar en 2 Co. 2: 12. Hechos 20: 6 prueba que en Troas había una congregación.

**11, 12 Zarpando, pues, de Troas** — Samotracia era una isla en el Mar Egeo, en la costa de Tracia, como a 145 kilómetros en línea directa desde Troas. "Samotracia" es uno de los nombres más antiguos de la isla de Samos, pero a fin de distinguirla de otra Samos, se le daba el nombre compuesto de Samotracia, es decir "Samos de Tracia", porque tampoco quedaba muy lejos de Tracia. "Neápolis" era un puerto marítimo de Macedonia. Lucas estaba familiarizado con la terminología de la navegación. En este viaje tuvieron el viento a favor y pudieron viajar en rumbo directo. De Neápolis se fueron a Filipos, a unos 19 kilómetros tierra adentro. Filipos era una colonia romana, y capital de Macedonia. En este lugar se quedaron por algunos días.

### 4. LA CONVERSION DE LIDIA
### 16: 13-15

13 **Y el sábado salimos fuera de la puerta** — Una vez que llegaron a Filipos, Pablo y los hermanos que lo acompañaban, no perdieron tiempo. El sábado o séptimo día, Pablo y los otros hermanos encontraron a un grupo de mujeres que acostumbraban reunirse para orar junto al río. Parece que en Filipos no había sinagoga, pero estas mujeres piadosas tenían un lugar donde se reunían con regularidad para adorar. El riachuelo Gangites o Gargites estaba a un kilómetro y medio al oeste de la ciudad. Filopos era una avanzada militar del Imperio Romano, de modo que eran pocos los judíos que allí habitaban. Probablemente Pablo y sus compañeros hayan notado este lugar de oración cuando llegaron a la ciudad. Para formar una sinagoga se requería que hubiera un mínimo de diez varones, de acuerdo a las reglas de los judíos; pero aquí sólo encontramos a un pequeño grupo de mujeres. En las ciudades donde no había sinagoga, los judíos normalmente designaban un edificio o un lugar al aire libre, cerca de un río o del mar. Necesitaban el agua para lavamientos ceremoniales. Los judíos se sentaban "junto a los ríos de Babilonia" (Salmo 137: 1; Esdras 8: 15, 21). Claudio había desterrado a los judíos de Roma y sus colonias (Hch. 18: 2), y es posible que esta ciudad también haya obedecido esa orden. "Sentándonos, nos pusimos a hablarles a las mujeres que se habían reunido". Los judíos acostumbraban pronunciar sus discursos sentados. No estaban solamente conversando, sino predicándoles en forma expositiva. El orador principal era Pablo, pero Lucas se incluye a sí mismo al decir "sentándonos, nos pusimos".

14 **Entonces una mujer llamada Lidia** — "Lidia" era un nombre común entre los griegos y los romanos. Una provincia romana de Asia Menor tenía ese nombre. Lidia nació en Tiatira, que estaba en la provincia de Lidia. Tiatira era una de las siete iglesias de Asia mencionadas en Apocalipsis (2: 18); era famosa por sus tintes de púrpura. Precisamente eso era lo que vendía Lidia; y púrpura podía ser el tinte en sí, o la tela ya teñida. Para los antiguos el color púrpura era muy valioso.

Había mucha demanda por esta clase de tela, ya que se usaba para confeccionar las togas oficiales en Roma y sus colonias. El calificativo "púrpura real" todavía se usa en algunos lugares. Lidia debe haber tenido bastante dinero, pues poseía un negocio tan importante aunque vivía lejos de su ciudad natal. Algunos creen que era una mujer libre, ya que frecuentemente las mujeres esclavas llevaban nombres peculiares a su raza. Lidia "adoraba a Dios", y escuchaba a Pablo y los demás que predicaban el evangelio. Lidia era judía o una prosélita de la religión judía. "Adoraba" del griego "sebomene", significa "temerosa de Dios, o prosélito de la puerta". Quizá se convirtió al judaísmo en Filipos, donde sólo estaba de paso; después Pablo escribe una epístola a los filipenses, pero no menciona a Lidia, la primera persona que se convirtió en Filipos. "El Señor abrió su corazón", significa, sencillamente, que su mente fue iluminada por medio de la predicación del evangelio. "Abrió" del griego "dienoixen", que significa "abrir de par en par, como un portón". Se dice que el corazón de una persona está cerrado contra la enseñanza, cuando no está dispuesto a escuchar u obedecerla. Jesús abrió el corazón de los discípulos para que entendieran las Escrituras (Lucas 24: 45). Dios había guiado a Pablo y su compañía hasta el lugar donde estaba Lidia, a quien le han predicado el evangelio por el poder del Espíritu Santo. Dios la ayuda a entender, y así "abre" su corazón. Ella "estaba atenta a lo que Pablo predicaba". Pablo era el orador principal. "Atenta", del griego "prosechein", que quiere decir, "poner la mente en algo, tener la mente centrada o enfocada en algo", en este caso, lo que Pablo estaba predicando, y sus palabras le interesaban.

**15 Y cuando fue bautizada, y su familia** — Tanto Lidia como todos los miembros de su familia recibieron la verdad que predicaba Pablo. Su familia incluía a las mujeres que trabajaban con ellas. No fue difícil efectuar los bautismos, ya que el lugar donde las mujeres estaban reunidas era junto al río Gangites. "Familia", del griego "oikos", que originalmente se refería al edificio o habitación; pero después vino a significar casa o los habitantes de la casa, es decir, "familia". No hay nada que nos haga pensar que la "familia" de Lidia incluía a otras personas además de las mujeres que trabajaban como sus empleadas. No hay evidencia de que en el grupo se incluían niños, como tampoco los había en las casas de Cornelio, del carcelero y de Crispo. No hay indicios de que Lidia fuera casada o que tuviera hijos. Este caso no puede usarse para justificar el bautismo de los recién nacidos. Después de bautizarse, Lidia hospedó a Pablo y los hermanos en su casa por algún tiempo. Los cristianos primitivos eran muy hospitalarios, como se puede deducir de las atenciones que tuvo Pedro en casa de Simón el curtidor, y el hospedaje que ofreció Lidia a estos hermanos.

## 5. PABLO Y SILAS SON ENCARCELADOS
### 16: 16-24

**16 Aconteció que mientras íbamos a la oración** — Pablo y los hermanos siguieron visitando el lugar de oración, junto al río, varios días después de la conversión de Lidia. No sabemos cuántos días vinieron a visitar el lugar de oración, pero era un sitio apropiado, ya que allí podían predicar el evangelio a los reunidos. Un día que se dirigían a ese lugar de oración, les salió al encuentro una muchacha que tenía espíritu de adivinación [pitón], la cual daba gran ganancia a sus amos, adivinando. Otras vez Lucas se incluye en la narración, pues escribe que "íbamos . . nos salió al encuentro". Era una muchacha esclava poseída por un espíritu de adivinación. El griego "pneuma puzona" quiere decir, espíritu de pitón, o pitonisa. "Pitón", en la mitología griega era el espíritu que cuidaba a Delfi. Pitón era un dragón que había sido derrotado por Apolos, quien a su vez era llamado "Apolos-Pitón". Ya que Apolo era el dios de los oráculos, se decía que sus sacerdotes eran inspirados por él. Esta joven esclava tenía varios dueños, quienes usaban sus poderes y condición desafortunada para ellos ganar mucho dinero y acumular una fortuna.

**17 Esta, siguiendo a Pablo y a nosotros** — Esta muchacha seguía a Pablo, Silas, Lucas y Timoteo. Al ir detrás de ellos, gritaba: "Estos hombres son siervos del Dios Altísimo", frase que los paganos usaban para designar al Ser Supremo. Su testimonio era como el que pronunciaban los demonios acerca de Jesús como "Hijo del Altísimo Dios" (Lc. 8: 28). Frecuentemente los demonios dieron testimonio de la divinidad de Jesús (Mt. 8: 29; Mr. 1: 24; 3: 11; Lc.. 4: 41). Es posible que esta joven había escuchado a Pablo predicar que Jesús era el "camino de salvación". De todas maneras, sabía que la misión de Pablo y los hermanos que lo acompañaban era predicar que Jesús es el camino de salvación para los pecadores.

**18 Y esto lo hacía por muchos días** — Ella siguió dando testimonio repitiendo las mismas palabras por muchos días. Pablo no quiso seguir recibiendo el testimonio de este "espíritu de adivinación", pues quería que la fe de la gente se basara en la palabra de Dios y el testimonio del Espíritu Santo, no en el testimonio de los demonios. Pablo estaba "cansado" del persistente testimonio de la muchacha, y amonestó al espíritu, diciendo: "Te mando en el nombre de Jesucristo, que salgas de ella". Pablo reconoció el demonio o espíritu maligno en ella y le ordenó que la dejara en paz, "en el nombre de Jesucristo", o con su autoridad. Esto se hizo de acuerdo a la promesa de Jesús (Mr. 16: 17). Pablo no quería ninguna evidencia o prueba de esta clase, así como tampoco aceptó el homenaje de la gente de Listra (Hch. 14: 14). El espíritu maligno obedeció y salió de ella en aquel mismo momento.

**19 Viendo sus amos** — Cuando sus dueños se dieron cuenta que había desaparecido la fuente y esperanza de sus ganancias, se enojaron con Pablo y Silas, los prendieron, y los arrastraron hasta la plaza pública, ante las autoridades. La plaza pública o mercado era el foro romano, cerca del cual estaban los tribunales, como en el centro de muchas ciudades occidentales modernas. Querían vengarse de ellos, por lo que hicieron que Pablo y Silas fueran arrestados y llevados violentamente a las autoridades correspondientes para que los juzguen y castiguen.

**20, 21 Y presentándolos a los magistrados** — "Magistrados", del griego "strategois", y literalmente significa "dirigente de un ejército; un general"; pero en la vida cívica se aplicaba a un gobernador. "Strategois" es el equivalente griego del vocablo latín "praetores" [pretores], quienes se hacían acompañar de lictores armados con varas que usaban para castigar a los que fueran condenados. Los amos de esta joven esclava trataron de predisponer a los magistrados antes de que se presentara evidencia alguna, acusando a Pablo y Silas de alborotar a la ciudad, aunque eran ciudadanos judíos. También los acusan de proclamar "costumbres que no nos es lícito recibir ni hacer, pues somos ciudadanos romanos". Los acusadores adrede enfatizan la diferencia de que ellos eran ciudadanos romanos y que los acusados eran judíos. Los magistrados romanos no dictaban sentencia en asuntos teológicos abstractos (Hch. 18: 15), pero sí lo harían si se trataba de causar alborotos o desórdenes públicos, o de la formación de una secta secreta sospechosa de subversión. La ley romana prohibía que los ciudadanos romanos introdujeran o practicaran una religión nueva; se les exigía que adoraran a sus propios dioses y nada más. A los judíos se les permitía que practicaran la religión judía, siempre y cuando no trataran de hacer prosélitos de los ciudadanos romanos. Por eso es que a Pablo y Silas los acusan de introducir una nueva religión por predicar a Jesús, de modo que, estaban sujetos a juicio y castigo, de acuerdo a la ley romana. Los dueños de la muchacha procuraban vengarse de los varones de Dios con estas falsas acusaciones.

**22 Y se agolpó el pueblo contra ellos** — Cuando Pablo y Silas estaban en manos de los magistrados, parece que sólo estaban presentes sus acusadores, pero de repente se reunió una turba que se agolpó contra ellos, reforzando los cargos que habían hecho a Pablo y Silas. Aquí apelaron al orgullo nacional y racial. El tumulto violento influyó en los magistrados, quienes les rompieron las ropas y ordenaron que fueran azotados con varas. No es que los magistrados se rasgaran sus propias ropas, sino que rasgaron las ropas de Pablo y Silas, dejando al descubierto sus espaldas para que los lictores les castigaran con varas. Después Pablo escribió que había sido golpeado tres veces con varas (2 Co. 11: 25). Esta debe haber sido una de esas veces.

23 **Después de haberles azotado mucho** — "Muchos azotes", del griego "pollas plegas". La ley judía era de cuarenta azotes menos uno, es decir, treinta y nueve (2 Co. 11: 24). El número de azotes en el mundo romano dependía de los caprichos del juez o magistrado. De todos modos era un asunto serio. Se acostumbraba dar los golpes en la espalda descubierta. Después de que Pablo y Silas fueron azotados, los echaron en la cárcel, mandando al carcelero que los guardase con estrictas medidas de seguridad. Lucas no se incluye a sí mismo ni a Timoteo en este castigo.

24 **El cual, recibido este mandato** — Al carcelero se le dieron órdenes estrictas de custodiar a Pablo y Silas, y para no correr riesgos los metió en el calabozo de más adentro. Como si eso fuera poco, les aseguró los pies en el cepo. El "calabozo de más adentro" era el tercer departamento o sección de máxima seguridad de la cárcel. En una prisión romana generalmente había tres secciones: (1) *La comunniora,* donde los reos disfrutaban de luz y aire fresco; (2) *la interiora,* detrás de fuertes puertas con rejas y cerrojos; y (3) *la tullianium,* mazmorra o calabozo, el lugar de ejecución o donde guardaban a los condenados a muerte. A Pablo y Silas no sólo los pusieron en el calabozo de más adentro, sino que sus pies fueron asegurados en "el cepo". Usualmente el cepo estaba diseñado de tal forma que podía sujetar las piernas, brazos, pies y hasta el cuello de los reos. Afortunadamente a Pablo y Silas sólo les sujetaron los pies. "El cepo" era un instrumento de tortura y encierro, que consistía de piezas de madera pesada, con huecos en los cuales metían los pies del prisionero. Los pies eran estirados y las piernas les quedaban muy separadas, causando mucho dolor a la víctima. Pablo y Silas fueron torturados esa memorable noche.

# 6. LA CONVERSION DEL CARCELERO
## 16: 25-34

**25 Pero hacia la medianoche, Pablo y Silas oraban** — "La medianoche" era una división de las vigilias. Pablo y Silas eran atormentados por el dolor de los azotes, pérdida de sangre, hambre, y la incomodidad del cepo en que los habían puesto. Seguramente no habían dormido nada para esta hora, pero en medio del sufrimiento y posición inconveniente, ellos podían orar a Dios y cantar alabanzas. Estaban orando y cantando, combinando sus peticiones con sus alabanzas. Nadie había curado sus heridas; la suciedad y las sabandijas que infestaban las prisiones de aquellos días, hacían más intolerable el dolor; la posición en el cepo era una verdadera tortura y el sueño y descanso estaban fuera del alcance. Pero tenían el privilegio y consuelo de la oración. Los demás prisioneros los oían cantar y orar. Era algo inaudito que los prisioneros estuvieran orando y alabando a Dios. Pablo y Silas cantaban el mensaje del evangelio, de modo que hombres que de ninguna manera estarían dispuestos a escuchar un sermón, estaban escuchando el mensaje en forma cantada. Pero no eran sólo los otros prisioneros los que escuchaban a Pablo y Silas, también los escuchaban Dios y Cristo, por quienes estaban sufriendo.

**26 Entonces sobrevino de repente un gran terremoto** — Lucas y Timoteo no estaban en la prisión, y no sabemos la razón por la que no fueron encarcelados junto con Pablo y Silas. Lucas dice que este terremoto ("seismos" en griego) fue la respuesta a sus oraciones (Hch. 4: 31). Fue un sismo muy fuerte, ya que los cimientos de la cárcel fueron sacudidos, y al instante se abrieron todas las puertas, y las cadenas de todos se soltaron. Es necesario conocer un poco sobre la construcción de las prisiones de aquellos tiempos, a fin de entender porqué se abrieron las puertas y se soltaron las cadenas. El temblor de la tierra hizo que se separaran los pilares de las puertas y que se cayeran sus pasadores. Las cadenas y el cepo se soltaron de las paredes.

**27 Despertó el carcelero** — Era natural que un terremoto de esa magnitud despertara al carcelero y asustara a todos los prisioneros. Nótese que el carcelero se había dormido aun con todos los alaridos, cantos y oraciones de los prisioneros; nada lo podía perturbar excepto el terror de un terremoto. Al ver que estaban abiertas las puertas de la prisión, naturalmente pensó que todos los reos se habían escapado; y sabiendo que su castigo sería con su propia vida, decidió quitarse la vida él mismo. La ley romana disponía que el carcelero sufriera la misma pena de muerte que el reo que dejaba que se escapara de su custodia; preferían suicidarse que ser torturados. A veces los carceleros eran escogidos de la gente más vulgar, y en ocasiones aun de entre los criminales (Hch. 12: 19; 27: 42). Parece que los prisioneros estaban demasiado asustados para escaparse, o que no tuvieron tiempo de hacerlo antes de que apareciera el carcelero.

**28 Mas Pablo clamó a gran voz** — Pablo se hizo cargo de la situación, como en muchas otras ocasiones. El vio lo que el carcelero iba a hacer, y lo detuvo gritándole: "No te hagas ningún mal, pues todos estamos aquí". A pesar de que las puertas estaban abiertas y las cadenas y el cepo estaban sueltos de las paredes, ningún reo se había escapado. Posiblemente las cadenas todavía ataban a los presos y les impidieron huir rápidamente; de todos modos, ninguno había escapado. Algunos han puesto en tela de dudas la exactitud de la narración de Lucas, alegando que no era posible que Pablo pudiera ver lo que el carcelero estaba por hacer, puesto que el carcelero mismo no podía ver que los prisioneros no habían escapado. Pero hay que recordar que había suficiente luz para que Pablo pudiera ver lo que estaba por acontecer. El carcelero sólo vio que las puertas estaban abiertas, sin investigar más. Desde un rincón oscuro es más fácil ver hacia el exterior donde hay luz; y no al revés.

**29, 30 El entonces, pidiendo luz, se precipitó adentro** — Cuando el carcelero escuchó el consejo de Pablo, pidió luces y pronto entró a inspeccionar el interior de las celdas, corroborando que Pablo le había dicho la verdad. Entonces, "temblando, se postró a los pies de Pablo y Silas". Por alguna razón el carcelero conectó el terremoto y la seguridad de los prisioneros con Pablo y Silas. Probablemente haya sabido algo sobre sus poderes milagrosos, especialmente la sanidad de la muchacha poseída de espíritu de adivinación, razón por la que Pablo y Silas habían sido encarcelados. Es probable que el carcelero primero haya asegurado a los otros reos y cerrado las puertas de nuevo, antes de venir a Pablo y Silas. Su vida estaba en peligro, de modo que lo más lógico era que primero se asegurara de que ningún reo había escapado. Es irrazonable que no haya cumplido con su deber antes de venir a caer a los pies de Pablo y Silas. Seguramente el carcelero sacó a Pablo y Silas del calabozo al patio, donde les preguntó: "Señores, ¿Qué debo hacer para ser salvo?" Dejó adentro a los demás prisioneros y reconoció que ahora debe hablar con estos varones de quienes había oído que eran "siervos del Dios Altísimo. El carcelero no preguntó lo que debía hacer para escaparse de la ira de sus superiores; no había nada que temer, ya que ninguno de los prisioneros había escapado. Tampoco preguntó qué es lo que debía hacer para librarse de la ira de los dioses paganos, y en tal caso Pablo y Silas no le podrían orientar, pues ellos no servían a tales dioses. La respuesta de Pablo da a entender el significado de la pregunta. El carcelero pregunta qué es lo que debe hacer para ser salvo de sus pecados.

**31 Ellos dijeron: Cree en el Señor Jesucristo** — El carcelero había preguntado a Pablo y Silas qué es lo que debía hacer para ser salvo de sus pecados, por lo que ahora a ambos se incluye en la respuesta. Lucas usa la expresión "ellos dijeron". La respuesta es "cree en el Señor Jesucristo". Se necesita fe en Cristo, una confianza personal en él como Redentor. "Y en ningún otro hay salvación; porque no hay otro nombre bajo el cielo, dado a los hombres, en que podamos **ser** salvos" (Hechos 4: 12). La respuesta es breve, simple, sencilla y **exacta**. No sólo él se podía salvar por la fe en Cristo, sino toda su familia; en efecto, todos podían ser salvos sometiéndose a las mismas condiciones del evangelio.

**32 Y le hablaron la palabra del Señor** — La respuesta es que el carcelero debe creer en el Señor Jesucristo; pero no puede creer en Jesús como Salvador del mundo y su Salvador personal, sin evidencia. "Así que la fe viene por el oír; y el oír, por medio de la palabra de Dios" (Ro. 10: 17). Antes de oír la evidencia o testimonio concerniente al Cristo, el carcelero no podía creer; por eso "le hablaron la palabra del Señor a él y a todos lo que estaban en su casa". Pablo y Silas le predicaron el evangelio a fin de que pudiera obedecer el mandamiento de creer en el Señor Jesucristo. Ya habían compartido el mensaje con los prisioneros por medio de las oraciones y los cánticos, y ahora le predican al carcelero y toda su familia. Como pagano, el carcelero ignoraba las verdades y mandamientos del evangelio; por eso tuvo que recibir la enseñanza de Pablo y Silas, para que su fe tuviera una base verdadera. Hablaron la palabra del Señor, no sólo al carcelero, sino con todos los que estaban en su casa. Esto indica que en la casa del carcelero había gente adulta, capaz de escuchar y entender el evangelio; personas que serían responsables si después de escuchar no obedecían el evangelio.

**33 Tomándoles en aquella misma hora de la noche** — "Tomándoles" quiere decir que los llevó de un lugar a otro, aunque no se nos dice adónde los llevó; pero sabemos que fue a un sitio donde había mucha agua, ya que les lavó las heridas. El carcelero no sólo había creído lo que le predicaron, sino que estaba arrepentido de sus pecados, y estaba dispuesto a hacer todo lo que pudiera aliviar el dolor de Pablo y Silas. "Y en seguida se bautizó él con todos los suyos", sin pérdida de tiempo obedeció el mandamiento que le dieron. En la gran comisión, Jesús dijo: "El que crea y sea bautizado, será salvo; pero el que no crea, será condenado" (Mr. 16: 16). El carcelero había escuchado el evangelio, creyó, se arrepintió de sus pecados, y se ha bautizado; al cumplir estas condiciones de obediencia, podía disfrutar el perdón de pecados. Todos los que oyeron el evangelio en la casa del carcelero, y creyeron, fueron bautizados. Nótese que no hubo demora en la realización del bautismo. Nadie jamás demoró su obediencia al bautismo por instrucciones inspiradas divinamente; por el contrario, en todos los casos de conversión encontramos que escucharon el evangelio, lo creyeron, se arrepintieron de sus pecados y se bautizaron de inmediato.

**34 Y llevándolos a su casa** — Ahora el carcelero hace todo lo que puede por Pablo y Silas. Como carcelero no estaba haciendo nada indebido, porque aunque era responsable por los prisioneros, no estaba obligado a vigilarlos de una manera específica. Pablo y Silas no iban a tratar de escaparse, y el carcelero confía en ellos como siervos de Dios. La obligación del carcelero es la seguridad de los reos bajo su custodia y el confía en Pablo y Silas. Después de traerlos a su casa, "les puso la mesa; y se regocijó con toda su casa de haber creído a Dios". Tenían justificada razón para alegrarse. Notamos la diferencia entre la alegría del carcelero y el miedo que sobrevino a los magistrados al día siguiente (verso 38). En muy poco tiempo había habido un gran cambio en la casa del carcelero. Posiblemente el alboroto y arresto de Pablo y Silas sucedió en la tercera hora del día, o las 9 de la mañana; de modo que habían estado sin comer casi 24 horas. No sabemos quién era este carcelero, aunque algunos han sugerido que se trataba de Estéfanas (1 Co. 1: 16; 16: 15, 17). Lidia y su casa fueron las primicias en Europa y Filipos, seguidos del carcelero y los de su casa; por lo tanto, el núcleo de la iglesia de los filipenses lo formaban estas dos familias. Años después Pablo escribió una epístola a esta ejemplar iglesia.

### 7. PABLO Y SILAS PUESTOS EN LIBERTAD
### 16: 35-40

**35 Cuando fue de día, los magistrados** — Los magistrados del pretorio y sus lictores no sabían nada de lo que había sucedido durante la noche, porque todo lo que Lucas nos ha narrado del terremoto y la conversión del carcelero, tuvo lugar antes de que amaneciera. Así que, en la mañana, los magistrados enviaron a los alguaciles a ordenar al carcelero que pusiera en libertad a Pablo y Silas. Los magistrados no estaban muy cómodos con la situación, pues no se había investigado a los reos ni se les había celebrado juicio formal. No se dan razones por la decisión de sacarlos de la cárcel.

**36 Y el carcelero comunicó estas palabras a Pablo** — Indudablemente que el carcelero se alegró de recibir esas órdenes tan favorables para Pablo y Silas, pues ahora él simpatizaba con ellos, y lo que es más, era su hermano en Cristo, y nada le agradaría más que ponerlos en libertad sin castigos y juicios adicionales. El mismo les dijo "salid, marchaos en paz". Pablo y Silas no aprovecharon la conversión del carcelero, ni pidieron trato especial por ser predicadores del evangelio. Aunque habían bautizado al carcelero y su familia, no le piden ningún favor que lo comprometa con las autoridades. Pablo y Silas conocían una forma mejor, y no aceptan la oferta de salir así por así.

**37 Pero Pablo les dijo: Después de azotarnos públicamente** — La respuesta de Pablo es breve pero enérgica, y lanza una seria acusación contra los magistrados. Estas son las acusaciones que presenta contra las autoridades: (1) azotarlos públicamente; (2) el castigo fue sin una sentencia judicial; (3) azotaron con varas a ciudadanos romanos; y (4) después de azotarlos fueron encarcelados. Estas cuatro acusaciones eran serias, y Pablo lo sabía e insiste en ellas. Los magistrados habían hecho todo eso en público y ahora querían sacarlos de la cárcel en forma privada, para así evadir los cargos y castigo que les correspondiera. Pablo tenía toda la razón en exigir una vindicación, demandando que reconocieran sus errores y los corrigieran. Con la misma rapidez con que los encarcelaron ahora quieren ponerlos en libertad. Si Pablo y Silas aceptaban irse en secreto, era como si aceptaran culpabilidad y dejarían una mancha y deshonra en el evangelio que ellos predicaban. Pablo dice que los magistrados los habían declarado criminales por el castigo que les habían dado el día anterior; no es mucho pedir que ahora los declaren inocentes públicamente. Los magistrados habían violado la ley romana al azotar con varas a ciudadanos romanos antes de que se les juzgara y se les dictara formal sentencia. Todo esto lo hicieron en público y después los pusieron en la cárcel sin un juicio imparcial. Todas estas son acusaciones muy serias.

**38 Y los alguaciles hicieron saber estas palabras a los magistrados** — Los "alguaciles" eran los guardias o lictores que cargaban varas afiladas y con la insignia imperial, cuyo trabajo era castigar o azotar a los que fueran condenados por los magistrados; es decir, ellos eran quienes administraban la justicia. Los magistrados habían enviado a los alguaciles para que sacaran de la cárcel a Pablo y Silas. Cuando se dieron cuenta que Pablo, y probablemente también Silas, eran ciudadanos romanos, a quienes habían azotado y encarcelado sin el debido proceso, tuvieron mucho miedo. Cinco veces Pablo fue azotado con varas por sus compatriotas (2 Co. 11: 24), pero nunca reclamó sus derecho como ciudadano romano ante los judíos. Los magistrados no sabían que Pablo y Silas eran ciudadanos romanos, como tampoco Lisias lo sabía (Hch. 22: 27). Nunca nadie desafió la ciudadanía romana de Pablo, porque era una grave ofensa reclamar la ciudadanía falsamente. Los magistrados que violaban los derechos de un ciudadano romano se exponían a ser llamados a Roma para responder por su delito, que era castigado con la confiscación de bienes y hasta la muerte. Con razón los magistrados se llenaron de miedo cuando supieron que habían maltratado a ciudadanos romanos. La muerte era el castigo para el que reclamara falsamente ser ciudadano romano, y por la severidad del castigo era raro que alguien reclamara la ciudadanía sin tenerla; por eso creen lo que Pablo dice en cuanto a su ciudadanía romana.

**39 Y viniendo, les rogaron** — Es probable que los magistrados hicieron las enmiendas necesarias por los males que habían cometido contra Pablo y Silas, y ahora les ruegan que se vayan de la ciudad. "Les rogaron", del griego "eroton", y significa que persistieron en rogarles que se fueran de la ciudad para evitar más problemas. Pablo y Silas estaban dispuestos a irse, pero no en secreto, porque eso equivaldría a abandonar a los recién convertidos y poner tropiezo al nombre de Cristo. Se tomaron todo su tiempo para irse, no sin antes limpiar sus nombres de toda vergüenza que podría derivarse de su encarcelamiento. Pablo y Silas fueron vindicados y ahora podían marcharse de la ciudad.

**40 Entonces, saliendo de la cárcel** — Los discípulos se habían reunido en casa de Lidia para recibir a Pablo y Silas una vez que salieron de la cárcel. Entre "los hermanos" se incluye a Lucas, a Timoteo y a todos los demás que hubieran sido bautizados en Filipos. Estos cuatro varones eran huéspedes en la casa de Lidia antes de que fueran arrestados y encarcelados (verso 15). Lo más probable es que al principio la iglesia de los filipenses se haya congregado en casa de Lidia. Pablo y Silas "consolaron" a los hermanos, aunque eran ellos los que más ánimo y consolación necesitaban después de todo lo que habían sufrido. Después se fueron, quedándose Lucas y Timoteo en Filipos. Por el uso de los pronombres y la conjugación de los verbos sabemos que Lucas acompañó a Pablo y Silas desde Troas hasta Filipos. En este versículo usa una expresión diferente, es decir, la tercera persona, porque habla de "ellos". Así es como sabemos que Lucas no acompañó a Pablo y Silas cuando se fueron de Filipos. A partir de este versículo y hasta Hechos 20: 5, Lucas usa la tercera persona, y de allí en adelante vuelve a incluïrse en la narración con la primera persona de plural. Un estudio detallado de estos pasajes y de Hechos 20: 6 nos hace pensar que Lucas se quedó en Filipos hasta que Pablo volvió a pasar por esta ciudad con rumbo a Asia Menor y Jerusalén. Lucas menciona a Timoteo en Hechos 17: 14 y de ese pasaje nos damos cuenta que después estuvo con Pablo y Silas en Berea. Allí lo dejó con Silas cuando Pablo fue a Atenas. Concluimos pues, que Timoteo fue dejado con Lucas en Filipos, mientras Pablo y Silas viajaron a Tesalónica, pasando por Antípolis y Apolonia.

## 8. PABLO Y SILAS EN TESALONICA
### 17: 1-9

1 **Después de pasar por Anfípolis** — Pablo y Silas llegaron a Tesalónica, atravesando por Anfípolis y Apolonia. El viaje de 53 kilómetros de Filipos hacia el suroeste los llevó a Anfípolis, un cuartel militar romano. A otros 48 kilómetros estaba Apolonia, en el distrito de Macedonia conocido como Migdonia. De Apolonia a Tesalónica había una distancia de unos 60 kilómetros. Parece que Pablo y los que lo acompañaban no se detuvieron mucho en estas ciudades, porque, según piensan algunos, no convenía que permaneciesen tan cerca de Filipos. En ninguna de esas dos ciudades había sinagoga y podían ser evangelizadas desde Filipos y Tesalónica. Tesalónica era la ciudad principal de Macedonia. El artículo "una" sinagoga indica que allí estaba la principal sinagoga, si no la única en ese distrito; por lo cual es correcto pensar que en las otras ciudades no había sinagogas.

2, 3 **Y Pablo, como acostumbraba** — Siguiendo su costumbre, Pablo fue a visitar primero a los judíos. Después escribió: "Porque no me avergüenzo del evangelio, porque es poder de Dios para salvación a todo aquel que cree; al judío primeramente, y también al griego" (Ro. 1: 16). Pablo predicaba el evangelio a los judíos primero, y después a los gentiles. Los judíos se reunían en la sinagoga, y Pablo, siendo judío, tenía acceso a predicarles de Cristo. El usaba el lugar de adoración de los judíos como el centro desde el cual irradiaba el evangelio a los gentiles. Por tres sábados discutió con ellos, basándose en las Escrituras del Antiguo Testamento, proclamándoles que Jesús era el Cristo. Debemos recordar que Pablo y los otros varones no trabajaban sólo el sábado, sino que durante el resto de la semana evangelizaban de casa en casa, proclamando las inescrutables riquezas de Cristo. "Explicando y demostrando" significa que les aclaraba lo que había anunciado de antemano sobre la venida de Cristo. Por medio de las Escrituras les probaba que era necesario que Cristo sufriera, fuera crucificado, sepultado y resucitado de los muertos. Por lo tanto, no era vergüenza que Cristo hubiera sido crucificado, sino el cumplimiento de las predicciones de los profetas.

**4 Y algunos de ellos creyeron** — Algunos de ellos creyeron o fueron persuadidos por los razonamientos de Pablo. Parece que la mayor parte de la enseñanza de Pablo fue por medio de argumentos que ellos no podían refutar. Los que creyeron "se juntaron con Pablo y con Silas". "Se juntaron", del griego "proskleroo", que significa, "asignar por suertes"; es decir, que los que habían creído fueron dados a Pablo y Silas por la gracia de Dios. Los recién convertidos deciden reunirse e identificarse con Pablo y Silas. Fueron pocos los judíos que se convirtieron, pero creyeron gran número de los griegos piadosos [prosélitos de la puerta]. Eran paganos de nacimiento, pero que habían aceptado parte de la fe de los judíos. Ellos estaban libres de los prejuicios a los que los judíos estaban tan aferrados. También se convirtieron muchas "mujeres principales". Al igual que en Filipos y Berea, aquí se convirtió un buen número de mujeres de la clase social alta. En este lugar hubo cuatro clases de personas que se convirtieron: (1) judíos; (2) griegos, o prosélitos piadosos; (3) otros griegos paganos; y (4) mujeres de la clase social alta.

**5 Pero los judíos . . . teniendo celos** — Esto se refiere a los judíos incrédulos. Hay celos buenos y celos malos, y ambas palabras se traducen del griego "zelos". Estos judíos incrédulos se llenaron de celos malos o envidia. A ellos no les gustaba que se les fuera mucha gente, y tenían celos de Pablo y Silas, así como los judíos de Jerusalén habían tenido celos del liderazgo de Cristo. Eso sí, sabían cómo confundir a la gente y juntaron una turba para alborotar a la ciudad. Es difícil comprender cómo es que los rabíes judíos recurrieran a tácticas tan vulgares para oponerse a la verdad, y que pudieran excitar a la gente y alborotar a toda la ciudad. "Hombres malvados" se refiere a los hombres que no tenían oficio ni beneficio, gente ociosa que se pasaba el tiempo en las plazas públicas maquinando cosas malas, listos a prestarse a cualquier acto ilícito. En Tesalónica debe haber habido muchos judíos. Esta turba, incitada por los celos y el prejuicio religioso, asaltó la casa de Jasón. Parece que allí estaban hospedados Pablo y Silas, aunque no sabemos más acerca de él que lo que aquí leemos. El nombre aparece en la lista de hermanos a quienes Pablo llama "parientes" (Ro. 16: 21), pero es posible que no fueran la misma persona. En la casa de Jasón buscaban a Pablo y Silas para sacarlos al enfurecido pueblo que estaba listo para golpearlos.

**6, 7 Pero no hallándolos** — No sabemos dónde estaban Pablo y Silas en ese momento; lo cierto es que no los hallaron en casa, por lo que, "arrastraron" a Jasón y a algunos hermanos ante las autoridades de la ciudad. Su ira aumentó al no encontrarlos, y para desahogarse, arrebatan a Jasón y otros hermanos y los traen ante las autoridades de la ciudad.

Tesalónica era una ciudad libre. Durante estas tres semanas Pablo y Silas habían hecho muchos discípulos y formado una congregación. Los enemigos de la causa de Cristo acusaron a Pablo y Silas de "revolucionar" el mundo, o literalmente de "voltearlo cabeza abajo" y de perturbar la paz por todas partes. "El mundo", se refiere a la tierra habitada, especialmente el Imperio Romano, que abarcaba una gran parte del mundo entonces conocido. Tal vez exageraban sus acusaciones, pues la gente que se deja dominar por los celos, no tiende a expresarse bien de sus enemigos. A Jasón lo acusan de complicidad y traición por haberles dado albergue y por haber ayudado en un supuesto complot con Pablo y Silas. Específicamente dijeron que estos varones "contravienen los derechos de César". En sus predicaciones Pablo presentaba a Jesús como Rey; pero estas personas se dejan llevar por su prejuicio craso, sin entender la naturaleza del reino de Jesús y el sentido en que él es Rey. Esta fue la misma acusación con que los fariseos y herodianos habían tratado de prender a Jesús (Mr. 12: 14); es la misma acusación que el sanedrín presentó contra Jesús ante Pilato (Lc. 23: 2). En esta ocasión, como ante Pilato (Juan 19: 15), los judíos renuncian a su esperanza de un Rey mesiánico.

**8, 9 Y alborotaron al pueblo y a las autoridades** — Al traer a Jasón y los otros hermanos antes las autoridades, los judíos habían causado mayor alboroto que el que decían habían provocado Pablo y Silas. Crearon confusión, y naturalmente, al escuchar las acusaciones, los gobernantes se inquietaron. Aunque ignoraban muchos de los detalles, se preocupan por el problema. No dejaron libres a Jasón y los hermanos hasta que pusieron una fianza de que no seguirían perturbando la paz. El propósito preciso de esta fianza no se especifica, pero se deduce que no querían que siguieran predicando el mensaje que había causado el alboroto; y quizá hasta hayan requerido que Pablo y Silas se fueran de la ciudad. La acusación contra los hermanos era seria, pero no tenían pruebas, de modo que todo lo que las autoridades pudieron hacer fue exigirles una fianza.


## 9. LA OBRA EN BEREA
### 17: 10-14

**10 Inmediatamente, los hermanos enviaron de noche a Pablo y Silas** — Berea estaba a unos 81 kilómetros al suroeste de Tesalónica. Los esfuerzos de Pablo no habían sido en vano en Tesalónica, pues había logrado establecer una congregación allí (1 Tes. 1: 7; 2: 13, 20). Tiempo después, dos hermanos de allí, Aristarco y Segundo, acompañaron a Pablo a Jerusalén (Hch. 20: 4); y Aristarco llegó hasta Roma con el apóstol (Hch. 27: 2). Por precaución los hermanos despidieron a Pablo y Silas sin pérdida de tiempo. Se fueron de noche y Timoteo debe haberlos acompañado, o se fue muy pronto después, porque lo encontramos con ellos en Berea (verso 14). Pablo no pudo regresar a Tesalónica, pero después envió a Timoteo para que fortaleciera a la iglesia (1 Tes. 3: 2). En Berea Pablo encontró una sinagoga, y de inmediato empezó a predicar. No sabemos cuánto se tardaron en el viaje de Tesalónica a Berea.

11 **Y éstos eran más nobles que los de Tesalónica** — Este es un gran elogio para los judíos de Berea. "Más nobles" se aplicaba más a la nobleza por nacimiento, pero en este caso se refiere al carácter, porque "recibieron la palabra con toda solicitud, escudriñando cada día las Escrituras" para ver si Pablo estaba enseñando la verdad. No se nos informa cuánto tiempo estuvieron escudriñando las Escrituras, pero justo lo suficiente como para satisfacer sus mentes de que el mensaje era verdadero. Es alentador encontrar a gente como los judíos de Berea, que fueron sinceros, de mente abierta y más inteligentes que los tesalonicenses. Pablo explicaba las Escrituras diariamente a los tesalonicenses, pero a diferencia de ellos, los habitantes de Berea no se ofendían por sus interpretaciones, sino que se motivaban para estudiar por ellos mismos.

12 **Así que creyeron muchos** — Como resultado de ser de amplio criterio, honestos de corazón, y fieles estudiantes de la Biblia, muchos de ellos creyeron, incluyendo a "mujeres griegas de distinción, y no pocos hombres". Eran mujeres de alto rango, influyentes, y esposas de los ciudadanos más importantes. El trabajo de los apóstoles se extendió más allá de la sinagoga, como lo hacían en todas partes.

13 **Cuando los judíos de Tesalónica se enteraron** — La persecución iniciada en Tesalónica es llevada 81 kilómetros hasta Berea. Al enterarse de que también en Berea era proclamada la palabra, los judíos tesalonicenses vinieron acá, y también alborotaron a las multitudes. Pablo y Silas habían salido de Tesalónica de noche, implicando que lo hicieron en forma discreta o secreta; de modo que los judíos no sabían adónde se habían ido. Pero tan pronto como lo supieron vinieron a Berea a causar problemas. "Alborotaron", movieron a las multitudes como un terremoto; y agitaron a la gente como un devastador tornado. Habiendo tenido éxito en Tesalónica, los judíos tienen ánimo de ir a Berea y seguir oponiéndose a Pablo. No sabemos cuánto tiempo estuvo Pablo en Berea antes de que vinieran estos agitadores de Tesalónica, pero de todos modos, ya habían establecido una congregación. Todo estaba marchando bien, hasta que

estos judíos vinieron de Tesalónica, y entonces un torbellino de problemas interrumpió la obra de Pablo y Silas.

**14 Los hermanos hicieron salir a Pablo a toda prisa** — Actuando con rapidez, los hermanos enviaron a Pablo a la costa, dejando a Silas y Timoteo en Berea. No se nos informa qué acusaciones traían contra Pablo, pero es muy probable que hayan sido las mismas que inventaron en Tesalónica. "Hasta la costa", es decir, hasta el Mar Egeo. Esto nos da la impresión de que fue una finta o treta para desorientar a los perseguidores de Pablo, de modo que lo buscaran en una dirección, mientras él iba por otro rumbo. Silas y Timoteo no estaban expuestos al peligro como Pablo, y por eso se pudieron quedar en Berea. Pablo era el caudillo, y por lo tanto, el de más peligro. Silas y Timoteo podían reunirse con Pablo más delante y ponerlo al día de todo lo que había acontecido.

## 10. EL DISCURSO DE PABLO EN ATENAS
### 17: 15-34

**15 Y los que se habían encargado de conducir a Pablo** — Algunos hermanos acompañaron a Pablo para servirle de guía y dar algo de protección. Fue hasta Atenas. No sabemos quiénes lo acompañaron, si viajó por tierra o si navegó. La distancia por tierra entre Berea y Atenas era de 250 millas romanas, y el viaje tardaría como doce días; mientras que la travesía por mar habría tomado sólo tres días. Por eso es que muchos comentaristas creen que Pablo viajó por mar. Después de quedarse en Atenas, Pablo envía de regreso a los hermanos que lo habían acompañado y les encomienda que digan a Silas y Timoteo, que vengan a él lo más pronto posible. Pablo se quedó solo en Atenas y no podía hacer mucho hasta que vinieran sus colaboradores. La historia nos va a mostrar que Silas y Timoteo no pudieron reunirse con él en Atenas, pero lo alcanzaron en Corinto (Hch. 18: 5).

**16 Mientras Pablo los esperaba en Atenas** — Atenas tiene una historia muy interesante; ha sido llamada una de las ciudades más hermosas del mundo. Estaba localizada unos 8 kilómetros tierra adentro al noroeste del Golfo de Sarónica, que era un brazo del Mar Egeo. Estaba rodeada por cuatro montañas y dentro de la ciudad había cuatro colinas o montes muy famosos: Licabeto, el Acrópolis, el Areópago o Monte de Marte; y el Pnix, donde se celebraban las reuniones públicas, y donde Demóstenes pronunciaba sus elocuentes discursos. Atenas era sinónimo del arte más elegante y de los más profundos estudios de filosofía. Mientras Pablo esperaba aquí, "su espíritu se indignaba al contemplar la ciudad entregada a la idolatría". Toda Atenas estaba llena de ídolos, tanto que sin exageración se decía que en esa ciudad había más ídolos que en todo el resto de Grecia. En forma de sátira, Pretonio decía que en Atenas era más fácil encontrar a un dios que a un hombre. Zenofón dice que la ciudad entera era un gran altar, una gran ofrenda a los dioses. Esto fue suficiente para motivar a que Pablo les predicara.

17 **Así que discutía en la sinagoga con los judíos** — Pablo no se quedó con los brazos cruzados esperando a que llegaran sus compañeros, sino que, como era su costumbre, fue a la sinagoga y discutía con los judíos y los "temerosos de Dios". Es de suponer que Pablo predicó con más fervor que antes, ya que su espíritu estaba indignado o enardecido. Una mente tan lúcida como la de Pablo, armada de un mensaje tan poderoso, no podía pasar desapercibida en las calles de Atenas. Dondequiera que encontraba gente, fuera en la sinagoga, en los altares de los ídolos, o en las plazas, Pablo les predicaba de Cristo. Aquí encontramos a dos clases de personas: los judíos de raza, y los adoradores gentiles, si eran prosélitos o no, lo desconocemos. En su primera apelación a los judíos, Pablo tenía acceso al mundo gentil a través de estos hombres piadosos. "En la plaza" comúnmente se refiere al gran mercado antiguo conocido como "el foro". Era un lugar muy famoso, pues allí había enseñado Sócrates, y todos los grandes filósofos enseñaban y disertaban al pueblo en este lugar.

18 **Y algunos filósofos de los epicúreos** — En todo el mundo romano contemporáneo de Pablo había dos sistemas filosóficos sobresalientes, que estaban en conflicto, aunque coincidían en muchos puntos. Los "epicúreos" derivaban su nombre de su fundador, Epicuro, quien vivió entre los años 342-270 A. de C. Sus discípulos eran conocidos como "la escuela del jardín", porque su maestro los enseñaba en el jardín de Atenas. Así se les distinguía de "los discípulos del pórtico", o la academia donde se reunían los estoicos. Epicúreo enseñaba que el fin y propósito de la vida es gozar de todos los placeres; decía que disfrutar el placer tranquilamente era el fin más noble de la existencia humana. Por otra parte, los filósofos "estoicos" defendían las ideas expuestas por Zenón. "Estoico" se deriva de "Stoa", "un portal". Zenón enseñaba que Dios era el alma del mundo, o que el mundo mismo era Dios; decía que todo, incluso Dios mismo, estaba regido por el destino; y negaban la inmortalidad del alma. Los filósofos estoicos enseñaban que no había más recompensa que la virtud, y que.el vicio era su mismo castigo. Decían que el placer no era bueno y que el dolor no era malo. Estos dos tipos de filósofos estaban en Atenas y se enfrentaron a Pablo. Unos preguntaban: "¿Qué querrá decir este charlatán?" Esta palabra "charla-

tán" se aplicaba a los pájaros que levantan semillas con sus picos para alimentarse. La insinuación era que Pablo había levantado algunas migajas de conocimiento. En tono burlesco lo comparaban con los pajaritos que se alimentaban de semillitas, y también decían que predicaba religiones o cosas extrañas, "porque les predicaba el evangelio de Jesús, y de la resurrección". Claro, no entendían nada de esto.

**19, 20 Y tomándole, le trajeron al Areópago** — No quiere decir que lo arrestaron o que lo hayan traído por la fuerza, sino que lo animaron y acompañaron hasta el "Areópago", que también se conoce como el "Monte de Marte". Frecuentemente allí se reunía la nobleza de Atenas, los políticos de más alto rango, los mejores oradores, y los filósofos más profundos. Fue allí mismo donde juzgaron y condenaron a Sócrates. El Areópago que se menciona aquí no era la colina en sí, sino el concilio del Areópago, que se reunía en algún salón de la plaza. Aquí vemos a Pablo rodeado de filósofos y profesores de la Universidad de Atenas, así como grandes oradores que estaban sentados. Le preguntaron: "¿Podemos saber qué es esta nueva enseñanza de que hablas? Pues traes a nuestros oídos cosas extrañas". Ellos querían saber más acerca de las cosas de las cuales habían oído rumores. Con mucha cortesía le piden que les cuente más acerca de esas "nuevas enseñanzas" sobre los "dioses extraños". Es loable su deseo de aprender y conocer más, a diferencia de los judíos que corrieron a Pablo de Tesalónica y de Berea.

**21 (Porque todos los atenienses y los extranjeros** — Lucas, el autor de Hechos, inserta esta explicación histórica sobre las costumbres de los atenienses, que nos ayuda a entender por qué estaban deseosos de escuchar a Pablo. Los atenienses estaban tan empeñados en oír y aprender algo nuevo, que tomaron a Pablo, un extraño, al gran foro donde discutían todo lo más importante, y se preparan para escucharlo. Ellos buscaban saber todo lo novedoso. Su tiempo libre no lo ocupaban en otra cosa que no fuera aprender o contar algo nuevo, la versión más reciente de las últimas noticias. Y parece que tenían tiempo de sobra para estas cosas. Demóstenes, en uno de sus mejores discursos, dice lo mismo de los atenienses: "Decidme, id por las plazas, ¿todavía deseáis preguntar si hay noticias? ¿Acaso hay algo más novedoso que un macedonio?" Los atenienses tenían un delirio por lo novedoso, así que, sin poner atención a la importancia de la enseñanza, estaban dispuestos a escuchar, simplemente porque era algo nuevo.

**22 Entonces Pablo, puesto de pie en medio del Areópago** — Había una muchedumbre de espectadores y filósofos, y Pablo aprovecha la oportunidad para predicar de Cristo a esta audiencia rara, como lo hizo después en Cesarea, frente a Herodes Agripa y la concurrencia importante que reunió Festo. En esta ocasión Pablo no habló como un acusado, sino como un predicador que procura aprovechar la ocasión para proclamar el evangelio de Cristo. Se puso de pie para que lo escuchen todos, y les dirigió la palabra con todo respeto. "En todo observo que sois extremadamente religiosos". En la Versión Standard (en inglés) dice "supersticiosos". En griego es "jos deisidaimonesterous"; "Deisidaimon" es una palabra neutra que se compone de "deido", temer; y "daimon", deidad. Los griegos la usaban en el buen sentido para referirse a gente piadosa o religiosa, pero también la usaban en el mal sentido, refiriéndose a los supersticiosos. En el Léxico Thayer se dice que Pablo usó esta expresión "con ambigüedad y cortesía". Pero hay comentaristas que creen que Lucas usó la palabra para describir el sentimiento religioso de los atenienses, que se acercaba más a la superstición. En Hechos 25: 19 Festo usa la palabra "deisdaimonia" para referirse a "religión".

23 **porque mientras pasaba y observaba** — Pablo comienza su discurso haciendo una observación de lo que había visto en el poco tiempo que tenía de estar en Atenas, mientras esperaba que llegaran Silas y Timoteo. Había observado sus "objetos" de adoración y su culto a los ídolos. Algunos describen la escena con Pablo de pie en una tarima elevada, rodeado por los eruditos y académicos de Atenas, y la multitud posiblemente estaba en la parte baja o en los escalones. Delante de él estaba el famoso Acrópolis con las maravillas del arte griego; a su izquierda estaba el majestuoso Teseum, la estructura ateniense más antigua y perfecta; mientras alrededor se veían templos y altares. Pablo había caminado por sus calles y estudiado sus devociones en oración y adoración, notando en particular sus altares, imágenes y nombres inscritos de cada dios. El que más le llamó la atención decía "AL DIOS DESCONOCIDO". Algunos creen que Pablo se refería a Jehová, que era adorado por los judíos, pero desconocido por los atenienses. Otros interpretan la inscripción de esta manera: "a los dioses desconocidos". "No conocido", del griego "agnostos", de donde viene agnóstico. Por esta inscripción los atenienses reconocían que no conocían al Dios que predicaba Pablo, lo cual le dio al apóstol la oportunidad para explicar quién era ese Dios, el Padre de nuestro Señor Jesucristo. Ellos adoraban en ignorancia, pero Pablo está listo para ayudarles a que lo conozcan.

24 **El Dios que hizo el mundo** — Jehová Dios no debía ser confundido con ninguno de sus numerosos dioses, excepto con este "Dios desconocido". Pablo declara que Jehová Dios es el Creador del mundo y todas las cosas que hay en él. En otras palabras, es el Creador de todo. No era un dios epicúreo, que estaba separado de todo y en reposo continuo; ni tampoco era el mundo el producto de un accidente, como enseñaban

los filósofos atenienses. Este Dios es "Señor del cielo y de la tierra", y siendo así, "no habita en templos hechos por manos humanas".

**25 ni es servido por manos de hombres** — Jehová Dios no es servido por manos humanas, porque no necesita ayuda como los hombres; no fue hecho por las manos de los hombres, ni necesita de nada ni nadie para seguir existiendo. El es el Autor de la vida y de todas las cosas. Los paganos cubrían a sus dioses con vestiduras costosas, adornadas con oro y plata; los cargaban en sus hombros, los instalaban en banquetes, donde les traían lo mejor en ofrendas de comida y bebida. Pero el Dios a quien Pablo servía, y al que ahora declara a los atenienses, tiene vida propia y la imparte a todos los seres vivos, él sustenta la vida, y provee todo lo bueno que el hombre disfruta.

**26 Y de una misma sangre ha hecho toda nación** — Dios creó a Adán y formó a Eva, y de esa primera pareja descienden todas las naciones de la tierra. Las razas y naciones de los hombres tienen un origen común: Dios los hizo a todos; tienen un mismo Creador. Los griegos y los judíos creían ser superiores en naturaleza, origen, carácter y destino. Pero Pablo les habla aquí de la hermandad de los hombres. Esto era extraño para los oídos griegos, quienes pensaban que había diferentes orígenes, diferentes religiones y diferentes dioses para cada nación. Pablo empieza a inculcarles el razonamiento de un solo Dios, Creador de todos, y de allí concluye que también hay una sola religión, un origen común para todos, una hermandad, y una salvación para todas las razas. Dios había fijado límites de su territorio y también la duración de sus existencias. Ese era el Dios que les había dado las estaciones del año: primavera, verano, otoño e invierno; había designado el tiempo para sembrar y tiempo para segar. En fin, preparó la tierra para que fuera habitada por el hombre.

**27 Para que busquen a Dios** — Todas las cosas que Dios ha dado al hombre deben animarlo a que busque más a su Creador, y no para que se aleje de él. El regalo de esta maravillosa tierra, con sus abundantes cosechas y abastecimiento que satisface las necesidades del hombre, aunadas a sus hermosas y sabias adaptaciones al bienestar humano, deberían motivarnos a buscar más conocimiento del Dueño de toda buena dádiva y todo don perfecto. Pablo presenta el retrato de los paganos que a ciegas, palpando, buscan a Dios. Esa es la triste situación de las mentes oscurecidas por el pecado, la ignorancia y la idolatría, aunque los atenienses se creían sabios. Las evidencias del Dios verdadero abundaban alrededor de ellos, pero aun así no le conocían. "Ciertamente no está lejos de cada uno de nosotros" por medio de sus dones y bendiciones.

28 **Porque en él vivimos, y nos movemos** — La prueba de la cercanía de Dios, no el panteísmo estoico, sino la existencia real del Creador, era evidente y rodeaba al hombre, y se revela en el hecho de que el hombre existe en Dios. Esto demuestra cuán cerca está Dios a nosotros, y cómo estamos conectados íntimamente con él. De él dependemos totalmente para la vida y todas las cosas que sustentan la vida. No debe ser difícil encontrar a Dios, si uno se humilla y dedica de corazón a buscarlo. Pablo añade que "somos también linaje suyo". El es nuestro Creador, nuestro origen; en él existimos; de él dependemos; y debemos buscarlo a él para todas las cosas. Pablo cita a uno de sus propios poetas, Arato de Soli, en Cilicia; Arato vivió alrededor del 270 A.C. y fue un filósofo estoico; Cleantes, un filósofo estoico que vivió del 300 al 220 A.C. tiene las mismas palabras en su "Himno a Zeus." Posiblemente usó las palabras primero. El pasaje dice "Porque todos necesitamos a Júpiter enormemente, somos también linaje suyo - lleno de gracia, concede a los hombres favores."

29 **Siendo, pues, linaje de Dios** — Aquí Pablo usa mucho tacto con sus palabras. "No debemos pensar" incluyéndose a sí mismo, no debemos tener un concepto tan bajo de la Divinidad. El concepto de los atenienses era demasiado bajo y Pablo trata de elevárselos. "Divinidad" literalmente significa "lo divino", y viene del griego "to zeion", y se refiere a la naturaleza divina, como "zeiotes" en Romanos 1: 20. En Colosenses 2: 9 Pablo usa "zeotes". Algunos creen que aquí Pablo usó "to zeion" para traerlos desde sus nociones de los diversos dioses, a la naturaleza real de Dios. La naturaleza divina de Dios no puede ser semejante a oro, o plata, o piedra, escultura de arte y de imaginación de hombres". La Divinidad incluye a Dios el Creador, a Cristo el Salvador y al Espíritu Santo el Consolador. Ninguno de ellos puede ser representado por cosas materiales.

30 **Habiendo pasado por alto los tiempos de esta ignorancia** — "Los tiempos", es decir, antes de que Dios diera una revelación por medio de Jesucristo, fue un período de ignorancia, "ignoias". El pasado del mundo pagano era una historia de idolatría e ignorancia crasa del Dios verdadero y de todo lo bueno. Los atenienses confesaban su ignorancia al poner esa inscripción "Al Dios Desconocido". Dios había pasado por alto, esos tiempos de ignorancia, no los había tomado en cuenta, pero ahora ya se ha llegado el tiempo en que Dios no justificará tal ignorancia. Por eso es que "ahora manda a todos los hombres en todo lugar, que se arrepientan". Las cosas han cambiado desde que vino Cristo para darnos un pleno conocimiento de Dios, revelándonos su voluntad y su naturaleza. El mandamiento de arrepentirse implica que eran culpables del

pecado de idolatría. Pablo insiste en la necesidad que todos tenemos de arrepentirnos, en vista del día del juicio. Todos han pecado, y todos deben arrepentirse; esto se aplica no sólo a los atenienses, sino también a todo ser humano de todas las generaciones.

**31 Por cuando ha establecido un día** — Este día del juicio había sido designado desde hacía mucho, pero ahora por medio de Cristo es revelado con toda claridad. Todos los que ahora conocen a Cristo, saben que Dios lo levantó de los muertos; y por su resurrección todos deben saber que serán juzgados por él. El argumento de Pablo ha pasado por varias etapas. Primero habló de Dios como el Creador del mundo y del hombre; después declaró que el hombre debe exaltar a Dios sobre todas las cosas que él ha hecho; la creación debe motivarlos a buscar a Dios. Ahora se han terminado los días en que Dios se revelaba por medio de la naturaleza, y ha hablado mediante su Hijo, a quien levantó de los muertos para dar prueba de que era el Hijo de Dios. Ahora por medio de él Dios juzgará al mundo; por consiguiente, todos los hombres deben prepararse para el día del juicio mediante el arrepentimiento.

**32, 33 Pero cuando oyeron lo de la resurrección** — Es posible que los atenienses que habían traído a Pablo al Areópago para que les explicara sus doctrinas novedosas, interrumpieron su discurso y no le dejaron concluir. Ninguno de los dos grupos de filósofos que lo escuchaban simpatizaba con la idea de la resurrección y el juicio final. "Unos se burlaban", tal como ocurrió el día de Pentecostés (Hch. 2: 13). Los epicúreos no creían en la existencia después de esta vida; mientras que los maestros estoicos enseñaban que todos serían absorbidos en la Divinidad; por lo cual no creían en la resurrección de los muertos. Los epicúreos posiblemente eran los que se burlaban de Pablo, pero otros decían: "Ya te oiremos acerca de esto otra vez", palabras que nos recuerdan a Félix (Hch. 24: 25). "Y así salió Pablo de en medio de ellos" muestra que Pablo no estaba ante un tribunal ni sujeto a restricciones judiciales. Les había presentado la verdad de Dios; los atenienses le habían entendido; ya no había más que ofrecerles. Entonces se fue en busca de otras almas con una mejor disposición para recibir la verdad.

**34 Mas algunos hombres se unieron a él y creyeron** — Entre los oyentes de Pablo había tres clases de personas: (1) Los epicúreos, que se burlaban de la verdad; (2) los indecisos que prometieron escucharlo en el futuro; y (3) los que creyeron. Entre los creyentes estaba Dionisio el areopagita, una mujer llamada Dámaris y otros con ellos. Dionisio era miembro del Concilio de Atenas, y se le menciona por nombre debido a su posición social, su influencia y su conocimiento. Se cree que Dionisio estaba encargado de cierta supervisión de toda la administración pública.

Dámaris se menciona por nombre, pero no se nos dice porqué razón; se cree que por su distinción e influencia. La tradición dice que después se estableció una congregación en Atenas y que el Partenón se convirtió en templo cristiano.

## 11. PABLO EN CORINTO
### 18: 1-18

1 **Después de estas cosas, Pablo se marchó de Atenas** — Pablo partió de Atenas y se fue a Corinto, distante entre 72 y 83 kilómetros al sur. Corinto era la capital de Acaya y la principal ciudad de la provincia. Corinto había sido destruida por Mumio en el año 146 A. de C., habiendo sido reconstruida por Julio César en el 46 A. de C. Gran parte de las esculturas y bellas artes que habían adornado la antigua ciudad de Corinto, fueron destruidas. Pablo visitó la ciudad reconstruida. Tanta fue la destrucción de la antigua Corinto, que vino a ser un refrán. Pero la nueva ciudad de Corinto no tardó mucho en superar a la antigua ciudad en riquezas y esplendor, llegando a ser un gran centro comercial. La inmoralidad se hizo muy aceptable y común en Corinto, a lo cual Pablo alude en su carta a la iglesia de ese lugar (1 Co. 5: 1; 6: 9, 10). Pablo entró a esta ciudad corrupta, con menos posibilidades que Atenas, pero que a fin de cuentas, produjo más frutos.

2 **Y halló a un judío llamado Aquila** — Cuando Pablo llegó a Corinto, siendo judío, era natural que buscara asociarse con algún paisano; probablemente haya sido en la sinagoga que conoció a Aquila, a quien Lucas llama "cierto judío natural del Ponto". Es importante señalar que fue Pablo quien "halló" a Aquila. Los judíos se mantenían juntos por medio de gremios, ya fuera en la sinagoga, en los negocios o en las calles. Su nacimiento en El Ponto indica que era parte de los judíos de la diáspora, y que habían sido esparcidos en esa provincia, que estaba entre Bitinia y Armenia (1 P. 1: 1). Aquí conocemos por primera vez a su esposa Priscila. Ella era una mujer prominente, de posición social alta, tanto que a veces su nombre aparece primero que el de su esposo (verso 18; Ro. 16: 3; 2 Ti. 4: 19). Algunos creen que Aquila y Priscila ya eran cristianos cuando Pablo los conoció, pero hay otros que opinan que Pablo los convirtió. No hay manera de saberlo, pues en ninguna parte se nos explica lo relacionado con su conversión. Tiempo después estuvieron con Pablo durante su larga estancia en Efeso; y en una ocasión expusieron sus vidas por el apóstol (Ro. 16: 3, 4). Si ya eran cristianos cuando conocieron a Pablo, esta pareja estaba entre los discípulos de más antigüedad en

la iglesia primitiva de Roma. Ellos tuvieron que salir de Roma el año 49 D. de C., por el edicto de Claudio César, ordenando su expulsión de la ciudad debido a que constantemente causaban tumultos. En Roma los judíos no eran populares. Se calcula que en este tiempo sólo había unos 20,000 judíos en Roma.

**3 Y como era del mismo oficio** — Esta es la primera mención que se hace el oficio u ocupación de Pablo. A cada muchacho judío se le enseñaba un oficio. Un rabí judío decía que el padre que no le enseñaba un oficio a su hijo, era como si le enseñase a robar. Aquila y Pablo tenían el mismo oficio de hacer tiendas de campaña o carpas. Ya tenían por lo menos tres cosas en común: eran de la misma raza, judíos; del mismo oficio, hacían tiendas; y ahora de la misma fe, cristianos. La confección de tiendas era una ocupación muy común en Cilicia, la provincia natal de Pablo. Las tiendas eran hechas de pelo de cabra montés, animal que abundaba en las colinas de Cilicia. Esta tela para las tiendas tenía el nombre de "cilicium" o cilicio. A este oficio se refiere Pablo cuando habla de que había trabajado con sus manos (Hch. 20: 34). Pablo hace otras referencias a su trabajo material para sostenerse a sí mismo y a otros (1 Co. 4: 12; 1 Tes. 2: 9; 2 Tes. 3: 8).

**4 Y discutía en la sinagoga todos los sábados** — Esta era la regla invariable de Pablo, predicar el evangelio primero al judío y después al gentil. Iba a la sinagoga el sábado, porque era el día de reunión para los judíos. El hecho de que asistiera a la sinagoga en sábado no significa en forma alguna que estuviera insinuando o enseñando que los cristianos deben observar el sábado judío. En los días sábados Pablo "discutía" y "persuadía" tanto a judíos como a griegos, a que aceptaran a Jesús como el Mesías y Salvador del mundo. Con sus razonamientos los convencía que Jesús era el Cristo, y los persuadía a que lo aceptaran como tal. Ya que se menciona a los griegos y los judíos juntos en la sinagoga, se entiende que se trataba de prosélitos.

**5 Y cuando Silas y Timoteo vinieron a Macedonia** — Pablo había dejado a Silas y Timoteo en Berea (Hch. 17: 14), y les había enviado recado de que vinieran a él tan pronto como les fuera posible (Hch. 17: 15). Ya que no pudieron llegar a Antenas antes de que Pablo se marchara, vinieron a reunirse con él en Corinto. La llegada de Silas y Timoteo fue una gran bendición y ánimo para Pablo, ya que le trajeron ofrendas de los hermanos de Macedonia para que se pudiera sustentar por algún tiempo, sin tener que trabajar haciendo tiendas, y que se dedicara de lleno a la predicación del evangelio (2 Co. 11: 9; Fil. 4: 15; 1 Tes. 3: 6). Pablo testificaba "solemnemente", del griego "suneicheto", y la palabra fue usada por Jesús en el sentido de "angustia" (Lc. 12: 50). Significa un impulso divino e intenso, una urgencia de hacer una tarea que no debe demorarse por ningún motivo. La palabra parece indicar que Pablo estaba completamente absorto por la palabra y entregado cien por ciento a la predicación del evangelio. La razón por la que podía entregarse de lleno a la obra del Señor es que ya contaba con la ayuda de sus fieles colaboradores Silas y Timoteo; y además, la ofrenda de los hermanos macedonios le servía para que no se preocupara de trabajar para sustentarse.

6 **Pero oponiéndose y blasfemando** — No sabemos cuánto tiempo tenía Pablo en Corinto, pero ya había predicado en la sinagoga y persuadido a sus oyentes a que aceptaran a Cristo como su Salvador. Algunos se negaron a aceptar a Cristo como el Mesías, pero no les bastaba con eso, pues también se oponían y blasfemaban contra Pablo y Cristo. Pablo los dejó sabiendo que no podía lograr mucho si tenían esa actitud rebelde. "Sacudiéndose los vestidos" era una forma de mostrar a los judíos cuán detestable era la actitud de ellos, por lo que ya no se iba a juntar con ellos. Esta acción se parece a lo que hicieron Pablo y Bernabé en Antioquía de Pisidia (Hch. 13: 51), y es precisamente lo que Jesús ordenó que se hiciera en estos casos (Mt. 10: 14). "Vuestra sangre sea sobre vuestra propia cabeza", no era una maldición, sino un desconocimiento solemne de toda responsabilidad por sus almas (Ez. 3: 18; 33: 4, 8; Hch. 20: 26). Los judíos habían usado esa expresión al asumir la responsabilidad por la crucifixión de Jesús (Mt. 27: 25; también Mt. 23: 35). Ya Pablo no era responsable por ellos, puesto que les había predicado a Cristo y ellos lo habían rechazado. Ahora Pablo va a predicar de lleno a los gentiles.

7 **Y pasando de allí, se fue a la casa de uno llamado Justo** — Pablo se va de la sinagoga y probablemente aceptando una invitación, entra a la casa de un hombre llamado Tito el Justo. La casa estaba junto a la sinagoga. Evidentemente este Tito era ciudadano romano, pero no era el mismo Tito que después fue colaborador de Pablo, aunque algunos piensan que era la misma persona. En esa casa Pablo reunía a los recién convertidos al cristianismo y les enseñaba. Tito el Justo era temeroso de Dios, es decir, un prosélito. Probablemente Pablo siguió hospedándose en la casa de Aquila y Priscila, pero enseñaba a todos los que venían a la casa de Tito el Justo.

8 **Y Crispo, el principal de la sinagoga** — Cristo es mencionado por Pablo en 1 Co. 1: 14. Pablo fue quien lo bautizó (1 Co. 1: 14). Crispo era un hombre de autoridad como principal de la sinagoga. Posiblemente haya habido más de una sinagoga en Corinto, pues leemos en el verso 17 de "Sóstenes, principal de la sinagoga". También es posible que Sóstenes haya sido nombrado al puesto inmediatamente después de la conversión

de Crispo. Lucas resume los resultados al decir que "muchos de los corintios, oyendo, creían y eran bautizados". Este era el orden y los pasos que se dieron en cada conversión. Primero el evangelio es predicado, la gente de buena voluntad lo escucha, lo cree, se arrepiente de sus pecados, y se bautiza; entonces ya están en Cristo y a partir de entonces se les llama cristianos. Además de Crispo, Pablo bautizó a Gayo y a los de la casa de Estéfanas. Pero Silas y Timoteo lo ayudaban en la obra de evangelización, y atendían a los que deseaban obedecer al Señor en el bautismo.

**9 Entonces el Señor dijo a Pablo por medio de una visión en la noche** — El Señor animaba a Pablo en su trabajo. "No temas", literalmente "deja de tener miedo", sigue predicando, no calles. Por lo que le ha pasado antes, ahora sabemos que Pablo tenía razón de sentir miedo. Todo el que está desanimado necesita ser reanimado. El Señor aclara a Pablo su voluntad, y con esta visión le confirma lo que Pablo estaba pensando, o lo desanima si tenía planes de ir a predicar a otro sitio.

**10 Porque yo estoy contigo, y ninguno pondrá sobre ti la mano** — Estas son las palabra que el Señor usó en una visión de noche para animar a Pablo en su obra evangelizadora. Jesús había prometido estar con los que enseñaran su doctrina (Mt. 28: 20). El Señor le promete que no permitirá que nadie le haga daño, dando a entender que sí había alguna amenaza o peligro inminente para Pablo, pero el Señor lo reanima. Además de tener la protección del Señor, Pablo debe seguir predicando en Corinto, porque "yo tengo mucho pueblo en esta ciudad". Muchos corintios estaban listos para obedecer el evangelio, sólo necesitaban la oportunidad de escuchar, para entonces creer, arrepentirse de sus pecados y ser bautizados en Cristo. Había mucha gente perdida, pero que aceptaría el evangelio al escucharlo. Esta sería una buena razón para animar a Pablo.

**11 Y se estableció allí por un año y seis meses** — No sabemos cuánto tiempo había estado Pablo en Corinto antes de esta visión. Algunos creen que Pablo estuvo un total de dos años, pues trabajó más allá de Corinto (2 Co. 11: 10), con una congregación en Cencrea (Ro. 16: 1). Pero la estancia de Pablo en Corinto no puede ser determinada a ciencia cierta, porque en el versículo 18 dice que se quedó "aún muchos días allá", que podría ser además del año y medio de este versículo. Lo que sí sabemos es que enseñó por 18 meses y predicó sin problemas, hasta que Galión fue nombrado procónsul, cuando los judíos trataron de molestar, aunque con poco éxito.

**12, 13 Pero siendo Galión procónsul de Acaya** — Este Galión era hermano de Séneca, un maestro estoico y tutor de Nerón. Era un hombre fino y culto. Séneca lo describió con estas palabras: "Entre los mortales no hay nadie tan agradable como él". Los judíos se levantaron de común acuerdo contra Pablo, y le llevaron al tribunal. Los gobernadores de las provincias romanas acostumbraban tener audiencias ciertos días de la semana, y el sitio más común era la plaza, el mercado o el zócalo. Había dos clases de tribunales. (1) los que estaban en un lugar fijo; y (2) los tribunales portátiles, que eran llevados por los magistrados al sitio donde consideraran apropiado o necesario. La acusación contra Pablo es que "persuade a los hombres a honrar a Dios contra la ley". No se referían a la ley de Moisés, sino a las leyes del Imperio Romano, o en este caso, las leyes de la provincia de Acaya. Los acusadores insisten en que Pablo está violando las leyes romanas, porque si dicen que enseñaba cosas contrarias a ley de Moisés, el procónsul no se iba a meter en asuntos de religión. Ellos alegaban que a pesar de que los judíos habían sido desterrados de Roma, como una política del imperio, no obstante el judaísmo seguía siendo una religión legal, tolerada y reconocida por las autoridades romanas. Los judíos decían que Pablo estaba desobedeciendo las leyes romanas al predicar una nueva religión que no estaba reconocida o autorizada por Roma.

**14 Y cuando Pablo iba a abrir la boca** — Pablo estaba listo a defenderse de las acusaciones, pero antes de que pudiera hablar, Galión resolvió el problema y el apóstol no tuvo que decir nada. Posiblemente el procónsul había oído algo acerca de este nuevo movimiento que promovía Pablo, y también conocía que a los judíos les gustaba causar tumultos. De todos modos, no era un asunto que competía a su tribunal. Si se tratara de alguna injusticia o de algún crimen depravado, si Pablo era culpable de violar alguna ley de la provincia, entonces Galión los habría escuchado.

**15 Pero si son cuestiones de palabras, y de nombres** — Casos de injusticia o de violencia correspondían a la jurisdicción del tribunal de Galión, pero si los judíos estaban molestos por cuestiones de palabras y nombres de su propia ley, no estaba interesado. Galión no quería perder tiempo escuchando discusiones sobre palabras y nombres; no le importaba si "Jesús" también se llamaba "Cristo", o "Mesías". El sabía que a los judíos les encantaba pararse en quisquillas, enfrascándose en interminables alegatos sobre detalles insignificantes. Galión no estaba dispuesto a resolver disputas de los judíos por sus ritos religiosos. Esas cuestiones las debían resolver entre ellos mismos. "Vedlo vosotros; porque yo no quiero ser juez de estas cosas". El procónsul no tenía tiempo para estas pequeñeces.

**16, 17 Y los echó del tribunal** — Los judíos se sorprendieron de que el procónsul no les hiciera caso y que en forma abrupta desechara las acusaciones que habían presentado contra Pablo. El procónsul ordenó que los alguaciles despejaran el tribunal, que sacaran a todos por la fuerza, y los judíos que no se retiraran de inmediato corrían el riesgo de ser golpeados y avergonzados. Entonces los griegos se apoderaron de "Sóstenes, principal de la sinagoga", a quien golpeaban delante del procónsul, pero Galión no hacía casa de nada de esto. Si Pablo hubiera violado alguna ley romana, el procónsul lo habría condenado; pero al considerar que se trataba de pleitos de frases y palabras de su religión, los deja que ellos se las arreglen solos. La golpiza de Sóstenes era un pequeño detalle que pertenecía a las autoridades locales, no en el tribunal del procónsul. El pobre de Sóstenes fue el chivo expiatorio con quien los airados y frustrados judíos se desquitaron. Algunos creen que se trata del mismo Sóstenes que Pablo menciona en 1 Co. 1: 1. Mucho se ha discutido sobre la razón por la que Sóstenes fue golpeado por los griegos. Algunos especulan que Sóstenes, siendo el principal de la sinagoga, fue derrotado como acusador o fiscal en el tribunal de Galión, y que por eso le echan la culpa y lo castigan. Otros dicen que no se sabe quién o quiénes golpearon a Sóstenes, si fueron los judíos o los gentiles. Pero sí está claro que fueron los griegos quienes maltrataron a Sóstenes.

**18 Mas Pablo, habiéndose quedado aún muchos días allí** — No está claro lo que significa "muchos días"; o si este tiempo debe ser añadido al año y seis meses del versículo 11; o si es que los "muchos días" de este verso están incluidos en los 18 meses del verso 11. No obstante, el contexto parece indicar que fue un tiempo adicional a los 18 meses del versículo 11. Pablo fue vindicado, y no había razón para que se fuera a prisa; pues a esta altura Pablo ya había aprendido a marcharse después de que había pasado la crisis. Después se despidió de los hermanos y se embarcó hacia Siria. Su destino era Antioquía de Siria, pero hace una escala en Efeso, llevando consigo a Aquila y Priscila. Cencrea era un puerto situado a unos 16 kilómetros al sureste de Corinto. Debido a su papel importante en la iglesia, el nombre de Priscila es mencionado primero, tanto en este versículo, como en Ro. 16: 3; y 2 Ti. 4: 19. En Cencrea había una congregación (Ro. 16: 1), que probablemente fue establecida por Pablo mismo durante su estancia en Corinto. Hay cierta controversia sobre si fue Aquila o Pablo quién había hecho voto y se había rapado la cabeza en Cencrea. Grotius, Wieseler, Meyer, Howson, y otros, dicen que fue Aquila, aludiendo que esta frase está en paréntesis, y que, por lo tanto, se aplica a Aquila. El participio es masculino, por lo cual no puede referirse a Priscila. Ya que "Priscila y

Aquila" están unidos en la misma frase, y la frase "habiéndose rapado la cabeza", es un paréntesis, no puede aplicarse a Aquila. Por consiguiente, concluimos que era Pablo quien había hecho voto y se rapó la cabeza en Cencrea. Indudablemente los otros participios en este versículo son masculinos, y se aplican a Pablo; por lo cual creemos que es correcta la interpretación de que lo del voto también se refiere al apóstol. Desconocemos qué clase de voto había hecho Pablo y el motivo por el mismo; por lo que no sabemos por qué razón se incluye esta referencia en este versículo. Pablo, siendo judío, guardaba algunas de las costumbres de la ley ceremonial, pero en ninguna manera las imponía a los cristianos gentiles.

## 12. PABLO REGRESA A ANTIOQUIA DE SIRIA
### 18: 19-22

19 **Y llegó a Efeso** — Efeso estaba al este de Cencrea, al otro lado del Mar Egeo. Era un viaje de dos o tres días de navegación, en condiciones favorables. Efeso era la capital de la provincia de Asia, situada en la costa occidental de Asia Menor. Pablo dejó a Priscila y Aquila en Efeso, pero antes de marcharse, el apóstol entró a la sinagoga y "discutía con los judíos". "Discutía o razonaba" parece ser la palabra favorita de Lucas para describir los discursos de Pablo en las sinagogas (Hch. 17: 2, 17; 18: 4; 19: 8, 9).

20, 21 **los cuales le rogaban que se quedase** — Por lo general, a Pablo no lo querían en las sinagogas, y la mayoría de las veces lo expulsaban, pero esta era la excepción: los judíos le rogaban que se quedase con ellos por más tiempo, pero él no consideró necesario hacerlo. Al despedirse de ellos les dijo que necesitaba guardar la fiesta en Jerusalén, "pero volveré a vosotros otra vez, si Dios quiere" (Stg. 4: 13-15). Antes de zarpar para Antioquía, Pablo tenía mucho optimismo y les prometió que regresaría a Efeso. "Si Dios quiere" era una frase muy común entre los hermanos del primer siglo (Ro. 1: 10; 15: 32; 1 Co. 4: 19; 16: 7; He. 6: 3). Efectivamente, Pablo regresó, de acuerdo a la historia que nos escribe Lucas (Hechos 19: 1). Se necesitaba como un mes para navegar de Efeso a Cesarea. En los capítulos 20 y 21 se habla de que el viaje duró siete meses, pero fue por la demora de varias escalas.

22 **Habiendo arribado a Cesarea** — Cesarea estaba en la costa oriental del Mar Mediterráneo, en la frontera occidental de la tierra de Canaán o Palestina. Era la capital de la provincia de Judea. Desde esa ciudad Pablo "subió" a Jerusalén para saludar a la iglesia, y después

descendió a Antioquía. Geográficamente hablando esto es correcto, porque la altura de Jerusalén era mayor que la de Antioquía de Siria. "Saludar a la iglesia" muestra que para el tiempo en que Lucas escribió esta narración, la iglesia en Jerusalén seguía creciendo tranquilamente. Esta fue la cuarta visita de Pablo a la iglesia de Jerusalén después de su conversión. Al regresar a Antioquía, Pablo concluyó su segundo viaje misionero. Se había tardado unos tres años, y durante ese tiempo había recorrido grandes distritos de Asia Menor, y visitó las ciudades europeas de Filipos, Tesalónica, Berea, Atenas y Corinto; regresó pasando por Efeso, Cesarea, Jerusalén y por último Antioquía. Los judíos se le opusieron con violencia en todos los lugares, excepto en Atenas y Efeso. A pesar de todo, se establecieron iglesias no sólo en Galacia, sino también en Filipos, Tesalónica y Corinto. Posiblemente también había congregaciones en otros lugares que no son mencionados en la narración de Lucas.

## 1. PRISCILA, AQUILA Y APOLOS EN EFESO
### 18: 23-28

**23 Y después de estar allí algún tiempo** — Ahora Pablo se queda en Antioquía por algún tiempo que no podemos precisar. Ya transcurría el año 54 D. de C. y Pablo comienza su tercer viaje misionero. Probablemente la primera ciudad que visitó fue Tarso, para viajar después con rumbo noroeste a través de Galacia, para después tomar en dirección suroeste por Frigia y hasta llegar a Efeso. Posiblemente esta fue la última vez que Pablo estuvo en Antioquía. Algunos dicen que fue en este tiempo que coincidió la visita de Pedro a Antioquía (Gál. 2: 11). Pablo comienza este tercer viaje misionero sin la ayuda de Bernabé o Silas.

**24 Llegó entonces a Efeso un judío llamado Apolos** — Apolos era oriundo de Alejandría, célebre ciudad egipcia y puerto en el Mediterráneo, a 19 kilómetros de la desembocadura del río Nilo. Fue llamada Alejandría en honor de Alejandro el Grande, quien la fundó el 332 A. de C. Muchos judíos se habían radicado en Alejandría, por ser un famoso centro académico, contando con la Biblioteca Alejandrina, la mayor del mundo entonces conocido. Apolos era "elocuente" o erudito. La palabra griega "logios" puede significar "hombre de palabras", u "hombre de ideas. Debido a su gran erudición, posiblemente Apolos también era muy elocuente. Lo que es más importante es que "era poderoso en las Escrituras", es decir, conocía bien el Antiguo Testamento. Después Pablo dijo que él plantó y que Apolos regó (1 Co. 3: 6). En esta visita Pablo encuentra a Apolos en Efeso.

**25 Este había sido instruido en el camino del Señor** — "Instruido" es usada por el escritor en Lucas 1: 4. Apolos había sido enseñado antes de que viniera a Efeso, pero sólo había sido instruido en la doctrina que predicaba Juan el Bautista (Mt. 3: 3; Mr. 1: 3). El había aprendido de Juan o de algunos de sus discípulos sobre el hecho de que Jesús era el Cristo, el Mesías; y conocía algo sobre su vida, doctrinas y milagros. Posiblemente no sabía sobre su muerte, sepultura, resurrección y ascensión, o del derramamiento del Espíritu Santo el día de Pentecostés. Era muy fervoroso, hablando y enseñando diligentemente lo relacionado con el Señor; pero su conocimiento era limitado, pues solamente conocía el bautismo de Juan. Apolos no sabía nada sobre el bautismo en el nombre del Padre, del Hijo y del Espíritu Santo. El bautismo de Juan era un bautismo de arrepentimiento (Mr. 1: 4; Hch. 13: 24; 19: 4). Juan conocía y predicaba todo lo concerniente al Mesías, y dio testimonio de que Jesús era ese Mesías.

**26 Y comenzó a hablar con denuedo en la sinagoga** — Con mucho valor entró a la sinagoga y empezó a enseñar lo que él sabía acerca de Jesucristo, explicando a los judíos lo que él sabía. Priscila y Aquila, que habían acompañado a Pablo en su regreso de Cencrea a Efeso, escucharon a Apolos y se dieron cuenta que éste sabía muy poco acerca de Jesucristo. Entonces "le tomaron aparte y le expusieron más exactamente el camino de Dios". Esta pareja de cristianos compartió con Apolos lo que habían aprendido de Pablo. Ellos le enseñaron que Cristo había cumplido las profecías y que había hecho todo lo que Juan el Bautista predijo que haría. Siendo un hábil estudiante, Apolos aprendió rápidamente; él quería conocer toda la verdad, y Priscila y Aquila le enseñaron con mucho gusto. Aquila y Priscila lo "tomaron aparte" significa, no sólo que hablaron con él en privado, sino que lo llevaron a su casa y le abrieron las puertas de su hogar y de sus corazones.

**27 Y queriendo él pasar a Acaya** — Apolos estaba en Efeso, que estaba en la costa oriental del Mar Egeo. Acaya quedaba al Oeste de Efeso, era la provincia que estaba al sur de Macedonia. Grecia estaba compuesta por las provincias de Macedonia y Acaya. Los hermanos de Efeso animaron a Apolos y escribieron cartas de recomendación para que los discípulos de Corinto lo recibiesen. Después Pablo se refirió a esta carta (2 Co. 3: 1), señalando que él no necesitaba ese tipo de cartas de recomendación. Priscila y Aquila eran bien conocidos en Corinto, y su recomendación tendría mucha influencia. En Acaya Apolos fue de gran provecho a los que ya eran cristianos, los que por la gracia de Dios habían oído acerca de Jesucristo.

**28 porque vigorosamente refutaba en público a los judíos** — De por sí Apolos era elocuente, poderoso en las Escrituras, y ahora ya conocía más exactamente el camino del Señor. Sus argumentos eran irrefutables, y demostraba a los judíos por medio de las Escrituras que Jesús era el Cristo. Apolos debatía públicamente con los judíos y les probaba que Jesús de Nazaret era el Mesías. Tanta fue la influencia y popularidad que logró Apolos en Corinto, que años después surgió un grupo de hermanos con el lema "yo soy de Apolos" (1 Co. 3: 4). Lucas no nos narra más acerca de Apolos, y la próxima vez que aprendemos algo de él, fue cuando Pablo escribe acerca de él en Tito 3: 13, donde nos dice que estaba con Zenas, un experto en la ley. Parece que después trabajó en Creta, donde reunió a un grupo de discípulos distinguidos.

## 2. PABLO EN EFESO
### 19: 1-12

1 **Aconteció que mientras Apolos estaba en Corinto** — Lucas, el escritor de Hechos, hizo un paréntesis en la narración del viaje misionero de Pablo, para contarnos acerca de Apolos. Y mientras Apolos estaba en Corinto, Pablo, después de recorrer las regiones altas, llegó a Efeso. "Altas" se refiere a las regiones tierra adentro, lejos del mar, y que naturalmente estaban a mayor altura sobre el nivel del mar, pero aquí se refiere a las zonas orientales de Asia Menor. El viaje de Pablo probablemente lo llevó por los distritos de Licaonia, Galacia y Frigia; regiones que había recorrido en su segundo viaje misionero. Cumpliendo su promesa de regresar algún día, Pablo llega a Efeso (Hch. 18: 21). En este viaje Pablo halló a ciertos "discípulos". Se les llama "discípulos", porque al igual que con Apolos, tenían cierto conocimiento respecto de Cristo, y ese conocimiento limitado los motivó y condujo a que escucharan la predicación de Pablo.

2 **Y les dijo: ¿Recibisteis el Espíritu Santo?** — Al hablar con ellos Pablo se enteró que su conocimiento del evangelio era deficiente. Les preguntó que si habían recibido el Espíritu Santo cuando creyeron. Su respuesta indica lo poco que conocían del evangelio: "Ni siquiera hemos oído si hay ya efusión del Espíritu Santo". Estos discípulos creían que Jesús era el Mesías prometido, pero no habían oído nada además de lo que predicaba Juan Bautista. Jamás habían sabido del derramamiento del Espíritu Santo el día de Pentecostés; sí sabían algo respecto al Espíritu Santo, porque Juan lo mencionaba (Mt. 3: 11; Jn. 1: 33). Habían oído de la existencia del Espíritu Santo, pero no que había sido enviado el día de Pentecostés. Es difícil comprender porqué ellos sabían tan poco acerca del Espíritu Santo.

3 **Entonces dijo: ¿En qué, pues, fuisteis bautizados?** — Pablo sospecha que no habían sido bautizados con pleno conocimiento, por lo que les pregunta con qué clase de bautismo habían sido bautizados. Pablo reconoce que habían sido bautizados con algún propósito, de ahí la pregunta. Ellos contestan de inmediato: "En el bautismo de Juan". Esta es la última vez en el Nuevo Testamento que se menciona el nombre de Juan el Bautista. Estos discípulos se habían bautizado en el bautismo de Juan pero no habían comprendido todo su significado. Evidentemente

habían sido bautizados por discípulos de Juan después que su bautismo fue reemplazado por el bautismo de Jesús, y por lo tanto, su bautismo ya no era válido. El bautismo de Juan había caducado; su vigencia fue solamente durante el ministerio de Juan, pero no iba a ser permanente.

**4 Dijo Pablo: Juan bautizó con bautismo de arrepentimiento** — Aquí tenemos una explicación más detallada del significado del "bautismo de Juan". Frecuentemente se le describe como un "bautismo de arrepentimiento". Juan vino a preparar un pueblo para el Señor (Lc. 1: 17). Los que se sometían al bautismo de Juan se comprometían a recibir al Cristo cuando viniera. Juan no quería hacer discípulos para sí, sino que creyeran el que "venía después de él" (Mt. 3: 11; Mr. 1: 7; Lc. 3: 16; Jn. 1: 15). Estos discípulos habían sido bautizados pero no habían recibido a Jesucristo. Y la razón por la que no habían recibido es porque nadie les había predicado.

**5 Cuando oyeron esto** — Tan pronto como escucharon el evangelio y oyeron la necesidad de aceptar a Cristo, lo hicieron sin pérdida de tiempo, y "fueron bautizados en el nombre del Señor Jesús". Su primer bautismo no era aceptable. Lucas no nos da una fórmula para el bautismo, sino que sencillamente nos dice que estas personas se volvieron a bautizar, esta vez en obediencia a su fe en Cristo. Estos discípulos nunca habían recibido el bautismo ordenado por Jesús; por lo cual fue necesario que se rebautizaran a fin de estar en Cristo.

**6, 7 Y habiéndoles impuesto Pablo las manos** — No fue un bautismo del Espíritu Santo, porque éste jamás fue impartido por hombre alguno. Los samaritanos recibieron la imposición de manos de Pedro y Juan (Hch. 8: 16); y Pablo de parte de Ananías (Hch.. 9: 17). En este pasaje se impartió un don milagroso, pues ellos "hablaban en lenguas, y profetizaban". El hablar en lenguas y las profecías eran una prueba externa y positiva de que el Espíritu Santo había venido sobre estos doce varones, que ahora habían cumplido su obediencia al evangelio y estaban listos para el servicio fiel en su nombre. Era como una docena de varones. Muchos especulan porqué el historiador inspirado no da la cifra exacta sino que dice "unos", o "como" doce hombres". Pero nada se logra con especular en este sentido.

**8 Y entrando Pablo en la sinagoga** — Ya que el incidente del bautismo de Juan es mencionado antes que cualquier otro suceso, es probable que Pablo los haya encontrado entre los pocos cristianos de Efeso, y les enseñó a ellos antes de visitar las sinagogas. Los judíos se reunían en las sinagogas los días sábados, y Pablo hablaba con denuedo por espacio de tres meses. Parece que los cristianos habían hecho algún arreglo especial y tenían sus servicios en la sinagoga, lo cual le dio a los judíos la oportunidad de escuchar el evangelio en toda su pureza de labios de Pablo. Puede ser que por esos tres meses sólo haya ido a predicarles los sábados, pero la implicación es que también en otros días enseñaba a los que se reunían en la sinagoga. Otra vez Pablo está "discutiendo y persuadiendo"; convenciéndolos por sus razonamientos y las Escrituras, que Jesús era el Cristo, y persuadiéndolos a que lo aceptaran como su Salvador. También les enseñaba "acerca del reino de Dios". Pablo enseñaba que el reino de Dios es la iglesia de Dios, que había sido comprada con la sangre de Cristo (Hch. 20: 28). El reino, pues, ya había sido establecido.

9 **Pero como algunos se endurecían y se volvían desobedientes** — En ningún otro lugar se le permitió a Pablo predicar por tanto tiempo en la sinagoga, sin interrupción, excepto aquí y en Corinto. Pablo tuvo aquí la misma experiencia que en los otros lugares donde había predicado: algunos creyeron, pero otros no. Los que no creyeron, endurecieron sus corazones, y comenzaron a hablar mal del "camino delante de la multitud". Pablo no era un cobarde y no se alejó de la sinagoga simplemente porque algunos se oponían. Obviamente vio que los judíos eran muy obstinados y lo mejor era apartarse de ellos. Al irse de la sinagoga, también separó a los discípulos, "discutiendo cada día en la escuela de uno llamado Tirano". Los judíos incrédulos mostraban la dureza de sus corazones al hablar mal de Cristo, de su doctrina, de sus discípulos y del cristianismo, o "del Camino" (Hch. 9: 2). Pablo se llevó a los discípulos y el nuevo lugar de reunión fue la escuela de un hombre llamado Tirano. En Corinto Pablo se fue a predicar a la casa junto a la sinagoga (Hch. 18: 7). "Escuela", del griego "schole", que originalmente quería decir "esperar, desocupación, ocio"; y después vino a significar "un lugar de ocio o desocupación". Este es el único pasaje del Nuevo Testamento donde se usa la palabra. El nombre de "Tirano" es muy común, y poco se sabe de este hombre; no sabemos si era pagano o judío.

10 **Esto continuó por espacio de dos años** — Pablo había estado enseñando en la sinagoga por tres Meses antes de irse a la escuela de Tirano, donde continuó por espacio de dos años. Aquí edificaba a los santos y predicaba a todos los que a él acudían. Es posible que haya vivido más tiempo en Efeso, pero que el otro tiempo se haya hospedado en casa de Aquila y Priscila. De todas formas, su estancia fue suficiente como para que todos los que habitaban en esa provincia tuvieran la oportunidad de escuchar el evangelio. Pablo parece que permaneció en Efeso, pero que el evangelio se haya divulgado por toda la provincia. Estando en Efeso Pablo se enteró del problema en Corinto y desde aquí escribió una epístola a la iglesia de aquella ciudad; según parece, esa

carta se extravió (1 Co. 5: 9). También desde aquí escribió la epístola que conocemos como Primera de Corintios.

**11, 12 Y Dios hacía milagros extraordinarios por manos de Pablo** — Pablo poseía dones milagrosos, que eran usados para confirmar la palabra que predicaba. En Efeso abundaban magos y exorcistas que reclamaban hacer milagros; y algunas personas supersticiosas les creían. Mas Pablo tenía el poder de hacer mayores cosas que las que ellos pretendían. Pablo no tenía que ir donde estaban los enfermos, ni éstos tenían que ser llevados donde estaba Pablo; lo único que la gente tenía que hacer era aplicar a los enfermos los paños o delantales que habían estado en con tacto con Pablo, y las enfermedades se iban de ellos, y los espíritu malos salían. Los "paños" o pañuelos se usaban comúnmente en los países orientales para limpiarse el sudor de la cara. Los "delantales" también se usaban como servilletas. En Efeso Pablo hizo trabajo secular (Hch. 20: 34), de modo que usaba delantales y pañuelos. Estos milagros especiales enfatizaban la obra que Pablo estaba haciendo. La gente sabía que Dios estaba con él, debido a estos grandes milagros que acontecían.

## 3. LOS SIETE HIJOS DE ESCEVA
### 19: 13-20

**13 Pero algunos de los exorcistas ambulantes judíos** — Estos judíos exorcistas ambulantes iban de lugar de lugar practicando sus trucos mágicos y sus encantos que estaban relacionados con el nombre de Salomón. En Palestina Jesús se refirió a ellos (Mt. 12: 27; Lc. 11: 19). "Exorcistas", del griego "exorkizo", que significa "pronunciar un juramento", porque en sus ceremonias usaban frases mágicas o encantos. Según estos exorcistas, Pablo era uno de ellos, y por eso intentaron usar el nombre de Jesús como lo hacía Pablo para realizar milagros. Ellos creían que se trataba de otra "fórmula mágica", de otro "ábrete sésamo". Sin saber nada de Jesucristo, ellos adoptaron su fórmula mágica de "Os conjuro por Jesús, el que predica Pablo". Este caso se parece al de Elimas el mago (Hch. 13: 8), y al de Simón (Hch. 8: 21). Ellos no habían aprendido la diferencia entre los verdaderos milagros que Dios hacía por mano de Pablo y los trucos de los magos y exorcistas.

**14 Había siete hijos de un tal Esceva** — No sabemos quién era Esceva, aunque algunos creen que era un sumo sacerdote. Otros opinan que la frase griega "jefe de los sacerdotes" debía ser traducida "jefe de los gobernantes". Su nombre es de origen latín. "Jefe" se refiere al que estaba encargado de uno de los 24 turnos del sacerdocio levítico. Lo que no sabemos es si había sido jefe de uno de los 24 turnos de los sacerdotes en el templo, o si en algún tiempo había sido sumo sacerdote en Jerusalén. Pero era bueno para el negocio: ¡tenía siete hijos "brujos"!, exorcistas que practicaban la hechicería y la magia.

**15 Pero respondiendo el espíritu malo** — Estos siete hijos de Esceva trataron de expulsar un "espíritu maligno", pero éste les respondió: "A Jesús conozco, y sé quién es Pablo; pero vosotros, ¿quiénes sois?" Esto quiere decir: "Reconozco al Jesús que ustedes mencionan, y conozco al Pablo que lo predica; pero ustedes, ¿quiénes son?" El espíritu maligno no reconocía, en el sentido de que no obedecía la autoridad de estos malandrines como él. "Conozco", del griego "genosko", con referencia a Jesús; y "epistomai", con respecto a Pablo. Los verbos son distintos y tienen significados diferentes. Aquí el espíritu habló por medio del hombre poseído, como en Marcos 3: 11

**16 Y el hombre en quien estaba el espíritu malo** — El espíritu maligno habló a través del hombre a quien oprimía, pero en lugar de que obedeciera a los exorcistas, se lanzó de un salto sobre ellos. En griego se da a entender que sólo eran dos de los hijos de Esceva que estaban tratando de expulsar este espíritu malo. "Ellos" en griego también puede significar "ambos". Sin embargo, "ellos" en este versículo se traduce del griego "amfoteron", que significa "todos", o por lo menos "más de dos". Pero como está en plural, "amfoteroi" incluye a todos los siete hijos de Esceva. El espíritu los dominó y su derrota fue tanta, que para salir con vida, estos pícaros tuvieron que huir de aquella casa desnudos y cubiertos de heridas. "Desnudos" de griego "gumnous", y probablemente sólo se refiere a llevar las ropas rotas o desgarradas. "Heridas", en esta forma se encuentra sólo aquí y en Lucas 20: 12. Hay otro caso parecido en Marcos 5: 3, 4, donde nadie podía controlar el espíritu maligno.

**17 Y esto fue conocido por todos los que habitaban en Efeso** — Esto tuvo un efecto maravilloso en la gente de Efeso, porque aunque no había diarios o noticieros, todos se enteraron, tanto judíos como griegos. Los magos y hechiceros eran bien conocidos, y toda la gente se llenó de temor al saber lo que el espíritu malo había hecho a los hijos de Esceva. La gente pensaba que un poder indefinido residía en el sagrado nombre de Jesús, de modo que cayó temor sobre todos ellos, así como en el caso de Ananías y Safira (Hch. 5: 5, 10). Era muy peligroso usar el nombre de Jesús a la ligera y sin autorización. Ahora la gente tenía más reverencia a este nombre que nunca antes. Y era magnificado el nombre del Señor Jesús.

**18 Y muchos de los que habían creído venían** — El temor de Jesús vino sobre la gente supersticiosa e idólatra de Efeso, como también sobre la iglesia. Lucas es fiel en escribir toda la verdad de lo que aconteció, de modo que no lo pensó dos veces antes de informarnos que algunos miembros de la iglesia todavía no habían dejado todas sus prácticas paganas. Esta confesión fue humillante para la iglesia, pero nos muestra el lado humano de los cristianos de todos los tiempos; los cristianos primitivos eran imperfectos. Muchos de los recién convertidos habían conservado cosas que practicaban antes de conocer a Cristo, y que aún no dejaban del todo; pero ahora que les había entrado temor a todos, los que habían practicado la magia y la hechicería están listos, decididos y dispuestos a destruir todo lo que los uniera a esas costumbres paganas.

19 **Y muchos de los que habían practicado la magia** — Parece que tanto los cristianos que antes habían practicado la magia, como los no cristianos que todavía la practicaba, ahora sí estaban decididos a renunciar a la hechicería y a quemar sus libros. Como fruto de verdadero arrepentimiento, trajeron todos sus libros y los quemaron en público. Esos libros contenían encantos, recetas para el amor, fórmulas para expulsar demonios, y toda clase de maleficios. En Efeso abundaban los magos, astrólogos, adivinos y agoreros. Los cristianos pusieron el ejemplo y muchos otros inconversos también trajeron sus libros para que fueran destruidos. Los quemaron delante de todos, como una confesión pública de sus malas obras, así como una declaración pública de su renuncia a dichos pecados. Al hacer cuenta del precio de todos los libros, el total sumó 50,000 piezas de plata. Ya que Efeso estaba poblada mayormente por griegos, y probablemente las piezas de plata hayan sido los "dracmas" griegos, o los "denarios" latinos. El costo total sería el equivalente de $10,000 (diez mil dólares), pero en dólares de 1941. Esta era una cantidad exorbitante y su destrucción significó un gran sacrificio. Sin duda algunos de esos libros eran raros, además de sus propios valores por los supuestos secretos que contenían. He ahí los resultados de la predicación del evangelio en Efeso y la confirmación de la palabra con los milagros que la seguían. Sus efectos se palpan en la decisión de esta gente que destruyó gran parte de sus fortunas.

20 **Así crecía y se robustecía poderosamente la palabra del Señor** — En estas circunstancias la palabra de Dios crecía entre ellos, y puesto que habían abandonado sus hechicerías y prácticas mágicas, ahora estaban listos para aceptar una enseñanza nueva. Por eso la verdad que predicaba Pablo encontraba cabida en sus corazones. "Poderosamente", quiere decir, "con poder abrumador, una fuerza que nada puede resistir". Con razón encontramos una iglesia tan grande y fuerte en Efeso. La palabra del Señor continuaba creciendo y ganando fuerzas, fortaleciéndo-se. Este fue un día de victoria para Cristo en Efeso, ciudad que por

muchos siglos después fue un centro de poder cristiano. Timoteo y el apóstol Juan estuvieron en Efeso.

### 4. EL ALBOROTO EN EFESO;
### LOS TEMPLECILLOS DE DIANA
19: 21-41

21 **Pasadas estas cosas** — Después de la quema de los libros de magia y hechicería, Pablo tomó la decisión de ir a Jerusalén, luego de recorrer Macedonia y Acaya. Para este tiempo posiblemente ya había escrito Primera de Corintios, desde Efeso. Pablo tenía dos propósitos para este viaje. El primero era fortalecer la fe de las iglesias, y al mismo tiempo corregir cualquier desorden que estuviera obstaculizando su crecimiento. El segundo era terminar de reunir la contribución para los santos necesitados de Jerusalén (Ro. 15: 25; 1 Co. 16: 1-3). Después de que terminara el viaje a Jerusalén y cumpliera con el compromiso de socorrer a los cristianos de Judea, Pablo tenía planes y deseos de ir a Roma. El decía: "Debo visitar también Roma". Ese había sido un gran anhelo de Pablo al que se refiere específicamente en su carta a la iglesia en Roma (Ro. 1: 13; 15: 23, 24, 28).

22 **Y enviando a Macedonia a dos de los que le ayudaban** — Pablo envió a Timoteo y Erasto a Macedonia, pero él se quedó más tiempo en Asia. Antes había enviado a Timoteo a Corinto (1 Co. 4: 17), y había pedido que la iglesia lo tratara con bondad; evidentemente regresó a Efeso antes de que partiera Pablo, de acuerdo a lo planeado. Entonces envió a Tito a Corinto, para que terminara la obra que Timoteo había empezado, con instrucciones de que se reuniera con él en Troas. Ahora Timoteo y Erasto (Ro. 16: 23; 2 Ti. 4: 20) se van a Macedonia a preparar el camino para Pablo. Por alguna razón Pablo se demoró, y a ello se refiere en 1 Co. 16: 8. Surgía una gran oportunidad para que Pablo hiciera más obra en Efeso, pero había un conflicto de fechas, ya que Pentecostés se celebraba a fines de mayo; y ese mismo mes Efeso se vestía de gala con su festival a Artemis o Diana. Grandes multitudes vendrían a la ciudad, dando a Pablo más audiencias para predicar el evangelio. No obstante, Pablo no se quedó hasta Pentecostés.

23 **Hubo por aquel tiempo un disturbio** — "El Camino" es una frase predilecta de Lucas, quien la usa como sinónimo de los discípulos de Cristo (Hch. 9: 2; 19: 9; 22: 4; 24: 14, 22). Probablemente esta frase se haya originado en las palabras de Jesús cuando dijo: "Yo soy el camino, y la verdad, y la vida; nadie viene al Padre, sino por medio de

mí" (Juan 14: 6). Siempre había habido oposición al cristianismo, pero ahora parece que aumenta más que antes. La lucha de Pablo con fieras (1 Co. 15: 32)--sea lo que haya sido--aconteció antes de que escribiera esa epístola, y por lo tanto, fue antes de este alboroto. Siendo ciudadano romano, a Pablo no lo podían castigar haciéndolo pelear con bestias, pero tan feroz y violenta era la oposición de los enemigos de Cristo en Efeso, que Pablo los compara a las bestias.

24 **Porque un platero llamado Demetrio** — No estamos seguros si este Demetrio es el mismo que se menciona en 2 Juan 12, aunque era del área de Efeso. Demetrio tenía mucho que ver con el disturbio "no pequeño" que surgió con los discípulos de Cristo. Era platero de profesión, fabricante de imágenes o templecillos de la diosa Diana. Era un negocio muy lucrativo, especialmente en esos días de fiesta, que es cuando más templecillos vendía. Grandes multitudes venían a la ciudad para adorar a Diana, las cuales seguramente comprarían imágenes y otras reliquias de Diana para llevárselas a casa como recuerdos. Evidentemente Pablo había condenado la práctica de la idolatría, lo cual había perjudicado mucho el negocio de Demetrio. Eran tantos los efesios que se habían convertido, o que habían abandonado los ídolos, que a Demetrio le preocupaba el futuro de su negocio. Es claro que a Demetrio le preocupaba más ganar dinero que conocer lo que Pablo predicaba, o interesarse en ser cristiano. Poco le importaba que los demás se convirtieran, siempre y cuando su negocio no mermara.

25 **A los cuales, reunidos con los obreros del mismo oficio** — Demetrio juntó a su gremio de plateros y los convenció que debían oponerse a la predicación de Pablo. Quizás Demetrio era el jefe de los plateros, o de su gremio. En tiempos apostólicos eran comunes las uniones o gremios de diferentes ocupaciones por todo el Imperio Romano. Esto nos muestra la facilidad y rapidez con que se comunicaban los miembros de un gremio, y se reunían para discutir cosas relacionadas con sus negocios. Así de fácil era organizar un disturbio público.

26 **Pero veis y oís que este Pablo, no solamente en Efeso** — Este es el argumento que Demetrio usó para convencer a los plateros a que se le unieran para oponerse a la predicación de Pablo. Pablo había perjudicado el negocio de Demetrio, no sólo en Efeso, sino "en casi toda Asia". Es posible que Demetrio haya exagerado un poco para incitar a sus compañeros de oficio. Sin duda que la predicación de Pablo había dañado mucho el negocio de Demetrio. Claro que Demetrio no se refiere a todo el continente asiático, sino sólo a la provincia de Asia Menor. Todos los caminos de Asia Menor iban a dar a Efeso. Por su posición geográfica, Efeso era el centro donde se aglutinaban los pensamientos occidentales

y orientales, casi como en Alejandría. De todas partes de Asia Menor venían miles de peregrinos a visitar el famoso templo de Diana. Demetrio exageró los efectos de la obra de Pablo. Sabemos que Pablo había establecido iglesias en Efeso, Laodicea y Colosas. En el Apocalipsis, Juan escribe a las iglesias en otras ciudades como Pérgamo, Esmirna, Tiatira, Sardis y Filadelfia. En lo que sí dijo toda la verdad es que Pablo predicaba contra el culto a los ídolos.

27 **Y no solamente hay peligro de que este nuestro negocio** — Demetrio sigue persuadiendo a los plateros a que lo apoyen, porque según él, no sólo su negocio estaba en peligro de desacreditarse, sino que el templo de la gran diosa Diana fuera abandonado por falta de parroquianos. Como todo un comerciante astuto, Demetrio menciona primero el negocio de ellos y después el templo de Diana. Sabía que le pondrían más atención si primero les hablaba de lo que les dañaba el bolsillo. Agrega que el gran templo de Diana podía ser despojado de toda su majestad. Y otra vez exagera al decir que Diana era venerada por toda Asia, y el mundo entero. Pero el templo de Diana era el más famoso del mundo, y Efeso era un centro turístico al que acudía gente de todos los rincones de Asia Menor y Grecia. El templo de Diana era una de las siete maravillas del mundo antiguo, la gloria y orgullo de los efesios. Si la gente obedecía las enseñanzas de Pablo, con seguridad iban a abandonar la idolatría, y por consiguiente, nadie se iba a parar en el templo de Diana. Resumiendo su argumento, Demetrio menciona dos cosas: su negocio se vería perjudicado y su religión quedaría en el abandono. Apeló a las dos emociones más fuertes que rigen el corazón del hombre: el interés financiero y la religión. Los intereses egoístas y su prejuicio provocaron un gran alboroto en la ciudad.

28 **Cuando oyeron estas cosas** — El discurso de Demetrio fue muy efectivo, y posiblemente lo haya pronunciado al aire libre cerca de las plazas o mercados donde fabricaban y vendían los templecillos. La gente se llenó de ira y empezó a gritar al unísono: "¡Grande es Diana de los efesios!". Estas palabras se parecen a lo que gritaban los sacerdotes de Baal a su ídolo en los tiempos de Elías, cuando clamaban: "¡Baal, escúchanos!" (1 R. 18: 26). Diana de los efesios" era una estatua tosca, sin labrar, que estaba dentro del templo. Era una figura femenina con muchos senos, debajo de los cuales tomaba la forma de un pilar cuadrado, donde había adornos de símbolos antiguos de abejas, flores y maíz. La mitología decía que había caído del cielo. Este ídolo era diferente a Diana la Cazadora, de los griegos, que era de rostro hermoso, con un arco en una mano y un ciervo en la otra.

29 **Y la ciudad se llenó de confusión** — En su obra "San Pablo", Lewin describe esta turba de la siguiente manera: "Los artesanos analfabetas, amargados por sueldos bajos o el desempleo, fueron incitados hasta un estado de frenesí, casi locos de ira, se lanzaron a las calles para vengarse del objeto de su furia ciega. A medida que avanzaba aquella manada de bestias humanas, se les unían los millares de ociosos que habían sido atraídos a Efeso por los juegos, de modo que el número aumentaba a cada paso, y pronto toda la ciudad estaba llena de confusión". En masa se precipitaron al teatro, arrebatando a Gayo y a Aristarco, los hermanos que habían viajado con Pablo desde Macedonia. Este Gayo no es mencionado más en el Nuevo Testamento; no es el mismo de Derbe (Hch. 20: 4), ni el de Corinto (Ro. 16: 13; 1 Co. 1: 14), ni tampoco el que recibió una epístola de Juan (3 Juan 1). Aristarco era de Tesalónica (Hch. 20: 4), acompañó a Pablo en Roma (Hch. 27: 2); de su propia voluntad compartió el exilio y cautividad de Pablo (Col. 4: 10); y era colaborador de Pablo (Flm. 24). La turba se lanzó al teatro, y al no encontrar a Pablo, se desquitan con Gayo y Aristarco.

30 **Y queriendo Pablo salir al pueblo** — Pablo no era cobarde; estaba listo a morir por su Señor. Era leal a sus hermanos y quería ayudarlos. Parece que estaba fuera del alcance de la turba cuando arrebataron a Gayo y Aristarco, de modo que estaba ansioso por la seguridad de ellos y celoso por la verdad. Pero los discípulos intervinieron para evitar que arriesgara su vida saliendo a la multitud enardecida. Posiblemente Pablo se hospedaba en casa de Aquila y Priscila, quienes en ésta o en otra ocasión "expusieron su vida [cuello] por él" (Ro.. 16: 4). Los hermanos de Efeso ayudaron a estos dos discípulos fieles a detener a Pablo y evitar que se expusiera al gran peligro.

31 **Algunas autoridades de Asia** — La referencia es a los diez funcionarios u oficiales que cada año eran seleccionados para supervisar los juegos y festivales realizados en honor del emperador y de los dioses. Durante el mes de mayo se efectuaban los juegos en honor a la diosa Diana. Algunos de las autoridades encargadas de supervisar esos juegos eran amigos de Pablo. Es interesante notar que Pablo tenía tantos amigos en cargos de importancia o de la clase social alta. No hay que olvidar que Pablo era una persona culta, de buen roce social, bien parecido, y ahora con las virtudes cristianas, no le fue difícil hacerse de amigos como Sergio Paulo, Galión, Félix, Festo, y el centurión que lo custodió en el viaje a Roma. Es admirable que en Efeso hubiera personas de tanto calibre y preeminencia en esos deportes paganos, que mostraran amistad y cuidado por Pablo en esta situación difícil. La influencia de ellos

también ayudó a persuadir a Pablo para que no fuera al teatro, donde estaba la muchedumbre alborotada y enfurecida.

**32 Unos, pues, gritaban una cosa, y otros otra** — La muchedumbre estaba confusa, pues unos gritaban una cosa y otros otra. Al principio, cuando el grupo era pequeño, Demetrio y los plateros gritaban al unísono "¡Grande es Diana de los efesios!", pero ahora la muchedumbre era tan grande, que muchos ni siquiera sabían por qué estaban allí. El verso 32 es una ampliación del verso 29. La vasta multitud se había reunido con la vaga idea de que algo malo estaba pasando, aunque no sabían qué; de modo que, en esas circunstancias, no sabían qué hacer, pues la confusión seguía incrementándose. Es extraño que Demetrio, el agitador de este alboroto, se haya quedado atrás, o que no haya pedido la palabra para explicar a la turba con qué propósito los habían incomodado.

**33 Y sacaron de entre la multitud a Alejandro** — Algunos creen que este Alejandro era el mismo Alejandro el calderero que causó tantos males a Pablo (2 Ti. 4: 14). "Calderero", cobrero o trabajador en metales. Alejandro podría ser compañero de oficio o negocio de Demetrio, lo cual le daría cierta influencia. Los judíos lo empujaron y pusieron al frente de la multitud, porque querían aclarar que ellos no eran los culpables del problema, pues aunque se oponían a la idolatría, no deseaban que los confundieran con Pablo, Gayo y Aristarco. El propósito de poner a Alejandro al frente era que defendiera a los judíos, y aunque pedía silencio agitando la mano para arriba y para abajo, no lo dejaron.

**34 Pero cuando le conocieron que era judío** — Si antes no le quieren dar la palabra, mucho menos ahora que saben que es judío. Sería por su acento, sus facciones, su manera de vestir, que lo reconocieron como judío. Ahora hay algo en lo que la multitud se pone de acuerdo: no dejar que Alejandro hable. Casi por dos horas toda la gente estuvo gritando "¡Grande es Diana de los efesios!". Otra vez nos recuerdan a los adoradores de Baal, quienes estuvieron clamando casi medio día, "¡Baal, escúchanos!" (1 R. 18: 26).

**35 Entonces el secretario de la ciudad, cuando había apaciguado a la multitud** — Efeso era una ciudad libre que elegía a sus propios funcionarios, y el secretario o encargado del registro público, era el principal magistrado de la ciudad, aunque también allí vivía el procónsul de la provincia de Asia. Las funciones de este oficio corresponden, en ciertos aspectos, a los secretarios municipales de las ciudades modernas; teniendo entre sus principales deberes la tabulación y cuidado de documentos estatales, archivos de la ciudad y el registro civil. Con mucho tacto el secretario logró la atención de la muchedumbre, alabando a la ciudad de Efeso como "guardiana del templo de la gran diosa Diana".

El está apelando a la superstición y orgullo cívico de ellos. En otras palabras les está preguntando: "¿Por qué están arriesgando perder esta honrosa distinción que nos ha concedido el gobierno romano, causando este tumulto innecesario, con una cuestión que nadie puede dudar?" Enfatiza su superstición religiosa, aludiendo al hecho que todos sabían que la imagen había caído del cielo [o venida de Zeus o Júpiter]. Igual que otros ídolos venerados, se suponía que la estatua de Diana había caído del cielo. Los calma apelando a la vanidad de la gente, diciéndoles que todo el mundo sabía de la fama de Efeso por ser la cuna de esa imagen caída del cielo. Júpiter o Zeus era considerado gobernador del cielo o los cielos.

**36 Puesto que esto es indiscutible** — El secretario llamó la atención a algunas cosas que él consideraba indiscutibles. Las leyendas eran aceptadas sin pruebas, por lo que el secretario alude a ellas como si nadie se atrevería a negarlas. Puesto que nadie podía privar a Efeso de su gloria, o quitarle su honor a la estatua, no había necesidad de que se preocuparan; por el contrario, debían estar tranquilos y no hacer nada precipitado. Era inútil excitarse tanto por algo que no podía suceder. Ese fue el primer argumento del secretario.

**37 Porque habéis traído a estos hombres** — El secretario da a entender que la gente había actuado con precipitación al provocar este tumulto. El segundo argumento del secretario es que Pablo y los suyos no son hombres malos, pues no son "sacrílegos [ladrones o asaltantes de templos], ni blasfemos de vuestra diosa". Pablo y sus colaboradores no habían hecho nada para provocar este gran disturbio o causarles tanta indignación. Esta declaración muestra la forma en que Pablo había predicado contra el error: parece que predicó verdades positivas en vez de hacer ataques directos a sus errores. Pablo no había ofendido ningún prejuicio religioso con denuncias ásperas; no había blasfemado los dioses de Grecia o Roma. Lo que había hecho era impartir a la gente un pleno conocimiento de la verdad, presentándola en forma positiva y amable. No es que Pablo no les haya predicado la verdad — la verdad que se oponía a todos los errores que ellos practicaban — lo que pasó es que les había predicado la verdad, en tal forma y actitud, que no podían sentirse insultados. Esto es, si aceptamos las palabras del secretario de la ciudad a primera vista. Pero es posible que el funcionario estuviera exagerando un poco el tacto y diplomacia de Pablo, para apaciguar la ira de la multitud.

**38 Y si Demetrio y los artífices** — El tercer argumento del secretario de la ciudad es señalarles el proceso legal que debían seguir Demetrio y sus compañeros de oficio, si es que tenían algún agravio o queja. Es una apelación a que respetaran las leyes, dejando que las autoridades competentes determinen si hubo delito o no. Este argumento condena a Demetrio y sus artífices por causar el alboroto y tratar de tomar la ley en sus manos. La ley romana había establecido tribunales y todos podían acudir a las audiencias los días establecidos en Efeso. Además, Efeso era una ciudad libre con sus propios tribunales y magistrados locales. Es posible que el tribunal estuviera en sesión al mismo tiempo que se había levantado el tumulto. El secretario ahora hace una apelación definitiva para que la gente proceda legal y ordenadamente, y que renuncie a la violencia de las turbas. Los "procónsules" eran los gobernadores y jueces en estos asuntos. En tiempos de Pablo, Asia era una provincia senatorial, gobernada por un procónsul, aunque aquí se habla de "procónsules" en plural, pero había uno solo que ocupaba el cargo en la provincia senatorial. La palabra se usaba en el sentido general se autoridades competentes, cualesquiera que fueran.

**39 Y si demandáis alguna otra cosa** — El secretario sigue razonando con la gente, diciéndoles que debían someterse a los medios legales establecidos para este tipo de demandas. Esos asuntos se ventilaban en legítimas asambleas, pero esto que ellos habían instigado no era una asamblea legítima, sino un alboroto, una asamblea ilegítima. Las denuncias de conducta ilegal deben ser resueltas en los medios legales establecidos. Si era necesario debatir y aprobar resoluciones, lo podían hacer en una asamblea ordenada, pero no con una turba excitada y enfurecida. El secretario estaba dirigiendo la palabra a una turba, cuyas decisiones no podían tener peso. Dicha reunión solamente podía servir para poner en mal a la ciudad de Efeso a los ojos del gobierno romano. "Asamblea", del griego "ekklesiai", es la misma palabra que se traduce iglesia.

**40 Porque además hay peligro de que seamos acusados** — El secretario concluye con este argumento: la ciudad estaba en peligro de perder el privilegio de ser "ciudad libre". Algunas de esas libertades peligraban debido a la conducta de la turba. Las autoridades municipales tenían la responsabilidad de vigilar para que este tipo de desorden no sucediera. La gente, por su parte, tenía el deber de respetar a su propio gobierno de la ciudad, a los funcionarios que había electo. También debían responder al gobierno romano por reuniones ilícitas como la que habían convocado. Corrían el riesgo de que el gobierno romano los acusara de sedición por el tumulto de ese día; y lo peor del caso, si les pedían razón, no podrían explicar la causa de aquel disturbio. Por culpa de la turba organizada por Demetrio, toda la ciudad estaba arriesgándose a perder las libertades que tanto estimaban los efesios. La ley romana penaba con la muerte el delito de sedición. Esta reunión ilícita no hubiera podido dar una explicación aceptable si hubieran tenido que comparecer ante las autoridades competentes.

**41 Y habiendo dicho esto, despidió la asamblea.** — Es evidente que el secretario de la ciudad tenía bastante autoridad. Primero les habló bien, haciéndoles ver que la ofensa que acababan de cometer con este disturbio no sería ignorada por los procónsules; no habría sido una legítima excusa decir que perdieron el control de la muchedumbre al arrebatar a dos judíos a quienes querían matar. Después de presentar sus argumentos, el secretario los despide. Para evitar un mal informe negativo de aquella reunión, el secretario la despide formalmente como si se hubiera tratado de una asamblea legítima. Al hacerlo así, le dio una semblanza de legitimidad a la turba, y al mismo tiempo los protegía de que después fueran acusados de sedición.

## 5. PABLO VUELVE A VISITAR MACEDONIA
### 20: 1-6

**1 Después que cesó el tumulto** — No hay razón para creer que Pablo se fue de Efeso por causa del tumulto; quizá lo haya hecho adelantar sus planes, pero antes de ese alboroto él se había propuesto ir a Jerusalén (Hch. 19: 21, 22). Lucas el escritor es muy breve aquí, pasando por alto una importante etapa en la vida de Pablo. El vacío lo podemos llenar con referencias esporádicas y esparcidas en los escritos de Pablo, especialmente su Segunda de Corintios. Parece que Pablo viajó por tierra hasta Troas, donde esperó ansiosamente a Tito (2 Co. 2: 13). Este había sido enviado a Corinto en una misión relacionada con la contribución de los hermanos gentiles en pro de los cristianos pobres de Jerusalén. Por alguna razón, Tito se demoró, y Pablo navegó de Troas a Macedonia, donde Tito se reunió con él, dándole noticias de los corintios (2 Co. 7: 6). Algunos creen que Pablo se reunió con Tito en Filipos, desde donde escribió la segunda carta a los corintios.

**2 Y después de recorrer aquellas regiones** — No sabemos por qué Lucas no nos cuenta nada de la estancia de Pablo en Troas (2 Co. 2: 12); de su reunión con Tito en Macedonia (2 Co. 2: 13 al 7: 16); o de la visita de Pablo a Ilírico (Ro. 15: 19), dando tiempo a que produjera frutos la segunda carta que envió a los corintios. Por fin Pablo viene a Grecia o Acaya, específicamente a Corinto, después de varios intentos, demoras, pausas y contratiempos. Pablo siguió su costumbre de visitar a las iglesias que ya estaban establecidas (Hch. 15: 41; 18: 23). Pablo predicó el evangelio en su viaje de ida a Corinto (2 Co. 10: 16); y una vez establecido en Corinto, usó esta ciudad como centro para incursionar las áreas circunvecinas.

**3 Después de haber estado allí tres meses** — El historiador Lucas aquí menciona brevemente la segunda estancia de Pablo en Corinto, aunque algunos piensan que ésta era su tercera visita (2 Co. 13: 1). Probablemente haya hecho un viaje relámpago a Corinto durante su prolongada estancia de tres años en Efeso. De todos modos, Pablo había estado ausente de Corinto por tres años, y durante ese tiempo habían sucedido varios cambios en la iglesia de ese lugar. Entre ellos estaba la controversia por la Cena del Señor, las divisiones en varios grupos, la inmoralidad de algunos de los miembros, y muchos otros males que necesitaban corregirse. Durante sus tres meses en Corinto, Pablo escribió su monumental obra contenida en la Epístola a los Romanos (Ro. 15: 25; 16: 1). Es posible que también la Carta a los Gálatas haya sido escrita este tiempo. Los judíos habían hecho un complot contra Pablo, cuando iba a embarcarse para Siria; pero sabiéndolo Pablo, cambió de planes y viajó por otra ruta, volviendo a través de Macedonia. No sabemos en qué consistía la conjura de los judíos, pero con seguridad no era nada bueno, y fue lo suficientemente seria como para que Pablo cambiara sus planes de viaje, y se viera obligado a dar la vuelta por Macedonia.

**4 Y le acompañaron hasta Asia** — Siete hermanos acompañaron a Pablo en este viaje: Sópater de Berea; Aristarco y Segundo, de Tesalónica; Gayo, de Derbe; Timoteo, Tíquico y Trófimo, de Asia. No sabemos nada de Sópater. Aristarco ha sido mencionado antes (Hch. 19: 29), siendo después compañero de Pablo en su viaje a Roma (Hch. 27: 2); y también se le menciona en Colosenses 4: 10, como un compañero de las prisiones de Pablo. De Segundo no sabemos nada más. Gayo probablemente era amigo de Timoteo, el cual era de Listra, ciudad vecina de Derbe. Tíquico es nombrado cuatro veces en los escritos de Pablo desde Roma (Ef. 6: 21; Col. 4: 7; 2 Ti. 4: 12; Tito 3: 12). Trófimo estuvo con Pablo en Jerusalén (Hch. 21: 29), y es nombrado en 2 Ti. 4: 20. Las precauciones no estaban de más, ya que Pablo llevaba la contribución de las iglesias gentiles para los hermanos pobres de Jerusalén. Estos hermanos eran como guardaespaldas.

**5 Estos, habiéndose adelantado, nos esperaron en Troas.** — Es probable que Trófimo y Tíquico fueron los que se adelantaron y los esperaron en Troas. Aquí de repente la narración cambia de tercera persona, a primera persona de plural, indicándonos que Lucas vuelve a unirse a la compañía de Pablo. Lucas y Pablo estuvieron juntos desde el tiempo de la llegada de Pablo a Troas (Hch. 16: 8); cruzaron juntos hasta

Europa, pero cuando Pablo se fue de Filipos (Hch. 16: 40), Lucas se quedó allí, desde donde se supone que trabajó por varios años. Ahora, después de un lapso de entre cinco y seis años, se vuelven a juntar. El resto del libro de Hechos contiene la narración de un testigo ocular, por lo cual creemos que a partir de este momento y hasta que la custodia de Pablo fue entregada al prefecto militar de Roma, Lucas estuvo con él continuamente. Muchos creen que todos los siete hermanos se adelantaron y esperaron a Pablo y Lucas en Troas.

**6 Navegamos desde Filipos** — Filipos estaba como a 16 o 20 kilómetros del puerto de Neápolis. Llegaron a Filipos por tierra, y allí se quedaron hasta que pasaron los días de "los panes sin levadura", es decir, la pascua. La pascua en sí sólo duraba un día, el catorce del primer mes, pero los siete días siguientes eran conocidos como la Fiesta de Los Panes Sin Levadura. Por esta razón juntaban las dos celebraciones y con un solo nombre se referían a las dos fiestas: La Pascua incluía la fiesta de los panes sin levadura, y vice versa. Pablo era judío, y Lucas un gentil. La pascua debía ser celebrada en Jerusalén; pero es probable que Pablo se haya quedado aquí estos días para aprovechar la oportunidad de predicar a los judíos que se reunieran. La Fiesta de Los Panes Sin Levadura es mencionada como una nota cronológica. Pablo no se quedó en Filipos para observar la pascua, sino para que Lucas tuviera tiempo de hacer todos los arreglos y preparativos para el viaje. Se tardaron cinco días navegando hacia Troas. Seis años antes, Pablo había hecho la travesía en sentido contrario en tan solo dos días (Hch. 16: 11). En esta ocasión es posible que hayan sido demorados por vientos contrarios. En Troas se quedaron siete días.


## 6. PABLO EN TROAS
### 20: 7-12

**7 El primer día de la semana** — Esta es la primera vez que se mencionan los servicios "el primer día de la semana". Antes de esto Pablo había escrito Primera de Corintios, y en esa epístola designó el primer día de la semana para recoger las ofrendas o colectas (1 Co. 16: 2); Pablo también dice que había dado la misma orden a las iglesias de Galacia (1 Co. 16: 1). Esto demuestra que ya era una costumbre bien arraigada entre los cristianos primitivos reunirse el primer día de la semana. En Troas se habían reunido o congregado "para partir el pan", del griego "klasai arton", que es la misma frase usada en Hechos 2: 42, y que se aplica a la Cena del Señor. Esto nos explica el propósito con el cual se congregaban el primer día de la semana. Pablo estaba presente y conversaba con los hermanos, pero tenía planes de marcharse el día siguiente. Sin embargo, su predicación, aunque era un discurso informal, se prolongó hasta la media noche. Pablo enseñaba a los hermanos, contestándoles preguntas y resolviendo dudas que tenían, o dificultades a que se enfrentaran los jóvenes cristianos.

8 **Y había muchas lámparas en el aposento alto** — Los hermanos se habían reunido en un aposento alto, que normalmente se usaba para devocionales, y estaba localizado de tal manera que estuviera libre de interrupciones. Este aposento alto estaba colocado en el tercer piso. Lucas menciona la abundancia de luces para describirnos la escena bien iluminada, de modo que se notaría fácilmente si alguien se ausentaba de la reunión.

9 **Y un joven llamado Eutico** — Probablemente el joven se había sentado en el borde de la ventana, para el lado de la calle; la ventana estaba abierta, y por lo tanto, fue fácil caerse. Este joven (verso 12) se quedó dormido durante el largo discurso de Pablo; y vencido del sueño, se cayó del tercer piso abajo, y fue levantado muerto. Esto fue escrito por el médico Lucas, un testigo ocular que conocía todos los detalles.

10 **Entonces descendió Pablo y se echó sobre él** — Pablo bajó a la calle por la escalera, que usualmente estaba por fuera de la casa. Lo que hizo Pablo es semejante a lo que hicieron Elías (1 R. 17: 21), y Eliseo (2 R. 4: 34). Colocó su cuerpo sobre el de Eutico e hizo oración. Pablo calmó a los hermanos, asegurándoles que el joven estaba vivo. Cristo dijo lo mismo en la casa de Jairo (Lc. 8: 52, 53). Pablo no dice que Eutico no había muerto, sino que después de sus esfuerzos y oración, el joven había vuelto a la vida. Algunos alegan que Eutico no estaba muerto, sino que sólo se desmayó, y que Pablo le dio resucitación artificial. Pero el lenguaje del verso 9 es terminante y claro: sí murió de la caída, pero Pablo lo ha resucitado.

11 **Después de haber subido, y partido el pan y comido** — Los comentaristas están divididos sobre el significado de "partido el pan", si se refiere a la Cena del Señor, o a una comida común. Si se trata de la Cena del Señor, y si contaban el día, de media noche a media noche, entonces ellos participaron de la Cena del Señor a primeras horas del lunes; y en ese caso, no cumplieron con el propósito para el cual se habían reunido. Pero si ellos contaban el día, del atardecer al atardecer, entonces ellos comieron la Cena del Señor el primer día de la semana. Por otra parte, si esto no se refiere a la Cena del Señor, sino a una comida común, quiere decir que los discípulos ya habían celebrado la Cena del Señor más temprano; y ahora que su discurso fue interrumpido por la

caída de Eutico y toda la conmoción subsiguiente, Pablo hace una pausa para alimentarse antes de seguir con la enseñanza. Lo más razonable es pensar que esta era una comida normal que los hermanos ofrecieron a Pablo. Nótese que dice que fue Pablo quien partió el pan y bebió, no toda la concurrencia; por eso creemos que los hermanos habían observado la Cena del Señor en las primeras horas de su reunión, precisamente el primer día de la semana, cumpliendo al pie de la letra su propósito.

12 **Y llevaron al joven vivo** — El joven fue traído a la reunión sano y salvo. "Llevaron" quiere decir que vino por su propio pie, no lo tuvieron que cargar, pues estaba normal, como si nada hubiera pasado. Los discípulos fueron consolados grandemente por la predicación de Pablo y por el milagro que volvió a la vida a uno de sus miembros. Al día siguiente Pablo y los hermanos reanudaron su viaje, conforme a lo planeado, pero dejando a un grupo de cristianos más edificados y con una mayor esperanza como pueblo del Señor.

### 7. PABLO EN MILETO CON LOS ANCIANOS DE LA IGLESIA EN EFESO
### 20: 13-38

13 **Nosotros, adelantándonos a embarcarnos** — Todo el grupo, incluyendo al historiador Lucas, como lo indica él mismo al incluirse en la conjugación de los verbos, navegaron de Troas a Asón. Asón estaba en Misia, en la costa norte del Golfo de Adramitio, a unos 32 kilómetros de Troas por tierra, y como a 48 kilómetros por mar. Pablo había escogido viajar por tierra y dispuso que los hermanos lo buscaran en Asón. Por el tenor de la narración algunos deducen que los hermanos habían fletado un barco y por eso podían hacer escalas en diferentes lugares, según lo necesitara Pablo.

14 **Cuando se reunió con nosotros** — Allí los hermanos hicieron escala y tomaron a bordo a Pablo, para seguir navegando hasta Mitilene, capital de Lesbo, a unos 48 kilómetros de Asón. Mitilene era la cuna de la poetisa Safo, y del poeta Alceo. El viaje tomaba un día.

15 **Navegando de allí** — El viaje de Mitilene a Quío duraba un día. Quío era una isla del Mar Egeo a unos 8 kilómetros de la costa. Al siguiente día cruzaron y llegaron a Samos, que está frente a la costa de Asia Menor donde se unían las antiguas Jonia y Caria. La isla es famosa en la historia griega antigua y en tiempos modernos de Europa. En esa isla hicieron escala en Trogilio. El otro día llegaron a Mileto, puerto que en otros tiempos de la historia griega había sido muy notorio, pero en los

días de Pablo su fama había sido eclipsada por la de Efeso. Parece que llegaron a Mileto el cuarto día después de que salieron de Troas. Mileto estaba cerca de la desembocadura del Meander, a unos 45 kilómetros al sur de Efeso, por tierra; un día de navegación desde Trogilio.

**16 Porque Pablo había decidido pasar de largo por Efeso** — Pablo no quería hacer escala en Efeso, porque si iba a visitar a la congregación de esa ciudad, había la posibilidad de que los muchos hermanos y amigos lo presionaran y rogaran que se quedase, todo lo cual demoraría su viaje. No le quedaba mucho tiempo, pues quería llegar a Jerusalén a tiempo para la Fiesta de Pentecostés. Si lograba llegar a Jerusalén antes de Pentecostés, Pablo podría entregar el donativo de las congregaciones gentiles a los hermanos necesitados de Jerusalén, en presencia de los judíos extranjeros que viajaran a esa ciudad para celebrar Pentecostés. Los judíos se darían cuenta que los discípulos de Cristo, fueran gentiles o judíos, formaban un solo cuerpo y las noticias de esa solidaridad serían conocidas en todas partes por donde regresaran aquellos viajeros.

**17 Enviando, pues, desde Mileto a Efeso** — Algunos comentaristas creen que si el barco hubiera estado a la disposición de los hermanos, Pablo habría citado para Trogilio a los ancianos de Efeso, porque está más cerca de Efeso. Si hubiera ido a Efeso, se habría visto obligado a quedarse más tiempo de lo previsto, debido a los muchos compromisos. Se tomó más de un día enviar al mensajero a traer a los hermanos a quienes le era necesario ver. Si los hermanos venían a él al día siguiente, todo ese día lo ocuparían en conferencias, y el viaje podría reanudarse al tercer día. "Ancianos", del griego "presbúterous", de donde se deriva la palabra "presbítero". La primera vez que se usa la palabra para designar a un discípulo de Cristo se encuentra en Hechos 11: 30, y después en Hechos 15: 4, 6, 22. Los ancianos no son lo mismo que los apóstoles, pero sí ocupan el mismo lugar que los "obispos" (Fil. 1: 1). Los ancianos de este versículo son llamados obispos en el verso 28. Los deberes de los ancianos son administrar los asuntos de la iglesia, conducir y supervisar la adoración pública, promover la predicación del evangelio a los pecadores, y edificar a sus miembros.

**18 Cuando se presentaron a él** — Es difícil analizar el discurso de Pablo a los ancianos de la iglesia en Efeso, porque está lleno de personalidad, instrucción y persuasión. Primero les recuerda el conocimiento que tenían de su comportamiento entre ellos. Para ahora habían transcurrido unos cuatro años desde que Pablo inició su obra en esa ciudad. Efectivamente, la mayor parte de la obra de Pablo en Asia, la hizo usando a Efeso como base o centro de operaciones. Estos ancianos conocían personalmente la obra de Pablo en Efeso y habían oído de su trabajo en otras partes de la provincia. Conocían muy bien su manera de vivir, de modo que podían vindicarlo y desmentir cualquiera falsedad que se hiciera circular para desprestigiar a Pablo.

**19 Sirviendo al Señor con toda humildad** — Pablo no era vanidoso, no se jactaba de lo que había hecho o de lo que esperaba hacer; sino que su servicio al Señor era con toda humildad y sencillez. Esa era la actitud de Pablo al enseñar y predicar el evangelio de un Cristo crucificado. Su labor incluyó "muchas lágrimas", como cuando escribió a la iglesia en Corinto (2 Co. 2: 4). Al escribir a la iglesia de Filipos, les contó algunas de las dificultades, pero al referirse a los enemigos de la cruz de Cristo, lo hizo "llorando" (Fil. 3: 18). Esto demuestra la sinceridad, dedicación y entrega de Pablo a la obra del Señor. Los ancianos de Efeso conocían los sufrimientos, tribulaciones y complots que habían puesto en peligro la vida de Pablo. Aunque al principio los judíos mostraron interés en que regresara a enseñarles, pronto se tornaron hostiles como los demás. Los judíos que rechazaban el evangelio de Cristo se convertían en los peores enemigos de Pablo.

**20 Cómo no me retraje de anunciaros nada** — En medio de todas las pruebas, complots y hostilidades, Pablo no se negó a compartir con los hermanos todo lo que fuera provechoso. El predicaba el evangelio públicamente en la sinagoga de los judíos, y en las reuniones públicas de los gentiles; predicaba en privado, de casa en casa. Pablo predicaba a Cristo en público y en privado, en el lugar de adoración, en las casas, las calles y dondequiera. Pablo, el gran apóstol de los gentiles, nos puso el mejor ejemplo de cómo enseñar la palabra de Dios en público y en privado.

**21 Testificando solemnemente a judíos y a gentiles** — Pablo testificó de todas las cosas necesarias para su salvación. "Testificando", del griego "diamarturomenos", y la palabra fue usada por Lucas al describir la predicación de Pedro en Hechos 2: 40. "A judíos y a gentiles" incluye a todos (Ro. 1: 16). Pablo les enseñaba del "arrepentimiento para con Dios, y de la fe en nuestro Señor Jesucristo". El arrepentimiento se requiere de judíos y gentiles, lo mismo que la fe. La fe y el arrepentimiento van juntos; no pueden separarse. Juan Bautista preparó el camino del Señor, predicando arrepentimiento para con Dios; Cristo predicó el arrepentimiento hacia Dios; y Pablo, cuando predicó a los atenienses, primero los enfrentó al Dios verdadero, luego los exhortó a que se arrepintieran de sus idolatrías con las que habían deshonrado al Creador; y después les presentó a Cristo como el Señor crucificado y resucitado (Hch. 17: 29-21). Todo pecado es contrario a Dios, y por lo tanto, el arrepentimiento debe ser hacia, o para con Dios. Lucas no da a entender que en el pagano el arrepentimiento viene antes que la fe, porque eso equivaldría a enseñar que el hombre se arrepiente para con Dios, antes de creer en él, o que se arrepiente para con Cristo, antes de creer en él.

**22, 23 Y ahora, he aquí que yo, encadenado en el espíritu** — Aquí Pablo menciona su viaje a Jerusalén, razón por la que no podía ir a Efeso y quedarse allí, pues tenía prisa por llegar a Jerusalén. "Encadenado en espíritu", significa que estaba encadenado o atado en su propio espíritu; es lo mismo que en Hechos 19: 21, cuando se "propuso en el espíritu". No obstante, algunos han interpretado estas palabras de Pablo en el sentido de que era obligado por el Espíritu Santo a efectuar el viaje a Jerusalén. Pero el contexto favorece la primera explicación. El no sabía lo que podía acontecerle, pero no le temía a la persecución, pues estaba dispuesto a morir por Cristo. Lo que sí sabía era que el Espíritu Santo por todas las ciudades le daba testimonio de que le esperaban cadenas y tribulaciones. El Espíritu Santo había llamado a Pablo para la obra (Hch. 13: 2); había dirigido a los discípulos (Hch. 21: 4) y a Agabo para que avisaran a Pablo de los sufrimientos que le esperaban. Quizá hubo muchas otras advertencias a Pablo, que no fueron escritas por Lucas.

**24 Ni estimo preciosa mi vida para mí** — Pablo había dado su vida para Cristo, de modo que ya no vivía él, sino Cristo en él; su vida no era preciosa para sí mismo. El estaba dispuesto a dar hasta su último suspiro en pro del progreso de la causa de Cristo. Pablo se gloriaba en las tribulaciones (2 Co. 12: 10), y para él la vida "no valía nada", en comparación con la felicidad de terminar la carrera y obtener el premio del supremo llamamiento de Dios en Cristo Jesús. Pablo está dispuesto a correr la carrera hasta el final y a predicar el evangelio de la gracia de Dios a todos los que tuvieran la buena voluntad de escucharlo. La carrera de Pablo durará hasta el último suspiro de su vida; no desmayará en medio de los sufrimientos que le esperan. Después Pablo escribió: "He peleado la buena batalla, he acabado la carrera, he guardado la fe" (2 Ti. 4: 7). "El evangelio de la gracia de Dios", porque fue dado precisamente por la gracia de Dios. Gracia es el favor gratuito e inmerecido de Dios.

**25 Y ahora, he aquí que yo sé que ninguno** — Hasta donde sabemos, Pablo no volvió a Efeso y es claro que el apóstol tenía seguridad de que no iba a volver a ver a estos ancianos. En Efeso Pablo había predicado "el reino de Dios". Daniel había profetizado que Dios establecería su reino (Dn. 2: 44); Juan Bautista, Cristo y sus apóstoles antes de Pentecostés, todos predicaron que el reino de los cielos se había "acercado"; pero después de Pentecostés, los apóstoles predicaban que el reino ya existía, y que los cristianos eran ciudadanos de dicho reino.

26 **Por tanto, yo os pongo por testigos en el día de hoy** — Pablo habla directo, está cara a cara con los ancianos de la iglesia en Efeso. Les desafía a corroborar que él estaba diciendo la verdad. El les había predicado todo lo que pertenecía a la redención de sus almas, habiéndoles enseñado desde los rudimentos para ser cristianos, hasta los lineamientos de la vida cristiana; por eso ahora les podía decir que era limpio "de la sangre de todos". Pablo les había enseñado la voluntad de Dios y les había advertido de la maldición a los que desobedecen el evangelio. Como un atalaya, había advertido a todos y nadie podía culparle por la destrucción de ellos; era libre de la sangre de ellos, pues les había advertido de sus deberes y de la ira venidera (Ez. 3: 18-21). Pablo les había declarado todo el consejo de Dios en Efeso y en Corinto (Hch. 18: 6).

27 **Porque no he rehuido anunciaros todo el consejo de Dios** — Pablo no había callado nada que fuera útil o necesario para la salvación de ellos. "Todo el consejo de Dios" significa todo lo que Dios había encomendado que Pablo enseñara como predicador del evangelio y apóstol de Cristo. Pablo no había suprimido nada que tuviera que ver con la salvación de las almas, porque el que rehúsa comunicar todo el mensaje, se hace culpable de la sangre de los perdidos. Pablo había encontrado gran consuelo en la iglesia de Efeso, y más poder para declarar el "misterio" del evangelio (Ef. 3: 4). Dios le había revelado a Pablo todo lo relacionado concerniente a Cristo, la salvación, el reino de Dios, y su relación a los hombres; y Pablo les había declarado todo lo que Dios le había revelado.

28 **Mirad por vosotros, y por todo el rebaño** — La primera responsabilidad de los ancianos es cuidarse ellos mismos, siendo buenos ejemplos de la grey (1 P. 5: 3). Tienen el deber de poner un buen ejemplo a los demás; es decir, deben tener sumo cuidado de cuidar su conducta, de modo que su comportamiento sea digno de imitarse. Otra fase de su trabajo es "cuidar el rebaño", que es la iglesia; y deben velar por "todo" el rebaño, no sólo unos pocos miembros. "Rebaño", del griego "poimnioi", que es una contracción de "poimenion" (Jn. 10: 16). El Espíritu Santo los había hecho obispos mediante la descripción de sus cualidades y por haberlos llamado por medio de la iglesia a ocupar ese cargo. "Obispos", del griego "episkopous", y es el mismo oficio que el de los "ancianos" del verso 17. Ancianos y obispos son dos de las palabras que se usan como sinónimos del mismo cargo. En la actualidad, todos los que son ancianos u obispos, reuniendo todas las cualidades bíblicas, en el sentido bíblico, han sido puestos como ancianos por el Espíritu Santo. El trabajo de "apacentar la iglesia del Señor" es otro deber de los ancianos,

pues como pastores deben vigilar que el rebaño sea alimentado bien. Los "ancianos" debían velar por el rebaño como "obispos", y apacentarlo como "pastores". Aquí la iglesia es llamada "la iglesia del Señor", porque "él la compró por su propia sangre". Cada miembro de la iglesia ha sido comprado con el precio de la sangre de Cristo (1 Co. 6: 20). La iglesia está compuesta de miembros que han sido comprados por la preciosa sangre del Señor.

**29 Porque yo sé que después de mi partida** — Con la ayuda del Espíritu Santo, Pablo sabía lo que iba a suceder. Después de que él se fuera de Efeso, entrarían "lobos rapaces" en medio de ellos, que "no perdonarán al rebaño". Pablo sigue usando la ilustración del rebaño, con pastores y lobos rapaces devorándolos. "Lobos rapaces" quiere decir "salvajes, ásperos, crueles". Ya Jesús había calificado a los falsos maestros de "lobos rapaces" (Mt. 7: 15). Estos falsos maestros destruirían la fe de los miembros, y Pablo advierte sobre los maestros que vendrían enseñando doctrinas peligrosas, ya fueran judaizantes o filósofos paganos como los gnósticos.

**30 Y de vosotros mismos se levantarán hombres** — Pablo advierte más específicamente que algunos de esos falsos maestros surgirán de entre los mismos ancianos, y perturbarán a la iglesia. La iglesia en Efeso, años más tarde, llegó a tener la triste distinción de ser la cuna de una gran herejía gnóstica. El Nuevo Testamento menciona a por lo menos seis de los pioneros de estos falsos maestros, y todos ellos eran de Efeso. Ellos son: Himeneo y Alejandro (1 Ti. 1: 20), Figelo y Hermógenes (2 Ti. 1: 15), y Fileto. En 3 de Juan 9 leemos de Diótrefes, que residía en Efeso. Posteriormente la iglesia en Efeso es reprochada por Juan por haber abandonado su primer amor (Ap. 2: 2).

**31 Por tanto, velad, recordando** — Pablo no sólo advirtió a estos ancianos y la iglesia en Efeso, sino que los pone en sobre aviso y les pide que se cuiden mucho. Esta era una fase de los deberes de los ancianos. Les llama la atención que "por espacio de tres años, de noche y de día, no he cesado de amonestar con lágrimas a cada uno". Pablo nunca cesó de amonestar a los ancianos, con toda solicitud, y aún hasta llorando, que velaran por ellos mismos y por el rebaño sobre el que presidían. Pablo no habla de un tiempo exacto. Estuvo allí unos tres años, dos de los cuales enseñó públicamente en la escuela de Tirano (Hch. 19: 10); tres meses antes de eso había estado enseñando en la sinagoga de los judíos (Hch. 19: 8); y aún antes de eso había estado en Efeso con Aquila y Priscila (Hch. 18: 19). Era normal entre los judíos contar la parte por el todo; así, una porción del día era contado como todo el día; de igual manera, una parte del año, en números redondo podía ser considerado como un año entero. El tiempo específico realmente no es importante. "Con lágrimas" muestra cuán tierno y solícito era Pablo respecto al bienestar de la iglesia.

**32 Y ahora, hermanos, os encomiendo a Dios** — Ya que se va de ellos, lo mejor que puede hacer es encomendarlos al cuidado de Dios. El apóstol que les había predicado el evangelio, y que les había enseñado todo lo relacionado con la vida cristiana, ahora los encarga a Dios, y a la palabra de su gracia, "la cual tiene poder para sobreedificaros y daros herencia con todos los santificados". Las preciosas verdades de Dios son descritas por Pablo como "la palabra de su gracia", pues la gracia y la verdad vinieron por medio de Jesucristo (Jn. 1: 17); de modo que las palabras que vinieron por medio de Jesús, pueden ser llamadas "palabras de gracia". El pueblo de Dios en la actualidad tiene la palabra de gracia como su guía infalible. Los que están en Cristo han sido santificados por la verdad (Jn. 17: 17). Solamente Dios puede dar herencia en el cielo, y por eso ha prometido la corona de la vida a todos los que son fieles (Ap. 2: 10).

**33 Ni plata ni oro ni vestido de nadie he codiciado.** — Pablo no predicaba por dinero, a conciencia sabía que no actuaba por consideraciones personales o mundanas. El no predicaba por amor al dinero, ni para demostrar sus talentos, o satisfacer sus ambiciones egoístas. Tenía un deseo sencillo y sincero de servir al Señor y su iglesia. Aquí les declara sus motivos solemnes para predicar el evangelio. Una de las calumnias contra Pablo era que la ofrenda que andaba recaudando no era para los hermanos pobres, sino para él mismo. Menciona los "vestidos" porque en esa parte del mundo entonces conocido, gran parte de las riquezas consistía de ropa elegante y tejidos finos.

**34 Estas manos me han servido** — Pablo no tenía que darles más pruebas; bastaba con apelar al conocimiento que estos hermanos tenían de cómo él había trabajado con sus propias manos para ganarse el sostén diario. No sólo se sostenía a sí mismo, sino también a los que estaban con él (1 Co. 9: 12, 15). Pablo podía mostrarles las manos como testimonio de que había trabajado honesta y arduamente para no ser carga a nadie. Hemos aprendido que Pablo hacía tiendas y que frecuentemente ministraba a los demás. A la iglesia en Corinto, Pablo le escribe que, durante su estancia en Efeso, se había fatigado "trabajando con nuestras propias manos" (1 Co. 4: 12).

**35 En todo os he mostrado** — No sólo les había dado un ejemplo de cómo vivir, sino de que se debía trabajar con sus propias manos para sostenerse ellos mismos y para apoyar a los que predican el evangelio. El trabajaba no sólo para sus propias necesidades, sino las de los que estaban con él. Aquí cita una de las frases del Señor que no fueron registradas en los evangelios: "Más bienaventurado es dar que recibir". Estas palabras eran bien conocidas por estos hermanos, aunque no se encuentran en ninguno de los cuatro evangelios. Pero refuerzan solemnemente el deber cristiano de ser generosos con los pobres. Las palabras tienen un significado más profundo, porque declaran una verdad eterna de que se obtiene una bendición superior cuando se da, comparado con el acto de recibir. Es posible que toda la plenitud de esta verdad en las palabras del Señor en toda su longitud, su anchura, profundidad y altura, jamás será comprendida enteramente, excepto por los redimidos; y aun entre ellos habrá algunos que no las entenderán bien hasta que entren a la ciudad del Cordero de Dios.

36 **Y dicho esto, se puso de rodillas** — Al concluir su discurso a estos ancianos, Pablo se puso de rodillas y oró con ellos. Los cristianos primitivos acostumbraban arrodillarse para orar en ocasiones ordinarias. De Esteban aprendemos que se arrodilló para orar mientras la turba enfurecida lo apedreaba hasta morir (Hch. 7: 60). Esa postura propicia la actitud correcta para la oración; es la postura que Jesús practicaba (Lc. 22: 41).

37 **Entonces hubo gran llanto de todos** — Pablo amaba mucho a estos hermanos; conocía sus debilidades y sus responsabilidades. El lloró con ellos. Se le echaban al cuello y le besaban. "Besaban", del griego "katefiloun", y significa besar repetidas veces; es decir, que los hermanos no dejaban de besarlo. Algunos creen que los hermanos se turnaban abrazando y besando a Pablo. De todos modos, ellos lo estimaban y amaban mucho, y no vacilan en expresar su profundo sentimiento.

38 **Afligidos en gran manera por la palabra** — El pensamiento que más les entristecía era que probablemente nunca jamás volverían a ver a Pablo en esta tierra. El ya les había predicho que ninguno de ellos "verá más mi rostro" (verso 25), y esta era la causa de su aflicción. Algunos comentaristas dicen que los ancianos y Pablo se equivocaron en esto, y alegan que Pablo volvió a visitar Efeso después de su primer encarcelamiento en Roma. Pero eso no está claro. No existe ninguna declaración de la que podamos deducir que Pablo volvió a visitar Efeso. Las sinceras palabras de Pablo habían impresionado a estos ancianos, quienes estaban ligados al apóstol de los gentiles por un profundo amor.

# 8. PABLO REGRESA A JERUSALEN
## 21: 1-16

1 **Después de separarnos de ellos** — Después de su sermón a los ancianos de la iglesia de Efeso, pronunciado en Mileto, Pablo fue por los hermanos hasta el puerto y allí se despidieron. De Mileto navegaron al sur, con rumbo directo a Cos, que estaba a unos 64 kilómetros. Ya que Pablo parece tener la prerrogativa de seleccionar los puertos para hacer escalas, y quedarse el tiempo que quisieran, probablemente en esta ocasión navegaban en un barco fletado. El viento era favorable y llegaron en un día. Al día siguiente prosiguieron de Cos a Rodas, y de allí a Pátara. Rodas está a 81 kilómetros al sureste de Cos, y Pátara está al oriente de Rodas.

2 **Y hallando un barco que pasaba a Fenicia** — Pablo navegó en el Mediterráneo con rumbo sureste hacia Fenicia, habiendo trasbordado en Pátara. Ya que el viaje de Pátara a Jerusalén era de unos 648 kilómetros, Pablo y sus compañeros de campaña tomaron un barco más grande, que pudiera resistir la navegación en mar abierto. Fenicia está en la costa oriental del Mediterráneo y al noroeste de Palestina.

3 **Al avistar Chipre** — Pablo y sus compañeros, viajando en un barco comercial mayor que el que habían contratado en el tramo anterior, ahora navegan en rumbo directo hacia Fenicia, dejando a Chipre a la mano izquierda. Luego arribaron a Tiro, porque el barco tenía que descargar allí. "Siria" era el nombre dado a toda la costa oriental del Mediterráneo, desde Cilicia hasta Egipto. Pablo ya estaba más cerca de Jerusalén, y de aquí en adelante le sería más fácil encontrar medios de transporte hacia esa ciudad. Tiro es la principal ciudad de Fenicia, como a 567 kilómetros de Pátara, y en condiciones favorables el viaje se podía hacer en cuatro o cinco días. En el mundo antiguo Tiro había sido una de las ciudades más famosas. Hiram, rey de Tiro, colaboró con Salomón para edificar el templo en el año 1000 A. de C. (1 R. 5: 18). Muchas profecías se hicieron sobre Tiro (Is. 23; Ez. 26 al 28; Am. 1: 9, 10). Cristo visitó Tiro y sus cercanías (Mt. 15: 21; Mr. 7: 24).

4 **Y después de hallar a los discípulos** — "Hallar", es prueba de que Pablo y sus compañeros buscaron afanosamente a los discípulos, sin escatimar esfuerzo. "Habiendo hallado", del griego "aneorontes", significa "buscar, localizar, indagar, inquirir". En Tiro había una congregación, pero la ciudad era tan grande, que el número de discípulos podía ser relativamente pequeño. Además, en ese tiempo no tenían una guía telefónica o un directorio de iglesias. En otra ocasión Pablo había pasado por Fenicia en su viaje a Jerusalén (Hch. 15: 3). En Tiro Pablo y

los hermanos se quedaron siete días. Entre los discípulos de Tiro había algunos que advertían a Pablo sobre los peligros que le esperaban en Jerusalén; esto confirmaba lo que el Espíritu Santo le había venido diciendo a Pablo, que le esperaban cadenas y aflicciones en Jerusalén (Hch. 20: 23). Por ahora los hermanos no querían que Pablo sufriera la persecución que le esperaba, por lo cual le advierten y piden que no vaya a Jerusalén.

**5, 6 Cumplidos aquellos días** — Pasada una semana en Tiro, Pablo y sus compañeros reanudaron el viaje a Jerusalén. Todos los discípulos de Tiro, incluso sus esposas e hijos — es decir, las familias enteras — encaminaron a los hermanos hasta los límites de la ciudad, acompañándolos todo el tiempo que pudieron. Estaban tan interesados en el bienestar y dispuestos a ayudarlo en lo que fuera posible. Estos hermanos lo despidieron como los discípulos en Mileto (Hch. 20: 37, 38). Esta es la primera vez que se mencionan niños en la iglesia primitiva. Antes de seguir la navegación, los hermanos se pusieron de rodillas y oraron en la playa; no había manera mejor de despedir a estos hermanos a quienes tanto amaban. Después de esta emotiva despedida, los discípulos regresaron a sus casas y Pablo y sus acompañantes abordaron la nave que los llevaría a Tolemaida. Algunos piensan que se trataba del mismo barco en el que habían viajado desde Pátara, pero no  hay razón para llegar a esa conclusión.

**7 Arribando a Tolemaida** — La distancia entre Tiro y Tolemaida, al sur, era de unos 48 kilómetros. Allí Pablo y los hermanos saludaron a los discípulos y se quedaron con ellos un día. Algunos creen que la iglesia de este lugar fue establecida por Felipe el evangelista, o por alguno de los discípulos que fueron expulsados de Jerusalén por la persecución ocurrida veinte años antes (Hch. 11: 19).

**8 Al otro día . . . fuimos a Cesarea** — El grupo partió de Tolemaida y siguió su viaje al sur hasta Cesarea, pero no sabemos si esta porción del viaje la hicieron por tierra o por mar. Algunos creen que la forma en que se usan los verbos nos da a entender que más bien fue un viaje por tierra, pues había un buen camino entre las dos ciudades. Al llegar a Cesarea, entraron a casa de Felipe el evangelista; título con el que se le distinguía del otro Felipe, el que era uno de los doce apóstoles. Felipe desarrolló su obra evangelizadora después de la muerte de Esteban. "Evangelista", del griego "eueggelizeto", también se usa con referencia a Felipe en Hechos 8: 40. Esta es la primera de las tres veces que se usa la palabra evangelista en el Nuevo Testamento (Hch. 21: 8; Ef. 4: 11; 2 Ti. 4: 5). Felipe era uno de los siete (Hch. 6: 5) que fueron seleccionados para ministrar a las viudas en la iglesia de Jerusalén. Pero al salir de Jerusalén lo encontramos ocupado en la obra del Señor, ganando almas (Hch. 8: 5-13, 26-40).

**9 Este tenía cuatro hijas doncellas que profetizaban.** — Las hijas de Felipe eran cristianas, y siguiendo fielmente el ejemplo de su padre, "profetizaban", que significaba más que predecir sucesos futuros. En la iglesia primitiva había una fase especial del trabajo que era desempeñado por las mujeres, y Felipe era afortunado de contar con cuatro hijas doncellas que profetizaban. Febe era diaconisa [sierva] de la iglesia en Cencrea (Ro. 16: 1). Las hijas de Felipe tenían el don de profecía, es decir, el poder de interpretar un mensaje divino. Dios inspiraba a hombres y mujeres que podían ser útiles en su servicio. Su misión era proclamar el evangelio en su manera propia de la mujer (Hch. 2: 17; 18: 26; Joel 2: 28, 29; 1 Co. 11: 5; 14: 24). Estas cuatro hijas doncellas, al no tener compromisos conyugales, podían dedicar todo su tiempo al servicio de al iglesia.

**10 Y permaneciendo nosotros allí bastantes días** — No sabemos cuánto  tiempo permanecieron en Cesarea, o en la casa de Felipe. Pero estando allí, descendió de Judea un discípulo llamado Agabo, que tenía el don de profecía. Es muy probable que este sea el mismo profeta Agabo de Hechos 11: 28, que predijo la escasez, y que había venido de Jerusalén a Antioquía. Ya que el nombre no era muy común, es muy posible que se tratara de la misma persona. No era tan prominente como Bernabé. Con la prisa que tenía, Pablo parece que llegó a Cesarea con más anticipación de la prevista, de modo que pudieron quedarse "bastantes días". Esta es la tercera vez que Pablo visita Cesarea; la primera fue una escala en su viaje de Jerusalén a Tarso (Hch. 9: 30); su segunda visita ocurrió el su regreso de su segundo viaje misionero (Hch. 18: 22).

**11 Tomó el cinto de Pablo** — Agabo comunicaba sus profecías o predicciones con ilustraciones muy claras, atándose los pies y las manos con el cinto de Pablo. El profeta decía: "Esto dice el Espíritu Santo: Así atarán los judíos en Jerusalén al varón de quien es este cinto, y le entregarán en manos de los gentiles". El mensaje de Agabo era inspirado, comunicado y autorizado por el Espíritu Santo. Los profetas del Antiguo Testamento acostumbraban anunciar sus predicciones con actos simbólicos (1 R. 22: 11; Jer. 13: 1-7; Ez. 4: 1-6). Jesús mismo usa la ilustración del cinto y de la vejez para enseñar una lección (Jn. 21: 18). Agabo recién había llegado de Jerusalén, y por medio de él, el Espíritu Santo reveló las cosas que acontecerían a Pablo cuando llegara a esa ciudad.

**12 Al oír esto, le rogamos** — Lucas y los otros compañeros de viaje se unieron  a los hermanos de Cesarea en su intento por persuadir a Pablo para que no fuera a Jerusalén. Esta advertencia fue además de la que Pablo recibió en Tiro (Hch. 21: 4), y coincidía con lo que Pablo mismo había confesado en Mileto (Hch. 20: 23). Parece raro que todos los hermanos, Lucas, los otros mensajeros, Felipe y sus hijas, así como los demás discípulos de Cesarea, se unieran en su afán de hacer que Pablo desistiera de sus planes. Pero no hay dudas de que Pablo estaba decidido a ir a Jerusalén, y nada ni nadie lo haría cambiar de parecer. Esto nos recuerda lo que dijo Martín Lutero, cuando se prepara para presentarse a la "Dieta de Worms"; Spalatin trató de convencerlo que no lo hiciera. Lutero contestó: "Aunque en Worms haya tantos demonios como tejas en los techos; de todos modos, allá iré". Nadie pudo evitar que Pablo fuera a Jerusalén en este tiempo.

13 **Entonces Pablo respondió: ¿Qué hacéis llorando y quebrantándome el corazón?** — Aunque Pablo sabía lo que quería hacer, le era difícil resistir los ruegos ardientes, tiernos, apasionados y fuertes de sus hermanos y hermanas; respetaba el criterio de ellos y les agradecía el interés que tenían en su bienestar; y al igual que ellos, sabía que le esperaban riesgos y persecución en Jerusalén. Sin embargo, Pablo no era una persona cuyo ánimo apocaba en vista de algún peligro, no retrocedía ante el deber; ni cambiaba de rumbo para evitar la persecución. Los ruegos y súplicas de los hermanos, aunque le quebrantaban el corazón, no lo harían desistir. Pablo tenía una guía superior a la de los hermanos--aunque bien intencionados--y estaba dispuesto aun a morir en Jerusalén, si esa era la voluntad de Dios. Las lágrimas de los hermanos sólo agregaban a su tristeza. Pablo había recibido muchas advertencias de los peligros a que tendría que enfrentarse como cristiano y como apóstol; siempre los había esperado y estaba decidido a enfrentarlos sin vacilar (Hch. 9: 16, 20: 22, 23). Pablo no se iba a desviar de la senda del deber, aunque el camino estuviera lleno de peligros. Con el mayor placer Pablo está dispuesto a gastar de lo suyo, y aun a desgastarse a sí mismo por la causa de Cristo (2 Co. 12: 15).

14 **Y como no se dejaba persuadir** — Cuando todos los hermanos se convencieron que no iban a poder persuadir a Pablo, desistieron de sus intenciones, diciendo "hágase la voluntad del Señor". Ya que ellos no pudieron persuadir a Pablo, aceptaron que se hicieran las cosas conforme a lo dispuesto por Dios. En ocasiones nos resignamos a la voluntad de Dios, porque no podemos hacer lo que nosotros queremos. Por fin parece que los hermanos reconocieron que Pablo tenía una dirección superior a la de ellos. Los hermanos y amigos de Pablo anticipaban los sucesos dolorosos que esperaban al apóstol de los gentiles, pero para Pablo esos

sufrimientos eran tan evidentes como obstáculos de su camino, que le sería incorrecto evadirlos, apartarse de ese camino, o detenerse.

15 **Después de esos días, hechos ya los preparativos** — Cesarea está a unos 103 kilómetros al norte de Jerusalén. Algunos creen que Pablo y sus compañeros enviaron su equipaje a Jerusalén por caballo. Pero no sabemos con certeza. "Preparativos", del griego "episkeuasamenoi", originalmente se refería a las cosas necesarias para empacar o para la silla de montar o albarda. Puesto que Jerusalén estaba a una elevación mayor que Cesarea, dice que "subieron" a esa ciudad.

16 **Vinieron también con nosotros** — Después que los hermanos reconocieron que no harían que Pablo desistiera de su viaje a Jerusalén, algunos de ellos decidieron acompañarlo en el viaje. Naturalmente que también iban por la fiesta de Pentecostés, así como multitudes de judíos que llegaban a Jerusalén la víspera del comienzo de la celebración. Los hermanos también querían ser testigos de la recepción que la iglesia de Jerusalén daría a Pablo. Con ellos llevaron a uno de los primeros discípulos, llamado Mnasón de Chipre, con quien se hospedarían. Hay cierta dificultad para traducir este versículo, pues algunos lo entienden en el sentido de que Pablo y los hermanos que lo acompañaban fueron llevados a casa de Mnasón. Lo más probable es que Mnasón se haya convertido el día de Pentecostés y que se haya quedado bastante tiempo con los discípulos antes de regresar a su tierra natal de Chipre. Pablo y los hermanos llegan a Jerusalén durante los días de fiesta, de modo que será difícil encontrar alojamiento, pero no será tan dificultoso si llevan con ellos al hermano Mnasón, que conoce a muchos hermanos en Jerusalén con quienes pueden conseguir hospedaje.

Aquí termina el tercer viaje misionero de Pablo. Partió de Filipos y pasó por Mileto, Cos, Roda, Pátara y Tiro. Después de estar una semana allí, llegaron a Tolemaida, luego pasaron por Cesarea y finalmente arribaron a Jerusalén. En este viaje el narrador Lucas escribe en primera persona, siendo testigo ocular. Parece que el barco zarpó de Troas el primer día de la semana, tardándose cuatro días para llegar a Mileto, donde probablemente pasaron tres días. De allí se tardaron tres días navegando a Pátara, otros cuatro días hasta Tiro, donde permanecieron una semana. Tres días más de viaje, y llegan a Cesarea; se cree que fue unos diez días antes de Pentecostés. El viaje se hizo rápido de Troas a Pátara, pues tuvieron viento a favor; y contando con luna llena, el viaje de Pátara a Tiro se hizo cruzando por mar abierto en vez de bordear la costa.

**SECCION CINCO**
**PABLO EN JERUSALEN**
**21: 17 al 23: 35**

## 1. PABLO ES ARRESTADO EN EL TEMPLO
### 21: 17-26

**17 Cuando llegamos a Jerusalén** — En unos dos días Pablo y los hermanos que lo acompañaban realizaron el viaje de Cesarea a Jerusalén, una distancia de 103 kilómetros. Cuando llegaron a Jerusalén, los hermanos los recibieron con mucha alegría, especialmente los parientes de Mnasón. Se menciona a los cristianos clasificados en tres grupos: (1) "Los hermanos", a quienes Pablo saludó en casa de Mnasón, verso 17; (2) "los ancianos" de la congregación de Jerusalén que estuvieron presentes en esta recepción, verso 18; (3) "la multitud", que incluye a todos los discípulos judíos, tanto los que habitaban en Jerusalén, como los que habían venido con motivo de la fiesta de Pentecostés, verso 22.

**18 Y al día siguiente Pablo entró con nosotros a ver a Jacobo** — Ni el cansancio del largo viaje hizo mermar las actividades de Pablo, pues al día siguiente después de su llegada a Jerusalén, el apóstol de los gentiles y sus compañeros se proponen ir a ver a Jacobo. El otro Jacobo, hijo de Zebedeo, había sido muerto por orden de Herodes (Hch. 12: 2). El discípulo que aquí se menciona con el nombre de Jacobo es el mismo que es reconocido como dirigente de la iglesia de Jerusalén (Hch. 12: 17; 15: 13); y bien podría ser Jacobo el Menor (Mt. 27: 56; Mr. 15: 40). El Nuevo Testamento menciona a cinco Jacobos: Jacobo, hijo de Zebedeo, hermano de Juan; Jacobo, hijo de Alfeo, uno de los doce apóstoles; Jacobo el Menor; Jacobo el hermano del Señor (Mt. 13: 55; Mr. 6: 3); y Jacobo hermano de Judas (Lc. 6: 16). En esta reunión estaban presentes "todos los ancianos". Esta fue una reunión especial entre Jacobo, los ancianos de la iglesia de Jerusalén y Pablo. Era importante tener un informe de primera mano, ya que circulaban falsos rumores que desacreditaban la excelente obra misionera que Pablo había andado realizando.

**19 Después de haberles saludado** — Se había decidido que en esta recepción oficial estuvieran presentes todos los ancianos para que escucharan un informe detallado de la obra de Pablo. El apóstol les cuenta minuciosamente todo lo relacionado con su trabajo entre los gentiles, y cómo muchos de ellos habían dejado los ídolos y ahora servían a Dios fielmente. Seguramente presentó a Trófimo, uno de los encargados de entregar las generosas ofrendas de los hermanos gentiles para socorrer a los santos necesitados de Jerusalén y Judea. Esta era una prueba fehaciente de que los hermanos habían entendido bien la enseñanza apostólica de ser caritativos con los necesitados. Pese a cualquier temor que hubiera existido por los rumores falsos, Pablo fue recibido con los brazos abiertos por la iglesia de Jerusalén.

20 **Cuando ellos lo oyeron, glorificaban a Dios** — Los cristianos judíos se regocijaron por el hecho de que los gentiles hubieran sido aceptados por el Señor y recibieron muy agradecidos la ofrenda que les enviaron por manos de Pablo. No obstante, sugieren que se actúe con cautela para evitar problemas con los "miles y miles" de cristianos judíos. Esto demuestra que en este tiempo había muchos cristianos de la raza judía en Jerusalén y áreas circunvecinas de Judea. El griego "posai muriades" originalmente significaba diez mil (Hch. 19: 19), pero después vino a aplicarse a "millares", y se usa proverbialmente para expresar un gran número (Lc. 12: 1; Hch. 21: 20; Jud. 14; Ap. 5: 11; 9: 16). Resulta un poco sorprendente que todavía hubiera tantos cristianos en Jerusalén, después que la persecución esparciera a los primeros discípulos (Hch. 8: 1-5). Es probable que el número mencionado en este versículo de "miles y miles" incluya a los cristianos de los pueblos de Palestina cercanos de Jerusalén, así como a los discípulos de otros países que habían venido a la Fiesta de Pentecostés. Todos ellos eran "celosos por la ley". Celosos, del griego "zelotai", y significa "quemarse de celos, hervir". Existía un partido extremista conocido como los "zelotes". Uno de los discípulos pertenecía a ese partido, y era Simón el Zelote (Hch. 1: 13). Jacobo y los ancianos de Jerusalén tratan de armonizar el trabajo de Pablo entre los conversos gentiles y la reacción de esta gran multitud de cristianos judíos que eran "muy celosos por la ley".

21 **pero se les ha informado en cuanto a ti** — Los ancianos de la iglesia en Jerusalén habían recibido el informe de que Pablo enseñaba a todos los judíos que habitaban entre los gentiles a "apostatar de Moisés, diciéndoles que no circunciden a sus hijos, ni observen sus costumbres". Los maestros judaizantes habían causado problemas a Pedro (Hch. 11: 2) y a Pablo (Hch. 15: 1, 5). Esta acusación contra Pablo era falsa, pues él jamás había enseñado a los judíos que vivían entre los gentiles que no circuncidaran a sus hijos, o que no observaran la ley ceremonial del Antiguo Testamento. Era una acusación maliciosa, una verdad a medias; porque Pablo había predicado a Cristo, lo que era algo más que sólo pedirle a los judíos que descendieran al nivel de los gentiles. Pablo jamás había enseñado a los judíos que al convertirse a Cristo dejaran de

circuncidar a sus hijos; ya que él mismo había hecho que circuncidaran a Timoteo (Hch. 16: 3). Pablo, como un verdadero seguidor de Cristo, había enseñado que la circuncisión, el sello del Antiguo Pacto, había sido invalidada por Jesucristo (Ro. 4: 11); ya no tenía validez ni vigencia en la relación entre el hombre y Dios (1 Co. 7: 19; Gál. 5: 6; 6: 15; Ef. 2: 11-14). Estos maestros judaizantes reconocían que estas enseñanzas darían como resultado que se ignoraran las costumbres judaicas como ritos religiosos. "Observen las costumbres" era lo mismo que observar la ley ceremonial. También a Esteban lo habían acusado de tratar de cambiar "las costumbres que nos legó Moisés" (Hch. 6: 14). Lo único cierto de la acusación contra Pablo es que el rito mosaico no era necesario para la salvación del alma.

22 **¿Qué hacer, pues?** — Esta pregunta sencillamente quiere decir: "Pablo, ¿qué debemos hacer?" Jacobo y los ancianos de la iglesia en Jerusalén no creen los rumores que se han divulgado contra Pablo; pero muchos de los hermanos judíos sí los creen. Los discípulos judíos se iban a dar cuenta de que Pablo había venido a Jerusalén, ya que no se estaba haciendo ningún esfuerzo para ocultar su visita; lo único que quieren es enfrentar la situación con todo el tacto posible. Sabían que muchos de los cristianos judíos estaban ansiosos de ver a Pablo y escuchar los informes que diera. Por medio de esta pregunta Jacobo y los ancianos están pidiendo la colaboración de Pablo para satisfacer a los cristianos judíos.

23 **Haz, pues, esto que te decimos:** — Parece que Pablo no iba a tener tiempo ni la oportunidad para reunirse con todos los cristianos judíos y explicarles personalmente la situación, y por eso los hermanos le aconsejan que haga algo que sería observado y oído por toda la comunidad, y que al mismo tiempo probaría a todos, que Pablo respetaba la ley de Moisés. Pablo sabía que la ley se había cumplido en Cristo, pero la respetaba por lo que había hecho para los judíos y porque Dios la había dado. Después de deliberar un poco, los ancianos formular un plan que pondría las cosas en claro. Le informan que "tenemos cuatro hombres que tienen obligación de cumplir un voto", y le proponen que aproveche el caso de ellos para desmentir las falsas acusaciones que contra él circulaban. Tal parece que se trataba de un voto temporal de nazareato (Nm. 6: 13-15). Al salir de Cencrea, Pablo o Aquila también había hecho el mismo voto (Hch. 18: 18).

24 **Tómalos contigo, purifícate con ellos** — Jacobo y los ancianos sugieren que Pablo tome a los cuatro varones que debían cumplir sus votos de nazareno, que evidentemente eran cristianos, y pague los gastos por él y por los demás, para que cumplan así con el compromiso. Esto se iba a hacer para que los cristianos judíos vieran que Pablo le guardaba el

debido respeto a la ley. Jacobo y los ancianos esperaban que de esta manera se disiparan los prejuicios que algunos tenían hacia Pablo. Por lo general, muchos comentaristas tienen problemas para armonizar la conducta de Pablo en esta ocasión, con las enseñanzas del apóstol con respecto a la ley. Confesamos que no es tarea fácil. A continuación algunos de los comentarios que se ofrecen como solución: (1) Que para este tiempo Pablo carecía de una revelación completa de la voluntad de Dios; (2) que Pablo mismo no había entendido plenamente lo que había escrito por inspiración divina; (3) que Pablo disimuló o hizo el papel de hipócrita; (4) que Pablo no hizo lo que Jacobo y los ancianos le sugirieron; (5) que comprometió los principios con el afán de conservar la unidad; (6) que por prudencia hizo lo que no hubiera hecho por principio religioso. La explicación Nº 1 no parece satisfacer bien las condiciones, ya que Pablo había recibido suficiente revelación de Dios como para saber lo que debía hacer. La Nº 2 no elimina la dificultad, y presenta a Pablo en ignorancia de lo que había enseñado previamente; tampoco podemos aceptar el concepto de que Pablo era hipócrita. La Nº 4 parece contradecir el versículo 26. La Nº 5 presenta a Pablo como una persona que compromete la verdad y que renuncia en parte a lo que él sabía era la voluntad de Dios. Tampoco podemos aceptar que Pablo actuó por mera *prudencia* o que hizo el papel de hipócrita. Al parecer, Pablo no había enseñado a los cristianos judíos que no respetaran la ley de Moisés. A decir verdad, sólo Pablo y unos pocos cristianos judíos eran los únicos que de veras respetaban la ley en forma apropiada. Cristo fue el cumplimiento de la ley, porque "Cristo es el fin de la ley, para justicia a todo aquel que cree" (Ro. 10: 4). La ley fue dada por Jehová hasta que viniera Cristo, doctrina que Pablo entendía claramente. Pablo jamás enseñó que los cristianos tenían que guardar la ley de Moisés para ser salvos; y nunca actuó como si la observación de la ley tuviera algo que ver con su salvación. El siguiente pasaje nos puede ayudar a entender mejor lo que hizo Pablo y por qué lo hizo: "Me he hecho a los judíos como judío, para ganar a los judíos; a los que están bajo la ley (aunque yo no esté bajo la ley), como si estuviese bajo la ley, para ganar a los que están bajo la ley; a los que están sin ley, como si yo estuviera sin ley (no estando yo sin ley de Dios, sino dentro de la ley de Cristo), para ganar a los que están sin ley. Me he hecho como débil a los débiles, para ganar a los débiles; a todos me he hecho todo, para que de todos modos salve a algunos. Y esto lo hago por causa del evangelio, para hacerme copartícipe de él" (1 Co. 9: 20-23). Este pasaje explica la conducta de Pablo tanto en esta ocasión como en todas; él nunca actuaba sólo por mera *prudencia*, sino que se dirigía por *principios*. El comportamiento de Pablo se debe considerar y entender a la luz de este pasaje. La ley de Moisés contenía ciertos ritos ceremoniales que podían ser respetados sin quebrantar los principios cristianos.

25 **Pero en cuanto a los gentiles que han creído** — Jacobo y los ancianos dan otras sugerencias y explicaciones a Pablo sobre los cristianos gentiles. Jacobo estuvo presente en Jerusalén cuando el problema de la circuncisión fue discutido con Pablo, Bernabé y los otros hermanos (Hch. 15: 13). Contando con la presencia y aprobación de Pedro, Jacobo, los ancianos de la iglesia de Jerusalén, Pablo y Bernabé, se acordó que la ley de Moisés no debía imponerse sobre los gentiles (Hch. 15: 28, 29). Fueron cuatro cosas que se mencionan en la carta que enviaron a los cristianos gentiles y que aquí se repiten: (1) Que se abstengan de lo sacrificado a los ídolos; (2) de la sangre; (3) de lo estrangulado; y (4) de fornicación. Todo lo que se decidió y aclaró en Jerusalén, debía permanecer igual para los gentiles, tal y como fue expresado concretamente por escrito. La libertad de los cristianos gentiles no debía ser perturbada por la ley.

26 **Entonces Pablo tomó consigo a aquellos hombres** — Se permitía que un hombre pagara por el voto del nazareato de otro. Números 6: 9-12 contiene los reglamentos sobre el voto de los nazarenos. Los "gastos" incluyen el pago (1) por rasurarse la cabeza, acto que tenía una cuota fijada por el sacerdote o levita; (2) por los sacrificios que cada nazareno tenía que ofrecer, es decir, un par de tórtolas o dos palominos, un cordero, un carnero, una canastilla de panes sin levadura; en otras palabras, una ofrenda de carne y otra de bebida. Pablo accedió a pagar los gastos de los cuatro varones que iban a cumplir sus votos. Parece que Pablo se presentó al templo con los cuatro varones por varios días, cumpliendo su propio voto junto con ellos. Y al cabo del tiempo de la purificación, presentó las ofrendas apropiadas por cada uno de ellos.


## 2. TUMULTO DE LOS JUDIOS Y ARRESTO DE PABLO
### 21: 27-40

27 **Pero cuando estaban para cumplirse los siete días** — Mucho se ha discutido sobre los "siete días" que se mencionan aquí. No se sabe si se refieren a la semana de la Fiesta de Pentecostés, o a los siete días que requería la ley para guardar el voto y la purificación. De todos modos, cuando faltaba poco para que se cumpliera ese período, "unos judíos de Asia" le causaron problemas, provocando un alboroto y explosión de violencia. Posiblemente eran judíos que habían venido de Asia a la Fiesta

de Pentecostés, que tal vez habían escuchado la predicación de Pablo en Efeso u otro lugar de la provincia. No contentos con haberlo perseguido en sus propios distritos, también aquí en Jerusalén han incitado y predispuesto a la gente antes de que llegara el apóstol. Ellos vieron a Pablo "en el templo", probablemente en el atrio, al costado de cuya pared interior había pequeños aposentos o piezas donde los nazarenos vivían durante los siete días de sus votos. Un muro separaba este atrio del atrio de los gentiles. Los enfurecidos judíos echaron mano a Pablo mientras él estaba en el atrio del templo.

**28 dando voces: ¡Varones israelitas, ayudadnos!** — Atacaron a Pablo como si él hubiera cometido algún crimen y pidieron la ayuda de los demás judíos. Con todo y las señales evidentes de su voto de nazareno, los judíos lo arrestan (Hch. 24: 18); siguen gritando a voz en cuello la falsa acusación que han propagado entre el pueblo (Hch. 21: 21). Lo acusan de tratar de hacer que los judíos se conviertan como los gentiles incircuncisos, y además dicen que Pablo habla contra la ley de Moisés y que había blasfemado el templo. Esa fue la misma acusación que presentaron contra Jesús (Mr. 14: 58) y después contra Esteban, en la presencia de Pablo (Hch. 6: 13, 14). Ahora agregan la acusación de que "ha metido a griegos en el templo, y ha profanado este santo lugar". Ellos alegaban que Pablo había profanado el templo al tratarlo como un lugar común. Los judíos odiaban a Pablo por su obra y no tenían cuidado de las acusaciones que inventaban contra él.

**29 porque antes habían visto con él en la ciudad** — Estos judíos de Asia habían visto a Trófimo, de Efeso, acompañando a Pablo en la ciudad, y ahora al encontrar a Pablo con estos judíos extraños en el atrio del templo, cometen el error de asumir que Trófimo estaba entre ellos. Estaban muy equivocados, pues no se tomaron la molestia de investigar los hechos, en su afán de gritar acusaciones contra Pablo y encontrar excusa para aprehenderle. Quizá eran honestos, pero estaban honestamente equivocados. Basaron sus acusaciones contra Pablo en meras suposiciones; sí, falsas suposiciones. Pero no les importaba si eran ciertas o no, lo que buscaban era un pretexto para acusarlo de algo.

**30 Así que toda la ciudad se alborotó** — Estos judíos asiáticos lograron incitar un tumulto contra Pablo. "Alborotada", literalmente "se puso en movimiento violento". Es la misma palabra que se usa para describir el alboroto que Tértulo provocó contra Pablo (Hch. 24: 5). El pueblo "se agolpó", se reunió, se juntó de todas partes de la ciudad al oír el ruido; los gritos se propagaron por la ciudad con la rapidez de un pavoroso incendio, y la gente corrió y se reunió confusamente en el atrio del templo. Se apoderaron de Pablo y "le arrastraron fuera del templo, e inmediatamente cerraron las puertas". Según ellos, era urgente sacar a Pablo del templo para evitar que su presencia lo siguiera profanando. Está claro que Pablo no había terminado las ceremonias de su voto, y si no lo arrestaban de prisa, Pablo podía correr al altar y buscar protección. Los encargados del templo cerraron las puertas para evitar que los desórdenes de afuera perturbaran el culto que se estaba efectuando en el interior.

31 **Y procurando ellos matarle** — Sin duda que la turba intentaba matar a Pablo, es decir, que la muchedumbre lo golpeara hasta la muerte y así a nadie se le pudiera acusar de su homicidio. De esa forma podían lograr su maligno propósito y evadir la responsabilidad individual. Pero llegando la noticia a oídos del "tribuno" de la compañía, éste acudió a rescatarle. Herodes el Grande había construido una gran fortaleza, el Castillo de Antonia, sobre una roca en el costado noroeste del área del templo. De allí se avistaba el templo, y estaba conectado con los atrios exteriores del templo por medio de dos escalinatas, una por el lado norte y la otra por el lado oeste. Los romanos siempre guarnecían bien este castillo para imponer orden y respeto en Jerusalén. En días festivos, que la ciudad se llenaba de multitudes que podían ser incitadas, la vigilancia era reforzada con una banda o compañía de mil soldados. El jefe de esta compañía era llamado "tribuno", quien al enterarse de la confusión que reinaba en Jerusalén, se apresuró con sus hombres al lugar de los hechos.

32 **Este, tomando en seguida soldados y centuriones** — El tribuno y sus soldados y centuriones "bajaron" corriendo hacia ellos. El no fue con el propósito de proteger a Pablo, sino para averiguar qué estaba pasando; pero al encontrar que Pablo era golpeado por la turba, lo arresta, pensando que habría hecho algo malo. Cuando vieron a las autoridades, la gente "dejó de golpearlo"; y esto lo hicieron por dos razones: La primera, temor a que la justicia romana los castigara si el tribuno determinaba que habían maltratado a un hombre inocente; y segunda, si no dejaban de golpearlo, de todos modos el tribuno y sus soldados eran más fuertes que la turba, y si era necesario los podían obligar a soltar a Pablo.

33 **Entonces, llegando el tribuno** — Se acercó el jefe de la compañía y para hacer oficial el caso "prendió" a Pablo y ordenó que lo ataran con "dos cadenas", sospechando que era sedicioso, violento o cabecilla de algún grupo de asesinos (Hch. 21: 38). El tribuno investiga quién es el reo y de qué se le acusa. Parece que el tribuno preguntó a Pablo cuál era su nombre, y a la muchedumbre cuál era la acusación que tenían contra el reo. El tribuno no conocía a Pablo y pensando que se trataba de un

criminal, no le creería de todos modos, ya que muy pocos delincuentes dicen la verdad sobre sus fechorías.

**34 Pero entre la multitud, unos gritaban una cosa, y otros otra** — Al preguntarles sobre la acusación contra Pablo, los judíos no se ponían de acuerdo. Mucha gente de esta turba no sabía ni el nombre de Pablo, o lo que había hecho, y por esa razón no podían contestar bien al tribuno. Lucas aquí usa el mismo verbo que utilizó para expresar la confusión de la muchedumbre que gritaba contra Jesús (Lc. 23: 21). De los escritores del Nuevo Testamento, Lucas es el único que usa este verbo. El tribuno hizo un esfuerzo honesto para enterarse de las acusaciones que pesaban contra Pablo, pero la multitud no le puede dar una respuesta clara, pues ni ellos sabían. Por tal motivo, ordenó que llevaran a Pablo a la fortaleza, es decir, el cuartel que los romanos tenían en la Torre de Antonia, en las cercanías de donde habían ocurrido los hechos.

**35, 36 Al llegar a las gradas** — Durante las fiestas era común que surgieran desórdenes y turbas violentas en Jerusalén y las autoridades romanas hacían todo lo posible por mantener el orden, siendo muy severos con los promotores de alborotos o insurrecciones. El castillo donde residía el tribuno, como ya se dijo antes, estaba junto al templo. El tribuno decidió llevarse preso a Pablo para interrogarlo en el interior de la fortaleza, debido a que no pudo averiguar los hechos por la gritería de la gente. Pero cuando lo llevaban al castillo, la turba se enfureció más y trató de arrebatar a Pablo de manos de los soldados para cumplir su plan diabólico de quitarle la vida. La muchedumbre se fue caminando detrás de los soldados, gritando "¡Muera!". La gente se enojó más cuando les quitaron a Pablo de sus manos. Tanta era la furia y violencia, que los soldados tuvieron que llevar a cuestas a Pablo hasta que estuvo fuera del alcance de la turba enloquecida.

**37 Cuando estaban para meter a Pablo en la fortaleza,** — Pablo preguntó al tribuno si le permitía explicar algo a la enfurecida muchedumbre. Hasta el momento, el tribuno desconoce el carácter del hombre a quien acaba de rescatar de una muerte segura, y su primera suposición era totalmente equivocada. Al dirigir la palabra al tribuno, Pablo habló en griego. Esto sorprendió sobremanera al tribuno, ya que él pensaba que había arrestado a un judío desesperado, a un rebelde sin causa, y no a un hombre culto que conoce el idioma griego.

**38 ¿Entonces no eres tú aquel egipcio?** — El tribuno esperaba una contestación afirmativa, pues suponía que Pablo era ese egipcio que había causado tantos problemas a los romanos, pues había levantado "una sedición" con el apoyo de "cuatro mil terroristas". El hecho de que Pablo fuera un hombre educado, que hablara griego--el idioma de la cultura--es lo primero que ayuda a que el tribuno cambie el mal concepto que tenía de Pablo. Luego le pregunta si él no era el caudillo egipcio que tantos dolores de cabeza había dado a las autoridades romanas. De aquí en adelante el tribuno parece que cambió su manera de pensar acerca de Pablo y acepta como la verdad todo lo que Pablo le dice. El rufián egipcio al que el tribuno se refiere había sacado al desierto a "aquellos cuatro mil terrotistas", que en algunas versiones se les llama "asesinos". Era un cabecilla muy influyente, puesto que había logrado reunir a cuatro mil seguidores. Josefo menciona a este egipcio que era uno de los tantos impostores de ese tiempo. "Terrotistas", del griego "sikarion", equivale al latín "sicarius", de donde viene "sicario", un asesino a sueldo. Este nombre se le daba a los hombres bárbaros que "portaban una espada corta o daga escondida bajo sus ropas". Estos bandidos se especializaban en cometer asesinatos en pleno día y aterrorizaban a los habitantes de Jerusalén, por lo cual también les cabe el nombre de "terroristas". No trabajaban como una banda de soldados, sino que cometían sus crímenes secretamente, metiéndose entre las muchedumbres para herir mortalmente a sus adversarios. Cuando sus víctimas caían muertas o agonizando, esos sicarios se mezclaban con la gente, escondían su arma y se unían a la muchedumbre a gritar denunciando el crimen. Por muchos años pasaron libres de sospecha.

39 **Pablo dijo . . . yo soy judío** — Pablo contesta al tribuno y niega la acusación simplemente diciendo quién era él, declarándose ser un "judío de Tarso". Esta ciudad era la metrópolis de Cilicia, famosa por su cultura y el celo de sus habitantes por los estudios filosóficos. Era una ciudad "no insignificante", es decir, muy prominente. Siendo una de las ciudades importantes del imperio, Tarso tenía una universidad. Pablo tenía la distinción de ser ciudadano de tan importante lugar. Después de identificarse y afirmar que procedía de la importante ciudad de Tarso, Pablo pide el privilegio de dirigir la palabra al pueblo. Pablo anhelaba hablarle a su pueblo en Jerusalén, porque la muchedumbre enfurecida ignoraba el evangelio, como si el Cristo no hubiera venido, ni sufrido hasta la muerte en esa ciudad. Claro, si alguien podía, era Pablo quien les podía hacer que reconocieran la verdad contándoles cómo Jesús se le había revelado a él mismo. Ahora tiene la oportunidad de hacerlo. Parece que le quitaron las cadenas y se le permitió que se parara en las gradas para hablar a sus hermanos judíos.

40 **Y cuando él se lo permitió** — Todavía estaban en las gradas y Pablo podía ser visto y oído por la gente que estaba abajo, pero que ya no le podían hacer daño. El tribuno le concede permiso de hablar al pueblo y Pablo hace señal con la mana para pedir silencio. Con su gesto llamó

la atención y la gente guardó silencio. Cuando todos estaban atentos, Pablo empezó a hablarles en lengua hebrea. La gente de Jerusalén conocía mejor el hebreo que el griego, y Pablo dominaba ambos idiomas. También Jesús usó este idioma en ocasiones especiales (Mr. 5: 41; 14: 36; 15: 34). Esta es la primera oportunidad que Pablo tiene para defenderse en Jerusalén, y lo hace con valor y claridad.


## 3. EL DISCURSO DE PABLO EN LAS GRADAS DEL TEMPLO
### 22: 1-30

**1 Varones hermanos y padres, oíd ahora mi defensa** — Ahora empezamos a estudiar una serie de apelaciones que Pablo hizo en su defensa. Esta es la primera de las cinco apelaciones que encontramos en los capítulos siguientes. Las apelaciones responden a diversas circunstancias y nos llevan hasta la conclusión del libro de Hechos. Esta es la primera vindicación de Pablo ante su pueblo, y en su introducción usa el mismo saludo que Esteban (Hch. 7: 2). "Padres" podría referirse a los miembros del sanedrín, los alguaciles y los doctores de la ley. A semejanza de Esteban, Pablo busca una conciliación haciendo referencia a sus antepasados. "Defensa", del griego "apología", de donde se derivan nuestras palabras "apología, apologética". Pablo no está pidiendo disculpas, sino defendiéndose, pero sin siquiera insinuar culpabilidad alguna.

**2 Y al oír que les hablaba en lengua hebrea** — Pablo les habla en el idioma común de él y su audiencia, el hebreo. Al usar ese idioma les demuestra que es un judío genuino, conocedor de su lengua natal y de la ley. Quizás la multitud estaba esperando que les hablara en griego. Esta estrategia surtió efecto, pues al oír que les hablaba en su idioma, guardaron más silencio y se dispusieron a escucharlo.

**3 Yo de cierto soy judío, nacido en Tarso de Cilicia** — Pablo les muestra que era judío de raza y por su educación; pues aunque había nacido en el extranjero, no dejaba de ser judío en toda la extensión de la palabra. Quizás Pablo haya enfatizado el "Yo", dándoles a entender que "yo verdaderamente soy un judío". No es que esté jactándose, sino que menciona las cosas que lo distinguen como un verdadero judío. Tarso era una ciudad en la provincia de Cilicia y se cree que Pablo creció en ella hasta los doce o trece años, edad en que los padres judíos llevaban a sus hijos a la escuela. "Gamaliel" era un eminente maestro en Jerusalén. Durante las clases se acostumbraba que tanto los alumnos como el maestro estuvieran sentados, pero el maestro estaba en un lugar más alto que los estudiantes; de ahí la expresión "a los pies de Gamaliel". Gamaliel era nieto del famoso rabí Hilel, y la gente lo estimaba tanto como maestro, que decían: "Cuando Gamaliel murió, cesó la gloria de la ley". Fue de parte de este gran maestro que Pablo recibió instrucción "estrictamente conforme a la ley de nuestros padres". Pablo era "hebreo de hebreos" (Fil. 3: 5); en cuanto a la ley "fariseo" (Hch. 26: 5). Pablo había sido "celoso de Dios" como lo era la gente que lo estaba persiguiendo. Sin embargo, había aprendido algo mejor y deseaba compartirlo con ellos.

**4 Y perseguía este Camino hasta la muerte** — Pablo les había mencionado su celo por la ley, igual que ellos; pero le entristece y avergüenza sobremanera haberse comportado antes como ellos se están comportando hoy (1 Co. 15: 7-10). "Este Camino" es una expresión que Lucas usa frecuentemente para referirse al cristianismo; los discípulos o cristianos estaban familiarizados con dicha expresión. Tanto había sido el celo de Pablo, que perseguía a los cristianos hasta la muerte, encarcelando a hombres y mujeres. Su cruel persecución de los cristianos era prueba de su intenso celo de la ley.

**5 Como el sumo sacerdote también me es testigo** — Probablemente este Gamaliel era el mismo que se menciona en Hechos 5: 34. El sumo sacerdote que lo había autorizado ya no estaba en funciones (Hch. 9: 2, 14), pero todos los documentos estaban a la disposición de su sucesor. "Todos los ancianos" se refiere al concilio o sanedrín. Por carta Pablo había sido autorizado a ir a Damasco "para traer presos a Jerusalén también a los que estuviesen allí, para que fuesen castigados". Saulo en sus días de perseguidor recibió la máxima autoridad que se podía obtener del sumo sacerdote y del sanedrín. Por su celo él se proponía terminar con el cristianismo (Hch. 8: 1, 3; 26: 11).

**6 Pero aconteció que cuando iba de camino** — Hay tres relatos de la conversión de Pablo: uno en el capítulo 9, otro en el capítulo 22 y el tercero en el capítulo 26. Estas narraciones contienen esencialmente la misma información, excepto por variaciones en detalles menores que ocurren naturalmente cuando sólo se incluyen los hechos más importantes. "Aconteció", es decir, sucedió que cuando Pablo estaba cerca de Damasco. Aquí dice que fue como "al mediodía", detalle que no se encuentra en el capítulo 9. En Hechos 26: 13, en su defensa delante de Agripa, Pablo dice que esto aconteció "al mediodía". Esa "gran luz del cielo" era más resplandeciente que la luz del sol en su cenit.

**7 y caí al suelo** — En Hechos 9: 4 Pablo "cayó en tierra", y "se levantó del suelo" (verso 8); pero aquí cae "al suelo". En realidad no hay diferencia de significado. En Hechos 26: 14 dice que "todos" cayeron en tierra.

**8 Yo entonces respondí: ¿Quién eres, Señor?** — La respuesta que Pablo recibió a esta pregunta fue: "Yo soy Jesús de Nazaret, a quien tú persigues". En Hechos 9: 5 y 26: 15 Lucas nos da la versión: "Yo soy Jesús, a quien tú persigues".

**9 Y los que estaban conmigo vieron** — En Hechos 9: 7 Lucas nos dice que "los hombres que iban de camino con él, se pararon atónitos, oyendo a la verdad la voz, mas sin ver a nadie". En Hechos 9 tenemos la narración de Lucas, pero aquí escribe citando directamente las palabras de Pablo. Aunque algunos han tratado de señalar contradicciones en las dos narraciones, no es así. Hay dos versiones de la hora exacta del incidente; además, escucharon, pero no procedieron; escucharon el sonido de la voz, pero no entendieron las palabras. En Hechos 26: 14 leemos que esa voz hablaba en idioma hebreo. Es posible que los que acompañaban a Pablo en el camino a Damasco no conocieran el lenguaje hebreo, y que, por lo tanto, oyeran la voz, pero no entendieran el mensaje. De toda la narración es correcto deducir que los que iban con Pablo vieron y escucharon suficiente como para saber que se trataba de una aparición milagrosa de Cristo, pero no se les permitió ver su persona o entender sus palabras. Aquí tenemos una de las evidencias de la autenticidad del informe del discurso de Pablo, ya que Lucas no trató de evitar aparentes discrepancias en los detalles entre las palabras de Pablo y la propia narración de Lucas.

**10 Y dije: ¿Qué, Señor?** — En contestación a su pregunta, el Señor le dijo a Saulo: "Levántate, y ve a Damasco". El Señor no le dio más información a Saulo, ni le perdonó los pecados o lo convirtió en ese mismo instante. Era necesario que primero escuchara el evangelio, el poder de Dios para salvación. En Damasco se le diría todo lo que estaba "ordenado que hiciera", y Ananías era quien le daría más instrucciones. Debemos notar que había otras cosas que Saulo debía hacer.

**11 Y como yo no veía a causa del resplandor [gloria] de la luz** — El resplandor era mayor a la luz del sol al mediodía, tanto que Pablo quedó ciego. Algunos comentaristas creen que Pablo nunca se repuso del todo del resplandor de la luz, y que su vista nunca recuperó toda su fuerza después de este suceso. Esa suposición se basa en Gálatas 4: 15: ". . . Porque os doy testimonio de que, de ser posible, os hubierais sacado vuestros propios ojos para dármelos". Saulo tuvo que ser guiado de la mano para llegar a Damasco y encontrarse con Ananías.

**12 Entonces uno llamado Ananías, varón piadoso** — En Hechos 9: 10 Lucas llama "discípulo" a Ananías; y aquí Pablo lo describe como un "varón piadoso según la ley"; es decir, que tenía buen testimonio de los judíos y vivía en Damasco. Esa descripción era adecuada para reconciliarse con la audiencia en todos los términos legales. Esto era consistente con el relato que aparece en Hechos 21: 20, en las palabras de Jacobo, de que los "miles y miles" de judíos que habían creído, seguían siendo "celosos por la ley". En su defensa Pablo está aclarando que su cambio se debió a una intervención divina. Antes Pablo creía y actuaba como los judíos de este tumulto, pero ahora él ha cambiado, y el Señor es el responsable por dicho cambio; por lo tanto, no deben culpar a Pablo.

13 **vino hasta donde yo estaba, y acercándose, me dijo:** — Ahora Pablo muestra que Ananías vino a él por autoridad y dirección divina. Ananías fue enviado por el Señor a venir a Pablo, y le saludó diciendo: "Hermano Saulo". Esto significa que Ananías lo reconocía como hermano de la raza judía, pero no como cristiano todavía. Pablo mismo había iniciado su discurso llamando a esta multitud hostil "hermanos y padres" (Hch. 22: 11). No quiere decir que Pablo consideraba que estos judíos hostiles eran cristianos. Ananías le devolvió la vista a Saulo, como señal de que tenía el poder milagroso y la autorización del Señor. Pablo recuperó la vista y vio a Ananías.

14 **El Dios de nuestros padres** — Aquí Pablo está citando en parte lo que le dijo Ananías sobre lo que el Señor le había revelado que sería la misión de Pablo. Una y otra vez Pablo sigue enfatizando ante su audiencia, que todo lo que él había hecho había sido en obediencia a instrucciones divinas; y que su cambio fue por intervención del Señor. Ananías sigue siendo fiel al Dios de Israel, describiéndolo como "el Dios de nuestros padres". A Pablo se le había designado para que conociera la voluntad de Dios, y "viera al Justo", y oyera "la voz de su boca". Todo esto indica que Pablo había sido seleccionado por Dios para conocer plenamente su voluntad y ver a Cristo. Pablo no sólo iba a conocer la voluntad de Dios para salvar a los hombres, sino también lo que debía hacer y sufrir en su servicio a Cristo. Frecuentemente a Cristo se le llama "el Justo" (Hch. 3: 14; 7: 52). Para convertirse en apóstol Pablo tuvo que ver al Señor y recibir la comisión de parte de él (1 Co. 9: 1; 15: 8; Gál. 1: 1, 11, 12).

15 **Porque le serás testigo** — Pablo fue escogido para ser testigo de la resurrección de Cristo y predicar su evangelio a los perdidos. Al igual que los otros apóstoles, Pablo fue llamado, enseñado y enviado a dar testimonio. Era un vaso escogido "para llevar mi nombre en presencia de los gentiles, y de reyes, y de los hijos de Israel" (Hch. 9: 15). Aquí Pablo no menciona a los gentiles para evitar el prejuicio de los judíos a la causa de Cristo. Se concreta a decirles que su misión era "ser testigo ante todos

los hombres, de lo que has visto y oído". En este discurso Pablo usa mucho tacto, diciendo que lo que él testificaba acerca de Cristo se basaba en hechos, en conocimiento y experiencia, así como lo hacían los demás apóstoles.

**16 Ahora, pues, ¿a qué esperas?** — Después de enseñarle a Pablo todo lo que se le había encargado, Ananías lo anima a obedecer lo que el Señor le había ordenado. Se le dijo que lo hiciera *de inmediato*, sin demoras o pérdida de tiempo. Ahora recibe instrucción más detallada sobre lo que debe hacer. Ya que estaba reclinado o postrado, Ananías le dice: "Levántate y bautízate". "Baptisai" está en el primer aoristo, voz media, y no en la forma pasiva como en Hechos 2: 38. Literalmente significa: "Haz que seas bautizado", o "deja que alguien te bautice". El propósito del bautismo es "lava tus pecados". "Apolousai" literalmente significa "lávate", como en 2 Corintios 6: 11. Entonces, el propósito del bautismo es obtener la remisión o lavamiento de los pecados. Los pecados de Saulo no fueron perdonados cuando vio y escuchó al Señor en su camino a Damasco. Así como el cuerpo de Pablo iba a ser lavado en el acto del bautismo, también sus pecados iban a ser perdonados. "Invocando su nombre" quiere decir que al ser bautizado también debía invocar el nombre de Cristo. En otras palabras, todo lo que Pablo hiciera, debía ser en el nombre del Señor Jesús. Claramente, aquí el bautismo es establecido como una de las condiciones para el perdón de los pecados, y no sólo como símbolo de algo que ya se hubiera hecho.

**17, 18 Y me aconteció, vuelto a Jerusalén** — Parece que Pablo regresa a Jerusalén después de una ausencia de tres años (Gál. 1: 18). Pablo había salido de Jerusalén hacia Damasco para perseguir a los cristianos, pero en vez de eso, se convirtió, cesó la persecución y empezó a predicar a Cristo, pasando tres años en Arabia y Damasco; y es después de ese tiempo que regresa a Jerusalén. Esa primera vez que vino a Jerusalén, Pablo fue al templo a orar, cuando le sobrevino un éxtasis. Pablo menciona todo esto para probarles que siempre había honrado el templo como la casa de Dios. Esa visita se encuentra en Hechos 9: 29 cuando los judíos trataron de matarlo. Ese trance o éxtasis era una influencia divina especial que le sobrevino a Pablo mientras oraba. Pedro también tuvo un éxtasis en la azotea (Hch. 10: 10), que después describió como una visión (Hch. 10: 17). En ese éxtasis el Señor le reveló a Pablo que saliera de Jerusalén rápidamente; y la razón de ese viaje repentino era que "no recibirán tu testimonio acerca de mí". Por esa causa se fue de Jerusalén y predicó a los gentiles.

**19 Yo dije: Señor, ellos saben bien** — Pablo aquí recuerda las persecuciones que había efectuado contra los cristianos. Parece que Pablo estaba seguro de que los judíos debían recibir el testimonio de alguien que anteriormente había sido un enemigo acérrimo de Jesús de Nazaret. Estas palabras de Pablo parecen estar dirigidas específicamente a sus oyentes, con la esperanza de que no resistieran la fuerza del testimonio de una persona que había encarcelado a los cristianos. Pablo había golpeado y encarcelado a los cristianos por seguir a Cristo.

**20 y cuando se derramaba la sangre de Esteban tu testigo** — Pablo sigue reforzando su argumento de la persecución contra los discípulos del Señor, recordándoles que él estuvo presente cuando Esteban fue apedreado (Hch. 7: 58); esa es la primera ocasión en que se menciona a Pablo en el Nuevo Testamento. Pablo fue testigo y animaba a los que apedreaban a Esteban, consintiendo en su muerte y cuidando las ropas de los que le mataban. Algunos creen que Pablo era miembro del sanedrín en esa ocasión y que le tocó supervisar la ejecución de Esteban. "Tu testigo", del griego "marturos", originalmente significaba "testigo", pero luego llegó a significar "mártir"; en ese caso, la frase bien se podría traducir "Esteban tu mártir".

**21 Pero me dijo: Ve, porque yo te enviaré lejos a los gentiles.** — El Señor no discutió el asunto con Pablo, y su respuesta fue una orden clara y enfática: "Vete de Jerusalén". Era una orden con dignidad y firmeza. El Señor también le reveló a Pablo que lo enviaría lejos a los gentiles. Con esta narración los judíos debían entender la realidad de lo que aconteció, que al principio Pablo quería trabajar con los de su propia raza pero que Dios le ordenó que fuera a trabajar entre los gentiles. Pero no había forma de hablar del asunto sin mencionar la palabra "gentil", que cayó como una bomba entre la turba que otra vez explota de furor. La voz de Pablo fue apagada por los gritos de la turba, de modo que el tribuno hizo que Pablo fuera llevado al interior de la fortaleza para mayor seguridad y poder realizar un interrogatorio minucioso.

**22 Y le escuchaban hasta esta palabra** — "Esta palabra" no quiere decir literalmente hasta la palabra "gentiles", sino la explicación que dio de que fue enviado a los gentiles. Esto nos recuerda la interrupción del discurso de Esteban en condiciones parecidas (Hch. 7). Probablemente cuando Pablo les recordó el caso de Esteban, los judíos que lo escuchaban se indignaron más y empezaron a rechinar los dientes, pero se aguantaron un poco. Mas cuando mencionó a los odiados gentiles, les volvió la locura, y ahora peor, porque Pablo estaba fuera del alcance de sus manos asesinas. La turba empieza a gritar: "Quita de la tierra a tal hombre, porque no conviene que viva". Para ellos era inconcebible que su Mesías hubiera dado tales órdenes a un hombre tan "infame" como consideraban a Pablo. La explicación de Pablo parecía tan absurda y blasfema, que no podían soportar ni una palabra más de sus labios.

**23, 24 Y como ellos gritaban y arrojaban sus ropas** — Con tres actos la multitud expresa su furia: (1) Sus gritos ensordecedores, (2) arrojaban sus ropas, y (3) lanzaban polvo al aire. Así expresan su ira y determinación de matar a Pablo si pueden echarle mano. Se quitaban sus mantos o ropa exterior para poder estar libres para cualquier movimiento; lanzaban polvo al aire y hacia Pablo (2 S. 16: 13) y gritaban sin cesar. Viendo que era inútil que Pablo insistiera en seguir hablándoles, el tribuno militar ordena que Pablo sea metido a la fortaleza, y que lo interrogasen dándole azotes; es decir, que lo torturaran hasta que Pablo confesara algún crimen. El tribuno no sabía hebreo y posiblemente no entendió nada de lo que Pablo había dicho al pueblo. Sólo entendía que con sus palabras, lo único que Pablo había logrado era enfurecer más a la turba, por lo que era lógico que pensara que se trataba de un criminal que merecía la muerte. Algo tenía que hacerse y el tribuno ordena azotes como la forma acostumbrada para hacer que los reos confesaran la verdad de su crimen. Los azotes eran la forma de tortura más leve. A la víctima la ataban a un poste inclinado y le daban golpes con un azote formado por tres látigos o correas de cuero o cuerdas pequeñas, a las cuales amarraban objetos puntiagudos de hierro y otros metales. A Lisias no le gustaba ver la tortura, y por eso ordenó que otros la aplicaran a Pablo.

**25 Pero cuando le estiraron con correas** — Cuando estaban preparándolo para azotarle, Pablo hace una pregunta al centurión que estaba encargado de la tortura: "¿Os es lícito azotar a un ciudadano romano sin haber sido condenado?" Parece que ya habían amarrado a Pablo con correas al poste de madera y estaban listos para empezar el castigo, cuando el centurión se entera que Pablo era ciudadano romano. Los historiadores romanos cuentan que los centuriones eran los que supervisaban los castigos o torturas, y seguramente un oficial de ese rango fue quien se encargó de la crucifixión de Jesús (Mt. 27: 54; Mr. 15: 39; Lc. 23: 47). La ley romana prohibía azotar a un ciudadano del imperio como parte de un interrogatorio y el tribuno había quebrantado esa ley al ordenar que torturaran a Pablo con azotes.

**26 Cuando el centurión oyó esto** — Cuando el centurión se dio cuenta que Pablo estaba reclamando los derechos de un ciudadano romano, inmediatamente avisó a su jefe, diciendo: "¿Qué vas a hacer? Porque este hombre es ciudadano romano". Esta era una advertencia para que el tribuno desistiera de su plan. Pablo no dice que era romano de raza o residencia, sino que tenía todos los derechos y privilegios como todo un ciudadano romano. Era fácil comprobar si un reo reclamaba falsamente ser ciudadano romano sólo para evitar la tortura, porque si comprobaban que estaba mintiendo, su muerte era segura. En este caso tanto el centurión como el tribuno aceptan el reclamo de Pablo sin pedir pruebas de su ciudadanía.

**27 Vino el tribuno y le dijo** — Cuando el tribuno recibió la noticia de parte del centurión, de que Pablo reclamaba los derechos de un ciudadano romano, vino a interrogar a Pablo personalmente. Le pregunta: "¿Eres tú ciudadano romano?" Pablo contestó con un enfático "Sí". El tribuno quedó satisfecho con la respuesta de Pablo, pero sabe que se ha hecho merecedor de un castigo por haber ordenado que torturaran a Pablo sin antes averiguar su ciudadanía.

**28 Respondió el tribuno** — De todos modos, al tribuno le cuesta trabajo creer que Pablo fuera ciudadano romano, ya que a él le había costado una gran suma de dinero. Había tres formas de obtener los derechos de ciudadanía romana: (1) Comprándola a un precio muy alto; (2) la que otorgaba el gobierno romano a la persona que había prestado un servicio valioso al imperio. (3) La tercera forma de obtener la ciudadanía era de nacer en un territorio romano y esta clase de ciudadanía era considerada más honrosa que la que se adquiría con dinero. El centurión tenía los derechos de ciudadanía romana porque los había comprado, pero los de Pablo eran de nacimiento. No se nos informa cómo es que Pablo obtuvo la ciudadanía por nacimiento. No fue porque nació en Tarso, porque ésta era ciudad libre y no una colonia; y el nacer en una ciudad libre no significaba ciudadanía romana automáticamente. Probablemente el padre o abuelo de Pablo había recibido la ciudadanía romana por algún servicio valioso al Estado; o aun es posible que su padre o abuelo hubieran adquirido la ciudadanía por medio de la compra. Importa poco cómo haya obtenido la ciudadanía; lo que interesa es que era ciudadano romano libre, y en ese sentido, tenía una relación más honrosa con el gobierno romano que el mismo tribuno.

**29 Así que, en seguida se apartaron de él** — Los que iban a torturar a Pablo pronto le sueltan del poste y se alejan de él, y aun el tribuno tuvo miedo por haber intentado que azotaran a un ciudadano romano, y por haberlo tenido atado con cadenas. Siendo conocedor de la ley romana, el tribuno Lisias ordena que Pablo sea soltado de inmediato y retira sus órdenes de torturarlo, pues dicho flagelo hubiera sido un crimen peor del que acusaban a Pablo. Posiblemente Pablo tenía pruebas por escrito y bastantes referencias en Jerusalén con las que podía corroborar su reclamo de ciudadanía. Por lo que había hecho, el tribuno podía ser acusado de hacerse al lado de una turba judía, de modo que para enmendar sus acciones, ahora se propone proteger a Pablo y procurar su seguridad. Era un abuso lo que habían cometido con Pablo al atarlo con cadena y amarrarlo al poste de la tortura. La ley romana permitía que ataran a un ciudadano romano para asegurarse que no escapara antes de que fuera juzgado, como cuando Pablo estuvo bajo arresto domiciliario en Roma, encadenado a un soldado romano en espera de su comparecencia ante César (Hch. 28: 20). Pero sí era ilegal atar a un ciudadano romano al poste donde azotaban a los esclavos. A Pablo lo habían atado y estuvieron a punto de azotarlo.

**30 Al día siguiente, queriendo averiguar de seguro** — Pablo permaneció en la custodia del tribuno hasta el día siguiente. El tribuno quería saber la causa por la cual los judíos lo acusaban. Ya que no pudieron torturar a Pablo y el tribuno no tomó más tiempo para hablar más detalladamente con Pablo, seguía con la incertidumbre. Ahora ordena una reunión extraordinaria del sanedrín para que Pablo comparezca ante ellos. Según parece, el tribuno dejó a Pablo en manos de sus subalternos y para que fuera interrogado por el concilio. Primero se menciona a los principales sacerdotes como la clase más importante y después al concilio o sanedrín. Nuestro próximo estudio trata de la defensa de Pablo ante el concilio.

## 4. LA DEFENSA DE PABLO ANTE EL SANEDRIN
### 23: 1-10

**1 Entonces Pablo, mirando fijamente al sanedrín** — Pablo fija la vista en el concilio ante el cual lo han traído para que explique su conducta. El no era ningún criminal ni había hecho nada malo. Para esta hora el concilio había sido informado de que a Pablo se le acusaba de alguna ofensa religiosa y se disponen a averiguar cuáles eran las acusaciones específicas; aunque Pablo mismo no sabía de qué lo acusaban. El ahora apóstol no había pisado el suelo del recinto del concilio desde que era uno de sus miembros, unos veinte años atrás. Para empezar los saluda cordialmente y declara su sinceridad, diciendo que "con toda buena conciencia" se había comportado delante de Dios hasta el día de hoy. "Conciencia", del griego "suneidesis", significa "conocimiento indiviso". Su equivalente latín es "conscientia", de donde se deriva nuestra palabra "conciencia. "Me he comportado", también se traduce "he vivido", y sencillamente quiere decir que Pablo cumplía con todos sus deberes ciudadanos con una limpia conciencia delante de Dios (Fil. 3: 6, 20). Pablo podía decir que había vivido obedeciendo a la ley de Dios de tal forma que su conciencia no le molestaba porque no había omitido nada; pero de ninguna manera pretende no haber cometido algún pecado (1 Ti. 1: 15).

2 **El sumo sacerdote Ananías** — Los golpes en la boca eran una forma judicial y simbólica para silenciar al que estaba hablando e impedir dijera lo que era impropio o falso. Ananías no debe ser confundido con Anás (Hch. 4: 6). Se cree que Ananías era hijo de Nebedeo, y que fue nombrado al puesto por Herodes en el año 48 D. de C. La historia lo describe como un hombre glotón, violento y cruel. Ananías fue asesinado diez años después de este suceso.

3 **Entonces Pablo le dijo:** — Con valentía Pablo reprendió al sumo sacerdote por ordenar que le golpearan. "¡Dios te va a golpear a ti, pared blanqueada!". Esta expresión "pared blanqueada" no es tan fuerte como las palabras de Jesús "sepulcro blanqueado" (Mt. 23: 27). Pablo dice que es injusto lo que han hecho, porque ordenan golpearle en violación de la ley, que se supone ellos debían obedecer. El espíritu de la ley de Moisés prohibía que se condenara a alguien sin primero escuchar su defensa y Pablo señala que existe una gran inconsistencia entre la teoría y la práctica. Ananías debía mantener en alto la dignidad de la ley obedeciéndola. La conducta del sumo sacerdote es parecida a la violencia de la turba que lo arrebató en el atrio del templo. Si el acusado merece castigo, sólo la autoridad constituida tiene derecho a aplicar la sentencia. Pablo reprende a Ananías en el nombre de Cristo.

4 **Los que estaban presentes dijeron:** — Los siervos y subalternos del sumo sacerdote reprenden a Pablo por sus palabras, ya que el sumo sacerdote era el representante de Dios, pese a su mal carácter (Dt. 17: 8). Los siervos reclaman para Ananías toda la dignidad, santidad, y prerrogativas del oficio de sumo sacerdote; contrario a lo que Pablo acaba de decir, de que Ananías estaba desobedeciendo la voluntad de Dios. La respuesta de Pablo indica que él de inmediato entiende la situación.

5 **Pablo dijo: No sabía, hermanos, que era el sumo sacerdote** — Pablo no sabía que la persona que había ordenado que lo golpearan era el sumo sacerdote; pero algunos no aceptan la explicación de que Pablo no sabía que Ananías era el sumo sacerdote, porque habiendo sido miembro del concilio, estaba familiarizado con el proceso y con las personas que ocupaban cada cargo. Claro que no se puede concebir que Pablo haya ignorado esas cosas, de modo que debe haber otra explicación. El texto griego dice que lo que Pablo no sabía era que la orden de golpearle la boca la había dado el sumo sacerdote. Algunos creen que a Pablo le fallaba la vista y que por esa razón no se percató que era Ananías quien dio la orden y que Ananías era el sumo sacerdote. En fin, no

importa cuál interpretación demos a las palabras de Pablo, lo cierto es que fue injusto lo que hicieron con él. El cita Exodo 22: 28 comprobando que es conocedor de la ley.

**6 Entonces Pablo, dándose cuenta de que una parte** — Pablo se dio cuenta que no iba a llegar a ninguna parte con la actitud del sanedrín, notando que había dos bandos, los fariseos y los saduceos. Actuando con astucia y tacto, y conociendo las diferencias ideológicas entre los dos grupos, Pablo los hace que choquen entre sí. Declara que es fariseo, hijo de fariseo, cosa que también mencionó posteriormente en su carta a los Filipenses (3: 5). Además, dice que una de las cosas por las cuales lo juzgan es por su esperanza en la resurrección de los muertos. Esta no es una contradicción a las explicaciones anteriores de que Pablo no sabía de qué se le acusaba. En otra ocasión se refirió a este mismo punto (Hch. 24: 21). La diferencia principal entre los saduceos y fariseos era su postura ante la resurrección, y esta doctrina era el tema central de la predicación de Pablo. Si Cristo no había resucitado, entonces su predicación era falsa e inútil (1 Co. 15: 13, 14).

**7 Cuando dijo esto, se produjo un altercado** — La declaración de Pablo desató una gran discusión en el sanedrín sobre la cuestión que dividía a los saduceos y los fariseos. Los fariseos se oponían enérgicamente a los sacudeos sobre la doctrina de la resurrección. Tanta fue la discusión que Pablo no pudo dar más detalles sobre la resurrección, y en particular testificar sobre la resurrección de Cristo. Los altercados entre los fariseos y saduceos emanaban de las diferencias nacionales que se remontaban al tiempo de la cautividad; algunas diferencias eran sociales y otras de carácter religioso. Los saduceos eran la aristocracia judía, cuya mira era preservar el servicio en el templo y los reglamentos escritos de la ley de Moisés. Su teoría y enseñanza limitaba la existencia del hombre a la vida presente, y por consiguiente, negaban la resurrección y una vida en el más allá. Por otra parte, los fariseos vinieron a ser caudillos del pueblo bajo los dominios persa y griego; eran los paladines inamovibles de la separación ceremonial bajo la autoridad romana. Los fariseos creían en la doctrina de la resurrección, y por esa fe muchos de ellos, incluyendo Pablo, habían llegado a reconocer y aceptar al Cristo resucitado.

**8 Porque los saduceos dicen que no hay resurrección** — Los saduceos negaban la resurrección, y la existencia de ángeles y espíritus. Estos tres puntos constituían las diferencias más importantes entre los dos grupos. Los saduceos creían en una doctrina negativa, pues negaban la existencia de estas tres cosas: (1) la resurrección; ellos creían que el alma desaparecía al morir el cuerpo; (2) los ángeles; y (3) los espíritus. Lo cierto es que a los saduceos la religión les importaba muy poco y este grupo desapareció de la historia después del siglo I de la Era Cristiana. En contraste, los fariseos sí creían en la vida futura, en la resurrección de los muertos, y la existencia de ángeles y espíritus.

**9 Y hubo un gran vocerío** — El altercado cobró intensidad hasta el punto de llegar a una gran gritería. Los escribas pertenecían al partido de los fariseos, y eran los exponentes eruditos de la ley, de modo que era natural que tomaran la iniciativa en este altercado. Se hicieron al lado de Pablo y lo defendían de los saduceos, sus enemigos, diciendo: "Ningún mal hallamos en este hombre". Estaban dispuestos a hacerse al lado de Pablo aún antes de escucharlo; con lo que demuestran su prejuicio. Hacía unos minutos que estaban listos para condenarlo, pero ahora lo defienden. "Se oponían", del griego "diamachomai", y significa "pelear, pelear con furia, pelear enérgicamente". Ellos defendían a Pablo, preguntando: "¿Qué, si un espíritu le ha hablado, o un ángel?". Estaban dispuestos a admitir que quizá un ángel o un espíritu le habían hablado a Pablo; por lo menos en su argumento con los saduceos estaban dispuestos a reconocer esta posibilidad.

**10 Y al ir en aumento el altercado** — El sanedrín estaba formado por setenta o setenta y dos varones; no sabemos cuántos de ellos eran fariseos. Parece que los saduceos trataron de echarle mano para matarle, pero los fariseos lo protegían. El sanedrín se puso tan feo y peligroso para Pablo como la turba enfurecida del día anterior. El tribuno Lisias sabía que Pablo era un ciudadano romano, por cuya vida era responsable, y temiendo que Pablo fuese despedazado por los miembros del concilio, mandó que "bajase" la tropa del castillo, rescatara a Pablo y lo llevara a la seguridad de la fortaleza. Pablo actuó con mucha astucia y tacto en esta situación difícil, sabiendo que el sanedrín no le iba a dar una audienca imparcial. Al darse cuenta que los miembros del concilio podían dividirse por un tema que él mismo predicaba, logra ponerlos en contra unos de otros; un grupo lo defendía y el otro lo atacaba y quería matarle. Entonces el oficial militar romano tuvo que intervenir para rescatar a Pablo y ponerlo a salvo.


### 5. EL COMPLOT PARA MATAR A PABLO
### 23: 11-25

**11 A la noche siguiente se le presentó** — Ahora Pablo es un preso en manos del tribuno Lisias. En condiciones tan adversas, es natural que Pablo se haya sentido triste, desanimado y lleno de dudas. Por alguna razón Lucas no nos cuenta nada de algún apoyo que los cristianos judíos de Jerusalén hayan dado a Pablo--si lo hubo-- lo más seguro que todos lo abandonaron, como los discípulos con el Señor. En esas circunstancias tan adversas, cuando todos parecían haberlo abandonado, "se le presentó el Señor y le dijo: Ten ánimo, Pablo". El anhelo mayor de Pablo era predicar a los suyos en Jerusalén, y en las dos ocasiones que lo hace, tiene que ser rescatado de los que trataban de matarle. El primer incidente se encuentra en Hechos 9: 26-30, y el segundo en este capítulo. Pero el mismo Señor que se la apareció en el camino a Damasco (Hch. 9: 5), en el templo (Hch. 22: 17, 18), y en Corinto (Hch. 18: 9), nuevamente se le aparece y lo anima con la promesa de que se le concederá cumplir su otro anhelo: predicar el evangelio en Roma (Hch. 19: 21; Ro. 1: 11-13; 15: 23). Pablo iba a poder servir más al Señor entre los gentiles, especialmente en Roma.

12 **Cuando se hizo de día** — Al mismo tiempo que el Señor estaba consolando y animando a Pablo, los judíos estaban tramando un complot para quitarle la vida. Sin saberlo, estos cuarenta hombres malvados, por su plan malvado, ayudaron a que Pablo fuera enviado de autoridad en autoridad — como Jesús de Poncio a Pilato — hasta llegar a Roma, donde predicó el evangelio. No se nos dice si estos judíos eran fariseos o saduceos, pero es más probable que hayan sido del bando de los saduceos, porque eran los que con más violencia habían tratado a Pablo en el concilio. Ellos se comprometieron "bajo juramento solemne, que no comerían ni beberían hasta que hubiesen dado muerte a Pablo". Estos cuarenta hombres se comprometieron bajo "juramento", del griego "anathematizo", que significa "ponerse bajo maldición o anatema". Por un juramente parecido el rey Saúl puso en peligro la vida de su hijo Jonatán (1 S. 14: 24). "Tramaron un complot", del griego "poiesantes sustrofen", que literalmente quiere decir "conspirar". El juramento de no comer ni beber era una forma muy antigua de conjuración (1 S. 14: 24; 2 S. 3: 35).

13 **Eran más de cuarenta** — Algunos creen que estos cuarenta hombres eran sicarios o asesinos zelotes, un grupo extremista, fanático y violento. "Cuarenta" indica que eran bastantes los enemigos de Pablo, pero al mismo tiempo eso dificultaba que mantuvieran el secreto entre ellos y que no llegara a oídos de Pablo o sus amigos. Desconocemos qué clase de maldición se echaron en caso de que no cumplieran su juramento.

14 **los cuales fueron a los principales sacerdotes** — Los judíos que habían hecho el juramento acuden a los principales sacerdotes para comunicarles sus planes. David había dividido a los sacerdotes en veinticuatro suertes o clases; y el jefe de cada uno de esos grupos era

llamado "principal sacerdote". Los "ancianos" eran los gobernantes de las ciudades, y entre ellos podía haber estado incluido algún miembro del sanedrín. Es lógico pensar que estos principales sacerdotes y ancianos eran miembros de la secta de los saduceos. Este grupo de asesinos tuvo la confianza de compartir con el sanedrín sus intenciones, seguros de que ellos simpatizaban con sus planes de acabar con Pablo. El Señor había predicho que vendría el día en que "cualquiera que os mate, pensará que rinde servicio a Dios" (Jn. 16: 2).

15 **Ahora pues, vosotros, con el sanedrín** — Pablo seguía bajo la custodia del tribuno Lisias. Esta pandilla de malandrines confesó su plan a algunos miembros del sanedrín y concuerdan con la idea de pedir que el tribuno les traiga a Pablo para seguirlo interrogando. Tan pronto como el tribuno se fuera con sus tropas, los sicarios iban a arrebatar a Pablo y matarlo. De esta manera el concilio no sería responsable ante las autoridades por la muerte de Pablo. Consienten con el plan y parecen estar listos para cooperar.

16 **Mas el hijo de la hermana de Pablo** — Esta es la única referencia en los Hechos a los familiares de Pablo. En su epístola a los romanos Pablo habla de sus "parientes" que vivían en Roma (Ro. 16: 7, 11). Tanto aquí como en Cesarea a Pablo se le permitía recibir las visitas de sus amigos (Hch. 24: 23), pues no lo consideraban un criminal. No se puede decir a ciencia cierta que la hermana y sobrino de Pablo vivían en Jerusalén. Al joven se le permitió visitar a Pablo, aunque no sabemos si su sobrino era cristiano, o cómo obtuvo la información. Pero el hecho de que el joven pudiera "entrar a la fortaleza" nos muestra que el tribuno permitía las visitas de los amigos de confianza de Pablo.

17 **Pablo, llamando a uno de los centuriones** — Aunque era prisionero, Pablo pidió que el centurión se le acercara para decirle que llevara a su sobrino ante el tribuno, porque tenía un aviso importante para él. Siendo cauteloso, Pablo no confía en el centurión y prefiere que el joven comunique directamente el aviso a la autoridad máxima, el tribuno. Por este versículo es que deducimos que el sobrino de Pablo era joven. Aunque el Señor le había asegurado que nada le pasaría (Hch. 23: 11), Pablo toma las precauciones del caso para su seguridad. Las promesas de Dios no significan que nosotros no debamos tomar las precauciones necesarias o utilizar los medios legítimos para lograr el fin común. El joven tenía un asunto muy importante que hablar con el tribuno y Pablo le pide a uno de los centuriones que lo acompañe hasta el tribuno.

18 **El entonces, tomándole, le llevó al tribuno** — El centurión accedió amablemente a la petición de Pablo y llevó a su sobrino ante el tribuno Lisias. No sabemos si el centurión o el tribuno estaban enterados

que el joven era sobrino de Pablo. Al llegar ante el tribuno, el centurión dijo; "El preso Pablo me llamó y me rogó que trajese antc ti a este joven, que tiene algo que hablarte". Las autoridades romanas se esmeran en tratar bien a Pablo, ahora que saben que es un ciudadano romano. Su trato anterior, cuando pensaban que Pablo sólo era ciudadano judío, los habría expuesto a fuertes castigos, si Pablo o sus amigos optaban por quejarse contra el tribuno y sus centuriones. Es sabio que ahora las autoridades traten bien a Pablo y le den toda la libertad posible, y que sea visitado por personas de su confianza. Todo esto nos ayuda a entender la buena disposición del centurión para llevar al joven y la del tribuno Lisias en conversar en privado con el sobrino de Pablo.

**19 El tribuno, tomándole de la mano** — En el verso 18 el centurión se refiere al "preso Pablo"; y en sus epístolas Pablo frecuentemente se aplica ese título (Ef. 4: 1). El tribuno recibe con cortesía al joven, y al "tomarle de la mano", indica que estaba interesado y ansioso por saber todo lo que tuviera que ver con su prisionero; de esta forma se gana la confianza del sobrino de Pablo para que le cuente todo con lujo de detalles. Esta conversación se efectuó en privado y también así el joven estaría dispuesto a darle más información. No sabemos cuántos años tenía este joven; el griego "meanias" es la misma palabra que se usa para describir a Eutico (Hch. 20: 9).

**20 El le dijo: Los judíos han convenido** — El joven cuenta fiel y exactamente todo lo que él sabía sobre el complot de los judíos contra la vida de Pablo. Los conspiradores representaban el sentimiento general contra Pablo en Jerusalén y el joven cita textualmente las palabras de los conspiradores. El sobrino de Pablo informa a Lisias que los judíos se habían puesto de acuerdo en pedir que el tribuno trajera a Pablo ante el concilio con la excusa de que van a indagar más detalladamente acerca de él.

**21 Pero tú no les creas** — El joven termina su aviso rogando a Lisias que no escuche ni crea las artimañas de los judíos, porque "más de cuarenta hombres de ellos le acechan", los cuales se han comprometido a no comer ni beber hasta que lo hayan matado. También le cuenta que los conspiradores están listos para que el tribuno cumpla su promesa de presentarlo de nuevo ante el concilio, ya le han tendido una emboscada para quitarle la vida y dar la apariencia de que el sanedrín no tenía nada que ver en el asesinato. Las palabras del joven indican que el sobrino de Pablo creía que el concilio consentía con el malvado plan, o que consentirían. La premura con que Lisias actuó para despachar a Pablo fuera de Jerusalén indica que el tribuno y sus oficiales creyeron el aviso del joven y lo consideraron lo suficientemente serio como para tomar las medidas apropiadas.

**22 Entonces el tribuno despidió al joven** — Habiendo aceptado la veracidad del informe del joven, el tribuno le aconseja que a nadie le diga que ha denunciado el complot de los judíos contra Pablo. Claramente el tribuno simpatiza con Pablo y procura la seguridad de su joven sobrino. Además, era necesario mantener el secreto para que los judíos no interfirieran con el plan de Lisias, y para no darles tiempo a que tramaran otro complot. De esta forma también evitaba tener que dar explicaciones a los dirigentes judíos. Lisias no quería que los principales de los judíos sospecharan que sus acciones se basaban en su conocimiento del complot. Usando el buen sentido y sus atributos, el tribuno envía al prisionero al gobernador de Cesarea.

**23 Y llamando a dos centuriones** — Lisias actuó con la prontitud y precisión militar que exigían las circunstancias. Ordenó que dos de sus centuriones con sus doscientos soldados o legionarios, además de setenta jinetes y doscientos lanceros, escoltaran a Pablo en su traslado a Cesarea. Esta era una escolta muy grande para proteger a un solo hombre, pero Lisias no quiere correr ningún riesgo, sino asegurarse que el prisionero sea entregado sano y salvo a las autoridades romanas en Cesarea. Salieron de Jerusalén en la tercera hora de la noche, es decir, las 9 p.m. y así tuvieron suficiente tiempo para hacer el viaje bajo el manto de la oscuridad. Con esa tropa de doscientos soldados de caballería, los setenta jinetes y los doscientos lanceros, en total cuatrocientos setenta soldados y sus oficiales, Pablo estaría seguro de los conspiradores, si por casualidad se dieran cuenta de que estaban sacando a Pablo de Jerusalén y trataran de echarle mano para matarle.

**24 Y que preparasen también cabalgaduras** — El griego "ktene", que aquí se traduce "cabalgaduras", puede referirse a bestias de carga, fueran asnos o caballos, pero no quiere decir caballos de guerra. Estas bestias eran para Pablo y algunos soldados. Pablo iba a necesitar una cabalgadura para él y otra para el soldado a quien estaba encadenado; y por lo menos otra se necesitaba para el equipaje de Pablo. No es correcta la interpretación de que toda la tropa iba a cabalgar, pues la orden era de preparar las bestias para que montase Pablo, y que así le llevasen a salvo a Félix el gobernador. Félix era hermano de Palas, el famoso protegido de Claudio. Los dos hermanos habían sido esclavos, pero ahora son libres. Claudio nombró a Félix gobernador de Judea en el año 52 D. de C., ocupando el puesto hasta que Festo lo sucedió. Félix se casó con Drusila, hija de Herodes Agripa I, y procuraba congraciarse con los judíos. Félix era uno de los hombres más depravados de su tiempo.

Tácito dice que Félix "ejercía el poder de un rey con el espíritu de un esclavo, con toda crueldad y lascivia". La palabra "gobernador" significa "dirigente", y se aplicaba a toda clase de oficiales con autoridad.

**25 Y escribió una carta en estos términos:** — Lisias escribió una carta al gobernador Félix, con la explicación oficial y formal de la razón por la cual Pablo fue enviado a una autoridad superior para ser juzgado. Ya que en la carta no se dice nada malo de Pablo, se la puede considerar como un elogio a su favor. Algunos piensan que Lucas solamente nos da un resumen de la carta y no el texto detallado. Es muy probable que a Pablo le hayan dado una copia de esta carta cuando apeló a César. Lo más seguro es que la carta fue escrita en latín y leída en sesión abierta ante la corte de Félix.

## 6. PABLO ES ENVIADO A CESAREA
### 23: 26-35

**26 Claudio Lisias al excelentísimo gobernador Félix** — Pablo fue enviado con una escolta militar de cuatrocientos setenta soldados desde Jerusalén hasta Cesarea, una distancia de aproximadamente 113 kilómetros. Félix era el gobernador, y Claudio Lisias el tribuno militar, y por eso el saludo es muy cortés, respetuoso y formal. "Excelentísimo" es la misma palabra que Lucas usa al dedicar su libro a Teófilo (Lc. 1: 3). Esta clase de saludo es común cuando se dirige la palabra a personas de alto rango, como cuando Tértulo acusa a Pablo ante el mismo Félix (Hch. 24: 3). "Claudio Lisias" es un nombre latino y "Félix" es griego. Las opiniones están divididas en cuanto a que si la carta fue escrita en latín o en griego. La verdad, no la sabemos.

**27 A este hombre, aprehendido por los judíos** — Lisias enfatiza el hecho de que él intervino al enterarse de que Pablo era ciudadano romano, con lo cual debía quedar bien por su lealtad al derecho romano. Pero la verdad es que había atado con cadenas a un ciudadano romano ilícitamente, pero no le conviene divulgar esta injusticia que había cometido con Pablo. Aquí podemos ver la diferencia entre la verdad simple y la versión artificiosa del escéptico Lisias. Esto es lo que se puede esperar de un político astuto del mundo, alguien que se preocupa más por ganarse el favor de los superiores que contar la verdad a toda costa. Lisias rescató a Pablo antes de enterarse de que era ciudadano romano, pero antes de eso había violado las leyes romanas.

**28 Y deseando saber la causa** — Lisias se dispone a declarar el asunto de manera tal que muestre que sus actos oficiales eran dignos de elogio. A Lisias, al igual que a Galio, no le importaban aquellos asuntos que molestaban a los judíos y consideraba sus asuntos religiosos como inconsecuentes. Lisias trató de mostrar que el prisionero había sido tratado ilegalmente y que él había hecho todo lo posible para enterarse de las acusaciones contra Pablo. Dice que él había llevado a Pablo ante el consejo de los judíos. Esto era para determinar la naturaleza de su crimen.

29 **y hallé que le acusaban** — Lisias agrega que cuando llevó a Pablo ante el sanedrín, se enteró que lo acusaban de cuestiones relacionadas con la ley de los judíos. La única acusación de la que se enteró es que Pablo había violado la ley de Moisés, pero que nada tenía que ver con las leyes romanas. Esta era un reconocimiento de que Pablo no había quebrantado ninguna ley romana y que, por consiguiente, no merecía ser encadenado ni morir. Cabe preguntar, entonces ¿por qué razón, le envió a Félix? Y el tribuno procede a explicar la razón por la que envió a Pablo a Cesarea.

30 **Pero al ser avisado de que los judíos** — Los oficiales romanos tenían el deber de dar cuenta de los cargos contra un prisionero que remitían a las autoridades superiores. Lisias no podía acusar a Pablo de ningún crimen, pero la determinación de los judíos para matarle, merecía más investigación. En su carta Lisias no dice que Pablo estaba en peligro de ser despedazado por los miembros del concilio, pero sí declara haber tenido conocimiento del complot contra Pablo. De acuerdo al derecho romano, esa era razón suficiente para enviar a un ciudadano romano a un sitio donde pudiera recibir un juicio imparcial. Añade que ha dado instrucciones a los acusadores de Pablo para que comparezcan ante Félix en Cesarea para que presenten sus cargos contra Pablo. Pero no parece que Lisias esté escribiendo los hechos con exactitud, pues no hay nada en Hechos que nos indique que el tribuno ordenó que los judíos fueran a Cesarea; aunque es posible que lo haya hecho al día siguiente, cuando los enemigos se presentaron a preguntar por Pablo. Es probable que haya puesto en tiempo pasado lo que iba a hacer al día siguiente. La despedida "salud" no se encuentra en muchos manuscritos antiguos. Debemos aclarar que Lisias no presenta a Pablo como un convicto, sino como un ciudadano romano a quien había rescatado de una enfurecida multitud.

31 **Y los soldados, tomando a Pablo** — La carta de Lisias, o por lo menos un resumen de la misma, es insertada por Lucas como un paréntesis en los sucesos históricos. El versículo 31 es una continuación de la narración. Los soldados obedecen las órdenes y llevan a Pablo de noche a Antípatris. Este lugar anteriormente se llamaba "Capáraba", pero fue reconstruida por Herodes el Grande, quien le cambió el nombre en

memoria de su  padre Antípater. Estaba a más de 64 kilómetros de Jerusalén, poco más de la mitad del camino a Cesarea. Viajaron toda la noche y avanzaron bastante. Ahora Pablo estaba fuera del alcance de sus conspiradores.

**32 Y al día siguiente, dejando que los jinetes fuesen con él** — Esta frase "al día siguiente", puede referirse a la mañana o amanecer del día que llegaron a Antípatris, o al día después de que llegaron a esa ciudad. Esta segunda posibilidad es la más probable, ya que era de esperar que tomaran tiempo para descansar después de viajar toda la noche. "Dejaron que los setenta  jinetes fuesen con Pablo" hasta Cesarea. El resto del camino pasaba por regiones montañosas y peligrosas y no sabemos la razón por la cual los cuatrocientos soldados regresaron a Jerusalén, aunque las órdenes que tenían de Lisias eran de ir hasta Cesarea (verso 23).

**33 Cuando aquéllos llegaron a Cesarea** — Los encargados de la caballería escoltaron a Pablo hasta Cesarea y lo entregaron al gobernador Félix, junto con la carta de Lisias. Así cumplieron su cometido. El viaje de Antípatris a Cesarea probablemente tomó entre cinco y seis horas. Allí esperaron más órdenes del gobernador. Pablo regresa a Cesarea con mucha pompa y atención, muy diferente a la forma humilde en que había salido. Ya que entraron a Cesarea en pleno día, dicho desfile seguramente llamó la atención de muchos curiosos. Felipe y los otros cristianos de Jerusalén deben haberse sorprendido con el pronto cumplimiento de la profecía respecto al viaje de Pablo a Jerusalén.

**34 Y el gobernador, después de leer la carta** — Después de leer la carta, Félix pregunta de qué provincia era Pablo; se le informó que era de Cilicia, una provincia imperial. No le pregunta sobre su nacionalidad, pues la carta de Lisias declara que Pablo era ciudadano romano. La razón por la que pregunta sobre su provincia era para asegurarse que tenía jurisdicción sobre el preso. Había leyes que regulaban las relaciones entre las provincias, y un gobernador no debía basarse enteramente en la carta de otro, sino investigar por sí mismo y asegurarse de los hechos. Y eso es precisamente lo que hace Félix.

**35 Te atenderé cuando vengan tus acusadores** — Ya que Cilicia era una provincia imperial, Félix tenía jurisdicción para juzgar a Pablo. Le informa que le escuchará más detenidamente cuando lleguen sus acusadores. Esto significa que examinaría el caso de Pablo plenamente, dando a entender también que el reo recibiría un juicio imparcial. Luego ordenó que custodiasen a Pablo en el pretorio de Herodes, un palacio construido por Herodes el Grande. Ahora Judea era una provincia romana, y el palacio de sus ex reyes ahora se había convertido en la residencia oficial del gobernador. Parece que a Pablo lo trataron bien, manteniéndolo cerca del palacio del gobernador. Pablo queda así bajo arresto honorable, con libertad restringida, pero gozando de los derechos de un ciudadano romano que no ha sido condenado. Es custodiado por soldados en espera del lento proceso de un juicio.

## 1. PABLO Y SUS ACUSADORES ANTE FELIX
### 24: 1-9

1 **Cinco días después, descendió el sumo sacerdote** — "Cinco días después" puede significar cinco días a partir de la partida de Pablo desde Jerusalén, o cinco días después de que llegaron a Cesarea. El significado exacto no está claro y el contexto no ayuda mucho. El derecho romano exigía que un caso referido a una corte superior debía ser juzgado tan proto como fuera posible. El sumo sacerdote Ananías descendió de Jerusalén junto con "algunos de los ancianos", probablemente miembros del partido o secta de los saduceos. El hecho de que viniera el sumo sacerdote indica que los saduceos le daban mucha importancia a este caso, ya que estaba en juego una de sus doctrinas principales: su negativa de que existía la resurrección. "Descendió", porque Jerusalén estaba a una altura mayor que Cesarea. La ciudad de Cesarea estaba a unos 113 kilómetros al noroeste de Jerusalén, sobre la costa mediterránea. Ananías y los ancianos llevan consigo a un cierto orador o abogado del derecho romano llamado Tértulo. En aquellos días había muchos abogados romanos practicando derecho en las provincias, donde adquirían experiencia para después ejercer la profesión en Roma. El trabajo de Tértulo era presentar la acusación formal contra Pablo.

2, 3 **Y cuando éste fue llamado, Tértulo comenzó a acusarle** — Cuando le tocó el turno al caso y todas las partes interesadas estaban presentes, Tértulo empezó a presentar los cargos formales contra Pablo. Comenzó con lisonjas y exageraciones de las cualidades de Félix. Con su labia esperaba congraciarse con Félix. Los historiadores dicen que Félix había impedido disturbios entre el pueblo y había fomentado la paz, pero astutamente Tértulo omite cualquier alboroto específico que Félix había suprimido, y se limita a hablar en términos generales para adular a Félix. "Con toda gratitud" reconoce las tantísimas cosas que Félix había realizado en pro de la paz y bienestar de la nación. Tértulo alaga a Félix como un gobernador reformista.

4 **Pero por no molestarte más largamente** — Procediendo con mucho tacto, Tértulo presenta su caso en una forma muy favorable, sin restarle méritos a las buenas obras de Félix, y valorando el tiempo del

gobernador, que puede dedicar a seguir haciendo sus grandes reformas. Y siguen las adulaciones para Félix. Le pide que los oiga brevemente conforme a su "equidad" o "clemencia", del griego "epiekes", que también significa "justo, agradable, amable". La clemencia o equidad de Félix era invento de la lengua lisonjera de Tértulo, pues todos sabían que el gobernador era un avaro, no un amante de la justicia.

5, 6 **Porque hemos hallado que este hombre** — Ahora Tértulo presenta en forma lógica los cargos que los judíos tenían contra Pablo. Al analizar el discurso de Tértulo, encontramos que hace una acusación general contra Pablo, tildándolo de ser "una plaga", del griego "loimon", y significa "peste, pestilencia, plaga". Se usa sólo dos veces en el Nuevo Testamento, en este versículo y en Lucas 21: 11. Imagínense, el mejor y más dedicado predicador del evangelio en todo el mundo es acusado de ser "una peste" o "una plaga". Además de esta acusación general Tértulo menciona tres cargos específicos: "Promotor de sediciones" entre todos los judíos por todo el mundo; es decir, que dondequiera que iba instigaba una rebelión. Posiblemente Tértulo podía señalar como ejemplos el tumulto en Tesalónica (Hch. 17: 6) y el alboroto en Efeso (Hch. 19: 28). La segunda acusación es que es "cabecilla de la secta de los nazarenos". Era una acusación de herejía, y la principal ofensa de la que se quejaban los judíos contra Pablo. Pero Tértulo presenta esa ofensa como un delito contra las leyes del imperio romano, aduciendo que Pablo enseñaba una religión no autorizada por el Estado. En este sentido lo acusan de introducir dioses nuevos. La expresión "secta de los nazarenos" es utilizada en forma despectiva de Jesús y sus seguidores. "Secta", del griego "hairesis", de donde se deriva nuestra palabra "herejía". La tercera acusación es que había profanado el templo. Esto no era cierto. Cuando dice "nuestra ley", el abogado romano se identifica con el pueblo judío al presentar las acusaciones contra Pablo.

(7 **Pero se presentó el tribuno Lisias** — Este versículo es omitido de la Versión Standard en inglés. Algunos eruditos antiguos insertan la frase "quisimos juzgarle conforme a nuestra ley" en la última parte del verso 6. Luego empieza el versículo 7 "Pero se presentó el tribuno Lisias, y con gran violencia le quitó de nuestras manos, 8 mandando a sus acusadores que viniesen a ti". Esta cita incluye la primera parte del versículo 8. La Versión Standard Revisada en inglés omite el versículo 7, pues sus traductores consideran que este versículo fue una interpolación agregada para predisponer a Félix contra el tribuno Lisias. Otros comentaristas creen que este versículo fue añadido en un intento tosco por completar el discurso de Tértulo).

8 **Tú mismo, pues, si le interrogas** — De nuevo Tértulo muestra su astucia al decir que, después de su interrogación, Félix va a comprobar que Pablo es culpable de todo lo que ellos lo acusan. Con sus palabras está tratando de predisponer a Félix contra Pablo antes de que el apóstol diga siquiera una palabra en su defensa. Algunos creen que Tértulo desafía a Félix a que compruebe estas cosas después de hablar con Lisias; pero otros prefieren la interpretación de que comprobaría estas cosas después de interrogar a Pablo. Esta última explicación parecer ser el significado verdadero. "Interrogarlo", del griego "anakrinas", significa "examinar minuciosamente de pies a cabeza, interrogar", como en Lucas 23: 14, pero no incluye la idea de interrogar por medio de la tortura.

9 **Los judíos también se unían a la acusación** — Ananías y los ancianos que lo acompañaban dieron fe de las acusaciones presentadas por Tértulo, testificando de la veracidad de dichos cargos. No se nos informa cómo es que dieron fe de la veracidad de las acusaciones presentadas por Tértulo; pudo haber sido por simples gestos o movimientos, o bien que Félix les diera la palabra y les permitiera hablar por ellos mismos. Nótese que tanto los judíos como Tértulo, convenientemente omiten el hecho de que Pablo era ciudadano romano; y parece que Tértulo no sabe que Lisias había informado al respecto a Félix.


## 2. LA DEFENSA DE PABLO ANTE FELIX
### 24: 10-27

10 **Habiéndole hecho señal el gobernador** — Hay una gran diferencia entre la defensa de Pablo y las acusaciones que Tértulo presentó en su contra. Tértulo inició su discurso con lisonjas mentirosas y distorsión de los hechos. El tono de Pablo es de franqueza y veracidad. Al concedérsele la oportunidad de hablar, Pablo comienza reconociendo cortésmente los hechos concernientes a Félix, quien para ese entonces había sido juez por seis años, es decir, más que la duración promedio de un procurador. Pablo no exagera cuando dice "desde hace muchos años eres juez". Después de gobernar por poco tiempo con autoridad compartida, Félix superó a Cumano en el año 52 o 53 D. de C. Pablo no estaba delante de Félix como un criminal, pero aprovecha la oportunidad para efectuar su defensa y con alegría testificar de Cristo.

11 **Como tú puedes cerciorarte** — Félix conocía muchas cosas de las cuales Pablo estaba hablando y podía comprobar su veracidad fácilmente. El apóstol refuta las acusaciones de Tértulo apelando a los hechos que Félix conocía. Pablo había llegado a Jerusalén, saludó a los

ancianos y a la iglesia allí, e inició los siete días de purificación. Ya estaban para cumplirse los siete días de purificación cuando Pablo fue arrestado y llevado ante el sanedrín; pero fue enviado a Cesarea debido al complot contra su vida. Ahora ha sido traído frente a Félix, y este juicio parece que se efectúa el quinto día después que salió de Jerusalén. Los "doce días" pueden contarse de la siguiente manera: Primer día, Pablo llega a Jerusalén y se reúne con Jacobo (Hch. 21: 15); segundo día, hace su primera visita al templo con su voto de nazareno; tercer día hasta el día séptimo, realiza los ritos nazarenos y es arrestado por Claudio Lisias; octavo día, lo traen ante el sanedrín; noveno día, le avisan sobre el complot para matarlo, y esa misma noche lo llevan con rumbo a Cesarea; décimo día, llega a Antípatris; undécimo día, lo entregan a Félix en Cesarea; duodécimo día, pasa custodiado en el palacio de Herodes; décimo tercio día, comparece ante el tribunal de Félix.

12 **Y ni en el templo, ni en las sinagogas** — No había prueba alguna de las acusaciones de que Pablo había promovido sediciones. En ninguna parte había hablado públicamente con el propósito de incitar un tumulto; ni tampoco había andado predicando o hablado para arriba y para abajo en las calles de Jerusalén. Félix había sido gobernador por seis o siete años, y tenía conocimiento personal de todas las sediciones, y sabía que Pablo no estaba implicado en ninguna insurrección. En Jerusalén estuvo sólo doce días, de los cuales cinco había estado preso. Aunque hubiera querido, sencillamente no dispuso de tiempo para organizar o tramar una insurrección contra el gobierno romano. Por el contrario, fue a Jerusalén a adorar, no a enfrascarse en discusiones; y no reunió multitudes en la sinagoga o en la ciudad. No pertenecía a ninguna banda o pandilla rebelde, ni había tramado complot alguno.

13 **Ni te pueden probar** — Pablo niega rotundamente las acusaciones apelando a los hechos que conoce Félix. Los cargos que acababa de presentar Tértulo y los judíos eran meras declaraciones infundadas, y no habían dado pruebas, porque tampoco había pruebas contrarias a los hechos que eran bien conocidos. Pablo no tenía necesidad de contratar a un abogado para que lo defendiera, pero las verdades sencillas por él expresadas hablan elocuentemente en pro de su libertad.

14 **Pero esto te confieso** — Pablo no tenía nada que esconder y no había nada en su vida cristiana de lo cual estuviera avergonzado. "Pero esto te confieso"; Pablo reconoce que era cristiano y que Tértulo y los judíos llamaban "secta" al cristianismo. Pablo no llamó "secta" a la iglesia, porque no lo es. El dice que "según el Camino que ellos llaman secta", adoraba a Dios. El cristianismo nunca fue ni será una "secta", que significa "división, divergencia". Tértulo había usado esa palabra en el

mal sentido (verso 4), dando a entender que los nazarenos eran una división o separación del cuerpo de adoradores judíos. La palabra "herejía" se traduce de la misma palabra griega para "secta". La esencia de la ley de Moisés era apuntar hacia la venida del cristianismo; el único propósito de la ley era traer al pueblo a Cristo. El cristianismo no era una rama del judaísmo, sino la realización plena, el fruto maduro del judaísmo. Pablo creía en la ley de Moisés y en los profetas, y ambas partes del Antiguo Testamento exponían y predecían la venida del cristianismo.

15 **Teniendo esperanza en Dios** — Pablo presenta tres razones por las que su forma de adorar a Dios no es ni secta ni herejía, sino el único camino de justicia y de vida. Primero, dice que adoraba al mismo Dios al que rendían culto sus padres; dando a entender que el cristianismo era de Dios y el verdadero cumplimiento de la ley de Moisés. Segundo, Pablo abrigaba la misma esperanza que sus padres y los profetas, esperanza que se realizaría en el cristianismo. En ese tiempo los judíos esperaban al Mesías y Pablo les dice que ese Mesías ya había venido. La diferencia entre Pablo y los judíos era que Pablo ya había recibido al Mesías, mientras los judíos aún lo esperaban. Tercero, Pablo reafirma su creencia en la resurrección, tanto de justos como de injustos. El apóstol declara que la creencia en la resurrección es una enseñanza esencial de la fe judía, de la cual él nunca se había apartado. A decir verdad, Pablo era más ortodoxo respecto a la ley y los profetas, que los saduceos que negaban la resurrección.

16 **Y por esto, yo mismo me ejercito** — "Por esto" Pablo se ejercitaba en la creencia, como ya lo afirmó en los versos 14 y 15. El había sido fiel en creer y practicar todo lo que enseñaban la ley y los profetas, para poder conservar una conciencia limpia o "irreprensible" ante Dios y ante los hombres. Esa creencia en la resurrección era el gimnasio en el que Pablo hacía ejercicios y se entrenaba para vivir de acuerdo a la voluntad de Dios, con la expectativa de un juicio venidero. El hecho de la resurrección era para Pablo el timón que rigurosa y solemnemente modificaba su vida y su conducta. Las palabras de Pablo no le deben haber caído bien a Ananías, pero el apóstol habla la verdad con valor, sin miedo ni favoritismos. La regla en la vida de Pablo era apartarse del pecado, sabiendo que sería juzgado de acuerdo a sus obras que hiciera en el cuerpo. Por demás está decir que la creencia en la resurrección implica una creencia en la vida en el más allá.

17 **Pero pasados algunos años, vine** — Según Hechos 18: 22, parece que Pablo había ido a Jerusalén hacía cuatro o cinco años. Las limosnas que menciona Pablo son las ofrendas o contribuciones que él y sus

compañeros de campaña habían recaudado en las iglesias de Macedonia y Acaya para ayudar a los necesitados de la iglesia en Jerusalén. Esta es la única mención que encontramos en Hechos respecto a la generosa obra de Pablo, de lo cual el apóstol escribe tanto en sus epístolas (Ro. 15: 25; 1 Co. 16: 1-4; 2 Co. 8: 1-4). Pablo no menciona estas acciones para jactarse, sino para probar que él había estado interesado y ocupado en buenas obras, recaudando fondos para socorrer a los hermanos pobres de Jerusalén. Esa conducta era muy distinta a las acusaciones de los saduceos. En el extranjero y en Jerusalén, Pablo se había ocupado en hacer el bien, y no habría tenido tiempo para organizar rebeliones en todo el mundo. Cada afirmación de Pablo es una refutación clara de las acusaciones presentadas en su contra.

18 **Estaba haciendo esto, cuando unos judíos** — Aquí el apóstol explica los detalles de su visita a Jerusalén y su conducta en esa ciudad. El se encontraba cumpliendo su voto de nazareno (Hch. 21: 23-26) cuando fue arrestado, precisamente en medio de la ceremonia. No se encontraba amotinando a nadie ni alborotando multitudes. "Unos judíos de Asia", es decir, que los que lo encontraron en el templo eran judíos que habían venido de Asia Menor (Hch. 21: 27) o de esa región en general.

19 **Ellos deberían comparecer ante ti y acusarme** — Cabe anotar que ninguno de los cuarenta hombres que habían hecho juramento de no comer ni beber hasta que dieran muerte a Pablo, han venido a Cesarea a presentar sus cargos contra él. Posiblemente Félix ignoraba el complot contra Pablo, pero de seguro lo sabían el sumo sacerdote y los miembros del sanedrín que lo acompañaban. Los que están acusando a Pablo no son testigos oculares de los cargos que presentan. Los testigos que habían venido no tenían conocimiento de primera mano, y los que tenían algo de evidencia, no habían venido al tribunal. Después del alboroto de Jerusalén no se dice nada de los judíos asiáticos, pero por poco logran que le quiten la vida a Pablo.

20 **O que digan estos mismos si hallaron en mí algún delito** — Pablo ya se había defendido ante el sumo sacerdote y algunos de los mismos miembros del concilio que han venido a Cesarea, y Pablo les recuerda en forma desafiante, que ninguna acusación probaron contra él cuando compareció ante el sanedrín en Jerusalén. Pablo reta a Félix y a sus acusadores que digan si hallaron algún delito en él, cuando compareció ante el sanedrín. Su argumento es que los primeros en presentar las acusaciones contra él, y que lo llevaron ante el sanedrín, no están presentes en esta audiencia; pero los miembros del sanedrín que están presentes no pueden probar ningún delito contra Pablo.

21 **A no ser este solo grito que lancé** — Aquí hace un excepción a lo que acaba de decir. Los saduceos lo acusaban de enseñar la resurrección de los muertos, y cabe señalar que Pablo se refiere a este punto con mucha frecuencia. Aun en su defensa legal el apóstol hace hincapié en la diferencia entre los saduceos y los fariseos. Si de alguna forma logra mostrarle a los fariseos lo cerca que están de la verdad en su creencia de la doctrina de la resurrección de los muertos, entonces le será más fácil ayudarlos a creer en Cristo, quien había sido crucificado, muerto y resucitado de los muertos. Pablo sabía que algunos miembros del sanedrín y muchos judíos simpatizarían con su enseñanza de la resurrección de los muertos. La predicación de esa doctrina era lo único que había sido presentado a la atención del sanedrín, y la resurrección había sido la causa de división en el concilio mismo. Pablo conocía bien su caso y no desperdicia palabras, sino que se defiende con exactitud, veracidad y brevedad ante Félix. Tértulo y los judíos no tenían pruebas de lo que estaban hablando.

22 **Entonces Félix, oídas estas cosas** — Félix no ignoraba las enseñanzas de Cristo. A través de los años había gobernado desde Cesarea, Judea, Samaria y la misma Jerusalén; y había tenido frecuentes oportunidades de aprender lo que los cristianos enseñaban y practicaban; incluso Felipe, "uno de los siete" (Hch. 6: 5), vivía y predicaba en Cesarea. Félix estaba mejor informado acerca del Camino que lo que los judíos pensaban, y bien pudo haber dejado libre al apóstol Pablo, pero no lo hizo porque quería quedar bien con los judíos. La política parece estar en todas partes. Después de esta audiencia Félix confirmó que Pablo era inocente, pero aunque no le condena, lo retiene como prisionero para jugar a la política. No sabemos si Lisias fue llamado o si vino a Félix, lo cierto es que el escrito sagrado no lo vuelve a mencionar. De esta forma Félix se granjea a los judíos, aunque también tiene otro propósito en retenerlo preso.

23 **Y mandó al centurión** — Aunque Pablo sigue siendo un prisionero, Félix ordena al centurión que lo traten con amabilidad, concediéndole alguna libertad, y que no impidiese que sus amigos le "visiten o ministren". Los romanos tenían tres clases de presos: (1) los presos en las cárceles comunes, como les pasó a Pablo y Silas en Filipos; (2) el arresto militar, cuando el preso era mantenido encadenado a un soldado, y esta parece ser la forma de arresto a la que sometieron a Pablo; y (3) el reo que salía libre bajo fianza. En Hechos 28: 20 Pablo habla de sus cadenas, lo cual nos indica la clase de arresto al que lo sometieron. A Pablo se le trató bien y se le concedieron privilegios con respecto a

comida, alojamiento, y visitas de amigos, pero de todas maneras, estaba encadenado. "La jaula, aunque sea de oro, no deja de ser prisión".

**24 Algunos días después** — No sabemos cuánto tiempo implican "algunos días", pero algunos piensan que Félix había estado ausente de Cesarea por algún tiempo. Para esta entrevista privada con Pablo, Félix trae a su esposa Drusila, que era judía. Por la influencia de Félix, Drusila abandonó su primer marido. Era una de las tres hijas de Herodes Agripa I. Los nombres de sus hermanas eran Mariana y Berenice. El padre de Drusila fue quien mandó matar a Jacobo; y su abuelo, Herodes Antípas, fue quien decapitó a Juan Bautista; su bisabuelo, Herodes el Grande, fue quien ordenó la matanza de los niños en Belén. Era una familia sanguinaria. Se dice que Drusila era muy bella y que murió en la erupción del volcán Vesubio en el año 79 D. de C. El propósito de esta entrevista no podía ser más noble: escuchar a Pablo sobre "la fe en Jesucristo". Es probable que también su esposa estuviera interesada en el mismo tema. Podemos decir que Félix y Drusila tenían un deseo ardiente de conocer más acerca de Cristo. Y con seguridad sabemos que Pablo se alegró mucho de tener esta oportunidad de predicar de Cristo a estos gobernantes malvados.

**25 Pero al disertar Pablo acerca de la justicia** — Quizás Félix y Drusila no escucharon lo que querían escuchar. Después de hablarles de Cristo, Pablo les exhorta acerca de "la justicia", del griego "dikaiosunes", que significa "conducta intachable". Esto indirectamente condenaba a Félix, quien había asesinado un sumo sacerdote, aceptaba sobornos y en muchas formas era un gobernante tirano e injusto. Pablo también les habla acerca del "dominio propio", del griego "egkrateias", que quiere decir, "templanza, abstinencia, castidad". Drusila era testigo de las pasiones desenfrenadas de Félix. También les advierte del "juicio venidero" y que no escaparían el castigo por sus maldades. Félix y Drusila vivían como si nunca iban a tener que rendirle cuentas a nadie por sus acciones, pero el apóstol los hace que se enfrenten a las consecuencias de su mal comportamiento. Parece que Félix se compungió un poco, pero de Drusila no se sabe que haya tenido alguna reacción. Félix sabía que era un hombre vicioso, libertino, perdido, avaro y malvado. Al escuchar a Pablo Félix se "aterrorizó" y despachó al apóstol diciéndole que lo llamaría después, cuando "tenga oportunidad", o "en tiempo conveniente". Tristemente, esa oportunidad nunca llegó, y Félix vino a ser ejemplo de los millones que se han perdido por morosidad o falta de diligencia.

**26 Esperaba también junto con eso** — Aquí tenemos el otro motivo por el que Félix había dejado preso a Pablo. El apóstol Pablo había declarado en la audiencia pública ante Félix, que había llevado limosnas a los pobres de Jerusalén y es posible que a Félix se le haya ocurrido la idea de que Pablo o sus amigos le darían dinero para que dejara libre al apóstol. La codicia de ganancias deshonestas en la administración de la justicia era la raíz del mal de un carácter débil e inicuo. Félix pensaría que Pablo tenía dinero y que le podía sacar dinero a él y a sus amigos adinerados. Con esas malas intenciones lo "hacía llamar con frecuencia para conversar con él". Probablemente Félix hubiera dado su veredicto a favor de Pablo y lo hubiera puesto en libertad, de no haber sido porque se le metió la idea de sacarle dinero al preso. Pablo no le ofrece ni soborno ni pago de ninguna clase, de modo que Félix sigue abrigando la esperanza de que el apóstol un algún día compraría su libertad.

**27 Pero al cabo de dos años** — Pablo fue mantenido preso por dos años en Cesarea, esperando la segunda audiencia formal ante Félix, con el testimonio de Lisias, cosa que nunca pasó. No sabemos nada de la historia de Pablo en estos dos años; algunos creen que Lucas lo acompañó durante ese lapso, y tuvieron tiempo para conversar mucho sobre la obra misionera de Pablo; dicen que en base a ese conocimiento y con la guía del Espíritu Santo Lucas escribió la última parte del libro de Hechos. Porcio Festo sucedió a Félix, y éste, ya que no obtuvo dinero de Pablo, quiso quedar bien con los judíos, dejando preso a Pablo. La destitución de Félix fue provocada por las quejas de los judíos contra él, razón por la cual el emperador Nerón decidió reemplazarlo. Esto sucedió aproximadamente el año 60 D. de C.

## 3. PABLO SE DEFIENDE ANTE FESTO
### 25: 1-12

**1 Llegado, pues, Festo a la provincia** — En el año 60 D. de C., dos años antes de morir, Nerón nombró a Festo como gobernador. Festo se destacó como un hombre más honesto y recto que el perverso Félix. Parece que descansó un día en Cesarea y luego subió a Jerusalén. "Tres días después" quiere decir que llegó a Cesarea un día, descansó al día siguiente, y al tercer día viajó a Jerusalén. Es el mismo lenguaje que se usa para describir la resurrección de Cristo "después de tres días", es decir "al tercer día".

**2, 3 Y los principales sacerdotes y los más influyentes de los judíos** — Cuando Festo llegó a Jerusalén los principales sacerdotes y los judíos más influyentes le informaron acerca de Pablo, presentando cargos en su contra y pidiendo que el gobernador les hiciera el favor de traerlo a Jerusalén para ser juzgado allí, pero habían tramado una emboscada para matarle en el camino. Con el pretexto de buscar la justicia, estos dirigentes religiosos estaban planeando cometer la peor de las injusticias que se puede cometer contra otra persona. Este complot era parecido al que cuarenta hombres habían hecho dos años antes (Hch. 23: 12). El plan de ellos era esconderse en algún paraje apropiado para emboscadas y arrebatar a Pablo de la custodia de los soldados para darle muerte. Festo no sabía nada de su complot.

**4 Pero Festo respondió que Pablo estaba custodiado en Cesarea** — Festo respondió al pedido de los judíos diciéndoles que Pablo estaba preso en Cesarea, y que pronto él mismo viajaría hacia allá. Sin saber de su complot, Festo negó su petición y les frustró sus planes. Algunos creen que a Festo le habían informado de la enemistad de los judíos hacia Pablo, o que no quería inmiscuirse en los problemas de Jerusalén. El gobernador Festo era un hombre sabio, pero firme, negándose a cambiar el orden judicial establecido por Félix.

**5 Los que de vosotros puedan, dijo** — Puesto que Pablo estaba preso en Cesarea, y Festo iba a regresar pronto a esa ciudad, el gobernador aconseja a los judíos influyentes que comparezcan ante él en Cesarea y presenten sus acusaciones contra Pablo. Los hombres "influyentes" se refiere a los miembros del sanedrín. Lucas cambia de narración indirecta en el versículo 4 a narración directa en el verso 5. Festo pide que sean los dirigentes judíos los que presenten las pruebas contra Pablo, y no un abogado a sueldo como Tértulo.

**6 Y deteniéndose entre ellos no más de ocho o diez días** — Después de poco más de una semana Festo regresa a Cesarea. Literalmente "desciende" a Cesarea, conforme a la topografía de la región. Sin pérdida de tiempo manda que traigan a Pablo ante su tribunal el día siguiente después de su regreso de Jerusalén. Esta era una audiencia formal a la que habían venido algunos de los judíos influyentes de Jerusalén, como había sugerido Festo (verso 5). Se sentó en "el tribunal", que era un trono o asiento elevado al que se llegaba por una o varias gradas. A veces el trono o tribunal era llevado de un lugar a otro, y era el símbolo de un juez romano; en el Nuevo Testamento tenemos varias referencias a estos tribunales (Mt. 27: 19; Jn. 19: 13; Hch. 18: 12, 16, 17; 25: 6, 10, 17; Ro. 14: 10; 2 Co. 5: 10).

**7 Cuando éste llegó, lo rodearon los judíos** — Cuando Pablo fue traído al tribunal de Festo, los judíos lo rodearon y empezaron a acusarlo de muchos delitos graves, pero no pudieron probar nada. Los enemigos de Pablo tenían la misma prisa en acusar a Pablo, como la que Festo tenía por juzgarlo. "Lo rodearon", es decir, se pusieron de pie junto a él como testigos y acusadores. No se nos explica más detalladamente cuáles eran las acusaciones, salvo que eran muchas y muy "graves". Quizás no hayan sido más serias que las que presentara Tértulo dos años atrás. Seguramente sus cargos eran una repetición de sus acusaciones previas.

8 **Alegando Pablo en su defensa** — Es probable que Pablo haya repetido la defensa que hizo ante Félix, contestando a las acusaciones presentadas por Tértulo. El apóstol hace un resumen de los cargos que han presentado en su contra y los clasifica en tres categorías: (1) contra la ley de los judíos; (2) contra el templo; y (3) contra César o la ley de Roma. A Festo sólo le interesaban los delitos cometidos contra las leyes romanas. Podemos deducir por la defensa de Pablo, que los judíos influyentes habían hecho estas tres clases de acusaciones contra el apóstol. Puesto que los judíos alegaban que Pablo había quebrantado la ley de Israel, que era la religión reconocida y autorizada por Roma, Pablo quedaba sujeto a la jurisdicción espiritual del sanedrín. Posiblemente hayan hecho esta acusación con la esperanza de que Festo mandara que Pablo fuera devuelto a Jerusalén, y en tal caso a ellos se les facilitaría cumplir con su complot para matarle.

9 **Pero Festo, queriendo congraciarse con los judíos** — Festo tenía la misma debilidad que Félix y la mayor parte de los políticos: buscar la aprobación popular (Hch. 24: 27). No sabemos por qué razón, pero Festo temía a los judíos, quizá porque podían influir en su permanencia en el cargo de gobernador. Festo le pregunta a Pablo si quería ir a Jerusalén para ser juzgado delante de él en aquella ciudad. Pero en Jerusalén Festo iba a sentir más la presión de los judíos influyentes y estaría menos inclinado a ser imparcial si Pablo accedía a que trasladaran su caso. Es posible que también Festo lo hubiera entregado a los judíos si hubiera llevado el caso a Jerusalén; pero Pablo conocía todas las posibilidades. En realidad, la propuesta de Festo es un reconocimiento tácito de que no tenían pruebas contra Pablo, y que no había cometido delito alguna contra las leyes romanas, nada digno de condenación.

10 **Pablo dijo: Ante el tribunal de César estoy** — Con base legal y justa, Pablo se niega a que su caso sea llevado a Jerusalén. La respuesta de Pablo es enfática y decisiva. No había la más remota esperanza de que recibiera un justo juicio ante el sanedrín, o un veredicto favorable de parte de Festo, porque éste temía a los judíos. El único recurso que le queda a Pablo era apelar a César, derecho que le correspondía como ciudadano romano; y ningún oficial le podía negar el derecho de apelar al tribunal supremo de los romanos. Festo había mostrado favoritismo hacia los judíos, de modo que Pablo no recibiría justicia en otra audiencia ante este mismo gobernador. Pablo insiste en que es inocente de

cualquier delito contra la ley de los judíos o del imperio romano y valientemente enfrenta a Festo con el hecho de que el mismo gobernador sabía que Pablo era inocente de los cargos que habían presentado en su contra.

11 **Porque si he hecho algún agravio** — Tan seguro está Pablo de su inocencia, que dice estar dispuesto a morir si le prueban que ha cometido un crimen digno de la pena máxima. Por otro lado, si no era culpable de los delitos de que lo acusaban, exigía, como todo un ciudadano romano, que se le concediera el derecho de apelar su caso a César. Pablo era un ciudadano romano y ni siquiera Festo lo podía enviar a Jerusalén para que lo juzgaran los miembros del sanedrín. Originalmente, la ley romana permitía una apelación de los magistrados al pueblo, pero el emperador en Roma representaba al pueblo y apelar a César era un derecho que disfrutaban todos los ciudadanos romanos. Con esta medida Pablo quita el caso de las manos de Festo. Quizá el deseo de Pablo de ir a Roma (Hch. 19: 21; Ro. 15: 22-28), y la promesa de Jesucristo de que vería esa ciudad (Hch. 23: 11), fueron factores que ayudaron a Pablo en su decisión enfática de apelar a César.

12 **Entonces Festo, habiendo hablado con el consejo** — Festo habló con el consejo, que se traduce del griego "sumboulion", y que significa "concilio. Por lo general en el Nuevo Testamento esta palabra significa "consejo", como en Mt. 12: 14, pero sólo en este versículo quiere decir "un grupo de consejeros, o concilio", y se refiere a los asesores o consejeros principales del procurador o gobernador. Esos asesores locales eran necesarios para que ayudaran al gobernador o juez con sus experiencias y consejos. El grupo de asesores era nombrado en cada provincia para orientar al gobernador en asuntos de derecho romano; era el equivalente de un gabinete en los gobiernos modernos. Después de consultar con sus asesores, Festo regresa a su trono y anuncia la apelación de Pablo en forma oficial: "A César has apelado; a César irás". En este tiempo el César en turno era el famoso y malvado Nerón. Algunos comentaristas encuentran sarcasmo en las palabras de Festo, y las interpretan en el sentido de que Festo insinuó que a Pablo no le iría mejor cuando César conociera su caso.


## 4. FESTO Y AGRIPA
### 25: 13-27

13 **Pasados algunos días, el rey Agripa y Berenice** — Cada uno de los personajes ante quienes Pablo compareció tiene una memorable

historia. El rey Agripa era Herodes Agripa II, hijo de Agripa I, quien tuvo una muerte asquerosa en Cesarea (Hch. 12: 21-23). Era nieto de Herodes el Grande y el último de los famosos príncipes herodianos, quienes jugaron un papel importante en la historia de Israel durante los últimos cincuenta años de su existencia como nación separada. Agripa gobernaba una pequeña porción de lo que fuera el territorio de su padre; el resto había sido convertido en la provincia romana de Judea: Agripa II residía en Cesarea de Filipos. Murió muy anciano, se cree que en el año 99 D. de C., tras sobrevivir por casi tres décadas después de la caída de Jerusalén. Berenice era hermana de Agripa II y Drusila. Era muy bella y su vida es como una terrible novela de romance, pues se casó a una tierna edad con su tío Herodes, rey de Calcis. Enviudó muy joven y se fue a vivir con su hermano Agripa II. Polemo, rey de Cilicia, adoptó la religión judía y tomó a Berenice por mujer; pero ella lo abandonó pronto y regresó con su hermano Agripa II, con quien se dice que tuvo relaciones ilícitas. Después vino a ser querida o concubina de Tito, hijo de Vespasiano, quien la llevó a Roma; pero debido a la gran indignación pública, Tito no se casó con ella. Festo recién había sido nombrado gobernador, y Agripa con Berenice vinieron a Cesarea a felicitarlo por tan alto honor.

**14, 15 Y como pasaban allí muchos días** — La estancia de Agripa y Berenice fue indefinida, y el original griego puede significar "más de un día, o varios días". Lo cierto es que hubo suficiente tiempo como para que Festo discutiera el caso de Pablo con Agripa y Berenice, y al consultarles al respecto, confirmaría su amistad con el rey. Festo no le presenta un informe oficial a Agripa, sino que conversa sobre el tema en forma informal, personal y de consulta. Agripa conocía más de los asuntos judíos que Festo, y teniendo más experiencia como funcionario público, sin duda que podría asesorar a Festo. De lo que leemos sobre esta conversación podemos deducir que los judíos habían pedido la pena de muerte para Pablo sin darle un juicio imparcial. Evidentemente le hicieron dos propuestas a Festo: (1) que condenara y ejecutara a Pablo sin un juicio; y (2) que llevara a Pablo a Jerusalén para un presunto juicio, pero con el propósito de matarle en el camino. Además, le informa que Pablo había sido dejado preso por Félix, de modo que, tal vez era un caso antiguo y difícil. Había buenas razones para que Festo consultara a Agripa.

**16 Les respondí que no es costumbre de los romanos** — Es posible que Festo se haya jactado un poco en esta conversación con Agripa, pues en Hechos no leemos que el gobernador haya respondido a los judíos en los términos que le cuenta al rey Agripa. Puede ser un relato exacto de los sucesos, como también Festo pudo haber cambiado un poco los detalles.

Como es posible que los judíos hayan pedido la pena de muerte contra Pablo, también puede que no. Los funcionarios romanos no tenían mucha fama por ser honestos en sus conversaciones, y Festo probablemente no desperdició esta buena oportunidad de jactarse un poco ante Agripa, exagerando su lealtad a la justicia para quedar bien. Festo menciona una parte de la ley del imperio y los derechos de un ciudadano romano, según la cual, el acusado tenía derecho a que sus acusadores presentaran los cargos "cara a cara", y que también se le concediese la oportunidad de defenderse. Pero fue Pablo quien dijo a Festo las palabras que ahora le cuenta a Agripa que le dijo a los judíos. Los que acusaban a Pablo ante Festo no habían hablado delante de Pablo, pues ahora el sumo sacerdote ya no era Ananías, sino Ismael.

17 **Así que, después que ellos se reunieron aquí** — Aquí sí, Festo habla con exactitud, porque mientras él estuvo en Jerusalén, los judíos influyentes le pidieron que llevara a Pablo para ser juzgado en Jerusalén. Festo se negó, pero los invitó a que vinieran a Cesarea a presentar sus acusaciones contra Pablo. Así lo hicieron, y Festo efectuó la audiencia oficial sin pérdida de tiempo.

18 **Y cuando sus acusadores comparecieron** — Festo sigue narrando los detalles del juicio. Después de que los acusadores de Pablo vinieron y presentaron sus acusaciones, Festo no encontró las pruebas que esperaba. Quizás durante su visita a Jerusalén los judíos le metieron ideas en la cabeza y Festo pensaba que algo habría de cierto en las acusaciones de que Pablo era un sedicioso y traidor al imperio. Sin embargo, al concluir la audiencia, Festo comprobó que los cargos no eran más que vagos rumores que no podían probar.

19 **Sino que tenían contra él ciertas cuestiones** — Festo descubrió que los cargos más importantes contra Pablo eran cosas que en nada interesaban al imperio romano, pero que no había cometido delito alguno contra las leyes romanas. Al conversar con el rey judío Agripa, Festo no usaría palabras ofensivas a sabiendas. Pero muestra cierta ignorancia cuando dice que los cargos contra Pablo eran cuestiones acerca de "su propia religión, y de un cierto Jesús, ya muerto, del que Pablo afirma que está vivo". Lo único que Festo entendía es que, según él, Pablo y algunos fariseos afirmaban, no la doctrina general de la resurrección, sino el testimonio específico que Jesús había resucitado de los muertos; mientras que los contrarios negaban esta afirmación. Festo era como Galión en Corinto (Hch. 18: 17). Esto nos muestra que Lucas escribió sólo un resumen del discurso de Pablo ante el sanedrín y de su defensa ante Agripa. No se nos dice si tan siquiera mencionó el nombre de Jesús, y sin embargo, ese nombre y la resurrección de Jesús, eran lo que más habían

impresionado la mente de este gobernador romano."Religión" en este versículo, viene del griego "deisidaimonias", que en algunas versiones se traduce como "superstición". Los griegos usaban esta palabra con varios significados, entre ellos "piadosos, religiosos o supersticiosos". En Hechos 17: 22 Pablo usa esta palabra.

**20 Yo no sabía qué camino tomar** — Festo ya había determinado lo que iba a hacer, pero le era difícil justificar su conducta al no poner en libertad a Pablo de inmediato, con lo que pudo haber evitado al gobierno romano el gasto de apelación a César. El es muy exacto al decir que le preguntó a Pablo si quería ir a Jerusalén para ser juzgado sobre estos asuntos. Festo no sabía cómo conducir un proceso judicial sobre cuestiones religiosas; para él esto correspondía a una corte judía; o por lo menos eso es lo que le dice al rey Agripa. Esta era su excusa por haber propuesto entregar a Pablo a los judíos, aunque era contraria a la costumbre romana, como el mismo Festo afirmó (verso 16). Festo le dice a Agripa, no lo que él había dicho anteriormente, sino lo que se le había ocurrido tras reflexionar.

**21 Mas como Pablo apeló que se le reservase para la decisión del Augusto** — Una vez que Pablo apeló a César, Festo dejó de tener jurisdicción sobre el reo, y no le queda más opción que enviarlo a Roma. En la conversación de Festo uno parece detectar que no le gusta mucho la idea de la apelación a César. El tenía que conceder el deseo de Pablo, pero que un ciudadano romano expresara su preferencia por el tribunal imperial en Roma, no decía mucho de la imparcialidad y justicia del gobernador. Mas la culpa la tuvo Festo, pues obligó a Pablo a apelar a César cuando le propuso trasladar su caso a Jerusalén. "El Augusto" es traducido "el Emperador" en algunas versiones. El original griego es "Sebastos", y es un título de reverencia al emperador de Roma.

**22 Entonces Agripa dijo a Festo** — Al enterarse de los detalles del caso, el rey Agripa se interesó, tal vez porque había oído frecuentemente acerca de Pablo y había deseado escucharle. O tal vez no era un deseo genuino de satisfacer su curiosidad, sino de saber más del cristianismo de labios de uno de sus mayores exponentes. La sugerencia cortés de Agripa fue aceptada de inmediato por Festo, prometiéndole que al día siguiente haría todos los arreglos para que escuchara a Pablo. Esto era lo más rápido que se podían hacer los arreglos.

**23 Al otro día, viniendo Agripa y Berenice** — Para cumplir la promesa, Festo hace todos los arreglos para que Pablo sea traído ante el gobernador y los distinguidos visitantes. La descripción de Lucas es tan real, que a uno le da la impresión que él era testigo ocular de este suceso. En esta ocasión hubo mucha "pompa". En la solemne reunión estaba la crema y nata de la "sociedad", desde el rey Agripa, Berenice, el gobernador Festo, los tribunos o capitanes de mil soldados, y los hombres "más importantes" de la ciudad, todos con sus trajes de gala y sus togas oficiales, en un despliegue de lujo y esplendor. Después de que desfilaron aquellas grandes personalidades, que les hicieron todos los honores y que los habían sentado, por mandato de Festo traen a Pablo. Había un gran contraste entre Pablo, el preso encadenado, y el esplendor de la procesión, los resplandecientes trajes de los miembros de la corte, de los alguaciles judíos, los guardias romanos y los miembros del sanedrín. Era una escena imponente. Unos dieciocho años antes de este acontecimiento, Herodes, el padre de Agripa, fue herido por el ángel del Señor como castigo por su orgullo (Hch. 12: 23). Este es un cumplimiento de las profecías de Jesús a sus discípulos cuando les dijo que serían llevados ante "gobernadores y reyes, para testimonio a ellos y a los gentiles" (Mt. 10: 18). Cristo le dijo a Ananías, que Pablo era un instrumento escogido, "para llevar mi nombre en presencia de los gentiles, y de reyes, y de los hijos de Israel" (Hch. 9: 15). Este día se cumple en Pablo la promesa del Señor.

**24 Entonces Festo dijo: Rey Agripa, y todos los varones que estáis aquí** — Como el anfitrión de esta solemne reunión, Festo presenta el caso a la concurrencia. Aunque sólo había hablado con los enemigos de Pablo, Festo creía equivocadamente que los sentimientos antagónicos de ellos eran representativos de los judíos en general. Festo no agrega nada nuevo en su introducción, excepto que los judíos de Cesarea se habían unido a los de Jerusalén para pedirle que Pablo no debía seguir vivo. Festo se dirige a Agripa usando un título de mucha cortesía y honor, "rey Agripa". Es muy posible que en dos años los saduceos de Jerusalén hubieran logrado incitar mala voluntad contra Pablo en sus correligionarios de Cesarea, los cuales los apoyaron en exigir la pena de muerte contra Pablo.

**25 Hallando que no ha hecho ninguna cosa digna de muerte** — Con franqueza Festo afirma que él no encontró nada por lo cual Pablo mereciera la muerte. Con esas palabras enfáticas Festo admite que los judíos no habían podido probar sus acusaciones. No obstante Festo estaba obligado a enviar un informe oficial del asunto por el cual el caso fue apelado, pero no estaba seguro de lo que debía escribir al emperador, razón por la cual necesitaba el consejo y cooperación de Agripa. Quizás Pablo hubiera sido puesto en libertad, si no hubiera sido por el persistente clamor de los judíos. Mas ahora que Pablo ha apelado a César, Festo tiene que enviarlo a Roma. Estos puntos son mencionados para mostrar la condición exacta del caso: la apelación de Pablo a César había suspendido todos los procesos judiciales, excepto en Roma. Por tal motivo, esta reunión no es una audiencia judicial, sino una reunión para que Agripa se informe mejor.

**26 Como no tengo nada en concreto [seguro]** — La ley exigía que cuando un caso era apelado al emperador, se transmitiera un informe detallado del crimen, así como de todos los procesos legales que se habían efectuado con relación al caso. Está claro que Festo admite la inocencia de Pablo, pero reitera que lo había retenido preso por las presiones de los judíos. Literalmente Festo se refiere al emperador como "mi señor", frase que en la versión Reina-Valera se traduce "al Augusto". Tiberio y Augusto no permitía que la gente los llamara por ese título, no así Calígula y Nerón, quienes se vanagloriaban de ser llamados "señores". Festo pide la ayuda de los otros funcionarios romanos, pero muy especialmente del rey Agripa. Tenía la esperanza que después de esta audiencia e interrogación de Pablo, podría formular un informe más específico para el emperador. Con esto estaba mostrando cortesía a los demás funcionarios, especialmente al rey Agripa.

**27 Porque me parece fuera de razón** — Con mucha razón a Festo le parecía ridículo enviar a Roma a un preso que había apelado a César, sin informar al supremo tribunal sobre las acusaciones en su contra. Festo esperaba que el interrogatorio frente a Agripa iba a sacar a luz datos frescos u otros detalles que se habían escapado; o por lo menos que el rey Agripa, que estaba más familiarizado con la religión judía, le podría ayudar a escribir el informe que enviaría a César. Es asombroso en cuántos apuros se vieron las autoridades romanas y judías por un solo hombre tan humilde.


## 5. DEFENSA DE PABLO ANTE EL REY AGRIPA
### 26: 1-32

**1 Entonces Agripa dijo a Pablo** — Después de que Festo presentó el caso, Agripa parece haberse encargado de presidir el resto de la reunión, razón por la cual le indica a Pablo que se le permite hablar a su favor. Nadie presenta acusaciones contra Pablo, pues Festo ha dicho que no había pruebas de los cargos de los judíos contra el preso. "Extendió su mano" era una señal normal para pedir silencio. Ahora está frente a tan distinguida concurrencia como un prisionero, probablemente con su mano izquierda encadenada a un soldado. Había un mundo de diferencia entre la gloria terrenal y la pompa de los mandatarios públicos, y Pablo, el inocente prisionero en cadenas.

**2 Me tengo por dichoso, oh rey Agripa** — Así comienza Pablo su "defensa", que realmente no fue una defensa en el estricto sentido de la palabra, ya que se trata de una audiencia para que Agripa y Festo se enteren mejor de su caso. Pablo no está lisonjeando a Agripa al decir que se sentía dichoso de poder hablar delante del rey; es la forma cortés con que Pablo siempre habla. En verdad se sentía feliz por la oportunidad de predicar el evangelio a Agripa, porque el rey comprendería todas las referencias que Pablo hiciera a las creencias y esperanzas de los judíos. En su defensa ante Félix, Pablo también usó lenguaje cortés (Hch. 24: 10).

**3 Sobre todo, porque tú conoces bien todas las costumbres** — Agripa conocía la religión de los judíos, las sectas de los fariseos y saduceos; y estaba familiarizado con sus expectativas del Mesías, y sus leyes ceremoniales; y por eso podía escuchar a Pablo con paciencia y comprensión. La defensa de Pablo se divide en dos partes: (1) su vida anterior era muy conocida como un fariseo (Hch. 22: 3; Gál. 1: 14; Fil. 3: 5, 6); 2) su vida como prisionero. Agripa II estaba especialmente capacitado como juez en este caso, porque no sólo era gobernante del territorio de los judíos, sino que era guardián del templo, y por lo menos profesaba la misma religión de los judíos. Su padre Agripa I era famoso por observar los ritos judíos estrictamente.

**4, 5 Mi vida, pues, desde mi juventud** — La primera parte de la vida de Pablo en Tarso y Jerusalén era conocida por todos y Pablo enfatiza su educación y creencias antes de su conversión. Se cree que Pablo fue llevado a Jerusalén desde muy joven para recibir su educación. Ya que todos los judíos conocían a Pablo desde su juventud, podían testificar que Saulo de Tarso pertenecía a la secta de los fariseos y era muy celoso de todas las enseñanzas y creencias de esa secta. "La más rigurosa secta", de la frase griega "akribestaten hairesin", que es una expresión superlativa. Pablo era riguroso, estricto y preciso en su vida de fariseo. La palabra "secta" es la misma que se encuentra en Hch. 24: 5, y que a veces se traduce "herejía". "Religión", del griego "zreskeias", y es la antigua palabra para describir la adoración o disciplina religiosa. Pablo conocía bien todas las reglas de los fariseos, y vivía estrictamente de conformidad a dichas reglas.

**6, 7 Y ahora, por la esperanza de la promesa** — Hasta aquí Agripa podía dar testimonio de la veracidad de lo que Pablo había dicho. Era su creencia en el cumplimiento de la antigua esperanza nacional lo que lo había llevado a través de varios juicios hasta llegar delante de Agripa. Los fariseos habían abrigado la esperanza en la promesa de que Dios establecería un reino mesiánico, y al predicar de Cristo, Pablo declaraba que esa promesa se había cumplido. ¡Qué paradoja! Pablo había sido arrestado por creer lo mismo que los fariseos enfatizaban con tanto ahínco y confianza; y está preso por culpa de los mismos judíos. La resurrección de Cristo era la base del evangelio del reino mesiánico que predicaba Pablo, y esto había enfurecido a los judíos. Pablo declaraba que Jesús, que fue crucificado y sepultado, ahora ha resucitado de los muertos; pero los judíos lo negaban (Hch. 25: 19).

8 **¿Se juzga entre vosotros como cosa increíble el que Dios resucite a los muertos?** — De repente Pablo se vuelve a la audiencia. "Increíble" significa "infiel (Lc. 12: 46), "sin fe" (Jn. 20: 27), o "incrédulo". Viene del griego "apiston". En el texto griego se da a entender que Pablo está hablando no sólo a Agripa, sino también a toda la concurrencia. Si Dios puede resucitar a los muertos, ¿por qué es imposible creer que ha resucitado a Jesús? Y si le ha resucitado, ¿no significa esto que el Jesús resucitado se ha convertido en el Cristo? Todo lo que Pablo había hecho era predicar que Jesús de Nazaret era el Mesías; que este Jesús había sido crucificado, sepultado y resucitado de los muertos, y que ahora está sentado a la diestra de Dios, gobernando su reino mesiánico. ¿Por qué era imposible que Agripa y los demás creyeran en Jesucristo?

9 **Pues también yo había creído mi deber** — Continuando su defensa ahora Pablo se refiere a su conversión, expresando comprensión de los que ahora piensan como él pensaba antes de convertirse. El había sido guiado de la incredulidad a la fe, y no se desanimará por nada (1 Ti. 1: 12-17). Pablo no cambió de parecer por medio de una cadena de razonamientos, sino que del máximo grado de prejuicio e incredulidad fue cambiado al grado máximo de fe. Amablemente Pablo está diciendo que disculpa a los que lo hacen sufrir como prisionero, porque en un tiempo él también cometía los mismos agravios a otros.

10 **Y esto es precisamente lo que hice en Jerusalén** — Ahora relata algunos incidentes de las persecuciones que realizó a los cristianos antes de su conversión. Con autorización e instrucción del sanedrín era el perseguidor oficial de los cristianos. Menciona a los "principales sacerdotes", que eran saduceos, aunque Pablo mismo era fariseo, porque en ese tiempo se unieron los fariseos y saduceos para perseguir a los cristianos. Y cuando los mataban, dice Pablo, "yo di mi voto". El griego "katenegka psefon" literalmente significa "yo lancé mi piedra". Los griegos de la antigüedad usaban piedrecillas blancas para indicar su voto de absolución (Ap. 2: 17) y una piedrecilla negra para condenar. Ellos echaban sus piedrezuelas en una urna. Por esta razón muchos creen que Pablo era miembro del sanedrín y que, por lo tanto, era casado, pues nadie podía ser miembro del sanedrín si era soltero. También es posible

entender estas palabras en sentido figurado, es decir, que dio su aprobación; y en este caso no sería necesario que fuera miembro del sanedrín. Lo más probable es que Pablo era miembro del sanedrín, aunque sabemos que cuando escribió 1 Co. 7: 7, no tenía esposa; probablemente había enviudado para entonces.

**11 Y muchas veces, castigándolos** — Antes de ser cristiano Pablo no tenía lástima de los discípulos, según describe con exactitud su celo en la persecución de los seguidores de Cristo. Iba de sinagoga en sinagoga por toda Jerusalén, buscando cristianos, para traerlos ante las autoridades correspondientes y castigarlos. A veces el sanedrín local actuaba como juez en las sinagogas, de acuerdo a la ley judía; a los presos se les castigaba en las sinagogas en presencia de los jueces (Mt. 10: 17; 23: 34; Mr. 13: 9). "Los forzaba a blasfemar", quiere decir que a veces lo lograba y otras veces no; de todos modos, la razón por la que los forzaba a blasfemar era que la sentencia por la blasfemia era la muerte segura. Para obligarlos a blasfemar utilizaba todos los medios de tortura posibles. "Blasfemar" significa "hablar contra Dios, contra Cristo o contra el Espíritu Santo". Los cristianos fieles preferían la muerte antes que renunciar a su integridad delante de Dios. "Enfurecido sobremanera contra ellos" quiere decir que Pablo no sólo actuaba por ignorancia (1 Ti. 1: 13), sino que también podía haber sufrido locura temporal. Tanto era su celo que aun los perseguía hasta las "ciudades extranjeras", es decir, las ciudades fuera de Judea, aquellas que estaban en Galilea y Samaria, y aun hasta Damasco.

**12, 13 Ocupado en esto, iba yo a Damasco** — Investido con toda la autoridad oficial Pablo se dirigía a Damasco, una de esas ciudades extranjeras para cumplir su misión. Esta es la tercera narración de la conversión de Pablo; las otras dos se encuentran en los capítulos 9 y 22. En esta tercera versión encontramos algunos detalles nuevos, a saber: (1) Fue al mediodía, verso 13; (2) la luz del cielo sobrepasaba el resplandor del sol, verso 13; (3) esa luz rodeó, no sólo a Pablo, sino a todos los que lo acompañaban, verso 13; (4) todos cayeron en tierra, verso 14; (5) Jesús habló en lengua hebrea, verso 14; (6) Jesús le dijo: "Dura cosa te es dar coces contra el aguijón", verso 14; (7) una versión más detallada de la comisión que Jesús le dio de predicar el evangelio a los gentiles, versos 16 y 18. Las variaciones en las tres narraciones de la conversión sólo enfatizan la veracidad del relato, porque son detalles complementales de los acontecimientos.

**14 Y habiendo caído todos nosotros a tierra** — Pablo y todos los que lo acompañaban cayeron en tierra, y Pablo escuchó la voz del Señor que le preguntaba en el idioma hebreo por qué razón lo perseguía. La voz le citó el refrán "dura cosa te es dar coces contra el aguijón". Este refrán se encuentra en la literatura griega y latina de ese tiempo, aunque algunos creen que también era un proverbio entre los hebreos. La mención de este refrán mostraría a Festo y Agripa que Pablo era un hombre culto y educado. Todo esto nos ayuda a entender mejor el estado mental de Pablo antes de su conversión. Algunos creen que Pablo estaba apagando las dudas y escrúpulos de su conciencia, y que el Señor le advierte que no siga haciendo el mal en desafiante rebelión a la voluntad de Dios, para no correr el riesgo de cauterizar su conciencia. El "aguijón" era una vara de seis u ocho pies de longitud. El agricultor manejaba y sostenía el arado con una mano y con la otra llevaba el aguijón o puya para picar o punzar al buey y hacerlo que caminara más rápido u obedeciera las órdenes del arador. Si el buey daba coces él mismo se daba punzadas más fuertes.

15 **Yo entonces dije: ¿Quién eres, Señor?** — La narración es breve, como breve son la pregunta de Pablo y la respuesta de Cristo. "Yo soy Jesús, a quien tú persigues", contesta el Señor. La palabra "persigues", del latín "persequor", que significa, "perseguir, ir detrás de". Pablo perseguía a los discípulos de Cristo y los castigaba, pero era como si estuviera persiguiendo a Cristo mismo.

16 **Pero levántate, y ponte sobre tus pies** — Antes de ser levantado, Pablo tuvo que ser derribado; y antes de ser exaltado, tuvo que ser humillado. No era necesario tener miedo, porque lo que había pasado era un llamado para una obra más noble. De ahora en adelante debe dejar de perseguir a Cristo y empezar a proclamar al Señor como Salvador de todos los hombres. Iba a ser testigo de lo que había visto y oído, y de lo que le faltaba ver y oír. Pablo era un apóstol porque Jesús se le apareció, lo instruyó y le dio la comisión (1 Co. 9: 1; 15: 8). Pablo tuvo otras visiones además de la que recibió en el camino a Damasco (Hch. 18: 9; 23: 11; 2 Co. 12: 2). Aquí recibe una misión doble: (1) Se le designa "ministro" o siervo; y su servicio o ministerio consistiría de proclamar a los gentiles la remisión de pecados y la herencia entre los santificados; y (2) sería "testigo", es decir, que daría testimonio de lo que había visto y oído. El verdadero testigo muchas veces tiene que hacer algo más que dar un testimonio verbal, pues en aquellos tiempos generalmente exigía sufrir y quizá hasta morir por Cristo. "Testigo" y "mártir" vienen de la misma palabra griega "martures".

17, 18 **Librándote de tu pueblo, y de los gentiles** — "Librándote", del griego "exairoumenos", que significa "seleccionar, sacar" de entre muchos, y por extensión, "rescatar, librar". Algunos comentaristas están divididos en cuanto al significado con que se usa la palabra aquí. La interpretación más correcta parece ser la de "rescatar o librar", pues debe haberle animado a Pablo el recordar la promesa del Señor de que los "libraría" de sus enemigos. A continuación tenemos un resumen de lo que el Señor le dijo a Saulo: (1) estando todavía en tierra, (2) por boca de Ananías, y (3) por medio de la visión en el templo. El Señor le dio la misión de convencer, iluminar e instruir. Era necesario que le abriera los ojos a la gente para que vieran que estaban perdidos; al instruirlos conocerían lo que tenían que hacer para "convertirse de las tinieblas a la luz, y de la potestad de Satanás a Dios". De esta manera se limpiarían de sus pecados y recibirían promesa de "herencia" entre los santificados por medio de la fe que es en Cristo. "Satanás", del griego "satana", que significa "adversario, enemigo", el inveterado enemigo de Dios y de todo lo bueno. Satanás es el cabecilla del reino de las tinieblas, de la maldad y de toda la jerarquía de malos espíritus y malas influencias (2 Co. 11: 14; Ef. 1: 21; 6: 12; Col. 2: 15; 2 Tes. 2: 9). El relato de estas palabras de Pablo ante esta audiencia culta, justifican su obediencia a los mandamientos de Jesús, razón por la cual Pablo fue arrestado y estaba encarcelado.

19, 20 **Por lo cual, oh rey Agripa, no fui rebelde** — Ahora Pablo habla directamente al rey Agripa, habiendo aclarado que el mandamiento que obedeció vino de Dios, y que el mensaje que predicaba era una "visión celestial". Enfatiza la divinidad y autoridad de su comisión, pero omite un detalle personal de la ceguera temporal y la posterior restauración de su vista. La autoridad divina de su comisión parece impresionar más a Agripa que a los demás. Si Pablo no obedecía esas órdenes celestiales, sería desobediente a Dios, y ¿cómo se podía negar a obedecer cualquier judío devoto? Luego Pablo procede a relatar las demás cosas que hizo, comenzando con la predicación del evangelio en Damasco, Jerusalén y por toda Judea, así como a los gentiles. Su mensaje exigía fe en el Señor Jesucristo, arrepentimiento de sus pecados y obediencia en el bautismo. Esta reseña indica a Agripa que Pablo inició su obra con su propia raza y después continuó con los gentiles. Pablo no fue rebelde, sino que inmediatamente empezó a cumplir su ministerio a los judíos y gentiles, de acuerdo a su comisión, sin vacilar un instante. De la historia escrita por Lucas es fácil trazar la predicación de Pablo en Damasco y Jerusalén. Bernabé ya había dado testimonio de que Pablo predicó con denuedo en Damasco (Hch. 9: 27), y que en Jerusalén discutía con los judíos helénicos (Hch. 9: 28, 29); pero no es tan fácil determinar la fecha en que predicó por toda la tierra de Judea. "Obras dignas de arrepentimiento" era una expresión que Juan Bautista usaba con frecuencia (Mt. 3: 8) y se refería al fruto natural de un arrepentimiento verdadero.

21 **Por causa de esto los judíos, prendiéndome** — Ahora Pablo le relata al rey Agripa la razón por la que fue arrestado por los judíos: Porque andaba predicando el evangelio, especialmente por llevar su mensaje a los gentiles, igual que a los judíos, dando a entender que el reino mesiánico no hacía acepción de nacionalidad. Según el criterio de los judíos, el pecado imperdonable que cometió Pablo fue de predicar el evangelio a los gentiles. Pablo había sido arrestado en forma violenta e ilegal; fue retenido preso sin causa; y ahora está de pie, como un preso encadenado, frente a Agripa, sencillamente por obedecer a Dios.

22 **Pero habiendo obtenido auxilio de Dios** — La fuerza necesaria para perseverar sufriendo por Jesucristo provino de Dios. Esa ayuda divina era el secreto de su perseverancia en su obra, y es que la fuente de ese auxilio era la misma de donde había venido su comisión. Los recuerdos de cuando lo apedrearon en Listra, las persecuciones en Filipos, Corinto y Tesalónica, el peligro en el areópago de Efeso, y los peligros de muerte en Jerusalén, todos los pudo soportar con la ayuda de Jehová. Pablo no discriminaba edades, ya que predicaba a "pequeños y a grandes". El había predicado a los pobres, pero en este momento estaba predicando delante del rey Agripa, el gobernador Festo y toda la nobleza de Cesarea. En todo esto no decía "nada fuera de las cosas que los profetas y Moisés dijeron que habían de suceder". No añadió ni omitió nada de lo que predijeron Moisés y los profetas.

23 **Que el Cristo había de padecer** — Los profetas habían predicho los sufrimientos que Cristo había de padecer. Algunos interpretan la frase "había de padecer", en el sentido de que Cristo no tenía escapatoria; pero otros prefieren el significado de la naturaleza de su sufrimiento, es decir, el grado de sufrimiento que podía soportar. Cuando Juan Bautista llamó a Jesús "el Cordero de Dios", introdujo una idea nueva a los que habían estudiado Isaías sobre el Mesías que sería el siervo "sufrido" de Dios. Pablo muestra dos cosas: (1) que el Mesías había sido destinado divinamente para que padeciera; y (2) que el Mesías, una vez que sufriera, sería las primicias de la resurrección de los muertos. Una vez resucitado, Cristo proclamaría "luz al pueblo [judío] y a los gentiles".

24 **Al decir él estas cosas en su defensa** — Al llegar a este punto Festo lo interrumpió bruscamente, olvidándose de los buenos modales y de la dignidad de su cargo, pues gritó: "Estás loco, Pablo; las muchas letras te están llevando a la locura". "Loco", del griego "mainei", que significa "desvarío, delirio". Festo no comprende porqué Pablo habla con tanto entusiasmo sobre sus visiones y la resurrección de los muertos. El pensó que Pablo estaba volviéndose loco con tantos estudios. "Las muchas letras" o estudios (Jn. 7: 15). Nuestras palabras "manía",

"maniático" y "maniaco", vienen del griego "manei". Aunque tenía la capacidad, Pablo no había hecho alarde de conocimiento, pero sus palabras estaban más allá del alcance de Festo.

**25 Mas él dijo: No estoy loco, excelentísimo Festo** — Pablo no estaba fuera de sí, no estaba delirando, como dice Festo, sino que ha hablado palabras de verdad, y no vanas imaginaciones; estaba libre de enfermedad mental, pues había escogido bien sus palabras y expresado exacta y claramente lo que había visto y oído. Como siempre, el apóstol se expresa amablemente y con respeto. El no había hablado imaginaciones o alucinaciones, sino hechos; no desvaríos de la mente, sino la verdad literal y exacta.

**26 Pues el rey sabe bien estas cosas** — Festo no entendía, pero Agripa sí sabía de lo que Pablo estaba hablando. Agripa era judío de religión, y conocía bien las esperanzas que la nación tenía en el Mesías venidero, y no ignoraba las predicciones de los profetas. También había escuchado mucho acerca de Pablo, de modo que lo entendía a él y su mensaje. Pablo sabía que su comportamiento antes y después de su conversión era del conocimiento público, como lo era la crucifixión, sepultura y resurrección de Jesucristo. Los judíos habían tratado infructuosamente de impedir esta predicación. Las experiencias de Pablo no eran un secreto, incluso su visión en el camino a Damasco, su visita a Jerusalén y todas las demás cosas que había hecho, todo era conocido por mucha gente. Después de esta interrupción, Pablo sigue hablando directamente a Agripa.

**27 ¿Crees, oh rey Agripa, a los profetas?** — Como quien dice, con sus argumentos, Pablo había "acorralado" a Agripa y le hace una súplica directa a convertirse. Ya que profesaba la religión judía, Agripa aceptaba a los profetas, por eso se entiende la petición de Pablo. El desafío es de ver el cumplimiento de las profecías del judaísmo y aceptar el cristianismo, según lo ha predicado Pablo. Agripa debe creer lo que Pablo ha predicado o seguir en la religión judía. El apóstol escudriña el corazón del rey al preguntarle "¿Crees, oh rey? Yo sé que crees". Agripa sólo tiene dos alternativas: aceptar lo que Pablo le ha predicado, o rechazarlo. Pero rechazar el mensaje que Pablo le ha dado es lo mismo que rechazar a los profetas y la plenitud de la religión de los judíos. Si no estuviera en presencia de Festo, Agripa podría disputar la interpretación que Pablo da a las profecías, pero como judío no le conviene poner en tela de juicio lo dicho por Pablo.

**28 Por poco me persuades a ser cristiano** — Agripa se siente obligado a dar una respuesta, pues no podía evadir una contestación ni negar lo que Pablo había dicho. El apóstol no acusó a sus enemigos de ningún delito; su "defensa" fue positiva, con la predicación del evangelio; no aprovecha la situación para pedir clemencia por él, sino que trata de persuadir a Agripa para que acepte a Cristo. ¡Cuánto han cambiado las cosas! "Por poco", del griego "en oligoi", no significa "casi", pero no es muy claro lo que quiere decir. Algunos creen que se refiere a "tiempo", es decir, "en un poco más de tiempo"; mientras que otros piensan que significa "con un poco más de esfuerzo me persuadirás a ser cristiano". Y hay otros más que creen que Agripa está hablando en forma irónica, aunque no con disgusto. Parece que por ahora pone el asunto a un lado, como si estuviera pensando para sí: "¿Crees que me puedes hacer cristiano con tu discurso?". Festo era ignorante y desdeñador; pero Agripa se perdió por su indiferencia. Esta es la segunda vez que Lucas usa la palabra "cristiano", y Hch. 11: 26 es la primera vez. Claro que había varios obstáculos para que Agripa se hiciera cristiano: Sus riquezas, su trono, sus colegas, sus relaciones con Berenice y otros, todos eran obstáculos. Quizás su naturaleza espiritual fue tocada, y al igual que Félix, se estremeció, pero también como Félix, procrastinó, sin la intención de aceptar a Cristo.

**29 ¡Quisiera Dios que por poco o por mucho** — Pablo le da una respuesta muy optimista a Agripa y de esa respuesta podemos deducir algo de lo que el rey quiso decir. Si Agripa habló sarcásticamente o con ironía, Pablo ignoró su tono y le contestó cortésmente y con simpatía. "Por poco o por mucho", puede significar "le pediría a Dios, no a la ligera como lo haces tú, oh rey, sino con toda la importancia que merece"; o bien "le pediría a Dios que te persuadieras con poca evidencia o con mucha", y te hicieras cristiano. Pablo quería que los que lo escuchaban se hicieran como él, "excepto estas cadenas", es decir, que se convirtieran a Cristo, pero que no tuvieran que padecer las persecuciones que él sufría. Pablo había sido traído a esta audiencia encadenado a uno o dos soldados romanos, quienes lo custodiaban, conforme a la costumbre romana. Esas cadenas no se las quitaron durante su discurso, pero Pablo, siendo un hábil predicador, las utiliza para ilustrar su punto. No obstante, el preso en cadenas estaba más libre espiritualmente hablando, que Agripa y los demás dignatarios, quienes estaban atados por las cadenas de la ignorancia, el pecado y la corrupción.

**30, 31 Entonces se levantó el rey, y el gobernador** — Toda la ilustre audiencia, encabezada por Agripa, se ponen de pie, como para dar por terminado el discurso de Pablo. Los visitantes reales habían llegado con toda pompa; algunos de ellos se ponen de pie por seguir el ejemplo de los anfitriones principales, otros como señal de respeto al rey Agripa. Lo triste es que todos  se  retiraron, algunos sin entender nada de lo que

Pablo había dicho; otros con indiferencia, y quizá otros con algo de convicción y un mejor entendimiento del caso de Pablo y su mensaje. Cuando se retiraron, hablaban en privado entre sí, expresando que no habían encontrado ningún delito por el cual Pablo mereciera estar preso o ser condenado a muerte. Quizá se reunieron por diferentes motivos o propósitos, pero ahora todos están de acuerdo en una cosa: Pablo es inocente. Las palabras del apóstol los habían impresionado. Festo se queda con la misma confusión que antes de que Pablo hiciera su defensa. Si todos pensaban que Pablo era inocente, ¿por qué no lo dejaron en libertad?

**32 Podría este hombre ser puesto en libertad** — Aquí está la respuesta a la interrogante sobre su libertad. El rey Agripa le dice a Festo que no había razón alguna para retener preso a Pablo, excepto que el reo había apelado al supremo tribunal de César. Pero la única razón por la que Pablo se vio obligado a apelar a César fue que Festo lo quería enviar a la boca de los leones en Jerusalén para ser "juzgado" allí. En todo esto Festo no saca ninguna medalla de honor. Pero de todo lo malo, hay que sacar algo bueno. Es probable que por la influencia de Agripa en Roma, el gobernador Festo haya hecho alguna mención favorable de Pablo, para que lo trataran bien. Ahora no era fácil deshacerse de la responsabilidad por la vida de Pablo, pues si lo dejaban libre, lo exponían a las asechanzas de los judíos. Por lo menos a Pablo se le concedió un viaje seguro hacia Roma, como lo había anhelado por muchos años.

## 1. DE CESAREA A CRETA
### 27: 1-12

**1 Cuando se decidió que habíamos de navegar para Italia** — No podemos determinar cuánto tiempo más estuvo Pablo en Cesarea bajo la custodia de Festo, parece que hubo cierta duda de si Pablo iba a ser enviado a Italia o no. De todos modos, por fin fijan el día de salida. Ahora Lucas y Aristarco son protagonistas de la narración y están incluidos de aquí en adelante cuando habla de "nosotros", o se implican con la conjugación del verbo, empezando con el verso 2, cuando dice "embarcándonos". Algunos creen que a Lucas se le permitió viajar como compañero o siervo de Pablo, cosa que disponía la ley romana. Es posible que Lucas no haya estado con Pablo durante sus juicios delante de Félix, de Festo y de Agripa. Las descripciones minuciosas y los detalles de este viaje y del naufragio, que nos presenta Lucas, revelan mucho más sobre la navegación en los tiempos antiguos, que lo que podemos encontrar en cualquier otra literatura secular. Pablo y "algunos otros presos" fueron entregados a un centurión llamado "Julio". Nótese que Pablo es clasificado con los otros presos. La familia de los "Julios", como la de los "Cornelios" (Hch. 10: 1) era muy ilustre en Italia. Julio, así como otros centuriones que se mencionan en el Nuevo Testamento (Mt. 8: 5; Mr. 15: 39; Hch. 10: 1), merecen nuestro respeto. Este centurión tenía a su cargo la compañía llamada "Augusta", que probablemente era una banda especial de soldados designados para el servicio particular de trasladar reos. Se le llamaba "Augusta" o "Imperial", porque de alguna forma correspondía a la guardia personal del emperador en Roma.

**2 Y embarcándonos en una nave adramitena** — El viaje de Pablo a Roma, incluso el naufragio registrado en este capítulo, puede dividirse de la siguiente manera:

(1) En la nave adramitena (versos del 1-5)
{ Todos abordan la nave.
Viajan de Cesarea a Sidón,
Luego a lo largo de la costa de Chipre
Después a Mira y Licia.

|     |                                                |     |                                                      |
| --- | ---------------------------------------------- | --- | ---------------------------------------------------- |
| (2) | En la nave alejandrina, <br> (versos 6-12)     | {   | De Mira a Creta. <br> A Buenos Puertos, Creta. <br> Consejo de Pablo al piloto (capitán) <br> Zarpan hacia Fénice en Creta. |

(3) La tempestad en el mar, (versos 13-29)

El huracán.
Refuerzan la nave.
Aligeran la nave.
Pablo anima a todos con su visión.
Se acerca a costas desconocidas.
Echaron cuatro anclas. Pasan la noche.

(4) El naufragio, (versos 30-44)

Los marineros procuraban huir.
Pablo los persuade a que coman y se animen.
Echan el trigo al mar.
Amanece. Buscan la playa.
Naufragan.
Todos escapan a la costa de Malta.

"Nave adramitena", es decir, una nave procedente de Adramitio, ciudad portuaria de Misia, sobre la costa occidental de Asia Menor. La nave seguramente iba de regreso después de atracar en Cesarea. "Aristarco, macedonio de Tesalónica", que le acompañó junto con Lucas, es mencionado en Hch. 19: 29; 20: 4; Col. 4: 10; Flm. 24.

**3 Al otro día llegamos a Sidón** — Esto aconteció probablemente en agosto del año 59 o 60 D. de C. Sidón estaba a unos 108 kilómetros de Cesarea, y era la ciudad rival de Tiro. Esta nave atracó en este puerto para cargar y descargar mercancía. Julio trató muy cortés y humanamente a Pablo, permitiéndole abandonar la nave para ser "atendido por sus amigos". Es posible que Festo y Agripa hayan dado órdenes a Julio para que dieran buen trato a Pablo, pero de todos modos Pablo recibe un trato digno y considerado durante todo el viaje, gozando de privilegios que los otros presos no disfrutaban. Después de haber estado dos años en Cesarea, es posible que Pablo necesitara ropa y abrigo, especialmente para este largo viaje, y los hermanos y amigos de Sidón sin duda le proveyeron lo que necesitaba.

**4 Y haciéndonos a la vela desde allí** — La nave permaneció en puerto lo suficiente como para que Pablo tramitara algún negocio que le dio cierto tiempo con los amigos, y después navegaron "a sotavento de Chipre", es decir, en dirección norte, a lo largo de la costa de Chipre, rodeando por el punto noroeste de la isla. A la izquierda quedaba la isla de Chipre, entre la nave y el viento que soplaba del noroeste. Los fuertes vientos del noroeste no les permitían navegar en línea directa de Sidón a Pátara, teniendo a Chipre a la mano derecha. "Sotavento", es el lado resguardado del viento; lo opuesto a "barlovento".

**5 Habiendo atravesado el mar** — Parece que los vientos los obligaron a navegar más hacia el norte que la ruta que debían haber seguido. La corriente marina corre en dirección occidental, a lo largo de Cilicia y Panfilia, y de esa manera la costa los protegía del viento. La nave atracó en Mira, una ciudad que estaba a unos 4 kilómetros de la costa de Licia, cerca de la desembocadura del río Andríaco. En un tiempo Mira fue la metrópolis de Licia, provincia colindante con Panfilia al occidente.  Se calcula que la nave pasó quince días luchando con el viento en las costas de Panfilia.

**6 Y hallando allí el centurión una nave alejandrina** — Este barco venía de Alejandría, Egipto, y navegaba hacia Italia llevando un cargamento de trigo y 276 pasajeros. Se cree que era una de las naves de la flota mercante que transportaba trigo egipcio a Italia. Seguramente fue desviada de su ruta normal por la fuerza de los vientos. Las naves alejandrinas eran muy grandes y eran dirigidas, no por un timón, sino por dos remos grandes a uno y otro lado de la popa. Los aparejos consistían de una o varias velas grandes, con las banderas sobre los mástiles, como en las naves modernas. En tiempos antiguos, naturalmente, no tenían brújulas, y sus mapas e instrumentos eran inexactos. Este tipo de nave era especial para navegar a favor del viento y también en siete direcciones con respecto al viento, pudiendo alcanzar velocidades de hasta veinte nudos por hora. Un "nudo" es una milla náutica, es decir, 6,085 pies. Entonces, la velocidad equivaldría a 8.5 millas náuticas por hora. Estos barcos mercantes podían transportar entre mil y mil cien toneladas de carga. Josefo nos cuenta que la nave en que él naufragó llevaba a bordo 600 personas. El centurión trasbordó sus pasajeros a esta nave alejandrina para continuar el viaje.

7 **Navegando muchos días despacio** — Era una nave grande, y con mucha carga; y los vientos contrarios no permitieron avanzar por muchos días. Los vientos soplaban del noroeste, por lo cual eran contrarios a la ruta que ellos se proponían; de modo que lo mejor que pudieron hacer fue navegar a "paso de tortuga", llegando a duras penas frente a Gnido. La distancia entre Mira y Gnido era de unos 210 kilómetros y parece que se tardaron unas dos o tres semanas en recorrer el trayecto debido a los fuertes vientos. La dirección general de la costa era hacia el oeste, hasta que llegaron a Gnido. La nave se refugiaba del norte por medio de la costa, pero quedaba expuesta a los vientos del oeste que le daban de frente; y en estas circunstancias la navegación era lenta y trabajosa. Desde Gnido parece que la nave tomó un rumbo suroeste, navegando "a sotavento de Creta, frente a Salmone". Salmone estaba en el extremo oriental de Creta. De aquí otra vez zarparon con rumbo oeste, protegidos de los vientos del norte por la isla de Creta, navegando por su costa sur.

8 **Y costeándola con dificultad** — Navegaron hacia el oeste, protegidos por Creta hasta que llegaron a un lugar llamado "Buenos Puertos", en la costa sur de la isla. Estaba a corta distancia al este de Cabo Matala; y más allá la costa hace una curva hacia el norte. "Lasea", cuyas ruinas fueron descubiertas en 1856, estaba a dos horas de camino a pie desde Buenos Puertos. Además de Lucas, ningún otro escritor menciona estos dos lugares.

9 **Y habiendo pasado mucho tiempo** — Pasaron muchos días en Buenos Puertos esperando que cambiara el viento, o haciendo arreglos para la continuación del viaje. "Siendo peligrosa la navegación, por haber pasado ya el ayuno" [el Día de Expiación]. En tiempos antiguos la navegación por el Mediterráneo era considerada peligrosa desde octubre hasta mediados de marzo; pero la peor temporada era de mediados de septiembre a mediados de noviembre, lapso durante el cual se suspendía la navegación en mar abierto. En el año 59 D. de C. el "ayuno" ocurrió el 5 de octubre. El gran Día de la Expiación, establecido por la ley de Moisés, caía el séptimo día del mes de Tisri, equivalente a nuestro septiembre-octubre (Lv. 16: 29; 23: 27; Nm. 29: 7). Lo que no se puede determinar con certeza es si éste era el año 59 o el 60 D. de C. En el año 60 el ayuno se celebró el 23 de septiembre. Ya que Pablo y sus compañeros estaban acostumbrados a contar el tiempo usando las fiestas principales como referencia, es natural que Lucas mencione este Día de la Expiación. Pablo "les amonestaba" o les advertía de los riesgos, pero no le hicieron caso.

10 **Varones, veo que la navegación va a ser con perjuicio** — Pablo advirtió al capitán de la nave y al centurión Julio, que el viaje no sólo

sería peligroso, sino que causaría pérdidas materiales y humanas. Parece que discutieron si sería mejor permanecer en el puerto, protegidos de los vientos del noroeste, o proseguir la navegación hasta un puerto más seguro como era Fénice, en el extremo occidental de la isla. Ya Pablo se los advirtió que si proseguían la navegación, sufrirían pérdidas de vidas y de cargamento; pero tristemente, no acataron el consejo de Pablo.

11 **Pero el centurión daba más crédito al piloto** — Es natural que el centurión encargado de los soldados prestara más atención al capitán de la nave que a un preso bajo su custodia. El centurión era responsable por los soldados, los presos y el cargamento de trigo, razón por la cual algunos creen que se trataba de una embarcación del gobierno o contratada por el imperio romano. "Patrón", del griego "kubernetei", y significa "timonero, piloto, o maestro de vela". El centurión no quería arriesgarse a que lo criticaran por escuchar las advertencias de un preso, en vez de seguir las decisiones de los expertos que controlaban la nave.

12 **Y siendo el puerto inadecuado para invernar** — Parece que se hizo una reunión con los encargados de la nave para decidir lo que debían hacer. Lucas nos informa sobre el consejo de Pablo y luego nos dice que la tripulación tenía diversidad de opiniones. La mayoría acordó continuar el viaje con la esperanza de llegar a Fénice, aunque no estaban seguros de lograrlo, debido a las condiciones peligrosas por la temporada de huracanes. Fénice era un puerto en el sur de Creta, al oeste de Buenos Puertos. Aunque era irónico, se dice que era más seguro que "Buenos Puertos" para pasar el invierno, ya que su localización — mirando hacia el sudoeste y el noroeste — le daba protección de los vientos y el embate de las olas. Hay dos formas de interpretar el griego: "mira al sudoeste y noroeste", o "mira al noroeste y sureste", todo depende del ángulo desde donde uno mire el puerto. Si uno está en la isla y mira hacia el puerto, la dirección sería "noroeste y sureste"; pero si uno está en el puerto y mira hacia tierra adentro, la dirección sería "suroeste y noroeste".

## 2. LA TEMPESTAD Y EL NAUFRAGIO
### 27: 13-44

13 **Y soplando una brisa del sur** — Mientras estaban en Buenos Puertos, se calmaron los vientos del noroeste, tornándose en una brisa del sur. Aprovechando este cambio favorable, zarparon hacia Fenice, procurando costear Creta para mayor seguridad. Fenice estaba a unos 64 kilómetros al oeste de Buenos Puertos, en la costa sur de Creta. Era natural tener optimismo y esperar que el buen tiempo durara lo suficiente

como para darles tiempo a que navegaran ese trayecto, que en condiciones favorables sólo tomaría unas pocas horas. Tan seguros estaban, que no se tomaron la molestia de subir a bordo el esquife o bote salvavidas, optando por remolcarlo. Levaron anclas y zarparon con una ruta próxima a la costa de la Isla, pasando por el Cabo Matala, un punto en el sur de Creta a pocos kilómetros de Buenos Puertos.

14 **Pero no mucho despúes** — Es decir, al poco tiempo de haber zarpado, dio contra la nave un fuerte viento proveniente de las montañas de Creta, y al no poder enfrentarlo, tuvieron que navegar a la deriva. Este viento huracanado era llamado "Euroclidón", que describe el carácter del viento. Viene del griego "eurakulon" y no se encuentra en ninguna otra parte del Nuevo Testamento. Se dice que es una palabra híbrida compuesta del griego "euros", que significa "viento oriental"; y del latín "aquilo", que quiere decir "noroeste". En otras palabras, el nombre del viento describe la dirección del mismo.

15 **Y siendo arrastrada la nave** — El viento era tan violento que la nave no pudo enfrentarlo. El lenguaje de este versículo da a entender literalmente que la embarcación fue arrebatada por el viento huracanado y no podía poner proa al viento; es decir, no podía navegar en línea recta al ojo de la tempestad, quedando a merced de las fuerzas de la naturaleza.

16 **Y habiendo corrido a sotavento de una pequeña isla** — La nave tuvo que refugiarse en la protección de una pequeña isla llamada "Cauda", localizada a unos 37 kilómetros al suroeste de Creta. En esos tiempos se acostumbraba remolcar un pequeño bote o esquife salvavidas, y era muy difícil subir a bordo esa pequeña embarcación. Pero en medio de la tempestad estaban a punto de perder este bote. Con dificultad "pudimos hacernos" incluye a Lucas y los demás pasajeros ayudando a los marineros a trabajar y colaborar para rescatar el bote y subirlo a bordo. Sus vidas dependerían de ese bote.

17 **Y una vez subido a bordo** — Las naves antiguas, con sus velas y mástiles, se exponían a esos fuertes vientos, y viendo que la nave posiblemente no soportaría la furia de la tempestad, tenían que hacer algo para evitar que se fuera a pique en mar abierto. Por eso la "ciñeron" dándole vueltas con lazos y cadenas. Luego arriaron [bajaron] las velas, temiendo que los ventarrones los arrastraran hacia el suroeste hasta dar en la Sirte, o arenas movedizas de Africa. Había dos Sirtes, la Mayor y la Menor, en la costa norte de Africa; una al oeste de Cirene y la otra cerca de Cartago. El terror de todo marinero en los tiempos del imperio romano era la Sirte del Mediterráneo. Este versículo no quiere decir que la nave estaba cerca de la Sirte Mayor, sino que podía ser arrastrada hasta allá. Después de estas precauciones, quedaron a la deriva.

18, 19 **Pero siendo combatidos por una furiosa tempestad** — A medida que acrecienta la furia de la tempestad, los marineros de experiencia se percataron que la embarcación no iba a soportar más y pusieron a todos a trabajar. Combatieron el primer día y al segundo día empezaron a deshacerse de parte del cargamento. Recordemos que la embarcación iba cargada de trigo destinado para Italia. Al tercer día los marineros y los soldados "con sus propias manos" arrojaron los aparejos de la nave. "Aparejos", del griego "skeuen" y que se refiere a todos los instrumentos y herramientas de la nave. Los aparejos eran esenciales para la navegación, y sólo eran tirados al mar en caso de extrema urgencia y peligro. Pero la situación empeoraba a cada instante, y ya han aligerado la nave arrojando al mar parte del cargamento de trigo y los aparejos. Los aparejos y muebles que arrojaron al mar eran aquellas cosas que no eran esenciales en caso de tormenta.

20 **Y no apareciendo ni sol ni estrellas por muchos días** — El peligro aumentaba con el paso de cada hora, ya que estaba tan nublado y la tormenta arreciaba y duraba muchos días. Una de las razones por las que era peligroso navegar en invierno era que el cielo se oscurecía y se nublaba más que en otras temporadas. Ya que no tenían brújulas, dependían mucho del sol y las estrellas para orientarse. "Toda esperanza de salvarnos". La dificultad para orientarse y la prolongación de la tempestad son dos buenas razones para que aumentara el temor. La tercera etapa fue cuando llegaron a la desesperación total. Fue en ese estado de congoja psicológica, cuando todos reconocieron que no había escapatoria humanamente posible, que Pablo intervino para aconsejar y animar a la tripulación y los demás presos. No sabían hacia dónde iban, pues no avistaban tierra y no tenían forma de orientarse; la nave estaba maltrecha y posiblemente haciendo agua; la furia de la tempestad aumentaba, con lo que perdieron toda esperanza de salvarse.

21 **Como hacía mucho que no comíamos** — Otro de los factores que hacían más difícil la emergencia era la falta de alimento regular. En tales circunstancias, y por precaución, se apagaba todo el fuego para cocinar; las provisiones estaban mojadas con agua salobre; y las pocas energías eran dedicadas a salvar las vidas y la embarcación. En medio de la tormenta, la oscuridad y la desesperación, Pablo se pone de pie y les dice: "Debías, oh varones, haberme hecho caso, y no zarpar de Creta". Este recordatorio no se los hace para recriminarlos, sino para que esta vez se den cuenta que él sabía lo que estaba diciendo y confíen en sus palabras. Pablo intervino cuatro veces, en dos ocasiones tuvo éxito y las otras dos no le hicieron caso. En dos ocasiones compartió su experiencia y sentido común; y en dos ocasiones les habló de las visiones en las que

el Señor le prometía seguridad personal y para todos los que iban en las misma nave (versos 10, 21-26, 31, 33-35). Pablo les había aconsejado que pasaran el invierno en Buenos Puertos, pero no le hicieron caso. En las circunstancias más difíciles, Pablo es el único que conserva la calma y tiene el valor de animar a los demás con el mensaje de Dios; él era el único que podía animarlos a que no perdieran la esperanza, que comieran y recuperaran las fuerzas para lo peor de la tormenta que todavía faltaba; y sólo Pablo tuvo el alcance de advertir para que los marineros no escaparan.

**22 Pero ahora os exhorto a tener buen ánimo** — De nuevo se destaca el siervo de Dios, el preso Pablo toma la iniciativa y asume el liderazgo que le faltó al capitán de la nave y al centurión. Indudablemente que el tono de su voz y el aspecto de su rostro confirmaba la confianza que expresaba con sus palabras. Era algo inaudito que en medio de una escena de peligro y desesperación, alguien se pusiera de pie y animara a los demás, mucho menos que lo hiciera un preso como Pablo, y con tanta calma y seguridad. El apóstol les asegura que "no habrá ninguna pérdida de vida entre vosotros", sino solamente de la nave. Por cierto que se animaron mucho cuando Pablo les explicó las razones por las que él tenía tanto optimismo.

**23 Porque esta noche ha estado conmigo un ángel** — La razón por la que Pablo estaba seguro de lo que decía era una visión que había tenido esa noche. Pablo era un siervo de Dios que había dedicado su vida a predicar la palabra, razón por la que se sentía seguro en su cuidado; él tenía optimismo cuando los demás estaban preocupados; él confiaba cuando los otros dudaban. El ángel del Señor había animado a Pablo y le había dado un mensaje alentador. No se avergüenza de atribuirle a Dios el honor por su ánimo y seguridad; no se jacta de atributos propios o de que era más sabio y valiente que los demás. Con claridad dice que Dios es el único que lo puede cuidar a él y a los demás.

**24 Y me ha dicho: Pablo, no temas** — El ángel dijo a Pablo que él iba a comparecer ante César. Pablo había estado orando, y el ángel fue enviado como respuesta de Dios para darle el valor que ahora manifiesta. El ángel le aseguró: "Dios te ha concedido todos los que navegan contigo". Esto quiere decir que Pablo había estado orando, no sólo por su bienestar personal, sino la seguridad de sus compañeros, sus amigos cristianos, toda la tripulación, los demás presos y la nave misma. La vida de los compañeros de viaje se las había presentado el ángel como un regalo. Ya que Pablo tenía que comparecer ante el tribunal de César, sería preservado con vida a través de esta difícil prueba. La promesa no asegura la conversión de todos--porque esa sería una decisión personal--sino que escaparían con vida los peligros de este viaje.

**25, 26 Tened buen ánimo** — La fe que Pablo tenía en Dios era una gran ventaja sobre los demás, y en este momento oportuno viene a ser capitán y piloto de la nave; su calma y valor le permitieron tomar el lugar del centurión para vigilar por el bienestar de los presos. El hombre más útil en la nave era Pablo, gracias que era cristiano y que Dios lo cuidaba a él. Pablo tenía seguridad cuando les dijo que iban a "encallar en cierta isla". Conociendo a Pablo, no podemos imaginarnos que haya desperdiciado esta gran oportunidad para predicarles de Cristo como la razón de su fe en Dios. Puesto que predijo que encallarían en una isla cercana, es probable que el ángel le había dado más detalles del naufragio y la forma en que se salvarían.

**27 Cuando llegó la decimocuarta noche** — Catorce días, ¿a partir de cuándo? Es posible que Lucas esté contando desde que salieron de Buenos Puertos. "Eramos llevados a través del mar Adriático". La nave era zarandeada para allá y para acá en el mar de Adria, nombre que se daba al estrecho del Mar Mediterráneo entre Grecia, Italia y Africa, pero no tenía las mismas demarcaciones que lo que ahora conocemos como el Mar Adriático. A medianoche los marineros pensaron que estaban cerca de tierra. Probablemente los marineros interpretaron los embates de las olas, las líneas de espuma blanca que se asomaban a través de la oscuridad, iluminadas quizás por algún relámpago; por todo pensaron que estaban cerca de tierra. Pero no conocían la localidad donde estaban y sería un suicidio tratar de escapar en medio de las tinieblas y de la bravura de la tempestad.

**28 Y echando la sonda, hallaron veinte brazas** — "Sonda", del griego "bolisantes", que a su vez viene de "bolis", que significa "un dardo o arrojadizo"; y por lo tanto, echar la plomada o la sonda a la mar. "Brazas" equivalía a seis pies, de modo que, la profundidad del agua en ese punto era de 120 pies. Pero pasando un poco más adelante, volvieron a echar la sonda, y encontraron que la profundidad era quince brazas, o 90 pies. Esto comprobaba que estaban acercándose a tierra; pero no sabía qué clase de costa, y temían que fuera rocosa.

**29 Y temiendo dar en escollos** — Todos temían que la nave fuera lanzada contra una costa rocosa, por lo que echaron "cuatro anclas por la popa". Se suponía que cuatro anclas fueran suficientes para asegurar la nave en esa posición, pero era inusual anclar una embarcación por la popa; lo normal era hacerlo por la proa. En esta ocasión, si hubieran anclado por la proa, la nave habría dado vuelta por la fuerza del viento y habría sido más difícil de maniobrarlo después que cesara la tempestad.

En la isla de Malta, hasta el día de hoy, el puerto de la Bahía de San Pablo, es un sitio seguro para las embarcaciones pequeñas. La nave había estado a la deriva desde que zarparon de Clauda, y hasta Malta la distancia era de 771 kilómetros. Lo único que podían hacer era esperar a que amaneciera. Si los marineros hubieran permitido que la nave siguiera navegando con rumbo noroeste, para evadir las arenas movedizas, los ventarrones del noroeste la habrían arrastrado de regreso hacia el oeste.

30 **Pero como los marineros procuraban huir de la nave** — En la hora de peligro era natural que prevaleciera el instinto de auto-conservación y se olvidaran de cosas mejores. Era lógico que los marineros sugirieran que la nave necesitaba más anclas en proa; y mientras aparentaban que estaban ocupados en asegurar la nave, bajaron la nave salvavidas, el mismo que con tanto trabajo habían elevado a cubierta (verso 16). Su plan era huir de la embarcación. Los marineros tendrían pretexto para usar el esquife aparentando que iban a tender las anclas de proa. Era un truco de parte de los marineros.

31 **Dijo Pablo al centurión y a los soldados** — Siendo un observador astuto, Pablo se percató de lo que los marineros intentaban hacer, avisando al centurión y los soldados con estas palabras: "Si éstos no permanecen en la nave, vosotros no podéis salvaros". Pablo tuvo el valor de hablar a tiempo y reprenderlos por el peligro en que se iban a poner todos. Aunque el ángel del Señor le había prometido que todos se salvarían, Pablo no se puede quedar cruzado de brazos y dejar que Dios lo haga todo; él debe hacer todo lo que está de su parte para que Dios lo proteja. En esas condiciones los soldados y los presos no hubieran podido manipular la nave ellos solos, cosa difícil en condiciones óptimas, de modo que obviamente se requería la experiencia de los marineros para la seguridad de todos. Todos debían estar agradecidos con Pablo por ser tan precavido y vigilante en esas horas de oscuridad, desesperación y peligro.

32 **Entonces los soldados cortaron las amarras del esquife** — Aparentemente había cuatro clases de pasajeros a bordo: (1) Los oficiales, incluso el capitán, el piloto y el centurión; (2) los marineros; (3) los soldados; y (4) los prisioneros. Los marineros estaban tratando de huir, pero cuando los soldados comprendieron la advertencia de Pablo, cortaron el lazo que sujetaba el bote salvavidas, y lo dejaron perderse en la mar, evitando así que los marineros escaparan. Su solución fue rápida, al estilo militar. El bote se fue a la deriva y pronto se perdió en la oscuridad, yendo a parar en los escollos y seguramente partiéndose en añicos. Dios había prometido a Pablo que todos se salvarían; pero exhorta

a que todos trabajen armoniosamente para ayudar a que se cumpla la promesa.

33 **Y hasta que empezó a hacerse de día** — De nuevo, mientras esperaban a que se hiciera de día, Pablo vuelve a tomar la iniciativa y les ruega a todos que coman algo. No podían navegar ni hacer nada más hasta que amaneciera y pudieran ver un poco; dormir era imposible; e intensificaban la ansiedad y el temor. Ya que habían estado sin comer por dos semanas, Pablo aconseja que se alimenten, sabiendo que al salir el sol iban a necesitar todas las fuerzas que pudieran; y psicológicamente sabía que si comían algo, se reanimarían para cumplir con sus deberes. También se necesitaba una actividad común que juntara a los soldados y los presos, borrando en parte cualquier resentimiento mutuo que pudiera haber surgido por el incidente anterior. No está claro si los 14 días habían sido de ayuno continuo, o sólo catorce noches sucesivas en vela y sin comer nada. Probablemente Pablo se refiere a que no habían comido regularmente, sino bocados de vez en cuando, pero no un ayudo absoluto, porque Lucas no usa la palabra griega que expresa este concepto de abstinencia total de alimento.

34 **Por tanto, os ruego que comáis algo** — Pablo animó a todos a "comer algo", pues aunque les había asegurado que el Señor los cuidaría, ellos tienen que hacer algo al respecto, no esperar a que Dios lo haga todo. Es impresionante la actuación de Pablo: un preso que va a ser juzgado, pero ¡qué don de liderazgo e iniciativa! Era necesario que comieran para "su salud", del griego "soteria", que significa "seguridad", física y personal, pero no la seguridad o salud espiritual. Pablo enfatiza que la preservación de sus compañeros de viaje depende de que ellos estén fuertes, pero al mismo tiempo les asegura que "ni aun un cabello de la cabeza de ninguno de vosotros perecerá". Esta es una expresión común de seguridad (1 S. 14: 45; 2 S. 14: 11; 1 R. 1: 52; Lc. 21: 18).

35 **Y habiendo dicho esto, tomó el pan** — Pablo ya les ha aconsejado que coman y ahora les pone el ejemplo alimentándose él mismo. Algunos han dicho que esta era la Cena del Señor para Pablo, Lucas y Aristarco; pero lo más probable es que se trataba de una comida común, ya que Pablo exhortó a que todos participaran. Además, la Cena del Señor nunca se hizo con la intención de nutrir físicamente o de reemplazar los alimentos normales. Pablo "dio gracias a Dios en presencia de todos", y partiendo el pan, comenzó a comer. "Gracias", del griego "eucharistesen", que significa "dar gracias", como lo hizo el Señor en varias ocasiones (Lc. 24: 30).

36 **Entonces todos, teniendo mejor ánimo** — Las palabras y el ejemplo de Pablo inspiran ánimo a todos. Es maravilloso ver cuánta

influencia puede ejercer sobre muchos una persona calmada, valiente, optimista y bien ubicada. La alegría y esperanza de Pablo contagian a todos los viajeros, quienes ahora lo ven como su amigo y caudillo, y siguiendo su ejemplo, toman alimento. Con su acto de acción de gracias, Pablo llama la atención de todos hacia Dios, a quien servía, y quien les había protegido y prometido salvarlos de este tempestad.

**37 Y éramos todas las personas en la nave doscientas setenta y seis.** — Aquí Lucas nos da el número de pasajeros, como un hecho que ha sido omitido antes, o como algo muy importante; o lo que es más probable, porque por primera vez todos se reúnen y comen juntos. El escritor Lucas, cuidadoso de los detalles, fue quien se tomó la molestia de contarlos. Ahora todas las doscientas setenta y seis personas están bajo la influencia de Pablo. Esa era una gran cantidad de personas en la nave, pero frecuentemente los barcos mercantes eran lo suficientemente grandes como para transportar carga y pasajeros. Algunos dicen que el número de los pasajeros era setenta y seis, porque esa es la cifra que se encuentra en algunos manuscritos antiguos, pero su autenticidad no ha sido comprobada y no amerita el cambio en el texto.

**38 Y ya satisfechos, aligeraron la nave, echando el trigo al mar** — "Satisfechos", del griego "koresthentes", y quiere decir "satisfacer, saciar"; es decir, comieron hasta saciarse. El primer efecto se notó en la reanudación de actividades y trabajo, empezando por aligerar más la nave, echando fuera de borda el cargamento de trigo, que probablemente había sido reservado como provisión para el viaje. Parece que en el verso 18 sólo habían echado al mar una parte de la carga. Ya que no iban a poder seguir navegando, no era necesario mantener esta carga de trigo en la nave. Con esto estaban comprando tiempo, es decir, haciendo todo lo posible por evitar que la nave se hundiera antes de que pudieran escapar a la playa.

**39 Cuando se hizo de día, no reconocían la tierra** — Ni marineros ni soldados reconocían la tierra, pero "divisaban una ensenada que tenía playa". El sitio ideal para varar un barco era una playa con arena, libre de escollos, no en la costa principal. Algunos hallan raro que los marineros no reconocieran el lugar, porque Malta era una isla muy conocida, con un puerto admirable, donde atracaban muchos barcos alejandrinos. Pero hay que tener en cuenta que los marineros no estaban en el puerto, sino en una bahía en la que nunca antes habían estado. Se reúnen y consultan lo que deben hacer, y acuerdan varar la nave. Esto requería la ayuda de marineros expertos y prueba que Pablo tenía razón al evitar que huyeran la noche anterior (verso 31).

**40 Cortando, pues, las anclas, las dejaron en el mar** — "Cortando", del griego "perielontes", y significa "quitando de alrededor"; es decir, que cortaron los lazos de las cuatro anclas, dejándolas en el mar, para que la nave quedara libre. Al mismo tiempo soltaron las amarras de los dos timones que habían sido asegurados cuando anclaron. Puesto que ahora van a tratar de acercarse a la playa lo más posible, navegando en línea recta, izan al viento la vela de proa y enfilan hacia la playa. Esta no era la que ahora se conoce como Vela Mayor. "Viento", en este caso es una "brisa" y el cambio de palabras en la narración de Lucas da a entender que hubo una calma en la furia de los ventarrones.

**41 Pero dando en un escollo donde se encuentran dos corrientes** — En vez de dar con una playa lisa, arenosa y plana, la nave queda varada en un banco de lodo, entre la isla y la costa. Inesperadamente la nave se empantana, pero sin tocar tierra seca. El agua no era lo suficientemente profunda como para permitir que la nave se acercara más a la playa, y se quedan varados a una distancia de la costa. Las fuertes olas abatían la parte trasera de la nave, tanto que la popa se abría. Los eruditos modernos que han tratado de duplicar el viaje de Pablo han descubierto las mismas condiciones peligrosas como las que Lucas nos describe aquí, confirmando así la exactitud de su narración. La proa de la nave se clavó en el lodo y quedó inmóvil, mientras la parte posterior, la popa, quedó en agua profunda, y era azotada por el embate de las olas y las corrientes encontradas. Parece que la popa se partió y separó, obligando a la tripulación y los pasajeros a apretujarse en la proa.

**42 Entonces los soldados acordaron matar a los presos** — Los soldados podían ser tan crueles y egoístas como los marineros (verso 30), quienes habían estado dispuestos a abandonar a los presos y los soldados a su muerte segura, como si en sus mentes habían dicho "¡sálvese quien pueda!". Pero ahora los soldados quieren matar a los presos para evitar que ninguno se escape. Claro que los soldados debían pagar con sus propias vidas si fallaban en su vigilancia de los presos que custodiaban, de acuerdo a la ley romana (Hch. 12: 19).

**43 Pero el centurión, queriendo salvar a Pablo** — Pablo se había ganado la amistad del centurión, pues había ayudado a sacar con vida a toda la tripulación. El centurión estaba agradecido, y por eso busca la forma de proteger la vida de Pablo. Ya que él era el jefe, ordena que los soldados que pudieran nadar, se echasen primero al mar y esperaran en la playa a los presos que fueran llegando. Ahora el centurión cumple su deber, toma control de la situación y evita una gran tragedia en medio de la confusión. Obedeciendo sus órdenes, en la playa estarían los soldados esperando a los presos que no pudieran nadar, sino que salieran flotando en tablas y otros objetos de los pocos que quedaban en la nave. Antes de esta ocasión, Pablo había naufragado tres veces, y había estado un día y una noche como náufrago en alta mar (2 Co. 11: 25). Por tal motivo es razonable pensar que fue uno de los que salieron a tierra nadando, ¡ya tenía experiencia!. Algunos interpretan las palabras del centurión, en el sentido de que incluyó también a los presos que pudieran nadar para que se lanzasen primero. De ser así, es posible que la sugerencia haya sido presentada por Pablo, quien ha mostrado tener un conocimiento extraordinario de estas cosas.

**44 Y los demás, parte en tablas** — Esto refuerza la idea de que la orden de nadar incluyó a soldados y presos. Los demás debían flotar en tablas y otros objetos de la nave. Seguramente había pedazos de tablas, de madera de las defensas de la nave, de mesas, sillas y otros muebles, que podían ser utilizados por los pasajeros que no sabían nadar."Todos llegamos a tierra sanos y salvos", en cumplimiento de la profecía de Pablo (verso 24). El preso Pablo es el guía en el viaje, el héroe en el naufragio, y el ejemplo de calma en medio de la tempestad.


## 3. TRES MESES EN MALTA
### 28: 1-10

**1 Estando ya a salvo** — Cuando la tripulación y todos los pasajeros estaban a salvo en la playa, se dieron cuenta que la isla se llamaba "Malta". Sin duda que los marineros lo habrían reconocido si hubieran llegado en las condiciones normales. La isla estaba situada entre 105 y 113 kilómetros al sur de Cilicia o Sicilia, con 14 kilómetros de ancho y 27 de longitud. Actualmente pertenece a Gran Bretaña. En un tiempo se pensaba que el naufragio ocurrió en las costas de la isla de Meleda, pero esa interpretación ha sido descartada. Malta es la isla que se ajusta a la descripción de Lucas en todos los aspectos, y estaba en la ruta directa de Siracusa y Regio.

**2 Y los naturales nos trataron con no poca humanidad** — En algunas versiones el griego "barbaroi" ha sido traducido literalmente como "bárbaros", pero el sentido en que los griegos usaban esa palabra era para referirse a todos los que no hablaban el idioma griego (Ro. 1: 14). "Bárbaro" en este contexto no significa "salvaje o incivilizado", sino sencillamente "extranjero". Originalmente la palabra significaba "repeticiones extrañas", algo que no era entendido por otros (1 Co. 14: 11). Pablo usó esta palabra en Col. 3: 11, donde no hay distinción entre "bárbaro ni escita". En esta isla se refiere a los que no eran cristianos, a los naturales del lugar. Los habitantes de la isla mostraron una amabilidad extraordinaria a las víctimas del naufragio. Sabiendo que tendrían frío, encendieron una hoguera "y nos recibieron a todos", sin distinción de clases. Con la hoguera todos podrían calentarse y secar sus ropas.

3 **Pero, al recoger Pablo algunas ramas** — Otro vez vemos a Pablo muy activo, ayudando de acuerdo a la circunstancia, como lo había hecho a lo largo del peligroso viaje. Parece que Pablo y otros presos habían ayudado a aligerar la nave descargando el trigo y ahora ayudan a recoger leña. Esto indica también que Pablo no estaba encadenado al soldado. Cuando Pablo echaba las ramas secas al fuego, una víbora venenosa, huyendo del calor, se le prendió en la mano. Con el calor despertó de su letargo y mordió a Pablo. Algunos críticos dicen que Lucas se equivocó en esta narración, alegando que en la actualidad no hay reptiles venenosos en esa isla. Pero eso no quiere decir que nunca existieron en ese lugar. Ahora la isla está más poblada que en el tiempo del naufragio y esos animales han sido ahuyentados y aniquilados por el hombre. En muchos países hay especies de animales que han sido extinguidas con las urbanizaciones y el avance de la civilización.

4 **Cuando los naturales vieron la víbora colgando de su mano** — Los habitantes de la isla eran muy supersticiosos; vieron que Pablo era uno de los presos, y como era de esperarse, pensaron que sería culpable de algún crimen serio como un homicidio. Decían que aunque había escapado la tormenta, de todas maneras no se había escapado de la Justicia. Ellos personificaban la Justicia y esperaban que Pablo cayera muerto de un momento a otro. Razonaban que Pablo había escapado de morir ahogado, pero ahora la justicia lo había alcanzado, seguros de que el veneno de esas víboras era mortal.

5 **Pero él, sacudiendo la víbora** — En griego no se usa la palabra "venenosa" en el versículo 4, como lee en algunas traducciones. En algunas versiones en vez de víbora se usa la palabra "criatura o bestia", como traducción del griego "therion", que los antiguos escritores médicos la aplicaban a las "serpientes venenosas", especialmente a las víboras. Esa palabra griega tiene una interesante historia. "Treacle" significa "melaza", y proviene de "theriake", y se refería a un antídoto elaborado con carne de víbora. Pablo sacudió la víbora en el fuego y no sintió nada. En vez de alarmarse, permaneció calmado, porque se acordaba de dos promesas: (1) la que Jesús hizo a sus discípulos respecto a las serpientes, Mr. 16: 18; Lc. 10: 19; y (2) la promesa de que él predicaría el evangelio en Roma, y por consiguiente, no moriría antes de llegar allá.

6 **Ellos aguardaban a que comenzase a hincharse** — Por sus supersticiones y las conclusiones equivocadas, los habitantes de la isla

esperaban que Pablo muriera. Como ya hemos visto, ellos pensaban que Pablo era algún homicida famoso. Pero como Pablo no sufriera ningún daño de la mordedura de la víbora, se fueron al otro extremo en sus razonamientos, y cambiando de parecer decían que "era un dios". Ellos esperaban que la mano o el cuerpo de Pablo comenzara a inflamarse, el primer síntoma visible del veneno de una víbora, que se notaba pronto. "Hincharse", del griego "pimpremi", que significa "inflar, quemar, hacer que se hinche". También esperaban que Pablo cayera muerto. Los dos resultados comunes de la mordedura de una víbora eran hinchazón del cuerpo y muerte. A Pablo no le sucedió ninguna de estas dos cosas y por eso los naturales cambian de parecer.

**7 Cerca de aquellos lugares** — Cerca de la playa donde naufragaron vivía Publio, principal de la isla. Publio era el "protos", principal, que era el título oficial del gobernador de la isla. Este recibió a Pablo y sus compañeros Lucas y Aristarco y los hospedó amistosamente por tres días. Lucas no nos explica si el centurión Julio y los oficiales del barco, fueron invitados o no. Algunos comentaristas creen que todos los náufragos fueron huéspedes de honor de Publio. Lo más probable es que Publio haya invitado también a Julio, en cuyo cuidado estaba Pablo.

**8 Y aconteció que el padre de Publio estaba en cama, enfermo** — El padre de Publio estaba enfermo con una fuerte fiebre. "Enfermo", del griego "sunechomenon", que significa "restringido". "Fiebre", del griego "puretois", que quiere decir "ataques intermitentes". "Disentería" viene del griego "dusenterioi", y es otro vocablo médico que usa Lucas. Esas dos enfermedades por lo general van juntas. Pablo fue a visitarle, orando por él e imponiéndole las manos. El hombre sanó. Pablo hizo lo mismo que Pedro con Tabita (Hch. 9: 36-43). El apóstol recibió poderes milagrosos en esta ocasión para sanar al padre de Publio. Lucas, que era médico, y aunque acompañaba a Pablo, no se dice que haya examinado al enfermo o que le haya recetado algo. Este es otro cumplimiento de la promesa del Padre hecha por el Señor en Marcos 16: 18.

**9, 10 Hecho esto, también los demás** — La noticia se propagó rápidamente en toda la isla sobre la sanidad del padre de Publio. Lucas no dice nada de que Pablo haya predicado el evangelio, pero sabemos que eso era lo que Pablo hacía en todo lugar y en toda ocasión. Los milagros confirmaban la palabra. Los milagros y la predicación iban juntos. Era natural que el principal de la isla y sus habitantes honraran a Pablo por sus poderes de sanidad al instante. Sus atenciones no eran sólo de palabras, sino con acciones, porque cuando zarparon, les proveyeron de las cosas necesarias para el viaje. Hay que recordar que los náufragos lo habían perdido todo en el mar; pero los beneficios de las acciones de

Pablo vienen no sólo a él, sino a todos los pasajeros, pues los naturales de la isla les dieron ropa y provisiones. Estas muestras de respeto indican la bondad y gratitud de los habitantes de Malta. Todo lo bueno que vino a los soldados, los marineros y los otros presos, lo proveyó Dios por la obra de Pablo. El evangelio fue proclamado a todos y como siempre, Pablo no se atribuye ninguna habilidad u honor, pues sabía que todo lo que enseñaba y hacía era por la gracia del Señor, el único que merecía la gloria.

## 1. LA LLEGADA A ROMA
### 28: 11-16

11 **Pasados tres meses nos hicimos a la vela** — Ya era como febrero. El Día de Expiación o Ayuno había ocurrido el día 10 de Tisri, equivalente a nuestro septiembre-octubre (Lv. 16: 29; 23: 27; Nm. 29: 7). En el año 59 D. de C. este día cayó el 5 de octubre; y en el año 60 aconteció el 23 de septiembre. No sabemos cuánto tiempo pasó desde el Día de Expiación hasta que zarparon de Buenos Puertos (Hch. 27: 8); luego vinieron los catorce días de Hch. 27: 27; con lo cual llegamos al fin de octubre o principio de noviembre. Tres meses a partir de esta fecha nos colocan en los comienzos de febrero. Era un poco temprano para reiniciar la navegación por el Mediterráneo, pero la tripulación estaba ansiosa de continuar el viaje a la brevedad posible para llegar a su destino. Había una nave alejandrina que había invernado en la isla, y posiblemente pertenecía a la misma compañía mercante que la que naufragó. Sus enseñas eran Los Gemelos o "Cástor y Pólux", es decir, deidades de los marineros cuyas figuras eran pintadas en un costado de la nave. La enseña era el nombre de la embarcación. Ahora Pablo y sus compañeros abordan otra nave mercante con rumbo a Roma.

12 **Y llegados a Siracusa** — La nave zarpó de Malta o Melita con rumbo norte hasta Siracusa, una distancia de aproximadamente 129 kilómetros. Siracusa era la principal ciudad de la isla de Sicilia. Allí permanecieron tres días y es posible que Pablo haya encontrado algunos cristianos a los que visitó durante ese tiempo. Las naves de Alejandría generalmente hacían escala aquí en su ruta a Italia. La estancia de tres días posiblemente fue en espera de vientos favorables.

13 **De allí, costeando alrededor, llegamos a Regio** — El griego "periethontes", significa "ir alrededor, rodear"; pero aquí parece dar a entender "soltar". Lo que significa es que la nave no pudo navegar en línea recta, sino rodeando la costa. Regio era un pueblo en el lado italiano de los Estrechos de Mesina. Nos cuentan que las monedas antiguas de Regio tenían la inscripción de Cástor y Pólux, como hermanos gemelos. Un día después sopló un viento del sur y al segundo día llegaron a Puteoli. La distancia entre Regio y Puteoli era de unos 291 kilómetros,

y si la nave alcanzaba siete nudos, o siete millas náuticas por hora, entonces se tardarían unas 26 horas para hacer el viaje. Puteoli era el puerto donde acostumbraban atracar las naves alejandrinas con cargamentos de cereales. "Puteoli" es el nombre que se deriva de los manantiales de "Putei", que allí abundan, o del mal olor de las aguas. Era el puerto principal en el sur de Roma. Desde allí Pablo pudo ver la hermosa Bahía de Nápoles y el Vesubio.

14 **Donde habiendo hallado hermanos** — Al leer la lista en Romanos 16 nos damos cuenta que había bastantes cristianos en Roma para este tiempo. También había cristianos en Puteoli y esta es la única mención que se hace de una congregación fuera de Roma. Pablo y sus acompañantes se quedaron allí por siete días, a petición de los hermanos. Algunos creen que se quedaron allí para pasar el día del Señor con ellos, así como lo hicieron con los hermanos de Troas en Hechos 20: 6, 7, y los de Tiro en Hechos 21: 4. Esto fue posible por las consideraciones y libertades que le concedía el centurión Julio. Y no podía esperarse menos, ya que Pablo había probado ser un preso extraordinario, por cuya intervención se había salvado la vida no sólo el centurión, sino todos los demás. Luego llegaron a Roma. Con esta breve frase Lucas da por terminado el viaje. Ahora el historiador Lucas retrocede un poco y nos narra detalles de las circunstancias conectadas con el trayecto de Puteoli a Roma. Este es el clímax del libro de Hechos (Hch. 19: 21; 23: 11), pero no es la conclusión de la obra de Pablo. Muchos eruditos opinan que un nuevo párrafo debe empezar en el versículo 15. Por fin Pablo llega a Roma, aunque no como en un tiempo esperaba (Ro. 15: 22-29).

15 **Y cuando los hermanos de allí tuvieron noticias** — Las noticias de que Pablo iba en camino a Roma llegaron antes de que el apóstol arribara. Parece que los hermanos en Puteoli mandaron el aviso a los hermanos de Roma, quienes enviaron un grupo de avanzada a recibirlo en el Foro de Apio. Este encuentro reanimó a Pablo (Hch. 18: 5; Ro. 1: 11, 12; 15: 32; 2 Co. 2: 13; 7: 6). Algunos de ellos vinieron hasta el Foro o Plaza de Apio, a unos 69 kilómetros de Roma; y otros lo encontraron en "Tres Tabernas", que estaba a 53 kilómetros de Roma. Eran dos grupos de hermanos romanos que avanzaron a dar la bienvenida a Pablo. Entre ellos posiblemente estaban Priscila y Aquila, así como otros hermanos que Pablo menciona en Romanos 16. Aquí vemos dos características muy notables de Pablo: era muy agradecido por la ayuda que le daba la presencia de los hermanos y se inspiraba o animaba a hacer más con toda expresión de amor y aprecio que tenían los hermanos. Pablo se alegra mucho de saber que Cristo ya tiene pueblo en Roma, y se anima al saber que esa gran ciudad era receptiva al evangelio.

16 **Cuando llegamos a Roma** — Lucas sigue acompañando a Pablo, como se deduce de la forma en que el escritor se incluye en la narración. Pablo por fin está en Roma, aunque preso. Ahora el centurión lo entrega a las autoridades competentes. Algunos manuscritos antiguos insertan en el texto la explicación de que "el centurión entregó los presos al prefecto militar", pero a Pablo "se le permitió vivir aparte, con el soldado que le custodiaba". No está claro quién es el oficial militar al que entregan a Pablo; algunos creen que era Burro, el prefecto de la Guardia Pretoriana entre los años 52 y 62 D. de C. Otros creen que fue entregado al capitán de los peregrinos. De cualquier forma, estamos seguros que el centurión Julio recomendó muy bien a Pablo con quienquiera que haya sido al que le entregó a Pablo. Los buenos términos en que Festo informó de su caso, la noble y utilísima conducta y ayuda de Pablo en el viaje, todo se combinaba para influir al oficial para que le concediera a Pablo todos los privilegios y comodidades que su autoridad le permitían. Al principio Pablo se hospedó en casa de un amigo (verso 23) y después alquiló una casa (verso 30). Eso sí, tenía que estar sujeto con una cadena a un soldado. A los presos acusados de ofensas menores se les concedían muchas libertades y favores. Gradualmente Pablo llegó a ser bien conocido entre los guardias de los emperadores (Fil. 1: 12, 13). Ya que los soldados se relevaban y cambiaban turno muy seguido, Pablo tuvo la oportunidad de predicarle a muchos de ellos.

## 2. PABLO SE REUNE CON LOS JUDIOS
### 28: 17-29

17 **Aconteció que tres días después** — Posiblemente este tiempo lo pasaron haciendo arreglos de alojamiento para Pablo y reuniéndose con hermanos que desde hacía mucho esperaban su visita. Pablo convocó a los "principales de los judíos", es decir, los ancianos, alguaciles de las sinagogas y las principales cabezas de las familias judías que se habían radicado en Roma. En este grupo también pudieron estar incluidos los escribas y los comerciantes más influyentes entre los judíos. En este tiempo había muchos judíos en Roma. Pero no había suficiente espacio para que Pablo recibiera a todos al mismo tiempo, y por eso primero seleccionó a los más informados e influyentes. Pablo estaba en arresto domiciliario y no podía visitar las sinagogas de los judíos, como acostumbraba hacer en todas partes; pero en su defecto, los invita a venir a su casa. El les dice que no había hecho nada "contra el pueblo, ni contra las costumbres de nuestros padres". No había venido a Roma a lanzar

acusaciones contra los judíos, sino que había apelado a César para salvar su propia vida. Había sido traído preso desde Jerusalén porque se había visto obligado a apelar al tribunal supremo del emperador.

18 **Los cuales, habiéndome examinado** — Aunque estaba preso y su caso había sido apelado a César, Pablo no había hecho nada contra su pueblo; y los romanos, después de examinarlo, no encontraron delito contra la ley romana o judía. El apeló a César, no para acusar a su pueblo, sino para salvar su vida. Estaba preso por haber aceptado a Jesús como el Mesías de la nación, y por reconocer su resurrección de los muertos como evidencia de la resurrección y carácter mesiánico de Jesucristo. ¿Por qué decía Pablo que los judíos lo habían entregado en manos de los romanos? (verso 17). El tribuno Lisias lo había rescatado de la turba de judíos; fue juzgado delante de Félix, luego ante Festo y por último delante de Agripa. Esos oficiales romanos lo habrían dejado en libertad si no hubiera sido por el clamor de los judíos.

19 **Pero oponiéndose los judíos** — En cada tribunal el veredicto de las autoridades romanas era de que Pablo no había cometido ningún crimen que mereciera la muerte. Los romanos lo querían soltar, pero no lo hicieron porque se opusieron los judíos. Esto forzó a Pablo a apelar a César para salvar su vida. Pablo es muy amable y cortés al hablar de la oposición que sufrió de parte de los judíos, y al hablar con los judíos de Roma usa palabras conciliatorias como "hermanos", "el pueblo", "nuestros padres", "la esperanza de Israel", y "no porque tenga de qué acusar a mi nación". Pablo no quería convertirse en instrumento o excusa de la tiranía romana; bien conocía los padecimientos de su pueblo en Roma, y que en ocasiones habían sido expulsados de la ciudad, a veces por revoltosos y en otras ocasiones por caprichos de los emperadores.

20 **Por esta causa os he llamado** — Aquí Pablo les explica la razón por la que los ha invitado a escucharlo. Su deseo era hablarles y aclararles en persona que no era culpable de los falsos rumores que pudieran haber sido enviados a Roma, o que los judíos romanos hubieran escuchado en alguna visita a Jerusalén. Pablo está preso, encadenado a un soldado, y tiene que explicarles por qué está preso, y se ve obligado a hacer esa defensa informal. Está preso por "la esperanzad de Israel", y esa esperanza por la que padecía era doble: (1) la expectativa de que el Mesías traería el reino de los cielos, como lo anhelaban todos los israelitas; y (2) la esperanza de la resurrección de los muertos, que él predicaba en base a la resurrección de Jesús, con la que se probó que él era el Cristo, el Hijo de Dios.

21 **Entonces ellos le dijeron** — Después de escuchar su explicación, algunos de los visitantes le aseguran a Pablo que ellos no habían recibido

cartas de Judea, ni ninguno de los judíos de Roma que habían visitado Jerusalén, había hablado algo malo acerca de él. "Cartas", del griego "grammata", que se refiere a un documento oficial del sanedrín conteniendo acusaciones contra Pablo. No quiere decir que no habían oído nada acerca de Pablo, sino que no habían recibido acusaciones oficiales, ni por escrito ni en forma oral. No existía razón para que los judíos que habitaban en Judea se comunicaran con los judíos de Roma respecto a Pablo, pues ni siquiera se imaginaban que el apóstol fuera hasta allá; y desde que Pablo apeló a César, era prácticamente imposible que enviaran mensajeros que llegaran primero que Pablo a Roma. Pablo inició el viaje desde Cesarea casi al final de la temporada de navegación en el Mar Mediterráneo, y nadie más pudo haber seguido la ruta sino hasta la siguiente primavera. También es probable que después de dos años de prisión en Cesarea, los judíos ya no estuvieran tan enojados con Pablo.

**22 Pero querríamos oír de ti mismo** — Habían escuchado algo sobre esta nueva "secta" que había surgido entre los judíos, y sabían que en todas partes se la contradecía. En otras palabras, no habían escuchado nada favorable sobre este movimiento. Es encomiable la actitud justa de ellos al expresar su deseo de conocer la versión de Pablo. "Secta", del griego "haireseos" es la misma de donde se deriva la palabra "herejía". Esto quiere decir que el número de cristianos en Roma no era muy grande. Si el edicto de Claudio, o la expulsión de los judíos de Roma (Hch. 18: 2) se debió a disturbios y discusiones acerca de Cristo, entonces aun en Roma los judíos tendrían razón especial para tratar con hostilidad da los cristinos. Las palabras de estos dirigentes demuestran que había una clara y tajante separación entre los judíos y los cristianos. Pablo no admite que el cristianismo es una "secta", esa es la forma despectiva con que lo describían los judíos. Pablo no consideraba que el cristianismo fuera una nueva religión, ni un substituto de la religión judía, sino la sucesión legítima y plena del sistema judío; lo antiguo era sombra de lo nuevo; y todas sus esperanzas estaban cifradas en el Mesías. Pablo declaraba que ese Mesías ya había venido, y era la flor y fruto de la antigua fe.

**23 Y habiéndole señalado un día** — "Señalado" es del griego "taxamenoi" y significa "un arreglo formal", como en Mt. 28: 16, donde Jesús señaló un monte en Galilea para reunirse con sus discípulos. Aquí los judíos señalaron un día, pero seguramente Pablo hizo sugerencias. Ellos venían al lugar donde Pablo se alojaba como huésped, no a la casa que después alquiló (verso 30). En ese día señalado vinieron más que en la primera visita. Pablo les había dicho que estaba preso y encadenado por causa de la esperanza mesiánica de Israel; ahora les explica más basándose en el Antiguo Testamento, mostrándoles que en cada etapa tuvo su cumplimiento en el reino de Jesucristo. El les habló lo que Festo y Félix no quisieron escuchar (Hch. 26: 22-28); y su audiencia, o por lo menos una parte, simpatizaba con su mensaje, pues se quedaron para escucharle todo el día. "Explicaba", del griego "exetitheto", y quiere decir "exponer, explicar", como en Hch. 11: 4 y 18: 26. De esa palabra se deriva "exégesis". Pablo expone todo lo relacionado con el "reino de Dios", persuadiéndoles acerca de Jesús. Por el contexto debemos determinar hasta qué punto tuvo éxito en su persuasión, aunque a veces la palabra quiere decir "convencer". "Persuadiendo", del griego "peithon", que quiere decir, "persuadir, convencer, razonar con uno". Esta fue una excelente oportunidad para que Pablo predicara todo el consejo de Dios, basando sus argumentos en "la ley de Moisés y en los profetas". Ya que todos creían la ley y los profetas, tenían una base en común. Lo que Pablo hacía era citar las profecías de la venida del Mesías, y compararlas con la vida, muerte y resurrección de Jesús; mostrando a los judíos que en Jesús todas esas profecías mesiánicas habían tenido su cumplimiento pleno.

24 **Y algunos eran persuadidos** — Aquí vemos los resultados de la predicación de Pablo a este numeroso grupo de influyentes judíos. La reacción al mensaje los separa en dos grupos: (1) los que creían su predicación, y (2) los que no creían. No sabemos si eran más los que creyeron que los que rechazaron el mensaje. "Persuadidos", del griego "epeithonto", que no es la palabra común usada para "creer". Tiene más profundidad, con el sentido de un proceso de razonamiento, convencimiento y persuasión. "No creían", del griego "epistoun", y quiere decir, "descreer, dudar, no consentir en creer". Por lo general, los que escuchan el mensaje siempre se han dividido en esas dos categorías: los creyentes y los incrédulos.

25 **Y como no estuviesen de acuerdo entre sí** — "Acuerdo entre sí", se traduce del griego "asumphonoi ontes", que significa "sin sinfonía, sin armonía, disonantes, discordante". La figura es que eran como las varias partes de una melodía cantada en diferentes tonos; es decir, que estaban desafinados, desentonados, faltos de concordancia y armonía. ¿Y quiénes eran los que no creían? Es difícil determinar dónde estaba la discordia, si entre los incrédulos en sí, o entre los creyentes e incrédulos. Antes de dar por terminada la reunión, Pablo cita al profeta Isaías y aplica las palabras a los incrédulos. La profecía citada es tomada de Isaías 6: 9, 10; y ningún otro pasaje del Antiguo Testamento es citado más que éste en el Nuevo Testamento. Se encuentra cuatro veces además de este pasaje. Las otras citas son: Mt. 13: 14; Mr. 4: 12; Lc. 8: 10; Jn. 12: 40. Jesucristo

había usado esta cita de Isaías y la había aplicado a los judíos y siguiendo su ejemplo, Pablo hace lo mismo.

**26 Diciendo: Ve a este pueblo, y dile** — Esta cita de Isaías que usa Pablo aquí, fue aplicada por Cristo para describir la condición espiritual de los judíos de Palestina (Mt. 13: 13; Mr. 4: 12; Lc. 8: 10); mientras que Juan 12: 40 las reproduce como la solución del aparente fracaso del ministerio personal de Cristo. Parece que Pablo estaba siguiendo el ejemplo de Cristo en el uso de esta cita. Aunque los judíos escuchaban las palabras con el órgano del oído, ciertamente no entendían su significado. Esto se debió a una disposición de terquedad, pero no porque carecieran de habilidad mental. Lo triste es que esa terquedad del corazón producía más oscurecimiento del entendimiento, mayor ceguera y obstinación de la mente, a tal grado que les imposibilitaba regresar a Dios. El rechazo voluntario del Mesías les produjo una fatal dureza de sus corazones.

**27 Porque el corazón de este pueblo se ha embotado** — Literalmente dice que sus corazones se habían "engordado", por lo que oían pesadamente, con estupidez; en ese caso era difícil impresionarlos. No querían ver; habían cerrado sus ojos. Si hubieran visto, se habrían dado cuenta que tenían que dejar sus placeres pecaminosos, sus vidas egoístas y sus caminos inicuos. Habrían tenido que separarse de amigos y estar dispuestos a ser perseguidos, a padecer, y quizás hasta morir por causa de Cristo. Si escucharan, y vieran, y entendieran, se volverían y se convertirían a Dios. Si hicieran esto, Dios, a su vez, los sanaría y los limpiaría de sus pecados. Unos diez años después de que Pablo dijera estas palabras Jerusalén fue destruida completamente, el templo fue derrumbado y profanado, y la nación judía dejó se ser. Lástima que no pudieron ver el castigo seguro que les esperaba por rechazar al Mesías.

**28 Sabed, pues, que a los gentiles** — Con tristeza en su corazón Pablo tiene que sonar la alarma a estos judíos incrédulos. Ya que ellos habían rechazado al Mesías y la salvación que sólo por medio de él es posible, Pablo, el apóstol de los gentiles, ya no es responsable por seguirles insistiendo, y su mensaje ahora lo lleva a los gentiles. La profecía aseguraba que los gentiles sí escucharían. Las palabras de Pablo se parecen a las que tuvo que pronunciar en circunstancias similares en Antioquía de Pisidia (Hch. 13: 46). Pablo no puede dejar de predicar el evangelio (1 Co. 9: 16). Si los judíos no lo escuchan, los gentiles sí lo harán. Los judíos rebeldes podían destruirse ellos mismos, pero no podían destruir el reino de Dios o impedir que el Mesías reinara sobre los gentiles. "Y ellos oirán" son las últimas palabras de Pablo narradas en el libro de Hechos. En ellas se entrelazan la victoria y la tristeza. Pablo lamentaba que su propia raza no estaba dispuesta a escuchar el evangelio, aceptar al Mesías y ser salvos; esto le entristecía mucho. Pero al mismo tiempo se alegraba porque los gentiles sí escucharían y se salvarían. Para ellos la predicación no sería en vano.

(29 Algunos de los mejores manuscritos antiguos omiten este versículo, pero algunos lo insertan, tal como lo vierte la versión Reina Valera: "Y cuando hubo dicho esto [estas palabras], los judíos se fueron, teniendo gran discusión entre ellos". Describe con exactitud lo que pasó en realidad. Algunos comentaristas creen que este versículo fue insertado al margen para evitar la transición abrupta del verso 28 al 30, y posteriormente fue incorporado al texto de algunos manuscritos por los amanuenses o escribas que pensaron que había sido omitido accidentalmente de la copia del texto con el cual estaban trabajando).

## 3. PABLO, PRESO EN ROMA POR DOS AÑOS
### 28: 30-31

30 **Y Pablo permaneció dos años enteros** — Ahora Pablo ha cambiado su residencia de huésped temporal a una casa alquilada y más permanente. Lucas no nos cuenta nada de lo que sucedió en esos dos años. Sabemos que todo ese tiempo Pablo era un preso, bajo arresto domiciliario. El costo del alquiler y mantenimiento de Pablo posiblemente fue cubierto por hermanos y amigos de Pablo tanto en Roma como en las provincias. Durante el día Pablo estaba encadenado a un soldado; probablemente lo soltaban durante la noche, cuando dos soldados lo vigilaban, según la ley romana. El Nuevo Testamento contiene cuatro epístolas que Pablo escribió desde este domicilio en Roma. Se trata de las cartas a los Efesios, los Colosenses, Filipenses y la breve epístola a Filemón. Leyendo estas cartas nos damos cuenta de varios detalles interesantes. Por ejemplo, nos enteramos que Lucas, Timoteo, Epafras, Marcos, Aristarco y Tíquico, eran algunos de los amigos fieles que acompañaron a Pablo todo este tiempo, o por lo menos en parte. Durante dos años enteros estuvo en "una casa alquilada". "Alquilada", del griego "misthomati", que significa "contratada por un precio", "alquilada". No sabemos más acerca de la casa que Pablo alquilaba. Estamos seguros de que vivía lo más modestamente que podía, pues dependía de las ofrendas de los cristianos (Fil. 4: 14, 15). En su condición de preso Pablo no podía sostenerse con el trabajo de sus manos, como lo hizo en Corinto y Efeso (Hch. 18: 3; 20: 34; 2 Co. 11: 9). Los dos años que estuvo preso en Cesarea y los dos en Roma son cuatro en total. No sabemos por qué razón

se demoró su juicio, aunque es de esperar que su apelación tenía que esperar su turno. Una posible explicación de esta demora es que en el naufragio se hayan extraviado los documentos de apelación firmados por Festo, y que al comparecer ante el tribunal de César, hayan determinado que tenían que esperar hasta que obtuvieran una copia oficial de dichos documentos desde Cesarea. De esta forma el caso de Pablo perdería su turno y tendría que volver a empezar en el calendario de audiencias. Por cierto que sus frecuentes referencias a sus prisiones en las epístolas sostienen esta interpretación (Ef. 6: 19, 20; Fil. 1: 1, 13; Col. 1: 1; 4: 3; Flm. 1).

**31 Predicando el reino de Dios** — Aunque era preso, Pablo disfrutaba de grandes privilegios: sus amigos y hermanos en la fe lo podían visitar, reconfortarlo y recibir instrucciones de él; además, tuvo tiempo para escribir gran parte de las epístolas a las iglesias. El predicaba "el reino de Dios" a todos los que venían a él. "Predicando", del griego "kerusson"; y "enseñando", del griego "didaskon". Predicación se refiere a la proclamación, mientras la enseñanza conlleva la idea de instruir. Gracias a Dios Pablo no tenía obstáculos para realizar esta labor. Tenía absoluta libertad de expresión, y la aprovechaba para proclamar el evangelio a todos los hombres de buena voluntad que lo visitaban. El mismo nos cuenta que los demás cristianos, al verlo a él, un preso, predicando el evangelio, cobraban ánimo y el evangelio se propagaba más y más (Fil. 1: 12-14).

**Sin obstáculo alguno** — En total Pablo había estado preso cuatro años, dos de ellos en Cesarea y los últimos dos en Roma. Es posible que haya sido más de los dos años que se mencionan aquí. Todo ese tiempo Pablo siguió proclamando la salvación en Cristo Jesús, fiel, diligente y valientemente. Ya Lucas ha cumplido su primera misión: asegurarle a Teófilo "todas las cosas que Jesús comenzó a hacer y a enseñar, hasta el día en que fue recibido arriba, después de haber dado mandamientos por medio del Espíritu Santo a los apóstoles que había escogido" (Hch. 1: 1, 2; Luc. 1: 4). Y ahora concluye su tratado. Con Pablo en Roma el evangelio se ha extendido y alcanzado un clímax, habiendo avanzado de ciudad en ciudad desde Jerusalén, de provincia en provincia; pese al odio, el prejuicio y la oposición de los judíos; así como la idolatría, superstición y carnalidad de los gentiles; sí, el mensaje salvador había llegado en toda su plenitud a la metrópolis del mundo entonces conocido, Roma, la capital del imperio. La historia de Lucas es una conmovedora narración de la propagación del evangelio hasta cubrir el mundo civilizado. Sus últimas palabras son una conclusión apropiada para el libro de los Hechos.

Aunque Pablo estuvo preso por dos años enteros, no estuvo desocupado todo ese tiempo. Una gran parte de lo que ahora es el Nuevo Testamento la escribió Pablo desde Roma y estando en la condición de preso. Es muy interesante recordar las múltiples bendiciones y ricas producciones que han surgido de las paredes de una cárcel y de las cadenas. Savonarola escribió sus comentarios en los Salmos 31 y 51 durante su mes de prisión antes de ser ejecutado. Ello nos demuestra que aunque tenía mucho conflicto espiritual, ni su fe ni su comodidad cedieron a la persecución. Francis Baker compuso el himno "Jerusalén, Mi Dulce Hogar", siendo prisionero en la torre; Walter Raleigh escribió su "Historia Mundial" y algunos poemas, estando preso en la misma torre. Johh Bunyan escribió su "Progreso del Peregrino" cuando languidecía en una cárcel de Bedford. Así Pablo, estando preso en Roma, escribió cuatro epístolas: Efesios, Colosenses, Filipenses y Filemón. La corona de la obra misionera de Pablo fue la producción de estas importantes cartas del Nuevo Testamento, estando en la condición de prisionero por Cristo. Fue en cautiverio que Pablo realizó algo del trabajo más importante de su vida, obra que lo ha inmortalizado por su incalculable beneficio para todas las generaciones. Pablo no malgastó su tiempo amargándose, murmurando o quejándose de las injusticias; lejos de eso. De esta prisión que era la casa alquilada, Pablo escribió "Regocijaos en el Señor siempre. Otra vez digo: ¡Regocijaos!" (Fil. 4: 4). También es interesante tomar nota de los visitantes y compañeros de Pablo en sus prisiones. Romanos 16: 3-13 contiene una lista de saludos de Pablo a los cristianos de Roma, lista que fue escrita unos trece años antes de que Pablo llegara a esta ciudad. En esa lista Pablo menciona a veintitrés hombres y ocho mujeres; tres de esas personas las describe como parientes, y cuatro en conexión con sus familias. Además de éstos, en sus epístolas Pablo menciona a las siguientes personas como sus compañeros y amigos especiales: Timoteo (Col. 1: 1); Epafras, compañero de prisiones (Flm. 23); Onésimo, un esclavo (Flm. 10); Tíquico, un ministro que llevó la epístola de Pablo a los Efesios y Colosenses (Ef. 6: 21, 22; Col. 4: 7, 8); Aristarco (Col. 4: 10); Marcos, el autor del evangelio que lleva su nombre (Col. 4: 10); Justo, también llamado "Jesús" (Col. 4: 11); Lucas, el autor de Lucas y Hechos (Col. 4: 14); Demas (Flm. 24); Epafrodito, quien trajo una ofrenda de los filipenses y llevó la carta de Pablo a los cristianos de Filipos (Fil. 2: 25; 4: 18); y algunos miembros de la casa de César (Fil. 4: 22).

# LIBERTAD TEMPORAL DE PABLO, PRESO POR SEGUNDA VEZ, SU MUERTE

Pablo había apelado a César y por medio de esa apelación fue traído a Roma, donde lo retuvieron preso por lo menos por dos años enteros, en espera de su juicio. ¿Cuál fue el resultado o decisión final de este juicio? El libro de Hechos fue terminado antes de que Pablo compareciera ante el tribunal de Roma. Algunos dicen que Pablo siguió encarcelado por muchos años y que por fin murió como mártir. Muchos eruditos dudan que Pablo haya salido libre de este juicio. Dicen que el Nuevo Testamento no habla nada al respecto, y la historia secular de este tiempo nos da resultados inciertos, y por lo tanto, no podemos saber con exactitud lo que pasó. Pero otros eruditos creen que Pablo sí fue puesto en libertad, que predicó el evangelio por algunos años, siendo arrestado por segunda vez, sólo para padecer el martirio. Los que defienden esta interpretación de los sucesos se basan en varios detalles e inferencias importantes. En las epístolas de la prisión nos enteramos que Pablo tenía la esperanza de ser puesto en libertad (Fil. 1: 25; 2: 23, 24; Flm. 22). No sabemos si esa esperanza era en base a optimismo, sentido común, o una revelación divina del Espíritu Santo. Eso no importa, lo cierto es que Pablo expresa esperanza de que iba a recuperar su libertad. Por otra parte, Clemente, un discípulo y compañero de Pablo, afirma que el apóstol, antes de su muerte como mártir, "viajó a las fronteras de Occidente", expresión que se aplicaba a la región al otro lado de los Alpes. Algunos creen que aun visitó España. Eusebio, el padre de la historia eclesiástica, expresa la creencia común en las iglesias primitivas, de que Pablo quedó libre, anduvo predicando en varias regiones, que regresó a Roma por segunda vez, y que entonces fue ejecutado bajo el régimen de Nerón. Se cree que durante esta segunda encarcelación fue que escribió Segunda de Timoteo. La verdad es que los últimos años en la vida de Pablo están ocultos a nuestros ojos; pero no hay dudas, ni nubes que nublen o empañen el esplendor de los servicios que Pablo rindió a Dios y a la humanidad. Coleridge ha descrito elocuentemente la vida de Pablo en estas palabras: "Era culto, refinado, heroico, versátil, magnético; un intérprete de la verdad con habilidades natas; un líder de los hombres, un creador y preservador de la vida; un genio que hizo historia".

# BIBLIOGRAFIA

Abbot, Lyman: Illustrated Commentary on the Acts.

Alendander, J. A.: The Acts of the Apostles Explained (2 volúmenes).

Boles, H. Leo: Commentary on Matthew.

Boles, H. Leo: Elam's Notes on Uniform Lessons (1929-1931).

Boles, H. Leo: Adult Quarterly Uniform Lessons (1932-1940).

Bosworth, E. I.: Studies in the Acts and Epistles.

Clark, G. W.: Harmonic Arrangements of the Acts of the Apostles.

Clark, Adam: Commentary (Volumen 5).

Cowles, Henry: Acts of the Apostles with Notes.

Crawford, C. C.: Sermon Outlines on Acts.

Dick, John: Lectures on Acts of the Apostles.

Du Veil, C. M.; A Commentary on the Acts of the Apostles.

Gospel Advocate: Volumen I al Volumen LXXXI.

Hackett, H. B.: Commentary on Acts of the Apostles.

Harnack, Adolf: Dates of the Acts and the Synoptic Gospels.

Henry, Matthew: Commentary (Volumen 5).

Howson, J. S. y Spence, H. D. M.: The Acts of the Apostles.

Jacobus, M. W.: Notes, Critical and Explanatory, on Acts of the Apostles.

Jamison, Fausset, y Brown: Commentary of the Bible (Volumen 3).

Jones, J. C.: Studies in the Acts of the Apostles.

Lindsay, T. M.: The Acts of the Apostles (dos volúmenes).

Lipscomb, David: Commentary on the Acts of the Apostles.

Luccock, H. E.: The Acts of the Apostles.

Lumby, J. R.: The Acts of the Apostles.

McGarvey, J. W.: New Commentary on Acts (dos volúmenes).

Meyer, H. A. W.: Critical and Exegetical Handbook to the Acts of the Apostles.

Morrison, Thomas: The Acts of the Apostles.

Overbeck, Franz: Introduction to the Acts of the Apostles (dos volúmenes).

Peloubet, F. N.: Teacher's Commentary of the Acts.

Pendleton, J. M.: Brief Notes on Acts.

Pierson, A.T.: The New Acts of the Apostles.

Plumptre, E. H.: The Acts of the Apostles.

Rice, E. W.: Commentary on the Acts.

Ripley, H. J.: The Acts of the Apostles with Notes.

Robertson, A. T.: Word Pictures in the New Testament (Volumen 3).

Schaff, Philip: The Acts of the Apostles.

Sitterly, C. F.: The Acts of the Apostles.

Stiffler, J. M.: An Introduction to the Study of the Acts of the Apostles.

Summers, T. O.: Commentary on the Acts of the Apostles.

Taylor, Malachi: Notes on Reading in the Book of the Acts.

Thomas, W. H. G.: The Acts of the Apostles.

Trollope, W.: Commentary on the Acts of the Apostles.

Vincent, M. R.: Word Studies in the New Testament (Volumen 1).

Whedon, D. D.: Commentary on the New Testament (Hechos).

www.ingramcontent.com/pod-product-compliance
Lightning Source LLC
Chambersburg PA
CBHW032043050726
47590CB00001B/114